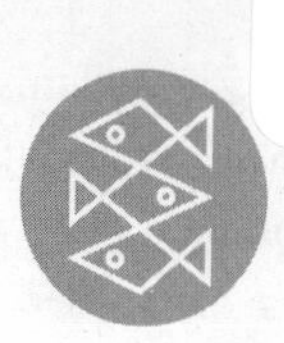

W9-AIS-161

Auf fünf Erdteilen war Roger Willemsen unterwegs, um seine ganz persönlichen Enden der Welt zu finden. Manchmal waren es die großen geographischen: das Kap der Guten Hoffnung, Patagonien, der Himalaja, die Südsee, der Nordpol. Manchmal waren es aber auch ganz einzigartige, individuelle Endpunkte: ein Bordellflur in Bombay, ein Bett in Minsk, ein Fresko des Jüngsten Gerichts in Orvieto, eine Behörde im Kongo. Immer aber geht es in diesen grandiosen literarischen Reisebildern auch um ein Enden in anderem Sinn: um ein Ende der Liebe und des Begehrens, der Illusionen, der Ordnung und Verständigung. Um das Ende des Lebens – und um den Neubeginn.

Roger Willemsen veröffentlichte sein erstes Buch 1984 und arbeitete danach als Dozent, Herausgeber, Übersetzer, Essayist und Korrespondent aus London, ab 1991 auch als Moderator, Regisseur und Produzent fürs Fernsehen. Er erhielt u. a. den Bayerischen Fernsehpreis und den Adolf-Grimme-Preis in Gold. Heute steht er mit Soloprogrammen oder gemeinsam mit Dieter Hildebrandt auf der Bühne. Sein Roman ›Kleine Lichter‹ wurde mit Franka Potente in der Hauptrolle verfilmt, sein Film über den Jazzpianisten Michel Petrucciani in vielen Ländern gezeigt. Willemsen ist »amnesty«-Botschafter, Schirmherr des Afghanischen Frauenvereins und Honorarprofessor für Literaturwissenschaft an der Humboldt-Universität in Berlin. Seine Bestseller ›Deutschlandreise‹, ›Gute Tage‹, ›Afghanische Reise‹, ›Hier spricht Guantánamo‹, ›Der Knacks‹, ›Bangkok Noir‹ und zuletzt ›Die Enden der Welt‹ erschienen im S. Fischer Verlag und im Fischer Taschenbuch Verlag. Sie wurden in zahlreiche Sprachen übersetzt.

Weitere Informationen, auch zu E-Book-Ausgaben, finden Sie bei www.fischerverlage.de

Roger Willemsen

Die Enden der Welt

Fischer Taschenbuch Verlag

Veröffentlicht im Fischer Taschenbuch Verlag,
einem Unternehmen der S. Fischer Verlag GmbH,
Frankfurt am Main, Dezember 2011

Satz: Dörlemann Satz, Lemförde
Druck und Bindung: CPI – Clausen & Bosse, Leck
Printed in Germany
ISBN 978-3-596-17988-6

Inhalt

Isafjördur

Mins

Die Eifel

Orvieto

Fuciner See

Gibraltar

Timbuktu

Gorée

Kinshasa

God's Window

Patagonien

Nordpol
Kamtschatka
Amu-Darja
athmandu
Mandalay
Hongkong
Bombay
Chiang Mai
Tangkiling
Toraja
Tonga

Vielleicht ist das der Grund für meine Rastlosigkeit:
Ich habe noch nicht jedes Zuhause gesehen.

John Steinbeck

Die Eifel
Aufbruch

Ich kam in die Stadt und suchte die Glücklichen, jene, die weg streben. Sie haben keinen Ort, dachte ich, oder sind an der Erde nicht richtig befestigt. Jedenfalls sind sie nie nur da, wo sie sind, und die Ferne liegt ihnen schon auf den Schultern, noch ehe sie aufgebrochen sind, »rastlose Menschen« werden sie von denen genannt, die es nicht sind. Dabei leben sie eher sesshaft im Aufbruch. Damals wohnte ich auf dem Dorf, und in der Stadt suchte ich beides: Heimweh und Fernweh.

Das waren die Jahre der Schwärmerei. Sie konnten nicht bleiben. Über die Sterne, die Meridiane, den Schienenstrang, die Zugvögel, die Kurzwelle, über die Wasserwege und das ferne Brausen der Welt verbunden, drängte sie sich auf, weil sie entrückt war, und wie sich Bewusstsein oft um das kristallisiert, was fehlt, wurde mir die entlegene Welt erst im Phantomschmerz bewusst, am Neujahrstag gegen Mittag.

Zwölf Stunden zuvor waren wir unter einem frostklirrenden Himmel, erwärmt von Erwartungen, aus einer Umarmung in die nächste geglitten und erstarrt, hatten uns mit dem ironischen Schmachten im Blick betrachtet, das den Anwesenden fixiert wie einen Abwesenden, und gesagt:

»Hab ein glückliches neues Jahr!«

»Und dir ein glückliches Leben!«

Die Schleifspuren der flüchtigen Küsse auf der Wange, waren wir in die Silvesternacht getreten, hatten unsere Gläser zum x-ten Mal in den Luftraum gehoben, ein paar Mal nachgefasst, ein paar Bekenntnisse formuliert, und das Liebespaar, erst seit wenigen Wochen getrennt, schwor, dass es sich gut bleiben wolle. Die allseits beliebte Heitere daneben schimpfte, weil ihr Freund exakt um null Uhr die Falsche geküsst hatte, darauf stürzte dieser ins Gebüsch, um sich zu übergeben. So war denn wieder einmal Silvester nicht im Dur verklungen. Stunden später hatte jeder irgendein Bett, eine Matte im Winkel, eine Sofalandschaft zum ersten Schlaf des Jahres gefunden.

Am nächsten Morgen, es hatte in der Nacht zu schneien begonnen, tappte ich im Pyjama ins Freie, wo der Freund beschäftigt war, mit der Spitzhacke auf das gefrorene Erbrochene einzuhacken, das in farbigen Eisschuppen in alle Richtungen sprang. Die anderen kamen nach und nach, manche schon mit Kaffeetassen in der Hand, und begutachteten seine Arbeit, die erste im neuen Jahr.

Wenig später treibt die ganze Gruppe irgendwo in der Landschaft der Voreifel einen verschneiten Weg hinunter, dem weiten Feld, dem fernen Wald entgegen. Wir gehen wortkarg, verteilt auf mehrere Grüppchen. Einige schlendern schlampig, andere stapfen bewusst wie zu Kinderzeiten, befeuert von der matten Euphorie des Lufthungers. Vom Weg sind wir abgegangen. So hoch mit verharrschtem Schnee bedeckt ist das Feld, dass wir gehen wie auf Baiser. Die Landschaft ist steif gestreckt und einförmig: Hügel mit Büschen rechts, Hügel mit Mischwald links vor offenem Horizont. Wir gehen.

Es kommt ein beliebiger Punkt. Da halten alle an, und niemand tut mehr einen Schritt. Der Wind streicht über die leere Fläche, auf der wir stehen wie zusammengefegt. Einer sagt:

»Hier ist nichts. Drehen wir um.«

Und keiner tut jetzt auch nur einen einzigen Schritt über die imaginäre Linie hinaus. Als hörten sie das Echo der Grenze, haben jetzt alle den Kopf gehoben, lauschen und sacken in die Bewegung: Alles nickt. Alle wenden sich in ihren Fußspuren. Man stapft heimwärts.

»Schau mal, wie abgetragen meine Haut schon ist«, sagt eine mit Pagenkopf zu ihrem Freund, das Kinn zwischen zwei Fingern schlenkernd.

Der Wind trägt es über das unberührte Feld. Keiner blickt zurück, während ich mit einer Freundin noch da stehe und auf den ersten reinen Schnee sehe, in den sich kein Fuß mehr setzte. Was war es in dieser Landschaft, das sagte: Nicht weiter, geh, dreh um, verschwinde?

»Da liegt sie, die Nein sagende Landschaft. Die ist nicht für uns«, bemerkte ich, angezogen von dieser menschenabweisenden, glanzlosen, von Empfindungen unbearbeiteten Zone.

»Man hat das Gefühl, auf der Rückseite der Landschaft

angekommen zu sein«, sagte die Freundin. »Warum glauben wir eigentlich, ausgerechnet hier auf die ursprüngliche zu treffen?«

»Vielleicht weil sich Menschen ursprünglich so empfinden? Weil auch sie innen ohne Schauseite sind?«

»So ließe sich zumindest der Schrecken erklären, den solche Landschaften auch auslösen, der Schrecken vor dem Erhabenen. Die Leute sehen dort, was sie nicht in sich selbst sehen wollen: die wüste, unbehauste, unwirtliche Landschaft?«

Dann überlegten wir, ob man Landschaften überhaupt anders als symbolisch betrachten könne, korrespondiert doch jeder Hügelzug, jeder schimmernde See, jede Lichtstimmung über dem Tal einer inneren Situation, sei sie lieblich oder fahl oder roh. Eigentlich nimmt man doch jede Landschaft musikalisch, als eine Manifestation von etwas Seelischem.

»Und daraus leitet der Reisende dann seine Lieblingsfloskel ab, die da sagt, man bereise eigentlich sich selbst«, folgerte ich.

»Und wenn man nun in einer solchen inneren Landschaft ankommt? Einer, die dich verneint?«, fragte die Freundin.

»Dann ist das keine Landschaft zum Kinderzeugen.«

»Gerade!«, lachte sie. »Komm, ich hab Hunger!«

Ich dachte damals auch, wenn man reise, bis man irgendwo einmal das Ende der Welt berührt zu haben glaubt, dann erreiche man vielleicht auch einen neuen, andersartigen Zustand des Ankommens. Man müsste wohl unwillkürlich denken, dass alle Reisen ein Ende haben könnten, so unabschließbar sie auch eigentlich sind. Es würde eine Kraft von diesen Orten ausgehen wie im Märchen, wo der Riese auch aus der Berührung der Erde seine Stärke bezieht.

Könnte es nicht sein, dass nicht die Reisenden sich bewegen, sondern dass vielmehr die Welt unter ihren Füßen Fahrt aufnimmt, und sie sich gleich bleiben? In Wirklichkeit gelangt man immer nur an einen weiteren treibenden Ort, um sich dann neuerlich abzustoßen und vielleicht endlich an jenem instabilen Ort einzutreffen, den ich nur deshalb »Zuhause« nenne, weil er mehr Rituale versammelt als andere, das Zuhause der Wiederholungen. Ich kann ja nicht einmal sagen, dass ich ihn besser kenne – im Gegenteil, Touristen besuchen mit Anhänglichkeit Sehenswürdigkeiten andernorts und haben die ihres Zuhauses nie gesehen. In der Musik einer Flughafen-Wartehalle in Timbuktu, einem Werbefoto, einem Fernsehbild, das einen Berliner Bären im Plüschkostüm tanzend zeigt, gesehen irgendwo auf der Welt, bin ich vielleicht mehr zu Hause als auf einem deutschen Bahnhof. Zumindest kenne ich die Plausibilität hinter der Musik oder dem Bild vielleicht besser, als es die heimischen Tuareg tun, die so gezwungen werden, die mediale Geschichte des Westens zu bewohnen.

Der eisklare Neujahrstag in der Voreifel hatte einer Frostnacht Platz gemacht, als ich zur ersten Verabredung des Jahres aufbrach. Brigitta hatte den Jahreswechsel nicht mit uns feiern können. Sie war Krankenschwester und akzeptierte den Feiertagsdienst auf der Kinderstation, der besonderen Stimmung wegen, und weil sie gerne zugegen war, wenn die Kinder in ihr neues Jahr schauten, wie sie sagte.

Als ich ins Schwesternzimmer trat, trug sie noch ihren weißen Kittel, sogar das Häubchen und das Namensschild am Revers. Ich war Student im ersten Semester und nannte Brigitta damals meine »Romanze«. Ihre Gutherzigkeit war einschüchternd, die runden Augen in dem sommersprossigen Gesicht mit den etwas trotzigen Lippen waren es nicht minder. Aber erst, wenn sie Kittel und Häubchen ablegte und der braune Wollpullover über den massigen Brüsten erschien, hatte sie plötzlich einen Körper.

Wenn ich sie dann ein wenig zu lange im Arm hielt oder der Begrüßungskuss verbindlich wurde, begann sie schwerer zu atmen, und ich war ihr wieder nicht gewachsen. Für sie lag der Körper als Gegenstand der Medizin auf einer Achse mit dem Körper als Gegenstand der Lust. Für mich existierten die beiden nicht einmal im selben Milieu. Manchmal schenkte mir Brigitta Zeichnungen, auf denen Mädchen groß und rundlich standen, eine Sonnenblume hielten und die Haare zum Dutt hochgesteckt hatten. Ich sah diese Zeichnungen, ihre Unschuld und Körperlichkeit, als Inbegriff einer mir unzugänglichen schönen Welt.

An diesem Abend also trat ich ins Schwesternzimmer und fand Brigitta allein. Vom Etikettieren einer kleinen Sammlung Plastikdöschen blickte sie zwar auf, ließ sich auch auf die Wange küssen, doch abwesend, mit stillgelegter Sinnlichkeit. Fast hätten wir das neue Jahr vergessen. Aber dann lagen wir uns doch kurz im Arm, und bedrückt von der Gegenwart wünschten wir uns etwas diffuses Gutes für die Zukunft. Sie sagte »unsere Zukunft«.

Wir würden also einen stillen Abend haben. Ich setzte mich an den quadratischen Resopaltisch, an dem sie inzwischen mit dem Aufziehen einer Spritze beschäftigt war, und legte meine Hand auf die ihre. Sie fing sofort an zu weinen.

Es ging um den Jungen Tom, einen achtjährigen Kerl, so brütend wie sie selbst. Als ihren Schutzbefohlenen hatte sie ihn angenommen, seit man ihn unlängst mit einem Hirntumor eingeliefert hatte. In wolkigen Begriffen war ihm zuerst erklärt worden, dass er krank, sehr krank sei. Damit konnte er nicht viel anfangen, fühlte er doch weder Schmerzen noch andere Einschränkungen. Aber in der kurzen Zeit, die folgte, hatte er die Krankheit als inneren Adel angenommen, schritt nun mürrisch über die Flure und verlangte schleunigst seine Entlassung.

Am Tag meines Besuchs war Brigitta die Aufgabe zugefallen, dem Jungen die Wahrheit über seine Krankheit zu sagen. Sie hatte die Tür geschlossen, sich auf seine Bettkante gesetzt und das Wort »Krebs« in den Raum gestellt. Als Tom weiter ungerührt in ihr Gesicht stierte, hatte sie »unheilbar« gesagt, und als er sie immer noch ansah, als suche er in ihren Zügen eine Wegbeschreibung, als ihr also klar wurde, dass er mit ihrer Rührung so wenig wie mit allen Worten anfangen konnte, gab sie auch noch die letzte Information preis, die ihr die Ärzte mit auf den Weg gegeben hatten: Noch drei Monate würde er leben, mehr könne ihm kein Mensch versprechen.

Tom war ans Fenster gegangen und hatte die Fabrikate zweier Autos genannt, die inzwischen neu auf dem Parkplatz erschienen waren, und Brigitta verließ den Raum. Als sie an dieser Stelle der Erzählung angekommen war und sich gerade die Tränen mit den Knöcheln aus den Augen wischte, öffnete sich die Tür, der Junge erschien in seinem Pyjama und stellte verstockt und vorwurfsvoll fest:

»Mir ist langweilig!«

Kein Satz hätte in diesem Moment tiefer fallen können, und so fühlte ich mich augenblicklich für den Jungen verantwortlich. Ich dachte an die unbetretene Schneefläche, vor der wir am Mittag umgedreht waren, nahm Tom bei der Schulter, führte ihn in sein Zimmer und legte mich neben ihn auf sein Bett. Solidarisch blickten wir zur Zimmerdecke hinauf. Wie viel ungenutzte Wirklichkeit – die Landschaften, die Schwimmbäder, die Klamotten, die Jahrmarktgeräte, die Theater –, was stand nicht alles zur Verfügung und würde bis an sein Lebensende vergeblich existieren, da er das alles doch niemals kennenlernen sollte. Wir lagen auf seinem Totenbett, und ich wusste nicht: Wäre es besser, ihn in der engen Welt seiner Wirklichkeit zu lassen, oder sollte ich versuchen, ihm Fenster aufzustoßen und die Welt weit zu machen? Sollte ich sagen, dass er nichts verpassen werde, oder sollte ich ihm ersetzen wollen, was immer fehlen würde?

Sein Leben – von einer Lebensreise konnte man ja kaum sprechen – ging zu Ende, und ich fragte mich: Wohin wäre er gereist? Wo angekommen? Was hätte ihn getrieben? Was hätte er allein erfahren? Wo wäre ihm zugestoßen, was man eine »Selbstbegegnung« nennt? In einem Raum voll feuchtwarmer Luft vielleicht, unterlegt mit den Geräuschen von Autohupen, kalt blasenden Klimaanlagen, kleinen Rum-Räuschen? Welche Bilder hätte die Erinnerung versammelt: lange bunte Fingernägel, die Neigung eines Kopfes, der sich auf einem Arm ablegt? Vielleicht wäre er aus dem Warten hinausgereist, dem Schweigen, der freien Bewegung, dem geborgten Selbstverlust, einem anderen Zeitgefühl entgegen.

So lagen wir nebeneinander auf dem Krankenhausbett und blickten diese kalkweiße Decke an, das monotone und vermutlich letzte Bild, das sein Bewusstsein erreichen würde.

»Komm, wir reisen«, sagte ich.

»Wohin?«

»Wohin du willst.«

»Wirklich?«

»So wirklich, wie es geht.«

Diese Einschränkung musste sein, denn plötzlich fand ich mich an der Stelle aller von Phobien, Idiosynkrasien, Zwangsvorstellungen und Marotten geplagten Stubenhocker und stellte mir deren Grundfrage: Wie ist unter der Voraussetzung des Reisens ein Zuhausebleiben möglich? Also erzählte ich Tom von dem Dänen Sören Kierkegaard, der mit dem Vater im Wohnzimmer die Sonntagsmittagsspaziergänge nachstellte, die sie in der Stadt hätten wirklich machen können. Sie grüßten die Bürger rechts und links, dachten sich kleine Konversationen aus, staunten vor einem neuen Gebäude.

Ich erzählte Tom von Xavier de Maistre, einem französischen General, der 1790 wegen eines Duells zum Stubenarrest verurteilt worden war, weshalb er nicht mehr wie früher schon einmal mit der Montgolfière entkommen konnte.

»Was ist eine Montgolfière?«

»In Freiheit hätte er einen Ballon bestiegen und wäre auf und davon gewesen. So ist er stattdessen durch sein Zimmer gereist und hat die Abenteuer, die er da erlebte, aufgeschrieben, die Überquerung des Teppichs, die Besteigung des Sofas. Und nach ihm haben sich dann immer mehr Leute auf Reisen begeben durch ihr Zimmer, ihre Handtasche, ihr Haus oder ihr Zelt.«

»Das ist gut«, sagte Tom. »Ich möchte auch reisen.«

»Und das wäre dann wohin?«

»Ans Ende der Welt!«

»Das Ende der Welt ist eine Erfindung«, sagte ich. »Sie hat kein Ende.«

»Das will ich nicht.«

»Du kannst ja immer noch für dich allein entscheiden, wo deine Welt endet, also, wo sie dir so vorkommt.«

Ich malte ihm Landschaften ohne Schauseite aus, solche, in denen nichts beginnt und die sich vom Betrachter regelrecht abwenden, so dass man wie auf der Rückseite einer Stickerei die Fäden heraushängen sieht. Ich malte ihm Situationen aus, in denen man sogar immer tiefer in solche Gegenden vordringt, tiefer in die Fremde, die nicht fremder wird, nur ferner. Eigentlich meinte ich Landschaften, die wie die Zimmerdecke waren, Toms Ende der Welt. Doch kein Wort darüber. Stattdessen erzählte ich ihm von den Spuren im Schnee, der Stelle, wo alle Schritte innehalten und man auf die unberührte, von keinem Fuß getretene Erde sieht, abgestoßen vom … Aber da war er schon eingeschlafen.

Als Brigitta kam, um nach uns zu sehen, legte ich den Finger auf die Lippen. Doch so unbeeindruckt Tom von seinem Sterben wirkte, so gelähmt war ich selbst von der bewusstlosen Gegenwart des Todes in diesem eigensinnig in sich verschlossenen Jungen. Im Gedanken an die Welt, die er nicht sehen würde, fielen mir auch Bilder von Schauplätzen ein, in die der Tod eingegriffen hatte, leere, aufgegebene Landstriche, Sterbeorte, Szenerien des Abschieds, lauter Plätze, an denen die Welt eben nicht rund ist, sondern endlich. Es sind Gegenden, in die man eintritt und weiß, dass hier etwas abgeschlossen ist, und diesem Ende wohnt kein Anfang inne. Nicht du, nicht hier, nicht jetzt, sagen diese Landschaften, und: Du bist der Falsche. Du kannst mir nicht in die Augen sehen.

Irgendwann ging ich zurück ins Schwesternzimmer, um mit Brigitta in den ersten Abend des Jahres hinein aufzubrechen. Sie saß immer noch da in ihrem Schwestern-Habit und blickte geradeaus in eine wartende Partie Patiencen.

Gibraltar.
Das Nonplusultra

Das Hotel, in dessen 20. Stock ich hinter der Gardine sitze, um die Stadt Tokio zu belauern, heißt »Jahrhundert«. Alles ist epochal hier, das Frühstück heißt »Jahrhundert-Frühstück«, der Pool »Jahrhundert-Pool«, und einen »Jahrhundert-Andenkenshop« gibt es auch, falls ich dies Jahrhundert je wieder vergessen sollte.

Die Hochbauten gegenüber stecken im Boden wie von innen beleuchtete Chitinpanzer ausgestorbener Insekten. In den auf und nieder rasenden Fahrstühlen gibt es Schnittblumen, und Julio Iglesias wird ewig schmachten »Amor, Amor, Amor«. Auch hier. Die Liebe ist unausweichlich.

Das ist schön und schrecklich, denn während von der Liebe geschnulzt wird, wirken die Paare lieblos, und die Masseurinnen, die noch lange nach Mitternacht gebucht werden, können auch ein Lied singen von der Liebe, aber ein anderes. Einer begegne ich im Fahrstuhl. Sie prustet, reibt sich die Arme und schüttelt den Kopf. Das bezieht sich auf einen Kunden.

Nach Mitternacht auf dem großen, leeren Platz vor dem Neuen Rathaus, mitten auf der muschelförmigen

Piazza mit ihrem römischen Mussolini-Prunk, steht ganz allein ein Mädchen und fotografiert mit ihrem Mobiltelefon den Vollmond. Für wen? Gibt es jemanden unter den dreißig Millionen im Großraum von Tokio, der heute nicht zum Nachthimmel hinaufblicken kann? Einen Kranken? Gefangenen? Unterirdisch Arbeitenden? Einen U-Bahn-Kontrolleur, eine Hostess, einen Bräutigam im Bankettsaal einer der großen Hotelkeller? Oder wird der Mond gleich vom Display über die Landesgrenzen geschickt, vielleicht sogar über den Ozean bis nach Europa, wo er noch nicht aufgegangen ist, aber jetzt acht Stunden zu früh auf einem anderen Display eintreffen wird?

Diese junge Frau könnte ihn ihrem Liebsten schicken und schreiben: Hier, meine Freude, schicke ich dir schon mal den Mond, unter dem du in ein paar Stunden schlafen wirst. Amor, Amor, Amor ... Das Mädchen kichert, dass es von den Marmorwänden perlt. Als ich näher komme, geht sie schnell davon, den Mond fest eingepackt. Der Ort könnte nicht einsamer sein.

Ich kenne keine Stadt, über der das Licht so grau aufgeht wie über Tokio, der einzigen Stadt, die aus dem Anthrazit kommt und auf den Betonflächen langsam, langsam aufklart, heller wird, mausgrau, staubgrau, flanellgrau, fahl, dann licht. Graue Mauern werfen das graue Licht grau zurück, mehr Schattierungen seift der Frühnebel hinein. Auch der Dampf aus den Klimaanlagen mischt mit. Jetzt treten die Werbe-Laufschriften heraus, jetzt die in die Fassaden gesäbelten Schriftzeichen, jetzt Billboards und Transparente.

Drei Tage später darf ich sagen: Der Himmel war immer schön. Keine Wolke blieb, und Sorgen gab es nur im Traum. In den Fenstern der Büros standen um vier Uhr nachmittags die Angestellten zu Fitnessübungen. In den Fenstern der großen Hotels brannten um drei Uhr früh nur noch die Lichter der Jet-Lag-Patienten. Bis vier Uhr früh sind sie allein es, die wachen. Um sechs ging ich zum Frühstücken und aß Spaghetti, danach »Arme Ritter« zu »Jahrhundert-Instant Kaffee«.

Und auf den Straßen? Randvoll sind Gassen, Brücken, Bahnen, Läden, Bürgersteige, Toreingänge, Verkehrswege aller Art mit sechzehnjährigen Mädchen, alle gleich hoch, alle gleich blass, alle gleich alt. Als sei eines Tages eine gigantische *Golden Shower* über der Stadt niedergegangen, eine kosmische Befruchtung, die im nämlichen Augenblick Millionen Frauen schwängerte, die alle im selben Augenblick kleine Mädchen hervorbrachten, in die gleichen Röckchen, Schühchen, Blüschen hineinwachsend.

Ihre Stimmen plärren, wenn diese Novizinnen im Hof der gleichaltrigen Freundinnen, ihrer Millionen Freundinnen, daherkommen. Eine trägt eine Baskenmütze, eine andere eine Baseballkappe aus Sandpapier. Dämchen in Matrosenanzügen sind dabei, Uniformierte im Dienst großer Kaufhäuser. Gemeinsam verschwinden sie in einem westlichen Dekor, »Das Brot-Restaurant« überschrieben, wo man sich an der Theke aus fünfzehn Brotkörben bedient, Sesambrot, Kürbisbrot, Zwiebelbrot, Tangbrot, Algenbrot, Brotbrot.

Andere verteilen Papiertaschentücher mit Werbeaufdrucken auf der Straße oder wieseln mit indischem Curry zwischen gekachelten Wänden herum, in Schwarzwald-Kostümen, mit gestärkten Schürzen und weißen Schleifen im Kreuz. Und so weiter.

Die Ordnung auf der Straße hat etwas Kultisches. Selbst die Elenden mit der Sozialfunktion »Bettler« liegen in Kartons brav nebeneinander. Mal steht »Made in the Phillippines« darauf, mal einfach »Enjoy« oder »Bananas«. Im Innern sieht man die Bettler auf dem Rücken liegen und gegen die Kartondecke stieren. Die ist unbeschriftet. Auch die Ordnung macht traurig, auch sie isoliert.

Nach vier Tagen habe ich kaum vier Sätze gesprochen. Einem Fremden in die Augen zu sehen gilt als unhöflich. Man könnte unsichtbar sein und würde es kaum merken. Julio Iglesias singt immer noch im Aufzug, allmählich singt er mich knieweich. Bei Einbruch der Dunkelheit sammeln sich die Mädchen und die Jungen, die Liebenden, die Sehnenden und Schmachtenden, am Hachikō, dem Denkmal des treuen kaiserlichen Hundes. Treu? Nicht einmal fünf Prozent aller Tiere sind monogam. Aber ich sitze hier richtig, mit gutem Blick auf die erfüllten und die vereitelten Liebenden, und hätte gerne auch so etwas.

Also zurück in den 20. Stock des Hotels, wo ich an der Fensterfront des Zimmers klebe wie ein Herbstblatt. Die Nacht kommt nieder mit ihren Versprechen, mir fallen gerade nur unerfüllte ein, unerfüllbare. Erst fehlen Menschen, dann Stimmungen, Atmosphären, Flüchtiges, Beiläufiges. Der in der Wagentür eingeklemmte Mantelzipfel fehlt, der neben den Mund geführte Löffel.

Am nächsten Abend wird die Angst vor der Einsamkeit physisch. Sie fühlt sich wie Platzangst an. Man gibt dem Kopf Befehle. Sie lassen ihn das Gegenteil tun. Man sagt sich: Du bist unter Menschen. Aber im Gefühl kommt nur das Selbstbild des einsamen, wunderlich werdenden Fremdlings an, der nur unter *einem* Blick so fremd werden kann, dem eigenen.

Am dritten Abend nahm ich den Hörer in die Hand und rief in Hamburg an.

»Christa«, sagte die Stimme, klang aber wie »basta«.

»Christa, ich bin's«, sagte ich so gelassen wie möglich.

Ihre Stimme nahm meinen Tonfall auf: »Ach du!«

Erwartet hatte sie einen Vielversprechenderen. Doch immerhin hatte ich vor gut zwei Wochen auf dem Fußboden ihrer kleinen Wohnung in Altona gesessen, hatte ihr und ihren Terry-Caillier-Platten zugehört, und sie hatte sich, während die Musik die Liebe als große Schnulze instrumentierte, über die unvorhersehbaren Schwierigkeiten bei der Produktion eines Dokumentarfilms ausgelassen. Die Erzählung dazu war so verästelt, dass ich alle Zeit hatte, ihr Gesicht zu studieren, dieses großzügige, sommersprossige Gesicht mit der breiten Stirn, dem zu großen Mund, dem Ich-kann-dir-Dinge-zeigen-Blick. Meines Schweigens wegen hatte sie mich am Ende des Abends einen guten Zuhörer genannt – der ich nicht gewesen war.

Ihr Dokumentarfilm behandelte die »Doomsters«, Menschen, die den Weltuntergang voraussehen und mal panisch, mal esoterisch, mal verschwörerisch, mal sachkundig und rational reagieren. Christa hatte an diesem Abend ein ärmelloses Leibchen getragen, so dass ich zum ersten Mal ihre breiten Schultern betrachten konnte. Ihr Rock lag drei Handbreit über den Muskelkissen ihrer Oberschenkel, ihre Füße hatten in diesem Sommer wohl noch keinen Schuh von innen gesehen.

Sie redete und redete, und ihr Filial-Ich, das berufliche, fiel dabei dauernd in den Berufsjargon. Immerzu klingelte es von »man macht und tut …«, »und … und … und …«, »ich sach: so siehstu aus«, »das war ohne Worte, abolutes No Go!«

So war sie nicht immer, nur in der Nähe der Arbeitswelt. Ich fragte:

»Glaubst du noch an deinen Film?«

»Nicht tausendprozentig.«

Sie stellte sich ans Fenster und blickte schweigend in die Nacht, die in diesem Augenblick von keinem nahen Licht erleuchtet wurde.

Da legte ich meine Hand auf die nächste Flasche Soave und fragte: »Sollen wir sündigen?«

Sie drehte sich zu mir um, in ihrem Gesicht halbwarmes Interesse. Dann mit Blick auf die Flasche:

»Wieso soll Alkohol Sünde sein? Sind Trauben Sünde?«

»Leg sie ein paar Jahre hin, trink sie, schon sind sie Sünde, oder?«

Noch vor Mitternacht war ich aufgebrochen, entlassen

aus dem Gespinst der Bilder, die sie von sich entwarf – Bilder der gleichzeitigen Selbstüberschätzung und -unterschätzung, professionelle und rührende Bilder, bürgerliche Stereotypen und lose Enden, wie die Vorstellungen, die dem Wort »sündigen« hinterherflatterten. Aber immerhin, es blieben die Enden. Außerdem hatte ihre Stimme etwas so Ruhiges, Nächtliches, und ihr Blick ruhte manchmal so lange gedankenlos in dem meinen, bis sie aufschreckte und sich daraus löste.

Genau so war jetzt ihre Stimme.

»Warum rufst du an? Ist was Besonderes?«

»Nichts Besonderes«, sagte ich. »Ich hab nur an dich gedacht.«

»Einfach so?«

»Ich hab einen Satz für dich gefunden. Hör mal: Wer jetzt noch eine Welt hat, mit dem muss sie untergehen.«

Pause.

»Und da hast du an mich gedacht?«

»Schon.«

»Wegen des Films?«

»Auch.«

»Sagt mir jetzt erst mal nichts.«

Wir redeten besser und ruhiger als damals in ihrer Wohnung. Es gab mehr lose Enden, freie Wertigkeiten, spontane Konjunktionen, und mancher Satz war nichts weniger als eine Berührung. Eigentlich redeten wir zum ersten Mal.

Nach zwanzig Minuten musste Christa das Haus verlassen.

»Wie schade«, sagte ich.

»Ebenso. Wo bist du?«

»In Tokio.«

Sie zögerte keine Sekunde:

»Magst du morgen noch mal anrufen?«

Ich versprach es. Am nächsten Morgen begann ich, den Werktag wegzuräumen, der zwischen mir und ihrer Stimme lag. Schon in Folge meiner Erwartung hätte das Telefonat schiefgehen müssen, aber sie meldete sich mit:

»Ich bin ganz bei dir.«

»Christa!«

»Bist du noch in Tokio?«

»Genau da, und es ist fremd.«

»Schön fremd?«

»Fremd fremd.«

Sie brauchte keinen Anlauf, kein Warmwerden. Gleich war sie mitten in unserer Sphäre.

»Was siehst du von deinem Fenster aus?«

Ich stellte mich über die Stadt: Da lösten sich die Autos in Schüben von den grünen Ampeln, da schlief jemand auf der Fußgängerbrücke, da trug ein Geschäftsmann zur Aktentasche einen Helium-Ballon. Einzelne Bürofenster waren nicht nur erleuchtet, man sah auch Menschen dahinter, gekrümmt in ihre Arbeit, andere in Rumpfbeugen.

»Weiter, gehen wir auf die Straße!«

Ich führte sie nach Shinjuku, wir gingen essen, durchquerten einen Park mit Terrakotta-Büsten in Rot, besuchten eine Pachinko-Halle.

»Zeig mir einen besonderen Ort!«

Ich führte sie zum Hachikō-Denkmal.

»Was für Leute kommen dort hin?«, wollte sie wissen.

»Die Liebenden«, sagte ich. »Hier treffen sich die Liebenden.«

»Die glücklichen?«

»Glückliche und unglückliche.«

»Ich glaube, ich habe Japan über seine Pornographie kennengelernt«, bemerkte sie.

»Als Frau!«

»Ich hab einen Film drüber gedreht.«

»Warum?«

»Mich interessiert die heimliche Welt, die Welt des Heimlichen. Die USA und Japan sind die perversesten Länder. Die einen sind so prüde, dass es ihnen heimlich nicht dreckig genug sein kann, die anderen sind so verdorben, dass sie es heimlich so kindlich wie möglich mögen. Nein? Diese Faszination von Brillenträgerinnen, Krankenschwestern, Schulmädchen, Unschuldslämmern. Sie sind doch besessen von der Unschuld in Japan, oder?«

»Ich glaube schon, aber auch vom Ritual, von der Inszenierung: Sie lieben Rollenspiele, inszenierte Vergewaltigungen, die Drohung des Erwischtwerdens. Sie machen es auf öffentlichen Plätzen und in Limousinen, aber vor allem soll es aussehen wie eine Leidensgeschichte.«

»Schamhaft schamlos.«

»Was hast du an?«, fragte ich.

Die Fenster reichten bis zum Boden, ich stand im dunklen Zimmer über der Straßenschlucht. Aber eigentlich horchten wir von zwei Seiten der Erde in den Raum hinein, der zwischen uns lag, unseren Kokon. Ich sah sie vor mir, ihr gutes Gesicht, die breiten Schultern, die dunkelblonde Mähne, die großen Hände, die selbstvergessen an etwas herumspielten.

»Es ist schön, mit dir zu telefonieren«, sagte ich.

»Ja, es tut gut«, erwiderte sie, und wir ließen das Schweigen im Raum hängen.

»Es fühlt sich an wie zwischen zwei Unbekannten, die zufällig in einem Zugabteil sitzen und ins Gespräch kommen.«

»Genau.«

»So sollten wir mal reisen, tagelang in einem Zug, bloß im Zug, einander gegenüber, im Abteilwagen«, sagte ich.

Am Ende hatten wir eineinhalb Stunden telefoniert und waren verabredet. An einem Abend in zehn Tagen würde ich im Hamburger Dammtorbahnhof stehen, um mit dem Zug auf und davon zu fahren, mit Christa, wenn sie käme, ohne Christa, wenn sie inzwischen anders entschieden hätte. Sollten wir aber zusammen reisen, das stand fest, würde es nicht darum gehen, irgendwo anzukommen, sondern darum, die Zugfahrt miteinander zu teilen.

»Aber du musst mir verraten, was ich einpacken soll«, sagte sie.

Dann überließen wir uns beide der stummen Betrachtung unserer Möglichkeiten und verabredeten, bis zu unserer Abreise nicht mehr zu telefonieren.

Von diesem Moment an kam ich mit Tokio gut zurecht. Am Sonntagnachmittag schlenderte ich durch Roppongi und fand das Gewünschte: die erkalteten Reste der Nacht, übernächtigte Frauen an der Seite desinteressierter Männer. Der amerikanische Swing der letzten Jahre lag in der Luft, Lounge Music plauderte hinein, von Zeit zu Zeit sirrten die Saiten rund um chinesische Dim-Sum-Lokale und jagten die pentatonische Tonleiter auf und ab. Brasserien atmeten den Geruch des Putzwassers aus.

An einer Straßenkreuzung zwischen den Nüsse-Verkäufern und den Zeitschriftenhändlern stand isoliert eine Zwanzigjährige mit kastanienrot gefärbten Haaren im Bob-Schnitt. Vor ihrem Bauch hielt sie ein Schild mit japanischen Schriftzeichen, darunter die Übersetzung auf Englisch: »Slave«. Eine Künstlerin? Eine Prostituierte? Unter ihrem Arm klemmte ein Bildband über Audrey Hepburn. Schamhaft schamlos. Es war Sommer, und meine Vorfreude auf Christa unterlegte alle Wahrnehmungen mit Wohlwollen.

An einem Abend gut eine Woche später stand ich mit Tickets, leichtem Gepäck und einer Flasche Champagner in einer Plastiktüte am Ferngleis des Hamburger Dammtorbahnhofs. Eine Viertelstunde vor der Abfahrt war keine Christa im Bahnhof und zehn Minuten davor auch nicht. Aber fünf Minuten ehe der Zug einlief, erschien sie mit einer großen Reisetasche am oberen Treppenabsatz und hastete in meine Umarmung.

Im Schlafwagenabteil nach Paris tranken wir den Champagner. Wir küssten uns ein bisschen, damit die Verhältnisse klar seien, und später noch einmal, als Christa in der Nasszelle ihren blassblauen Pyjama angelegt und anschließend das obere Bett gewählt hatte, so dass ich sie im Stehen so küssen konnte, dass ihr Kopf im Kissen versank. Dann konnte ich, auf dem Rücken liegend und in das Blaulicht der Nachtbeleuchtung starrend, vor meinem inneren Auge sehen, wie sie ebenso auf dem Rücken lag und in das Blau der Nacht starrte, während wir von dem Schaukeln und Rattern eingeschläfert wurden. Am Morgen schlug der Schlafwagenschaffner mit einem Vierkantschlüssel an die Tür, und Augenblicke später baumelten schon Christas braune Füße vor meinen Augen. Bei ihrem Anblick war das Feriengefühl grenzenlos.

In Paris verließen wir den Gare du Nord für ein Frühstück an der Place Napoléon III., bestellten Speisen aus der Vitrine, Kaffee, Citron pressé und blinzelten gleichermaßen in die Sonne und den Verkehr. Christa zog ihren Pullover über den Kopf, cremte sich die Arme ein, schenkte ihr Croissant einem Bettler, nannte Paris die »Stadt der Liebe« und sah mich kühn an.

Der nächste Zug verließ den Bahnhof in südlicher Richtung. Wieder saßen wir einander gegenüber auf den Fensterplätzen, bereit, ganz Frankreich zu durchqueren.

»Der Weg ist das Ziel«, floskelte sie.

»Aber wir sind ziellos.«

Wir sahen uns in die Augen oder sahen in die Landschaft oder sahen in der Reflexion der Scheibe durch die Augen in die Landschaft oder durch die Landschaft in die Augen. Reden mussten wir nicht viel. Es reichte die Überzeugung, diese Reise aus den gleichen guten Gründen zu tun.

Warum nämlich? Um einzutauchen in jenen Zwischenraum, der dem Luftraum entsprach, in dem wir uns telefonisch getroffen hatten. Es ging nicht um Orte oder um Ortswechsel. Es ging um die Reise in ihrer unfassbaren Flüchtigkeit. Die Schauplätze zogen vorbei, alte Poststationen, ein Bahnhofbuffet, ein Vorplatz, ein Denkmal, ein Brunnen für die Wartenden der Anschlusszüge. Hinter den Bahnhöfen öffneten sich die Siedlungen, hinter den Siedlungen Zwischenlandschaften, die immer nur gestreift wurden, doch voller Menschen in Durchgangsstationen waren, kommende Gehende, noch in den Bewegungslinien Verfangene.

»Was ist das nur?«, fragte Christa, indem sie die Augen nicht von der Landschaft löste. »Warum werden die Menschen so sehr vom Lieblosen angezogen? Von liebloser Architektur, gedankenlosen Konventionen?«

»Lass sie doch. Erfahrungsleere ist so erholsam.«

»Nicht immer alles so schwer, so bedeutungsvoll, so gemeint? Vielleicht.«

»Lass sie doch einfach ein wenig pointillistischer leben.«

Ihr Blick inventarisierte die Landschaft. Bis in den Nachmittag waren ihre Themen vor allem: Was sehe ich, was höre ich, was bewegt sich? In der Dämmerung fragte sie eher: Was bewegt mich, was fehlt mir, was ist fern, was unwiederbringlich?

Sie war eine Weitsichtige: Was noch fern war oder schon wieder verabschiedet, das sah sie scharf. Was aber nah war, was sie unmittelbar umgab, das konnte sie nicht genau erkennen und hüllte es deshalb in Stereotype. Ihre

Rhetorik war leidenschaftlich in der Erwartung und im Abschied, also bei den Dingen, die noch nicht sind, und bei jenen, die nicht mehr waren. Was tun mit uns? Zunächst reisten wir aufeinander zu, um die Nähe, die wir in der Ferne empfunden hatten, mit körperlicher Gegenwart zu beleben, aber allmählich wuchs der Verdacht, dass wir am Ende einen Platz leer finden würden. Ja, wir reisten voller Verlangen, doch verlegen, weil jetzt ein Körper saß, wo ein Phantom gewesen war.

In der ersten Nacht wählten wir ein Zimmer im Gasthof schon an den Ausläufern der Pyrenäen – mit dem gekachelten Boden einer Mönchszelle, kalt und sauber, ohne warmes Wasser, mit durchhängenden Matratzen und filzigen Kunstwolldecken auf dem Bett, darin Brandlöcher und Mottenpulverreste.

Abends traten wir in den Gastraum durch einen Flattervorhang aus bunten Plastikstreifen. Dahinter saßen die Männer schon beim Kartenspielen wie hinbestellt: stehengebliebene Bilder, in denen sich die Zeit weigerte, weiterzuziehen, und auch die Fremden, die hier eintraten, machten das immergleiche Gesicht.

Am nächsten Morgen lösten wir Fahrkarten bis Tanger, Marokko. Auf unseren Plätzen, einander gegenüber, waren wir immer weit mehr bei der Landschaft als bei einander. Das sollte so sein. Statt uns zu viel von uns zuzumuten, verloren sich die Blicke lieber stumm zwischen Mischwäldern, leerstehenden Bahnwärterhäuschen, rostenden Streckenfahrzeugen, blühenden Agaven und Spiräen. Wartesäle der zweiten Klasse trieben vorbei, Silos,

Garagen, Baumschulen, und manchmal sah ich in Christas versonnenes Gesicht und fand, dass es durchlässig sei und anziehend.

Schleichend hatte sie sich auch in diesen Landstrichen vollzogen: die Ghettoisierung der Provinz. Da schlossen sich die Wagenburgen des sozialen Wohnungsbaus, der Fremdarbeiter-Siedlungen, in denen man von den Schaufenstern ferner Fußgängerzonen träumte, mit ihren Export-Import-Läden, den Gemüsegroßhändlern und Baustoffmärkten. Dazwischen tauchten sie auf und ab wie in einem Mobile, die Gesichter der Verzweifelten, der Schwervermittelbaren, der Bratwurstwender. Ihre Gesichter sahen aus wie leere Kinderwagen, und manchmal erschien dazwischen jemand, der sich durch den Anschluss an die internationale Sonnenbrillenmode Individualität zu geben versuchte.

Einmal hob Christa den Kopf von der Lektüre der »Traumpfade« Bruce Chatwins, und ich holte Atem:

»Jetzt würde ich dir gerne etwas Liebevolles sagen.«

Ihr Blick flog, noch befangen von der Lektüre, über die Landschaft: »Sag's mir später.«

Später, das heißt fünfzig Kilometer weiter südlich, nahm sie den Walkman kurz ab, schüttelte den Kopf, sah mich mit zusammengezogenen lotrechten Falten über der Nasenwurzel an und meinte kritisch: »Mozart ist mir manchmal ein bisschen zu ornamental!«

Danach senkte sie die Augen wieder auf das Papier.

»So wie die Traumpfade?«, fragte ich.

Ihr Blick blieb auf dem Papier, als sie sagte:

»Du redest ein Blech!«

In der nächsten Nacht schliefen wir in einer spanischen Spelunke gleich bei einem Dorf im Nirgendwo. Die Fenster gingen über den Bahndamm hinaus, und man blickte in das mit Blau und Dunkelblau, mit Blauschwarz und Schattenblau verhängte Firmament, konturiert von der hügeligen Horizontlinie. An unserem kleinen Zimmer-Waschbecken wusch sich Christa mit einem Frotteefäustling die Scham, indem sie unter dem Nachthemd zwischen den Beinen herumfuhrwerkte.

Draußen gingen die Lichter an, Schwalben surften bis zuletzt zwischen den Häusern, und eine einzelne Mücke schwang sich ins offene Fenster. In der Ferne kamen Autolichter schlängelnd eine Bergstraße herab, als kehrten sie heim von außerhalb, aus einer Welt, die nur das Stadtpflaster kennt. Gegenüber fegte eine Frau ihren Balkon und schlug eine Fußmatte aus, nahebei stieg ein Mädchen, das gerade gebadet hatte, in seine Hose und schüttelte die Haare vor dem Spiegel. Dann rief es heftig nach dem draußen bellenden Hund. Der ferne Autolärm rauschte nur noch.

Wir drehten das Schild an der Tür auf »Do not disturb«. Gleich war uns privater zumute. Das war es auch, als wir in unsere Betten stiegen, in das Aroma frischer, mit fremdem Waschmittel bearbeiteter Bauernwäsche. Ich griff mir Christas Rechte und bekam sie, legte meine Lippen auf ihre Schulter, und sie blieb so. Von außen waren wir ein Paar, von innen ein Arrangement. Am nächsten Tag nannte ich dies eine »Liebelei«.

»Die Liebe muss schön sein mit dir«, sagte ich sinnlos.

»Du hast die Liebe gern«, erwiderte sie. »Das glaube ich dir. Aber noch lieber hättest du sie, wenn sie nicht aus Gefühl bestehen müsste.«

Originell, aber zu kompliziert für den Augenblick.

»Warum können wir nicht wenigstens pointillistischer lieben?«, wiederholte ich. Aber da strafte sie mich mit einem verdunkelten Blick. Es war der falsche Zeitpunkt für solche Debatten, zumal wir gerade zum Bahnhof spazierten, um dort zu erfahren, dass es keinen Zug geben werde vor dem Nachmittag. Also schlenderten wir durch den Ort. Ich erinnere mich an einen großen Markt und ein kleines schwarz-bronzenes Denkmal für einen lokalen Helden. Die spanischen Bäuerinnen riefen uns manchmal vor die Pyramiden mit ihren Honiggläsern, und wir bewunderten sie theatralisch wie das große Geschäft von Kleinkindern. Da sagten uns die Marktfrauen, auch Don Quichotte sei schon durch diesen Ort gezogen.

Anschließend spielten wir in einem muffigen Verhau hinter dem Bahnhof zwei Stunden lang Flipper. Neben uns stand ein Mann an seinem persönlichen Glücksspielautomaten und schaute den blinkenden Kasten an, als erwarte er einen Liebesbeweis. Die Maschine soll bekennen, dass sie es gut mit mir meint, sagte sein Gesicht und wollte nicht wahrhaben, dass sie ihn in ihrer Ablehnung nur beflirtete, dass sie ihn neckte. Doch er dachte, am Ende wird sie sich ihm hingeben und alles ausspucken, sich nur dem hingeben, auf den sie gewartet hat. Unser Flipper-Gerät wiederholte unterdessen:

»See the clown perform his amazing tricks«, und wir jagten die Kugel durch das »Spinning Wheel«, bis die Fanfare für den Extraball ertönte.

Aus Ratlosigkeit spazierten wir über die Grenzen des kleinen Orts hinaus in die Felderlandschaft, die der meiner Voreifel-Heimat nicht unähnlich war. Man reist ja nicht nur an einen anderen Ort, sondern auch unter einen anderen Himmel. Allmählich verblasst das Zuhause. Man reist jahrelang, doch nie verblasst es ganz. Das Reisen beweist die Unzerstörbarkeit der Heimat, allerdings der verlorenen.

Es standen zwei Trecker am Wegrand, der Schornstein der Ziegelei qualmte, zwei Hühner flohen mit gereckten Hälsen, ich streckte den meinen Christa entgegen, aber die sagte:

»In so einer Landschaft küss ich dich nicht.«

Als wir nachmittags ein eigenes Abteil belegt hatten, zog sie gleich wieder die Kopfhörer über die Ohren und versenkte sich in ihr Buch. Nach einer Stunde blickte sie auf, sah eine Weile aus dem Fenster und äußerte dann versonnen:

»In diesem Land muss es unglaublich viele Nussbäume geben!«

Ich kriegte einen Lachanfall, und sie befand:

»Du wirst von Tag zu Tag unausstehlicher!«

Manchmal kehrte ich gedanklich zum Ausgangspunkt der Reise in Tokio zurück, als alles Versprechen gewesen war und die Eisenbahngeräusche, das Hereinbrausen der vom Blütenduft schwangeren Sommerluft, das Verschwinden der Lichter am Abend aromatische Wirbel gewesen waren. Jetzt fühlte ich mich eher wie der Reisende, der nicht reisen, sondern erstarren will. Es geht ihm nur um Bodenberührung, um ein Verhältnis zum fremden Raum. Er will sich um sich selbst drehen und fühlen, was ihn umfängt: spezifische Fremde, Ferne, die Unmöglichkeit, sogleich im Heimischen zu sein. Dies wäre also der Reisende, der sich bewegt, um ruhen zu können. Er berührt dauernd Umstände, die ihm das Leben schwermachen. In dürftigen Hotels starrt er an die Decke, vom Straßenlärm, von der Musik aus dem Nebenzimmer eingeschränkt. Sein Reisen verschiebt die Demarkationslinie zum Unerträglichen.

Ich sah Christa an, ihre schönen Beine in einem hellblauen Sommerrock und ihre passend hellblauen, strengen Augen, die den meinen auswichen und in denen ich immer deutlicher die Enttäuschung entdeckte, nicht nur von mir.

Gerne erzählt sie mir, was sie in der letzten Nacht oder in einer früheren Nacht ihres Lebens geträumt hat. Sie tut das ausführlich, mit einer pedantischen Liebe zum Detail, ja, sie korrigiert sich sogar. Dabei sind die meisten ihrer Träume eher phantasielos, bis auf diesen einen, in dem eine Kobra (»nein, entschuldige, es war eine Python!«) sie erdrückt hatte, und der Helmut Blüm (»der hieß wirklich so!«) hatte es einfach geschehen lassen:

»Was sagst du dazu?«

Mitten auf der iberischen Halbinsel stiegen wir aus, weil die Zugeinfahrt in eine Ortschaft aus rotem Ziegel so vielversprechend schien. Die Straßen aber schwiegen, und die Menschen schleppten sich als Träger langer Schatten durch gepflasterte Gassen. So besuchten wir die örtliche Kirche und staunten hinein in die orchideenartig aufgefaltete Blutwunde des Herre Christ, die die Gläubigen in ihre Meditation einbeziehen. Die Wunde schimmerte tief, und die Achatschichten des Blutrots färbten sich nach innen dunkel, ähnlich wie im Horrorfilm.

Auf den Plätzen sahen wir der Ausbreitung der Volkslust zu, die sich über die Spielplätze, das Fußballfeld und ein kleines Areal mit Jahrmarktsgeräten gleichmäßig verteilte. Christa nahm den verbreiteten Frohsinn duldend zur Kenntnis und formulierte einen dieser Sätze, die mit »Spanien ist ...« beginnen.

Später wählten wir mutwillig das beste Restaurant im Ort und ließen noch vor der Karte Schaumwein kommen.

»Hier wird vermutlich das Datum zum Preis addiert«, flüsterte sie und spazierte mit den Augen auf Zehenspitzen durch die Speisenfolge. Sie wird vorsichtig bestellen. Sie mag dieses Gefühl nicht, dieses unbehagliche Gefühl, sie hätte es billiger haben können. Deshalb nennt sie teure Vergnügen gern »nicht nötig«. Das sind sie in der Tat nicht, wären sie sonst Vergnügen?

Im Augenblick denkt Christa von Gericht zu Gericht nach, ob ein Essen mit diesem Namen ihre Aufmerksamkeit wert sei. Doch, entscheidet sie dann, so ein Essen will sie haben, und sei es auch nur, um es gehabt zu haben. Doch der Kellner bedauert:

»Das ist heute nicht da.«

In ihren Zügen macht sich eine Begeisterungsflaute breit. Plötzlich ist ihr das Gericht kostbar. Sie blickt nicht einmal auf, hat ihre Züge im Griff, muss aber lange nachdenken.

»Und das?«

Sie zeigt darauf.

»Es tut mir so leid, Madame.«

»Also, was haben Sie denn?«

»Sonst, bis auf die Ente …«

Ihr Lachen soll amüsiert tolerant wirken, es soll klingen nach »Wir sind ja nicht so«, doch hört es sich höhnisch an. Der Kellner sagt es nicht nur, er zeigt sich auch untröstlich.

»Macht nichts«, sagt sie. »No problem.«

Die Dienstleistungssphäre in ihr ist verletzt. Sie ist eine gute Verbraucherin und kennt ihre Privilegien. Sie akzeptiert das vorgeschlagene Gericht, als handele es sich um ein unerwünschtes Kind.

Neben dem Sorbet-Haufen liegt die halbe Ananas aus dekorativen Gründen ungeschält.

»Hier stehen so viele untätige Kellner rum«, sagt Christa auf Deutsch, mit bis zum Anschlag hochgezogenen Brauen. »Könnte nicht mal einer die Ananas schneiden?«

Zurück auf dem Zimmer, zieht sie als Erstes die Vorhänge zu. Geizig- und Privat-sein-Wollen hängen manchmal zusammen. Aus ihrem Walkman, den sie jetzt selbst im Bett trägt, plärrt mich ihre Musik an, beglückend traurig.

Manchmal verlassen wir den Zug nur für Stunden und flanieren durch einen dieser Übergangsorte, ein Schwellen-Städtchen. Dort stehen noch die Unsinnigen und Verrutschten als Losverkäufer auf den Plätzen, oder sie diskutieren die Politik. Dies sind die eigentlichen Räume spezifischen lokalen Lebens, aber bevölkert werden sie auch hier nur noch von den Querulanten, den Redseligen, Gestörten und Rechthabern.

Zwischen den Häusern zappelt sehr hoch die an einem Seilzug befestigte Trockenwäsche und dirigiert die Schatten auf dem Boden. Der Wind verwirbelt in den Silberbirken, blaue, grüne, rote Fensterfassungen protzen, der Geruch von Winter schweift durch den Hochsommer, als schliefe der Schnee schon in den Sommerwolken. Aus den altmodischen Wiesen duftet das Gras geschnitten, ohne geschnitten zu sein. Der Wald steht als ein großer steifer Gaffer. Die Wolken haben eine Schmiere wie Spermaflecken am Himmel hinterlassen, und die Farbe blättert in taumelnden Flocken von der Veranda. Es ist schön.

Einmal blieb ich vor einer Madonnenstatue stehen, die in einer Nische an der Fassade stand wie eine Wartende an der Bushaltestelle. Ihre Brüste waren die der jungen Mutter, und der Beckenschwung unter dem Kleid gab sich ausladend und suggestiv. Ich bezeichnete die bäurische Heilige auf ihrem Sockel als »fraulich«. Christa nannte mich dafür »sexistisch«, was ich lange nicht gehört hatte, was sie wiederum trotzdem zutreffend fand, was ich deshalb noch lange nicht zutreffend fand und sie aber trotzdem, das sei nun mal ihr persönlicher Standpunkt.

Ich sagte, ihr ach-so-persönlicher-Standpunkt, entsprungen einer Familie, in der die Mutter Bob Dylan mit in die Ehe brachte? Sie schwieg überlegen.

Der Motor des vorbeifahrenden Lastwagens dröhnte breit wie Bläserklang. Der Himmel trug Wühltischmode, die Luft hatte jetzt die Kühle von Grundwasser. Der nächste Zug lief ein, und noch einmal hatten wir das Abteil für uns.

»Je länger man dich kennt, desto schwieriger wirst du«, sagte Christa.

Ich entgegnete mit einer Wendung vom Schulhof: »Danke für das Kompliment, kommt ungebraucht zurück …«

Das brachte sie noch mehr in Rage. Aus Protest las ich von der ersten bis zur letzten Zeile einen Zeitungsartikel über eintausendeinhundertdreißig Frauen, denen in den USA der Weltrekord im Simultan-Stillen gelungen war.

»Mir schleierhaft, wie du es einen ganzen Tag lang mit dir selbst aushältst …«, bemerkte sie.

Das erste Surrogat für Individualität ist die Anmaßung. Wird man länger mit ihr konfrontiert, wird es einem schnell klaustrophobisch unter den stereotypen Assoziationen und Gedankenverbindungen, den unverrückbaren Geschmacksurteilen. Die Reaktionen kommen dann im Affekt.

»… und dir gelingt es nicht, hundert Meter zu reisen, ohne insgeheim mit jeder Sehenswürdigkeit am Straßenrand zu konkurrieren«, sagte ich.

Manchmal, wenn ich einsam bin oder den Arm einer

nicht mehr jungen, aber vertrauten Frau um mich wünsche, dann sehe ich so ein Ehepaar, das vielleicht seit zehn oder zwanzig Jahren zusammen ist, und ihre Blicke sind nicht mal bloß kalt oder ernüchtert, sondern interesselos. Aber dann stößt mich das nicht ab, sondern ich möchte auch so eine Frau, die mich auf diese herrische, unverbesserliche Weise ansieht, ich wünsche mir dann auch diese klimatisierte Hölle der Ehe, diese jahrelang pedantisch zusammengeschraubte Selbstschussanlage, statt meiner Einzelhaft.

»Wenn du es genau wissen willst, der Mann, der sich morgens meine Träume anhört, mit dem man ein Haus teilen, einen Garten anlegen, eine Aussicht genießen kann: Das ist meine Wirklichkeit. Von der hast du keine Ahnung.«

Sie referierte ihr Leben wie die Posten auf einem Einkaufszettel: nicht vergessen.

»Ich kenne die Wirklichkeit der wenigsten Menschen«, sagte ich matt.

Um mich zu strafen, las sie ausführlich die Menükarte für den Speisewagen. Ich nahm mir eine alte französische Zeitung, las »Schönes Wetter über der Sahara« und unter der Überschrift »Ein flaches Grab« einen Artikel über einen Diktator, der auf den Eintrag ins »Who is Who« verzichtet hatte.

Am Abend dieses Tages haben wir in einer spanischen Familienpension lautlos miteinander geschlafen. Duldsam, versöhnlich, etwas anderes meinend. In der Liebe wandelte sich ihr Gesicht vom Antlitz zur Visage und wieder zurück, und ihre flügelschlagenden Beine wollten nicht stillhalten vor Aufregung. Ich fand dies bewundernswert. Wir waren beide in die Fremdheit ihres Lebens eingetreten, um das zu bleiben: fremd, und alles, was wir miteinander tun konnten, würde die Fremdheit vergrößern, nicht die Zuneigung.

Beim Frühstück sagte Christa:

»Tanger! Das Nonplusultra!«

Non plus ultra, »Nicht darüber hinaus«, lautet die Inschrift, die sich auf den Säulen des Herkules finden soll, von ihm selbst dort angebracht. Die eine der beiden Säulen steht der Legende zufolge auf dem Felsen von Gibraltar, die andere auf dem Berg Dschebel Musa in Marokko. Andere Quellen nennen den Monte Hacho bei der spanischen Exklave Ceuta in Nordafrika als Standort der zweiten Säule. Aber das ist nicht wichtig. Wichtig ist: Die Griechen hielten diese Meerenge für ein von Herkules durch zwei Säulen markiertes Ende der Welt.

Die beiden Säulen tragen vermeintlich den Himmel. Aber was heißt das schon? »Wenn jemand meinte, die Bäume seien dazu da, um den Himmel zu stützen«, steht bei Grillparzer, »dann müssten sie ihm alle zu kurz vorkommen.«

Die Säulen des Herkules finden auch in einer Pindar-Ode Erwähnung, und im Buch Hiob, wo Gott dem Meer seine Grenzen auferlegt, heißt es:

»Bis hierher sollst du kommen und nicht weiter / hier sollen sich legen deine stolzen Wellen.«

Christa kannte sich nach allen Recherchen zu den

Weltuntergangspropheten gut mit den Mythen von den Grenzen der Welt aus.

»Platon siedelt sein Atlantis jenseits der Säulen an«, sagte sie, »vielleicht, um so ihren mythischen Charakter zu unterstreichen.«

»Es gab aber auch Autoren, die die Säulen in Friesland, sogar auf Helgoland vermuteten. Im Wappen Spaniens tauchen sie auf, und selbst die beiden Vertikal-Striche im Dollarzeichen – ursprünglich ein spanisches Goldgewichtszeichen – sollen auf die Säulen des Herkules zurückgehen.«

»Aber wenn man sagt: Bis hierher und nicht weiter«, wandte Christa ein, »hat man zwar eine Grenze gesetzt, doch zugleich alle Aufmerksamkeit auf das konzentriert, was hinter dieser Grenze liegen könnte. Eigentlich hat man damit ihre Überschreitung vorstellbar gemacht, oder?«

»Man hat die Phantasie sogar magisch auf diesen Akt der Überschreitung verpflichtet. Nacheinander wurde Sokrates, Tertullian und Epikur die Maxime zugeschrieben: ›Quae supra nos, nihil ad nos: Was über unser Erkenntnisvermögen hinausgeht, hat keine Bedeutung für uns.‹«

»Damit wäre die geographische Grenze der erkennbaren Welt zugleich eine Grenze des Erkennens.«

»Eine Grenze der Neugier«, sage ich.

Wir hatten es nicht mehr weit bis Gibraltar und dann bis zur Überfahrt nach Tanger, in die vielstimmige, vielgesichtige Vielvölkerstadt. Doch der Abend kam so rosa über die südspanische Provinz, dass wir uns nicht lassen konnten und noch einmal ausstiegen. Das war am fünften Tag. Das Hotel, ein alter Postgasthof mit Fachwerk auf der Fassade und schweren dunklen Balken im Zimmer, lag an der Stirnseite des Marktplatzes. Ich lehnte mich aus dem Fenster. Eine Frau auf dem Platz fiel mir auf. Erst wusste ich nicht, warum, dann wusste ich es plötzlich: Sie war die Einzige, die flanierte.

Am nächsten Mittag stehen wir auf dem Felsen von Gibraltar, in Sichtweite des afrikanischen Kontinents. Der kleine Ort hier, der einmal von Fischern, Einzellern und Paarhufern besessen wurde, gehört heute der Schicksalsgemeinschaft internationaler Tagestouristen und besteht aus Andenken mit Meerblick. Das Andenken ist ein billiger Bodendecker und hat die Kuppe des Hügels inzwischen so vollkommen überzogen, dass zwischen lackiertem Plastik, buntem Blech und geflochtenem Folklore-Geflügel nur ganz selten der frühere Kalksteinboden aufblitzt. Der zu bestaunen wäre. Aber schon das Meer, das gegen die Andenken brandet, trägt wieder die trübe Farbe einer Sofastickerei.

Nach Gibraltar reisen Menschen aus aller Welt, um auf der Ostseite gegen Eintrittsgeld ein Naturschutzgebiet zu betreten und auf der Westseite Souvenirs abzubauen. Anschließend überlassen sie sich gern der immergleichen menschlichen Materialermüdung, die sich auf einem Stuhl vor dem Meer manifestieren kann. Und während der apokalyptische Reiter der Langeweile am wolkenlosen Himmel heraufzieht und in den Großküchen die

Magen-Darm-Verstimmung zu tausendfachem Leben erweckt wird, schleicht sich der Tourist hinaus, um sich ein Souvenir zuzulegen, das ihn an nichts erinnern wird als an den Kauf dieses einen Souvenirs, ein Schiffchen mit dem Namenszug des Käufers, eine Flickenpuppe in Nationaltracht, ein plüschgeborenes Berberäffchen oder ein aufziehbarer Torero, der sich über den Boden bewegt wie die wandelnde Darmträgheit. Ja, Gibraltar ist ein Ort, an dem die Souvenirs an sich selbst erinnern oder an die missglückten Versuche zu verschwinden.

Im strahlenden Mittagslicht stehen wir also wirklich auf dem legendären Felsen, blicken auf den bloß ein paar Kilometer entfernten Streifen Afrika, in das Jenseits des Nonplusultra, und empfinden unsere Freiheit. Der antike Mensch durfte sich hier nicht weiterwagen. Eine Grenze wurde gezogen, ein Verbot aufgerichtet vor dem fast sündhaften Begehren, das Unbetretene zu betreten. Mehr noch, eine Warnung wurde ausgesprochen vor dem kühnen Ehrgeiz, das begleitende Risiko schultern zu wollen. Immerhin konnten ja jenseits dieser Grenze ungeahnte Kategorien des Gefährlichen liegen.

In diesem Augenblick fühlte es sich an, als käme meine Reise, die in Tokio ihren Ausgang genommen hatte, an ihr Ziel. Doch dieses hatte sich gewandelt, nicht unähnlich jener Veränderung, die auch das historische Reisen erfahren hat: Ehemals wurde die Neugierde charakterisiert durch den zwecklosen Erkenntniswillen, den Drang, einer Witterung zu folgen, ohne recht zu wissen, wovon er geleitet wird. Es war die souveräne Bewegung des Fragenden. Souverän war sie, erlaubte sie doch selbst das In-die-Irre-Gehen dieses Fragenden. Gerade an dieser Grenze zur verbotenen, zur unbekannten Welt muss sich also die Wissbegierde stimuliert haben. Der Reisende muss neben allen anderen Gefahren auch die Skepsis gegenüber der Anhäufung des Nutzlosen überwinden. Die Neugier findet ja immer auch dies. Vom eigenen Ich muss sie sich ab-, der Welt muss sie sich zuwenden und weiß nicht einmal, was sie finden wird. Trotzdem kann es geschehen, dass sie schließlich den Horizont erweitert, so wie Seefahrt und Astronomie es vorgemacht haben.

Ich erinnerte mich, auf dem Titelblatt einer Schrift von Francis Bacon das Schiff des Odysseus hinter den Säulen des Herkules gesehen zu haben. Odysseus, der bei Dante auf der untersten Stufe des Infernos zu finden ist und als Einziger nicht bereut, kreuzt als Symbolfigur der Neugier jenseits der Grenzen der bekannten Welt.

»Faszinierend, oder?«

»Aber damit ist die Grenze des Nonplusultra doch schon überwunden«, widersprach Christa.

»Genau, und deshalb lautete die Devise von Karl V. auch Plus ultra! Und das, seit klar war, dass das Nonplusultra eben nicht das Ende der geographischen Welt bedeutete. Also: Plus ultra!«, rief ich noch und schnalzte mit der Zunge.

»Dann ist dies jetzt der richtige Augenblick, dir zu sagen, dass ich hier umkehren werde«, antwortete sie und betrachtete mein verblüfftes Gesicht wie ein Exponat.

»Hat sich deine Neugier erschöpft?«

»Du hast sie erschöpft. Aber nimm's nicht persönlich.«

Stunden später nahm sie den Zug nach Madrid, wo sie bei Freunden übernachten konnte. Ich brachte sie zum Gleis, wo wir uns zum Abschied tapfer auf den Mund küssten, um nicht zu gutmütig zu enden. Am nächsten Tag ließ ich die Säulen des Herkules hinter mir, erreichte Tanger und betrat ganz allein die jenseitige Welt. Aber erst, als im Aufzug des Hotels Julio Iglesias zu singen anfing, spürte ich eine Traurigkeit aufsteigen. Es gibt kein Nonplusultra. Man kann die bekannte Welt nicht verlassen.

Der Himalaja

Im Nebel des Prithvi Highway

Heute waren die Wolken eine Sehenswürdigkeit, nicht geringer als die Berge. Von ihrem Anblick ruhte ich mich im Hotel aus, bis ich hungrig wurde. Da war es vier Uhr früh, alles schlief, und ich tappte durch die Gänge. Um halb sieben fiel mir eine Frau aus dem Aufzug entgegen, betäubt von Insektenspray. Ich hielt sie kurz im Arm. Glücklich fühlten wir uns in diesem Augenblick offenbar nur, weil das Insektenspray so stark war.

Dann die kleine Betriebsamkeit des frühen Morgens: das Plätschern des Wassers, der Strich des Reisigbesens auf dem Pflaster, das Ratschen der Rabenvögel, das Geräusch schlurfender Flipflops auf dem Stein. Der Alte, der vor sich hin monologisiert, die Sangeslust der Vögel in den Hecken. Der Hotelier tritt in den Garten und mustert seinen Besitz. Er sieht den Gast im Hof seinen Kaffee trinken. Vor die Wahl gestellt, zu schweigen oder einen sinnlosen kleinen Morgendialog zu eröffnen, entscheidet er sich, einen sinnlosen kleinen Morgendialog zu eröffnen:

»How are you today?«

Die Wahrheit ist: Der Klimakasten pustete einen

feucht-schwülen Hauch über das Bett, und das mit einem Vibrationslärm, als wolle sich die Verkleidung lösen. Das Licht funzelte. Das Bett war mit einem zweimal gebrochenen Brett unterlegt, der Bettbezug mit einer Lumpensammlung gefüllt. Ungewaschen wie es war, zog allein das synthetische Laken Mücken in Schwärmen an. An Schlaf war nicht zu denken gewesen.

»Thank you, fine.«

Kathmandu wartet im Rücken des Himalaja. Diese Stadt empfängt ihre Aura nicht primär aus dem eigenen Innern, sondern aus der Präsenz der Berge ringsum. Sie ist Stadt im Schatten, eine Versammlung von der Natur geduldeter Behausungen, so provisorisch wie kultisch, allzeit in die Gegenwart eines Höheren blickend: provisorisch, denn was ist ihre Architektur gegen die der Felsmassive, kultisch, ist die Macht der Natur doch omnipräsent als sinnliche wie als religiöse Größe. Die Ziegelbauten sind von Bambusgerüsten umgeben, mit Treppen vor den Außenfassaden. Alles ist schichtig, doppelbödig, hat einen Raum hinter dem Raum, staffelt sich ins Verborgene, Heimliche. Hinter den Gittern Blicke. In den Blicken Fragen, brütend über der in Staub gehüllten Straße.

Die Fassaden schwitzen diesen Staub aus wie das Exsudat des überhitzten Erdkörpers. Die Menschen strömen aus den Dörfern in diese Mauern. Vertreter von fünfzig zum Teil aussterbenden Ethnien kommen hierher, um zu leben. Sie führen Affen mit sich und auf dem Handkarren Stoffballen. Sie bieten Schmalzgebäck und verschimmelte Getränke an, lauter Spezialitäten ihrer Heimatregionen, und lehnen an den rostigen Gerüststangen, die Frauen mit olivfarbenem Teint, schwarzen Muttermalen, farbsatten Saris. Auf Krücken feilscht die Bettlerin um mehr Geld. Hinter den Gittern der Fenster tauchen Gesichter auf und ab, stumme Zeugen überall.

Das Herz der Stadt ist eine Tempelanlage, die sich durch das gesamte Zentrum zieht. Der muffige Geruch aus dem Flügelschlagen der Tauben ist in der Luft, es riecht wie staubiger Pelz. Manchmal klingt ein Schellenschlagen, ein Glöckchen durch den Dunst wie zum memento mori. Dann das Schlurfen der Frauen in Flipflops, das Psalmodieren und Murmeln.

Die Dachstützen ragen bleich über die Straße, die geschnitzten Knochen der Häuser. Dies könnte ein Musterdorf, ein Film-Set, ein Freilichtmuseum sein, ist aber Lebensraum: Man wohnt in den Tempeln und breitet zwischen ihnen Märkte aus. Die Wahrsager sitzen hier, die Bettler. In der Eimerkette am schwankenden Bambusgerüst werfen Arbeiter Knödel aus einem Lehm-Elefantendung-Gemisch aufwärts, wo sie dazu dienen, die Schindeln zu verkleben. Ein Mann sitzt am Fuß des Gerüsts und bläst auf einer Flöte, ein anderer sieht von hinter dem vergitterten Fenster unbewegt zu, der Liebende im Grillenkäfig. Überall Häuser im Werden, überladen und verwinkelt, als sei Neuschwanstein gemeint mit diesen Spitzendeckchen aus Giebeln, Säulen, Erkern, Friesen, Gittern, Lünetten und Verzierungen.

Der Charakter eines Landes ist auch darstellbar am Verhältnis zum Heimlichen: im Prunk, im Kult, im Architektonischen wie im Verhältnis unter den Menschen. Auch in die dunklen Blicke der Frauen, der goldgeschmückten, tauche ich nur Zentimeter tief. Dahinter verdunkelt sich alles. Nein, ich verstehe nicht einmal die Anhaftung dieser Menschen hier an die Erde und ebenso wenig ihren Blick in den Himmel. Die schönen Greisinnen in ihren Überwürfen rotzen den roten Saft der Betelnüsse auf den Boden – bloß eine Farbe mehr –, und die Bettler klappern mit ihren leeren Blechnäpfen wie zum Existenzbeweis des Hungers.

Gleich beim Tempel für den weißen Regengott wurden schon Hunderte von bunten Plastikkanistern aufgestellt: So bald erwartet man ihn bereits, den Monsun, den lange ausgebliebenen. Schon einmal hat vor ein paar Wochen die Regenzeit eingesetzt. Die Bauern kauften schleunigst Saatgut zu saftigen Preisen, so groß war die Nachfrage, sie bestellten die Felder und mussten dann zusehen, wie alles verdorrte, als sich der Monsun launisch abwandte. Nun fehlt nicht wenigen Bauern das Geld für die zweite Aussaat.

Die Schwüle fängt sich zwischen den Mauern. Die Frauen schwanken wie Lampions an den Fenstern, ein Mann transportiert drei geblümte Kopfkissen auf seinen Schultern, geschminkte Kinder fassen mit bemalten Händen in den milchigen Teint der Frauen. Wo alles bizarr ist, gibt es auch die Unscheinbarkeit des Bizarren.

Das hinduistische Heiligtum Pashupatinath ist mit seinen Tempelanlagen, den Treppen, Brücken, Kanälen,

Feuerstellen und verschachtelten Pagoden ein kultischer, ein geweihter Ort. Der Rauch, der von der Verbrennung der Toten aufsteigt, verweht über der Anlage, färbt und schwängert die Luft. Was auf der Zunge schmeckt, ist süßlich geräucherter, toter Körper.

Wir sind zu sechst, Mitarbeiter von Hilfsorganisationen und einheimische Begleiter, und als uns bewusst wird, was wir da inhalieren, wir also augenblicklich Tücher vor die Münder halten, feixen uns die Sadhus aus den Pagoden entgegen, ihrer fotogenen Attraktivität gewiss, dabei dekadent und verdorben wie die Äffchen, die auch dauernd mit sich selbst beschäftigt durch den verschachtelten Tempelbezirk streifen.

In leuchtendem Orange sitzt auch Hanuman Baba. Er ist nun hundertdrei, der älteste unter den hiesigen Asketen. Doch was ihm die Touristen für ein Foto zustecken, nehmen ihm die jüngeren, weltlicheren Sadhus meist wieder weg.

»Das macht nichts, ich brauche es nicht«, wird er sagen und es sogar meinen, der einzig Selbstlose unter Profiteuren.

Während wir reden, steigen von den Leichenverbrennungen im Hintergrund manchmal hellblaue, manchmal dunklere Wolken auf, dann spielen die Flammen mit dem Fett oder haben sich an einem Knochen festgefressen. Hanuman Baba sitzt hier lange genug, um jedes neue Sfumato auf seinem Weg in den Himmel lesen zu können. Seit 55 Jahren lebt er so, seit sechzehn Jahren auf den vier Quadratmetern seines Tabernakels, und kifft und betet, denn nirgends, sagt er, finde er solchen inneren Frieden wie hier.

»Welche Wirkung hat Ihr Beten?«

»Im Gebet sehe ich alles. Manches ist schwer zu erkennen, und manchmal sehe ich Dinge, die lange vergangen sind. Das Beste, was ich im Leben erlebt habe, habe ich im Gebet erlebt.«

»Sie waren immer so?«

»Ich war ganz anders. Aber mit fünfzehn Jahren sah ich einen toten Jungen. Da war mir klar: Auch Kinder sind etwas von Menschen Gemachtes, Materielles. Die Seele ist etwas anderes. Also wollte ich ausbrechen aus diesem Leben der Körper.«

Der wunderliche Visionär: Am Kind erkennt er, dass es menschengemacht ist, aus dem Fleisch ins Fleisch geboren. Dort stößt sein Blick nur auf Materie. Und die Schönheit, die Grazie, die Harmonie? Dort aber, wo das Auge nichts sieht, an der Seele, dort erkennt er Göttliches, er erkennt es im Atem, im Hauch, ein Neuplatoniker eben.

»Hatten Sie eine Erleuchtung?«

»Ein Gespräch. Im indischen Assam habe ich das Gespräch mit Gott gehabt.«

»Was hat er gesagt?«

»Die Leute hatten mich gewarnt: Geh nicht an jenen Ort. Da wohnt ein Geist. Doch gibt es ja gute und böse Geister, also sagte ich: Warum soll ich nicht hingehen, vielleicht ist es ja ein guter? Ich ging also hin und betete. Da gab es ein Geräusch, und eine Stimme sagte: Dein Gebet ist zu Ende, du bist erhört worden. Ich machte die Augen auf, aber da war nichts, nichts im Gebüsch. Nur mit geschlossenen Augen sah ich Gott. Da begriff ich: Ich muss für Gott da sein. Das ist das Wichtigste. Seit jenem Tag lebe ich so.«

Jetzt kneift er die Augen zusammen, als erblickten sie etwas Infames, etwas jenseits der Erscheinungen. Man weiß nicht, auf welchen Schichten der Phänomene dieser Blick ruht.

»Sehen Sie auch Böses?«

»Wenn ich das Gebet durchmache, befinde ich mich in einem Kraftgürtel. Die bösen Dinge können in diesen Kreis nicht eindringen, ich kann sie aber sehen. Ich sehe Dämonen, die Tod und Schmerz bringen. Sie ängstigen mich. Aber ich bleibe in der Wahrheit. Sie hilft mir, mich nicht einschüchtern zu lassen.«

Alle Religionen kennen offenbar diesen Stand der Wahrheit, der Gnade, der »Schau«, doch zeigt er sich als ein egozentrisches Phänomen und wird in den Grenzen des eigenen Ich gefeiert: auf der Himmelsleiter lauter Solisten.

»Machen Sie sich Sorgen um die Welt?«

»Ich mache mir große Sorgen um die Welt. Ich bete für ihr Wohl. Ich habe mein Leben, meine Seele in diesen Dienst gestellt. Aber die Seele ist nicht nur hier in meinem Körper. Sie wandert, sie fliegt auch und sieht alles.«

»Ist Ihre Seele jünger oder älter als Ihr Leib?«

»Die Seele kann man nicht ›jünger‹ oder ›älter‹ nennen. Sie ist. Das ist alles.«

»Sehen Sie das Ende der Welt?«

»Ich habe die Befürchtung, dass wir uns diesem Ende nähern. Wenn die Menschen dagegen auf ihre Seele hören würden, wäre es anders. Die Dämonen haben es schließlich auch schwer, uns zu zerstören, denn wir beten ja.«

»Sie befinden sich im Kampf gegen die Dämonen?«

»Ja, ich vermehre unsere Kräfte gegen die Dämonen.«

Während ich ihn beobachte, die Augen ohne Reflex, die bewegungsarme Mimik und Gestik, das verhuschte Lächeln, das sich in seinem Gesicht verläuft und irgendwo versickert, denke ich: Alle Fragen haben es zur Antwort gleich weit.

»Sie sind ein Weiser, also sagen Sie mir: Wie soll ich zukünftig leben?«

»Wir sind nichts, bloß Körper. Der Rest gehört Gott. Wenn wir auf dem Feld pflanzen, dann wissen wir nicht, was wir ernten werden. Welche Pflanze wird verdorren, welche wird reicher tragen als erwartet? Deshalb sollen wir uns auf die Gegenwart konzentrieren.«

»Gut, wie soll ich in der Gegenwart leben?«

»Bleibe bei der Wahrheit. Nicht du allein wirst davon profitieren, sondern alle. Die Körper sind doch bloße Materie, mal schön, mal nicht, mal dick, mal dünn. Die Seele aber ist ewig. Die inneren Augen sehen gut. Schlage sie auf, sieh gut hin, danach entscheide, tu es von innen.«

»Aber dann beschäftige ich mich ja die ganze Zeit mit mir selbst!«

»Wenn du es machst, wie ich gesagt habe, wird es gut sein für dich und für andere. Nicht jeder soll mein Leben führen, aber wenn man Gott nicht nah ist, kann die Seele nicht sehen, und man kann nicht richtig entscheiden.«

Wohin den Blick richten? Über die grauen Stelen der Tempelanlage, die im Anthrazit der aufragenden Himalaja-Wand zugleich ihre Entsprechung und ihren Abschluss hat? In die fratzenhafte Mimik des inspirierten, fidelen Greises gegenüber? In den Rauch, der von den Toten in malvenzarten Wölkchen herüberquillt?

»Ihre Haare sind über zwei Meter lang – aus religiösen Gründen?«

»Das ist eher mein Hobby: Haare wachsen zu lassen.«

Er nimmt den langen filzigen Zopf, der aussieht, als werde er innerlich von Mikroorganismen zusammengehalten und kompostiere eigentlich aus seinem Innenleben heraus, und wirft ihn mir um die Schultern. Umarmt bin ich, im Griff einer aromatischen Würgeschlange und vielleicht schon heimgesucht von der Plage seiner wimmelnden Zopfbewohner.

»Sind Sie gesund?«

Er frohlockt.

»Sehr gesund. Ich war noch nie krank. Fühle ich mich schwach, gehe ich hinaus und finde die richtigen Kräuter.«

»Haben Sie eine Vorstellung, wohin die Seele geht, wenn Ihr Körper nicht mehr ist?«

»Die geht nirgends hin. Die bleibt hier. Der Körper wird verbrannt. Die Seele brennt nicht. Seele ist Seele, in welchem Geschöpf auch immer.«

Abseits am Kanal liegt ein toter Junge unter einem

roten Frotteehandtuch. Drei Frauen zu seiner Seite weinen. Als sie in ihrer Trauer die Hände in das Handtuch krallen, verrutscht es und gibt das Gesicht eines schlafenden Jünglings frei, elegisch wie ein präraffaelitischer Posterboy.

Nicht das Gebet, der Tod herrscht hier. Man erzählt sich Geschichten von Menschen, die auf dem Weg zur Verbrennung wieder aufwachten. Diese Scheintoten wurden von den Verwandten nicht zurückgenommen und müssen nun da oben in der Tempelanlage wohnen bleiben. Als Wiedergänger hausen sie lebenslang in den Höhlen oberhalb des Flusses. Sie heiraten sogar untereinander. Wir schauen hinauf zu ihren Behausungen, bloßen Starenkästen in der Wand, mit den bestellten Gärtchen nebenan, den Geräten unter einer Plane, den Holzdächern und Verschlägen. Heute haben sie sich ins Innere ihres Baus zurückgezogen, aber dass hier gelebt wird, am Rande des Tempelbezirks gelebt, innerhalb seiner Mauern, das kann man beobachten.

Oft sagen die Alten, die ihr Ende nahen fühlen: Ich werde euch jetzt verlassen und sterben. Sie nehmen noch eine Mahlzeit ein im Kreise der Verwandten. Dann müssen ihnen die Töchter oder Schwiegertöchter zum Essen das Wasser reichen, so will es der Brauch. Geschieht dies nicht, wird sich die Schuld materialisieren und in Dämonen, Heimsuchungen – wir würden sagen – Traumata wiederkehren. Eine vom Geistwesen besetzte Frau in ihren grauen Jahren irrt über das Gelände und schreit immerfort:

»Du hast mir kein Wasser gereicht, als ich starb!«

Die Vorbeigehenden schlagen die Augen nieder vor der Erscheinung, die beides ist: Frau und Geist, Mensch und Dämon. Kann ihr geholfen werden? Nach hiesigem Glauben steigt der verlassene Körper durch seine Verbrennung am Fluss in die Oberwelt auf. Es ist alles gut. Die Hinterbliebenen bereiten dann noch ein letztes Essen zu in einer schönen, friedlichen Zeremonie. Warum verzweifeln? Selbst wer auf der Straße stirbt, dann aber anständig bestattet wird, hat gute Chancen, unter erfreulichen Bedingungen wiedergeboren zu werden.

Monika, die deutsche Gründerin von »Shanti Griha«, einer Hilfsorganisation für nepalesische Jugendliche, hat auch die Kehrseite dieses abgeklärten Umgangs mit dem Tod erlebt, etwa in Anbetracht der Probleme, die sich an einem Unfallort ergeben können. Die Schuldfrage ist hier oft am raschesten geklärt: Schuldig ist prinzipiell der Stärkere. Sucht der Unfallverursacher das Weite, sperren die Anlieger den Highway so lange, bis der Verantwortliche gefasst ist. Er zahlt für einen Toten nach zwar verhandelbaren, aber weitgehend feststehenden Tarifen.

Schwieriger wird der Fall bei den bloß angefahrenen, den versehrten Opfern. Sie haben Anspruch auf lebenslange Unterstützung und müssen ihre Blessuren zur Verbesserung der Verhandlungsposition theatralisch aufbereiten. Man hat sich also auf große Oper und langwierige Streitigkeiten gefasst zu machen, und trotzdem reicht es für die Zurückbleibenden am Ende oft kaum zum Leben.

Einmal war Monika auf dem Highway unterwegs und hielt bei einer Unfallstelle, wo ein Kind in seinem Blut lag. Schon hasteten die Anwohner die Straße auf und ab, den Schuldigen auszumachen, doch Monika drängte darauf, das Kind schleunigst ins Krankenhaus zu fahren. Unmöglich, wurde ihr bedeutet, solange nicht klar sei, wer für den Schaden aufkomme, und schließlich sei ja obendrein ungeklärt, wer in dem prekären Fall zahle, dass das Kind auf dem Weg zum Hospital doch noch von seinem Tod ereilt werde:

»Wer ist dann verantwortlich? Daran haben Sie wohl gar nicht gedacht!«

Manchmal liegt das Kind sterbend da, während die Unfallbeteiligten mit den Eltern über die Tarife verhandeln, und es ist auch schon vorgekommen, dass ein Lastwagen mutwillig zurücksetzte, um ein Opfer zum zweiten Mal zu überfahren, damit der Entschädigungsfall eindeutig sei.

»Wenn wir dich zum Essen einladen«, sagte ein Dabeistehender, »kommst du. Wenn Gott dich einlädt zum Sterben, hast du auch zu kommen.«

Monika arbeitet sich immer noch an solchen Überzeugungen ab, aber sie weiß auch: Dass Kinder auf die Welt kommen, haben sie in dieser Gegend der Erde häufig dem Wunsch nach Sicherheit, nach Versorgung zu verdanken.

Am nächsten Tag brechen wir auf in ihrem kleinen strapazierten Wagen und gewinnen in der Höhe die Perspektive über das Felsenmeer, das Profil des Himalaja, dem jäh aufragenden, dreieckig pyramidalen, fast gleichschenkligen Machapuchare, an seiner Seite der Annapurna und neben diesem der Höchste im Bunde, der Dhaulagiri. Mein Lieblingsberg aber – jeder muss sich hier rasch zu einem Lieblingsberg bekennen – ist der Ama Dablam, denn er hat ein Gesicht. Als Gott unter der Dusche stand, modellierte er diesen Fels aus Seife.

Wir folgen der Flusslandschaft durch die dichter bewaldeten Berge. Die Strömung kommt hier ockergelb, Reusenfischer stehen am Ufer, mit stumpfen Blicken die Flut absuchend, die Jungen waschen sich. Alle Gesichter haben Tendenzen: das nepalesische, so scheint es, kommt aus der Verfinsterung und schickt sich schnell an, in sie zurückzusinken.

Das also ist er, der gefürchtete Prithvi Highway, ein schmales Straßenband, das gewunden westwärts läuft, im Schatten der Himalaja-Kette, auf der einen Seite vom Steinschlag, auf der anderen vom Abgrund jenseits des weichen Straßenrands bedroht. Die gewaltigen Lastwagen tragen Namen wie Road King, Road Hero, Road Tiger, Night Sleeper, Broken Heart, Slum Star, ihre Stoßstangen zieren Aufschriften wie »Follow me«, »My Life is Journey«, »Slow Drive Long Life«, »Hey God – Save Me«. Ihre Fahrer blicken, entrückt in der Höhe des Führerhauses, grimmig in den Verkehr, sie sind die Stärksten, gewiss, aber bekanntlich immer auch die Schuldigen. Doch da die Maoisten seit Jahren abrupt die Straßen sperren – weil sie es können und so die Unfähigkeit der Regierung demonstrieren –, sind die Lastwagenfahrer in den Staus immer auch die letzte Hoffnung, kann man unter ihren

Fahrzeugen doch wenigstens sicher übernachten, und gibt man einem Fahrer zwanzig Rupien, wird man von ihm zugleich bekocht und ist seinem Protektorat unterstellt.

Erst so gestaut, bringt der Verkehrsfluss die Organismen zur Erscheinung, die in ihm wimmeln. Uniformierte, Abgearbeitete, in Kaftan oder Hemdhose Gekleidete, struppige Veteranen, alerte Jünglinge klettern vom Bock, mischen sich, handeln, feilschen, streiten, zerren probeweise an der Vertäuung ihrer Fracht, begutachten sie oder die des Nachbarn, tauschen Streiknachrichten aus.

Doch schließlich ist ja die Straße selbst Allegorie, und wie in einem Medium treten die Elemente des Verkehrs hier hervor. Der Eintritt in die Entbehrung und in die Opulenz des Schauens: Ein Kind balanciert einen blauen Becher über die Straße; eine Frau hackt im toten Flussbett einen Klotz zu Scheiten; vor einer Werbetafel mit dem Schriftzug »Playboy Whiskey« kämmt ein Mädchen sein langes schwarzes Haar; ein Junge krault einen anderen im Gehen am Ohr; ein Greis trägt sein Zicklein über der Schulter; ein Kind zeigt der Mutter die einzige Frucht an einem Baum; ein Mädchen stopft sich einen tröpfelnden Wasserschlauch in den Mund; eine junge Frau im roten Kleid bearbeitet hockend einen Stein, die nackten Knie bei jedem Aufprall zusammenschlagend; die Frauen tragen ihre Lasten in einer Kiepe auf dem Rücken, mit einem um die Stirn gelegten Band, sie gehen zur Entspannung der Nackenmuskulatur kilometerweit mit über dem Kopf verschränkten Armen; Viehtransporte holpern vorbei, aus deren Inneren es matt blökt; Kieslaster, aus deren Frachtraum es tropft; eine Frau wäscht die Füße ihres Kindes im Fluss; an der offenen Feuerstelle kauern Teerkocher mit rußverschmierten Gesichtern; Kinder unter Kiepen voller Steine, die sie über eine Zugbrücke von einer Seite des Flusses zur anderen transportieren; jeder Kiosk ein Schrein bunt schimmernder Tüten, farbiger Flaschen, schreiender Verpackungen; der rechthaberische Alte, der vom Sitz der Rikscha aus den Fahrer mit Stockschlägen traktiert; junge Männer, die auf dem Dach eines Kleinbusses Karten spielen; eine Pilgergruppe, die vorne am Wagen eine rote Fahne befestigt hat, zur Beruhigung der Maoisten; Kälbchen mit Maulkörben, angelegt, damit sie nicht die Milch der Mutter trinken; ein Mann beschwert das Blechdach seiner Hütte mit Ziegeln; ein Alter fährt eine Alte in der Schubkarre; ein ohnmächtiger Junge wird im Korb zum Krankenhaus getragen; ein Greis, der sich den Stumpf seines Beines salbt; ein anderer, dessen einziger Arm einen Gips trägt; ein Kleinwüchsiger, der Lasso-Schlaufen in den Straßengraben pisst; ein Mann, der Wäsche stapelweise transportiert, aber sie ist ergraut.

Es sind Raubvögel in der Luft und Paraglider; ein Lautsprecherwagen rast vorbei, eine Durchsage, die Stimme eines Mannes drohend, die der Frau danach schmeichlerisch. Eine segelohrige Greisin, von Husten geschüttelt. Fünf Mädchen mit Dutt; die Busse vergittert wie Gefangenentransporte; der Lastwagenfriedhof; die Großfamilie zwischen den Aluminiumkannen; die Landarbeiter mit dem Pflüg-Geschirr auf den Schultern; die Greisin, die mit gerafftem Rock durch die Pfütze kommt; die Göttin am Tomatenstand; der umgekippte Heuwagen; Frauen in Rot im nassen Stroh; die Bewohner des unfertigen Hauses; die Greisinnen unter der Laubkiepe; Männer im rosa Pyjama an der Straße; der Transporter mit »Feinstem Butterkaramell«, das geifernde Flussbett.

Die Straße, die der Weg, der das Ziel ist: Alles fließt und transportiert Waren wie Geschichten. Jedes Bild wird im Blick nur kurz isoliert und dem Fluss wieder eingespeist. Blutbahn ist diese Straße, Aorta. Und zugleich ist dies die Strecke, auf der täglich Menschen für den Eintritt in den Verkehr bestraft werden und ihr Leben lassen. Ein Japaner, so heißt es, zählte die Unfälle eines Tages. Er kam auf 27 auf dieser Straße, teilte das allen seinen Freunden im Hotel mit, die daraufhin beschlossen, von Pokhara nach Kathmandu ein Flugzeug zu nehmen. Es stürzte ab.

Umgehen kann man den Prithvi Highway nicht, alle Abwege führen zuletzt wieder auf ihn zurück, und so sammeln sich hier auch die Symbole des Lebensweges. Die zerfahrenen Tiere auf dem Asphalt liegen platt wie getrocknete Blumen zwischen Buchseiten. An manchen Stellen öffnet sich als Erinnerung an einen Ernstfall ein See aus grünen Glassplittern, über den sich der Hibiskus beugt. Schaulustige überall und nirgends unbeschenkt, Geier, aus der Höhe herabstoßend, wo ein Wagen liegen bleibt, Hyänen, die rund um die verlassenen Unfallstellen nach Trophäen stöbern, Geister, die zwischen den Erinnerungen an all die Unglücksfälle wesen: der geborstene Baum, die schwarze Bremsspur auf dem Asphalt, die Innereien eines Busses, Wrackteile im Astwerk, schräg liegende Kleinbusse. Die Fährten von Kollisionen, von Desaster und Himmelfahrt. Das Überleben der Mehrheit derer, die hier fahren, und auch derer, die wir an den Straßen wohnen sehen, hängt an einem seidenen Faden – oder an mehreren. Wozu sollten die Nepali auch sonst drei Millionen Götter beschäftigen?

Die Regenwolken quellen jetzt wie Wollmäuse über den First der Berge. Als Schösslinge stehen die Bäume, von unregelmäßigem Wuchs. Eine Wolke schwül angedickter Luft fängt sich in der Kurve. Da hocken sie vor einem Kubus, der ihr Zuhause ist, ein 12-Quadratmeter-Areal, sie hocken und sind voller Grazie: Dauernd machen sie Bewegungen, die durch das Unbewusste gegangen sind, schwerelose, routinierte, immer schon da gewesene Gesten, die aus dem Vorbewussten kommen und wie aus der Zell-Erinnerung abgerufen werden: das gedankenlose Rühren in einem Topf, das Richten der verrutschten Kleidung, das Kleinschneiden einer Frucht, das Kämmen des Kindes, das Aschefegen. Lauter stumme Handlungen, die vollzogen werden, während die Augen über den Straßenabschnitt schweifen.

Auch bauen sie ihre Häuser, Läden, Schuppen und Kontore nie auf einmal groß. Sie bauen klein, und sie bauen an, bis ein Schachtelkasten von Behausung entsteht. Alle haben eine kleine Loggia vor dem Haus mit einem Tisch oder mehreren. Das ist unser Stil, sagen sie und sitzen da und empfangen. Und jedem Fremden in diesen Unterständen wird süßer Tee gereicht und Zucker, durch den die Ameisen pflügen.

Der Berg, dem wir uns nähern, schafft sein eigenes Klima. Auf Fotos ist er immer nackt. Doch in der Wirklichkeit hält er sich fast unablässig verhüllt. So klar der Tag auch sein mag, der Gipfel bleibt umwölkt. Das verstärkt sein Geheimnis. Einer der Fahrer sagt:

»Nun wohne ich schon so lange hier, noch nie habe ich ihn ohne Wolkenkleid gesehen.«

Zeigt sich der Berg nackt, wirkt er wie ein Erd-Erotikum mit seinem massigen Körper, seinem verschneiten Gipfel in Grau-Blau und Weiß. Verglichen mit den Wolken ist so eine Bergeskrone in einer anderen Materie geballte Kraft. Wir blicken auf diese Höhenzüge auch im Gedanken an die Bergvölker, die dort noch um ihr Überleben ringen, die Thakali, Gurung, Sherpa, Raute, Chepang, Kirat, Dolpo, Magar, Rai, Dhanuwar, Tharu, Satar, Limbu, Gine, Mugal, Lhomi. Völkernamen wie Akkorde auf einem fremden Instrument.

Die dazugehörigen Populationen teilen sich die Lebensräume mit dem Mikadofasan oder dem Formosa-Makaken, Tiere, die im Museum aussehen, als seien sie erst in der Vitrine gestorben, während die Blumen Namen von Linné'scher Eleganz tragen, Anemone vitifolia, Bergenia eiliata, Lagotis kunawurensis, Inula, Selinum und Taraxacum. Und schließlich existiert in diesen Höhen selbst das rätselhafte Cordyceps sinensis, ein Wesen, das sechs Monate Insekt, sechs Monate Pflanze ist, und das, als Starkmacher im Schoßbereich gerühmt, erst ab 4500 Metern über dem Meeresspiegel gefunden und später teuer bezahlt wird.

Doch warum sollte die menschliche Morphologie weniger vielgesichtig sein? Einmal habe ich dort oben, weit über zweitausend Meter, an einem Unterstand gegessen. Die besorgte Wirtin, die eigentlich in fünftausend Meter Höhe wohnt, aber für ein paar Monate im Jahr herabsteigt, Suppe kocht, Textilien anbietet und jeden Löffel sorgenvoll begleitete, der in meinem Mund verschwand, trug Goldschmuck in den schmutzigen Ohren und war als Besitzerin von drei roten Plastiktischen auf der Höhe von Sarankot eine arme wohlhabende Frau.

Wenn sie sich etwas von der Zukunft wünschen dürfte, dann wäre es wohl die Vergangenheit, jedenfalls sprach aus ihr die Frau, die in der Gegenwart nicht heimisch geworden war, und so erinnerte sie mich unwillkürlich an den Chepang-Führer, der mir von seiner Vertreibung aus der Höhe erzählte, wo die Bienen sterben, die Sprachen ebenso, wo ein halbnomadisches Leben nicht mehr möglich ist, von wo die Jugend schon flieht, um den Raum in der Ebene zu erkunden, wo die Ihrigen aus kulturellen Gründen nicht wohnen wollen und sollen. Als der König den Chepang-Führer ehemals gefragt habe: Was wünschst du dir, ein Auto, ein Haus?, hatte der erwidert: Ich hätte gerne meinen Wald zurück.

Wir halten in einer Kurve des Prithvi Highway unter einem tiefhängenden Himmel, zwischen missmutigen

Gesichtern im Ziegengeschrei. Eine Göre trägt, mutwillig modern, ein T-Shirt mit der Aufschrift »Stars and Straps«. Weiß sie, was da steht? In dieser Gegend sind Mädchen in jüngster Zeit mehrmals von ihren Lehrern entführt worden. Bei den Eltern traf dann regelmäßig eine Lösegeldforderung ein. Als man ihr aber nachkam, waren die Kinder schon nicht mehr am Leben. Die Polizei gab an, sie seien gezehnteilt gefunden worden, ausgeweidet für den Organhandel, und der Alte, der mir das erzählt, bindet seine Geschichte ab mit dem Satz:

»So haben sie unwillentlich doch zur Lösung des Problems beigetragen.«

»Welches Problems?«, frage ich ihn, den sein Stock im Matsch aufrecht hält.

»Das Problem, das der Verbleib der ungewünschten Kinder darstellt.«

Und während er weiter in das Donnern der Lastwagen flüstert, die um diese Kurve biegen, rückt er langsam mit den Fakten heraus: Vielfach lässt man die Mädchen in den Küchen der Städte arbeiten. Oft werden sie dort vergewaltigt. Die daraus entstehenden Kinder verschärfen das Problem.

Ich drehe mich um: Diese Ställe da, diese drei Tische unter dem Vordach, die aufragende Felswand dahinter, der Blick auf die Kurve des Prithvi Highway, auch das ist vielleicht die Heimat von jemandem, der Fluchtpunkt des Sehnens, das in einer Küche in der großen Stadt geboren wird. Es ist ein böses Déjà-vu: Man blickt das Elend vorwurfsvoll an, weil es so unoriginell ist. Überall das gleiche Verhältnis von Armut und Hygiene, überall die Behausungen im Dreck, die Lasten-Tragenden ohne Stimme, die Kinder, die nach Zukunft gieren, die Greisinnen im verschossenen Bunt, die Opfer im Versuch, sich das Elend aus dem Gesicht zu wischen. Die Vernachlässigten der Masse: Ihr seid wie alle.

Auch hier eine Hauswirtschaft ohne Männer. Die Großmutter bereitet auf der Feuerstelle die Suppe zu, die Mutter setzt dem kleinen Jungen mit zwei flussblinden Augen ein Barett aus orangem Filz auf und macht ihn reisefertig. Wie ungeschickt eingesetzt wirken seine Augen, die strabistisch voneinander weg weichen. Wunderschön, die Züge dieses Jungen, durch die die Störung klirrt. Er blickt wie aus schiefrunden Perlen in die Welt, und sein Lächeln, als er vom Rücksitz des Motorrads winkt, wo ihn die Eltern zwischen sich einklemmen, geht in die Leere. Dann fädelt sich das Motorrad in den Verkehrsfluss ein.

Wir essen Dhal Bat vom Blechteller, auch diesen weißen Pulau-Reis sprenkeln die Ameisen. So gehört sich das. Immerhin ist dies ein Arme-Leute-Essen aus Hirse, Reis oder Kartoffeln, gemischt mit den Curry-Saucen oder den Gemüsen, die eben da sind. Eine Linsensuppe ist immer dabei, und so wird hier sogar Dhal Bat genannt, was anderswo Wassersuppe mit drei schwimmenden Linsen wäre. Zuletzt trägt die Greisin Honig direkt aus der Wabe heran, versetzt mit Limonensaft. Sie macht uns noch vor, wie man den Seim schlürft, die Wachsstückchen ausspuckt. Ihr nepalesisches Englisch klingt, als würde jemand parallel zum Sprechen Puffreis im Mund zermatschen. Dann der Tee, der nach Räucherstäbchen schmeckt, verquirlt mit Zucker voll gelben Einsprengseln in seinen großen Kristallen. Grau sieht er dennoch aus, und die Ameisen schuften weiter in seinen Bergwerken.

»Vorsicht«, warnt die Greisin, während wir schweigend trinken. Ihr Blick schweift sorgenvoll über das rieselnde Geröll am Hang: »Steinschlag!«

Vom Steinschlag getroffen aber ist weit und breit allein das Verkehrsschild, das vor Steinschlag warnt.

Unter der schweren Wolkendecke liegt auf der anderen Straßenseite das zugemüllte Flussbett, durch das die Hunde schnüffeln, und die Dschungeltrommeln der vorbeifahrenden Autos lassen nie nach. In dieser Kurve sammeln sich die Rückstände des Straßenlebens. Sie ist wie das Knie eines Industrieflusses, voller Dreck und Strandgut. Hundert Meter weiter, und die Straße führt um einen Fels und senkt sich ins Tal.

Wir sind satt, also was erwartet uns auf der anderen Seite der Kurve, hinter dem Fels? Die Alte, die uns das Essen zubereitet hat und seit ihrer Kindheit hier lebt, schaut mich undurchsichtig an.

»Sagen Sie doch: Was erwartet uns auf der anderen Seite?«

»Ich weiß es nicht.«

»Aber Sie leben doch hier!«

»Ich war nie dort.«

»Warum nicht?«

Vor vielen Jahren, erzählt sie, träumte ihr, sie solle nicht um diese Kurve gehen, »von wegen dem Unglück, das passieren könne«, radebrecht sie in ihrem unbeholfenen Englisch. Und die Neugier? Die Neugier bedeute ihr nichts?

»Nichts«, sagt sie. »Nach meinem Tod kann ich immer noch nachsehen.«

Da es aber ein Leben vor dem Tod gibt und wir eine Weile ungestört und ganz vertraut miteinander geredet haben, darf ich schließlich doch ihre Hand nehmen, und so, in meine beiden Hände ihre federleichte Altfrauenhand nehmend, staksen wir beide aus dem Hüttchen an den Straßenrand, über den mit Pfützen bedeckten Kiesplatz, und tun Schritt für Schritt auf die Kurve zu. Und wenn ihr etwas zustoßen sollte, und wenn sich die Weissagung des Traums doch noch erfüllte?

»Wir tun es wirklich, sehen Sie«, sage ich.

Sie nickt voller Selbstvertrauen, ihr Gesicht strahlt, und ihre Hand hat jetzt die meine auch fest gepackt. Wir gehen synchron, ein wenig humpelnd, aber synchron. Kurz vor dem Scheitelpunkt der Kurve sind wir schon angelangt, als die Greisin stehenbleibt. Sie lacht, als könne sie das nur stehend, löst ihre Hand aus der meinen, schlägt mir herzlich auf den Rücken und schnattert:

»Du glaubst doch nicht, ich habe ein Leben lang auf dieser Seite der Kurve zugebracht, um jetzt mal eben so auf die andere Seite zu gehen!«

So kehren wir um, und sie lacht und lacht, jetzt auch im Gehen, ist doch ihr Aberglauben um so vieles stärker als die schnöde Vernunft eines Durchreisenden aus Europa, eines blamierten Durchreisenden, der das andere Ende der Kurve für sich behalten soll, die Seite mit den ungeahnten Gefahren, den Bedrohungen des Greisinnen-Lebens.

Als wir dann aufbrechen, die Hand der Greisin eher abwinkend als winkend hinter uns, als wir also wirklich um die Kurve kommen, stoßen wir zuerst auf einen weißen Büffel, der seinen riesigen Körper von einer Straßenseite zur anderen schaukelt.

»Das Phlegma der Büffel ist das der Kamele«, sagt Monika, die schon Hilfsorganisationen in Afrika gründete, so wie jetzt in Nepal.

Wir sind keine zwanzig Minuten gefahren, da kommt unser Wagen ganz zum Stehen. Ein Menschenauflauf, ein sozialer Entzündungsherd: Im Zentrum ein Bräutigam mit schmalem Oberlippenbart, Käppchen, Brauen und Wimpern kohlschwarz. Hinter ihm schwankt am Arm der Mutter die Braut, den jungen Kopf tief geneigt in den Schatten eines rosa Regenschirms, damit man sie nicht sehe. Doch nicht deshalb haben alle angehalten. Weiter weg, weiter oben muss »etwas« passiert sein.

Der erste Regen fällt sogleich: Tropfen, die kaum die Zweige streifen und schon im Boden aufgehen, wie im Zeitraffer Keim, Rispe, Zweig werden und wiederum den Regen aufnehmen wollen. Die Kolonne der Fahrzeuge steht nicht nur still, die Motoren werden abgeschaltet. Mit kleinen melodischen Phrasen setzen sich die Vögel im ersterbenden Regen durch. Die Straße windet sich, niemand weiß, hinter wie vielen Kurven diesmal die Sperre wartet oder der Ernstfall. Ein Emissär wird losgeschickt. Die Zurückbleibenden treten an die Böschung zum Tal und tauschen Verlegenheiten vor der Aussicht.

Wir sitzen auf dem Querbalken eines Viehgatters über der Ebene, die aussieht wie die Landschaft eines flämischen Meisters. Jemand erzählt von einem Mann und seiner Vorliebe für Käsestangen. Meine Gedanken kommen nicht los von der Familie der Greisin auf der anderen Seite der Bergschlaufe. Wenn unser Stau sich weiter dehnt, wird sein Ende unsere Kurve erreichen, und die Alte wird sagen: Nichts Gutes erwartet die Menschen hinter diesem Berg, nichts Gutes liegt da oben an der Straße. Unser Fahrer Rajiv dagegen fürchtet, dieses Mal seien es nicht die Maoisten, nein, es könnte schon wieder ein Unfall sein, der zur Straßensperre führte.

»Ich hatte schon vier Tote im Wagen«, sagt Monika. »Rajiv hielt eine Frau in seinem Schoß und streichelte ihr den Kopf, aber da war sie längst tot. ›Kümmere dich lieber um die hier‹, habe ich ihm gesagt, denn da war ja noch diese junge Frau, ›die atmet noch‹.«

Aber auch sie hatte es am Ende nicht geschafft.

Aus dem Tal heben sich schwerfällig die dicksten Nebel, Wolken und Flüsse erscheinen. Der Mitarbeiter von Monikas Organisation sagt:

»... dem gab man ein Glas Wein und ein paar Käsestangen, da war er glücklich.«

Der Nebel wabert, das Gerede stockt. Der Ernstfall

liegt irgendwo am Kopf dieser Schlange. Einige Zeit später hat sich eine Nebelbank steil auf der Straße aufgestellt. Man sieht die Menschen auf der gewundenen Nationalstraße in diese Wand hineingehen, und noch immer quillt aus dem Tal Wolke für Wolke. Erst nimmt der Nebel bloß die Kontraste, dann lindert er die Konturen, dann mattiert er das Bild, schließlich lässt er alles wie durch eine Milchglasscheibe erscheinen oder schickt eine Sphäre, dick wie Suppe. Mit verzerrten Gesichtern treten die Rückkehrer aus dem Grau der Steilwand heraus, Gepäckstücke, Kanister, Textilien in den Händen. Ein Mann schüttelt nur immerfort den Kopf, die Rechte fasst mit Daumen und Zeigefinger in die inneren Augenwinkel, als müsse er sich konzentrieren, in der Linken schlenkert ein orangefarbenes Barett.

Die Heraustretenden machen abwehrende Gesten.

»Geht da nicht hin!«

»Gott, das Motorrad …«

Die in den Dunst laufen, werden farblos, dann zu Scheiben, zu bloßen Silhouetten, die wie durch eine Ausstanzung in der Nebelwand verschwinden. Jetzt erscheinen die Menschen ja schon selbst wie aus Nebelmasse geformt, sie verlieren sogar ihre Dreidimensionalität und kehren ins Schattenreich ein. Das Relief des Körpers verflacht, die Farben verschießen, die Silhouetten finden ihren Eingang in der Nebelwand und passieren. Zuletzt sind sie nur noch eine dunkle Aussparung im Nachtatem und treten durch diesen hindurch. Vor uns liegt das Jenseits, hinter uns die verbotene Kurve, in unserem Rücken der einschüchternde Himalaja. Wir ducken uns zwischen diese Steilwände als die Verschonten. Der einzige Farbfleck weit und breit, so leuchtend, als sei nur er gegen die Wirkung des Nebels resistent, ist das orange leuchtende Barett des Jungen, das immer noch in der Hand des Boten schlenkert.

Isafjördur
Der blinde Fleck

Nachts schlagen nur noch die Leinen gegen die Fahnenmasten. Das war der Anfang: Ein Geräusch im Kopf, eine korrespondierende Stimmung. Von dem Wunsch beflügelt, das zu hören, bin ich losgereist. Meine Sehenswürdigkeit war ein Geräusch, aufgelöst in einem Wind mit Schneegeschmack. Dazu die Empfindung für das Unliebliche, für das klamme Gefühl, das nasse Böen an den Körper tragen. Auch der Sommer Islands ist noch überlagert vom langen Winter, von den Anforderungen eines beharrlichen Zeitvertreibs im Vor-sich-hin-Dämmern. Die Gemütszustände wirken angetaut, aber außerhalb Reykjaviks wird man nicht so schnell hysterisch, bloß weil die Sonne mehr Kraft gewinnt.

Jenseits der Hauptstadt erhält sich die Einsamkeit der Lebensformen in einsamer Landschaft. Kontemplative Gegenden sind dies, die zum Verschwinden einladen, geformt auch vom Recht, das man der Natur gegenüber der Zivilisation einräumt, ihrem Geist, ihren Geistern. Isländische Dörfer sitzen darin wie manche Mikroorganismen, die kurz blühen, lange dämmern.

Ich wohnte am Stadtrand von Reykjavik und hörte die

Leinen nicht an den Fahnenstangen knattern. Unter den Leuten hörte ich, wie Worte verflatterten in Assoziationsräumen. Unter den Vokabeln fand ich so wenige Importe wie unter den Waren, auch wenn in den Antiquariaten die gerahmten Porträts der NS-Größen an den Wänden hingen und die braunen Bibliotheken alter Nazis ganze Regale füllten. Hierher, ins Land der altisländischen »Edda« waren viele von ihnen ehemals geflohen. Manchmal entdeckte ich verschrobene Arten des Amüsements, nie gesehene Brettspiele zum Beispiel oder stumme Kinder-Scharaden. Ich beobachtete ein Land mit kaum einer Million Einwohner, aber mit einer Fachzeitschrift für die nationalen Showbelange, ein Land, das seine Individualität ins Wunderliche rettete und einmal von einer Präsidentin regiert wurde, die ihren Dienst mit dem Satz antrat: »The hand that rocks the cradle can rock the system.«

Ich erlebte Menschen, noch unabgeschliffen von gesellschaftlichen Basiskonventionen: Verhältnisse begannen im unverwandten Starren, einem Stieren ohne Lidschlag, begleitet von gestisch-mimischem Minimalismus. Erst in der zweiten Begegnung stellten sich Verbindungen her, entsprungen im Wiedererkennen, im Anknüpfen an die stumme Vorgeschichte. Verstockt blieben allenfalls die Kinder.

Bevor die Welt endet, seufzt sie und macht ein Bäuerchen in Blau. Touristen nennen das eine die »seismische Aktivität«, das andere einen »Geysir«. Sie schauen gebannt hin, legen sich in schweflige Pfützen und versprechen sich ewige Jugend davon.

Besser, man lässt sie liegen, das isländische Zentralmassiv hinter sich und die Reiseführer auch, in denen das Ende der Welt gar nicht vorkommt. Im Rückspiegel des Geländewagens kann man noch zusehen, wie sich die Landschaft südöstlich zu Hochgebirgen türmt oder zu Kleinstädten sammelt, dann schlängelt sich die Straße auf den Orchideenhals der nordwestlichen Landzunge, den Westfjorden zu, jener einsamen, von Landflucht gezeichneten Gegend, die einmal Bauernland sein sollte. Heute sieht man nirgends in Island so viele aufgegebene Höfe wie in diesen Hügeln. Erst schauten sich die Landflüchtigen in der Provinzhauptstadt Isafjördur um, dann zogen sie doch lieber weiter nach Reykjavik oder von hier in die Welt.

Die Formationen des Himmels kehren am Boden wieder, zwischen den Buckeln der weiblichen und der männlichen Berge, wie man hier sagt, im Lavagestein und in den Moosbetten. Jetzt treibt der Wind das Sprühwasser den Wasserfall hoch, und Menschen sehen aus den Häusern mit Gesichtern wie vom Schnee oder von den langen Nächten gebleicht. Auch hier liegt über der Sommerlandschaft noch die Schläfrigkeit eines schweren Winters.

Wenn man in einen Gastraum tritt, heben sich ein paar dieser eisgefrorenen Gesichter von einem fremdartigen Spiel, alle schweigen für einen Augenblick. Dann kommt auf wollbestrumpften Haxen eine Bedienerin herbei und legt einem vierhundert Polaroids in einem Album vor:

»Hier können Sie sehen, wie aus einer Baustelle ein solcher Gastraum werden konnte.«

Das muss ich sehen. Sie sagt das ernst, gefeit vor der Unart der falschen Freundlichkeit. Dann widmet man sich der Fotodokumentation, als handele es sich um den Beipackzettel eines Medikaments, staunt pflichtschuldigst, isst ein hartgekochtes Ei und überlässt die Anwesenden ihrer Erinnerung. Kaum verschwunden, ist man selbst eine.

Die Straße gehorcht der Willkür der Fjorde, die sich unpraktisch tief in das Land gefressen haben. Man fährt lange. Mal kommt ein Schaf um die Ecke, mal niemand. Die Natur beansprucht ältere Rechte als die Zivilisation, die sich deshalb noch defensiv gebärdet. In aller Ruhe bewegt man sich rückwärts durch die Evolution, in einen Zustand, da alles noch aus Eis, Feuer, Wasser, Asche, Sand und Magma bestand. In den Buchten rosten die Hafeninstallationen, der Verputz schimmelt von den Wänden, die Kinder glotzen auf die leeren Straßen.

Isafjördur liegt am Ende aller Straßen, am Ende aller Fjorde. Dies ist keine Stadt, es ist eine Ablagerung, aus Dingen, die das Eismeer angespült hat. Diese Ansiedlung hat den Fjord im Namen, »Eisfjord« heißt sie. Sie wurde in Form eines Halbrunds auf eine Sandbank gebaut, die immer weiter aufgeschüttet werden musste und nun tief in den Fjord reicht. Im 9. Jahrhundert fand hier der Stadtgründer Helgi eine Harpune, »Skutull« genannt. Viel mehr hat er nicht getan. Ihm folgten Händler aus anderen Regionen Islands, aus Norwegen und Dänemark, und später gründeten auch Deutsche und Engländer in dieser Gegend Handelsniederlassungen.

Wie das Leben hier war? Im Jahr 1656 verzeichnet die Stadtchronik: Jón Jónsson junior wurde in Isafjördur an der Seite seines Vaters verbrannt, weil sie Hexenbücher besaßen und weil der Junge außerdem noch magische Zeichen verwendet hatte, um bei einem Mädchen Blähungen zu erzeugen.

Gewiss, die Isolation macht empfänglich für Botschaften von der anderen Seite. Zwei Wintermonate lang bleibt die Sonne deprimiert unterhalb des Bergkamms, der die im Talkessel gelegene Stadt auf drei Seiten umgibt. Die Straßen sind oft eingeschneit und unpassierbar, und durch die zahllosen Schotterwege, die weitschweifig um die Fjorde führen, werden selbst die Landreisen beschwerlich. Gegen die Anfechtungen der kosmischen und der menschlichen Natur gibt es Schutzgeister, die über dem Krankenhaus, der Schule, den Spielplätzen und dem Altersheim schweben, und man kann auf speziell dafür bestimmten Karten die Fußwege verfolgen, die ins Feen- und Elfenreich führen.

Das Zentrum der Westfjorde zählt heute nicht mal viertausend Einwohner. Seit dem 18. Jahrhundert hatte sich in der an Kabeljau reichen Gegend durch Klippfisch- und Stockfischverarbeitung relativer Wohlstand entwickelt. Auch lag hier einmal die größte isländische Shrimps-Fabrik. Doch inzwischen wurde sie in einen Betrieb zur Herstellung von Tiefkühl-Sushi umgewandelt, und da der Fischfang seit den achtziger Jahren eingeschränkt ist, verlassen die Leute die Stadt, ist das Leben hier nicht mehr das, was es war. Überhaupt wollen die Einheimischen inzwischen nur noch ungern in der örtlichen Industrie arbeiten, und so leben stattdessen Vertreter aus etwa vierzig anderen Nationen anspruchslos in dieser Gegend. Man findet Arbeiter vom Balkan, aus Polen, auch aus Asien und Afrika hier, und am 1. April feiert man sogar das thailändische Neujahrsfest.

Kaum einer merkt, dass hier die Welt zu Ende ist, denn kaum einer kommt her, außer mal ein paar Handelsreisende, die im einzigen Hotel ihr »Continental Breakfast« verschlingen und dann nicht weiter wissen. Sogar eine blonde Touristin soll hier wochenlang klaglos gewohnt haben. Nach ihrer Abreise mietete sich ein Sonderling aus dem Ort für eine Nacht in ihrem Hotelzimmer ein und wurde gefunden, wie er sich gegen den Duschvorhang presste, der nur einen Tag zuvor noch an ihrem blonden Körper geklebt haben musste. Man sagte dem Polizisten Bescheid, doch der fand kein Gesetz, das zu diesem Verstoß gepasst hätte.

Es gibt ein Postamt hier, in dem sich vierschrötige Frauen von der Gummierung der Briefmarken ernähren. Sie sind sehr ernst und stellen nur ungern Telefonverbindungen zum Kontinent her. »Telefon« heißt »Sími«, also »Draht«, so wie »Fernsehen« »Sjónvarp« heißt, der »Bildrausschicker«. Es ist, als würde die Technik in das Vokabular des frühen Werkzeuggebrauchs übersetzt, doch bei Licht besehen schickt das Fernsehen weniger Bilder raus als bloße Datenmengen. Auch einen kleinen Flughafen gibt es in Isafjördur. Nach Rejkjavik, gewiss, aber vor allem nach Norden kann man von hier aus fliegen, in eine

Gegend, die ehemals romantisch und unzutreffend »das ewige Eis« hieß, nach Grönland, ins Nichts.

Tagsüber ist Isafjördur ein wunderlicher kleiner Ort voller scheuer Individuen, die mit einer Forke oder einer Plastiktüte lange Strecken zurücklegen, nie stehenbleiben und zu Dorftrotteln ein wohlwollendes Verhältnis pflegen. Im Café ernährt man sich von Schichtkuchen, und die Jugendlichen fahren die paar hundert Meter Corso, die sie haben, drehen die Scheiben herunter, stellen die Musik laut und imponieren – aber wem? Wenn nur schon das erste Augustwochenende wäre und das jährliche Schlammfußball-Turnier stattfände!

Gegen Abend wird im einzigen Kino irgendein Film aus dem fernen Ausland gezeigt. Der Ton dringt bis auf die Straße. Die Anlieger öffnen sogar die Fenster, lehnen sich heraus, blicken auf die Außenwand des Kinos und hören zu. Nach der Vorstellung ist es im Sommer immer noch hell, aber menschenleer.

Auch am Wochenende herrscht um 22 Uhr schon völlige Stille. Der Blick geht aufwärts in den hohen Himmel, ockergrau ist er heute. Auf dem Friedhof stehen die Kindergräber wie Kinderbetten aus Holz oder Stein, eingefriedet, als wolle man die Kleinen zurück in den Schutz ihres Schlafes holen.

Tritt man aber eine Stunde später wieder auf die Straße, ist sie proppevoll, heulen Motorräder auf. Sogar ein Jahrmarktsgerät wurde am Platz errichtet, eine Überschlagsschaukel nämlich, die die Getränke im Bauch der Fahrgäste zu Cocktails schüttelt, denn getrunken wird jetzt bis in die dunkelblaue Rammdösigkeit hinein, und erst im Morgengrauen – aber wann ist das, wo es doch immerzu graut? – kreiseln sie alle heim. Dann stellt der Ort sich tot.

Anderntags ziehen sie erst in den frühen Nachmittagsstunden die Vorhänge auf, und der Blick geht wieder hinüber ins Nichts, wo irgendwo die Schneefelder an Grönlands Ostküste warten. Ein Bretterzaun noch, ein Blumenbeet, dahinter die Mole, rostige Kähne, die einen Blend aus Algengeruch und fauligem Fisch ausschwitzen. Drei Straßenzüge vielleicht. Manche Häuser wurden gegen das Wetter mit Blech verschalt, andere trotzig farbig angestrichen. Die Seeluft aber frisst an allem. Unter den blätternden Fassaden trotzen manchmal noch ein paar Blümchenrabatten, dann kapituliert der Ort, und der Blick geht frei über eine Senke: Kein Strauch, keine Straße. Eine Meerenge, kristallkalt, die Hügel gegenüber Schemen bloß. In ihren Schneetälern Tiere in Weiß, im Blau des Wassers Fische in Blau.

In Isafjördur ist endlich Schluss mit der Welt. Jeden Tag tut sie hier ihren letzten Atemzug und suggeriert dem Besucher, dass auch er endlich verschwinden sollte. Aber für immer.

Als im Wirtshaus die Tanzmusik aussetzte, ein Fensterflügel dem Wind nachgab und aufsprang, da war endlich das Klappern der Fahnenschnüre am Mast zu hören. Ins Gesicht des Polizisten an meiner Seite trat eine tiefe Besinnlichkeit. Der letzte Mord liegt über zwanzig Jahre zurück. Wenn nicht die Rowdys wären, er hätte nichts zu tun, und wenn vor einiger Zeit nicht einmal auf einer Eisscholle ein Eisbär aus Grönland vorbeigetrieben oder der Mann im Duschvorhang aufgegriffen worden wäre, hätte er nichts zu erzählen, weil er ja meist nur aus dem Fenster sieht.

»Sie sind ein einsamer Mann«, sagte ich, denn es war Zeit, persönlich zu werden.

»Warum soll ich einsam sein?«

»Weil Sie zu intelligent sind, es nicht zu sein.«

Er blickte, ohne zu sehen. Dass ihm die Augen vollliefen, war hinderlich und machte, dass er gleich härter wurde.

»Alone«, sagte er, »wussten Sie das: Es kommt von ›all one‹.« Dann schluckte er den Rest aus seinem Glas, schwankte ganz unpolizeilich auf die Bühne und sang »c'est la vie, c'est la vie« in einer rumpelnd uneleganten Version, und ich schloss das Fenster, damit die Fahnenschnüre seinen Gesang nicht störten.

God's Window

Letzter Vorhang

Wie soll das enden? In welcher Landschaft soll sich dieser Kontinent verlaufen? Hat man ihn von Norden nach Süden durchquert, uneingeschüchtert vom Brüten des Kontinents, seiner labilen Gelassenheit, seinem Phlegma, seiner Durchlässigkeit für den Ernstfall – wo ankommen? Man kann diesen Kontinent der Länge nach nur so durchqueren, dass man ihn zuletzt auch durchlitten hat. Er kann nicht enden. Kein Akkord ist vorstellbar, in dem er verklingen würde, kein Crescendo, kein Finale. Also ein Diminuendo, ein Fade away, ein Ausblenden.

Irgendwo vor Kapstadt weicht Afrika zurück und wird Allerweltsland, adrett und appetitlich, mit Straßenkehrern und Weinfarmen, Freizeitvergnügen und Golfplätzen. Aus diesem Schweizer Ambiente erhebt sich Kapstadt mit seinen »Served Apartments« und »Guarded Communities«, seiner Strandzeile mit Bistros und Cappuccino-Bars, mit Surfern, die mit ihren Brettern die Straßen überqueren, und weißen Witwen vor farbigen Cocktails. Von Kapstadt aus betrachtet, liegt Afrika so fern wie Indien.

»Keep the Cape in Shape«, fordern die Plakate. Die

Pilates-Turnerinnen rumpfbeugen sich auf der Wiese, und die Arbeiter lagern in ihren orangefarbenen Westen im Straßengraben oder auf zwei zusammengeschobenen Mülltonnen und schauen zu. Oder betrachten das große Schaufenster Strand mit all seinen Offerten.

Aurora mit dem Sonnenstern, so posieren die Touristen: Ins Hohlkreuz gehen und der Sonne beide Arme entgegenstrecken, nackt wie Fidus, der Lichtgläubige, bei seinen nudistischen Freiluftübungen. Schau, so heimisch kann ich hier sein, flüstert die Seele der Touristin, und auch der fast nackte Athlet an ihrer Seite reckt sich stolz in das himmlische Flutlicht.

Die Weißen kultivieren jetzt defensives Sonnenbaden, so geschützt wie dosiert. Die Sonne ist feindlicher und der Mensch pragmatischer geworden: Diese Sonne scheint, damit man eine Brillenmode gegen sie entwerfen kann und einen Lichtschutzfaktor entwickeln und eine Anti-Allergen-Salbe auftragen.

Auf älteren Fotos dagegen räkeln sich die Menschen noch einladend ins Licht, ja, ihre Hingabe hat etwas so Obszönes, als wollten sie von der Sonne regelrecht »genommen« werden. So lustvoll war das in den alten Zeiten des Sonnenbadens. Dieses Beinespreizen, Alle-viere-von-sich-strecken, diese Willenlosigkeit! Junge Menschen drücken vor der Sonne noch immer Bereitwilligkeit aus, einen verschwenderischen Umgang mit ihrer Nacktheit, die Alten dagegen kauern sich heute nur noch gebückt und vom Licht abgewandt. Wie angespült liegen sie da. Und wenn sie eine Weile so gelegen haben, dann haben sie manchmal schon zu lange gelegen, sind erst schwach, dann verdrießlich geworden.

Die schwarzen Arbeiter auf den Müllcontainern schauen auf den Strand wie Anthropologen. Der Weiße ist komisch und als Sonnenanbeter noch komischer. Ein menschlicher Bratenwender, ein Kulinariker, der sich zur Delikatesse veredelt, indem er liegt, sich dreht, grilliert und auch noch ein Versprechen damit verbindet.

Die »Miner's Convention« tagt in der Stadt.

»Ist das gut fürs Geschäft?«, frage ich den Taxifahrer.

»Diabetes war besser«, sagt er.

»12 000 Diabetiker auf einem Fleck«, so schreibt auch der »Weekend Argus«, »das zahlt sich aus wie nichts Zweites.« Auch die ehemalige Miss Südafrika, die heute Benefiz-Mahlzeiten rund um Nelson Mandela veranstaltet, schwärmt von den Diabetikern in Begriffen, die man in den USA für Parteispender verwendet. Wir sitzen in einer größeren Runde am Wasser. Afrika ist gerade unsichtbar. Der Blick geht auf eine Uferstraße, man trinkt Latte macchiato und abwechselnd Weißwein aus aller Welt und Allerwelts-Weißwein.

Wenn man aber weiter schlendert, gelangt man bei einer Reihe bunter Kabinen an den Badestrand der Schwarzen oder Farbigen, die man hier wohl auch einfach Afrikaner nennen darf. Hier bleiben sie unter sich in einer Art Strandreservat, stehen lange in der Brandung, lagern sich dann in Kleinfamilien um ein Frotteetuch, werfen sich Bälle zu.

Ich gehe durch die auslaufende Brandung, als mir ein

quadratischer Fetzen grauen Papiers vor die Füße gespült wird. Als ich ihn entfalte, handelt es sich um den ausgewaschenen Pass eines Südafrikaners, geboren 1981, der wie ein Ertappter aus seinem gestempelten Foto blickt. Ein über Bord gegangener Mensch? Ein Bestohlener? Ertrunkener? Ein aus dem Leben Gegangener oder Gestoßener? Es weckt die Einbildungskraft, wenn der Atlantik als Strandgut eine Identität anspült. Ich setze mich in ein Internet-Café und suche den Mann in den Weiten und Tiefen des Netzes. Niemand dort trägt seinen Namen, sein Leben bleibt ein ungelöstes Rätsel, eine Anekdote bloß, die einzig ein Staunen darüber anspült, dass es das gibt: einen spurlosen Menschen, noch dazu einen, der seine Identität im Ozean verliert.

Am Ende der Straße liegt ein Antiquariat. Unter ein paar Revue-Fotos, ausgestopften Tieren und der Autobiographie eines professionellen Vogel-Fotografen, betitelt »I walked into the woods«, finde ich das handgeschriebene Tagebuch eines Bergsteigers. Innen liegt das Foto einer Frau, die die beiden Männer zu ihren Seiten mit versöhnlicher Energie an sich rafft, eine Art Hochgebirgs-»Jules-und-Jim«. Ich nehme das Buch mit und beginne es abends unter der Lampe zu entziffern. Wäre es nicht schön, sechzig Jahre nach ihren Exkursionen die Spur dieses Trios aufzunehmen? Doch sind die Aufzeichnungen menschenleer, der Steiger hat sich ganz auf die Kraftanstrengung, die Erhebungen und die Flora konzentriert. In der Strapaze aber unterliegen die Individuen alle dem gleichen Diktat: Sie werden allgemein und sprechen in Allgemeinplätzen, wenn auch extremen. Die drei Menschen auf dem Foto aber stammen aus einem ganz anderen, jenseits der Anstrengung unsichtbaren Leben. So lege ich ihr Foto zum Pass des unbekannten Südafrikaners.

Später kommt mir der Gedanke, dass diese Bildzeugnisse durchaus etwas beglaubigen: Wiewohl ohne Fährten jenseits der Bildränder, sind sie Momentaufnahmen aus dem Leben von Menschen, in denen zugleich Leben ist und Nichts. Genau genommen kann dem Betrachter in diesen eingefrorenen Augenblicken auch zuerst das Nichts auffallen und seine Ausdehnung: Ich blicke auf, in das Gesicht der südafrikanischen Fernsehansagerin, und sofort höhlt sich auch ihr Text aus, nein, sie selbst höhlt sich aus, sie ist, für die Dauer ihrer Erscheinung auf dem Schirm, gefüllt mit Nicht-Sein, sogar Nichts-Meinen. Auch anderswo und überall: Die Kellnerin balanciert ein Tablett, sie ist nicht bei der Sache; das Gebäude meint keinen Stil, keinen Ausdruck, es möchte keine Leidenschaft besiegeln; die Stimme des Piloten, des Zugchefs, des Sitznachbarn, alle sind von vollendeter Absichtslosigkeit, als wollten sie sagen: Übergehen Sie mich bitte. Ich will Sie mit mir nicht behelligen.

Später am Abend kehre ich zurück in das Restaurant. Die Freunde sitzen immer noch dort, über einem Meeresfelsen, auf dem sich zwei Seehunde gerade flossenschlagend der Vermehrung hingeben. Am Nebentisch hat sich der wächserne alte Galan mit dem Kolorit einer Miso-Suppe und dem elitär ausgegliederten Gesichtsausdruck entschieden: Heute ist er pikiert vom Leben. Der schwule Freund an seiner Seite wirkt dagegen vor allem jugendlich gestimmt. Das muss so sein, weil das Alter über seine Augen in ihn eingedrungen ist. Es lässt ihn von innen welken. Bald wird er das Blondieren aufgeben, das Färben der langen Koteletten einstellen und die folkloristischen Armbänder ablegen. Der Alte beugt sich zu seinem haarigen Ohr und flüstert:

»Cheer up, mein Miesmuschelprinz!«

An unserem Tisch berichtet Pierre, der südafrikanische Golflehrer, gerade, wie er im Krüger-Nationalpark das seltene Schauspiel verfolgte, das Elefanten bei der Begattung bieten.

»Es sah aus, als bestiege eine Kathedrale die andere.«

»O, you saw elefants«, wirft die Charity-Miss ein, »elefants for me are like Wow!«

Darauf ein Schrei, so hoch und manieriert, als mache sich jemand lustig. Aber nebenan läuft eine Flamme über den Tisch, läuft mit dem Spiritus aus der gekippten Lampe direkt in das Polyesterhemd des jung gebliebenen Schwulen, und der schreit wie einer, der im übertriebenen Diskant einen Schwulen nachmacht. Sein Hemd brennt jetzt lichterloh, er kann sich kaum befreien, kaum zieht er es, in die Flammen greifend, über den Kopf, fangen auch die Haare Feuer. Es frisst sich immer noch aufwärts, an der Brust hoch. Erst riecht es faul, dann beißend, in einer Krause aus Flammen zappelt der Hals.

Einer kommt, reißt ihm den Polyesterfetzen von der

Brust. Die lesbische Hünin am Nachbartisch wollte heute Abend ihren Eltern die Freundin vorstellen, traute sich aber nicht, diese unter aller Augen zu küssen. Nun stürzt sie geistesgegenwärtig hinzu und wirft das Tischtuch über den Mann, der sich im Tuch, im Rauch, in den Armen der Helfenden verwickelt, immer noch in hohen Tönen schreiend, und plötzlich aufgerichtet und weißhäutig aus den Tüchern taucht, und so da steht, in der hellen Unterhose, windschief und mit der Mimik von Munchs »Schrei«, während der verbrannte Geruch durch das Lokal zieht, parfümiert von den Aromastoffen, die vom Eingang hereinschwirren, und sich ein Mann vom Nebentisch vorbeugt, der besseren Sicht wegen, da das Opfer jetzt weggeführt wird und der bleiche Oberkellner schon von Tisch zu Tisch stürzt und jedem erklärt, wie das passieren konnte, dieweil andere spekulieren, dass das Lokal nun für immer geschlossen werden müsse, da man diesen Gerichtsprozess niemals gewinnen könne.

Aus dem Klo hört man immer noch das Wimmern des verbrannten Mannes, der dort auf dem Boden kniet, um sich den Nacken kühlen und mit Mehl bestäuben zu lassen, weil jemand dazu geraten hat, während ein anderer meinte, das sei »das Falscheste, ich wiederhole, das Falscheste, was man tun kann in diesem Fall«. Die Geschäftsführerin kommt fassungslos auch an unseren Tisch, weil sie jetzt überall die Petroleumlampen einsammeln muss, und formuliert im selten verwendeten Futurum Zwei:

»Das wird ein schwarzer Tag gewesen sein.«

Wenig später hören wir die Sirenen des Rettungswagens, alle blicken zur Tür, die lesbische Hünin nutzt die Gelegenheit und küsst überfallartig ihre verdutzte Freundin, und der Mann am Nebentisch versucht sich an einem Witz: »Hier flambieren sie selbst die Gäste.«

Manche reden, wie Hunde ihr Bein heben.

Am nächsten Tag machen wir uns endlich zum Kap auf, einem offensichtlichen, zu offensichtlichen Ende der Welt. Die Landschaft davor liegt da wie Helgoland, vernebelt und karg, dann ein geschlossenes Gatter, das uns eigentlich, nach den Angaben auf einem Täfelchen, seit den frühen Morgenstunden offen stehen sollte. Wird es heute überhaupt geöffnet? Wir lungern eine Zeitlang herum, ohne dass etwas passiert, dann geben wir auf.

Abends kehren wir vom Ausflug in die Weinberge zurück und finden uns wieder auf dem äußersten Zipfel des Kaps ein. Die Landschaft ist immer noch zeitlos vernebelt, doch steht das Gatter jetzt offen. Auf einer Holztafel davor kann man lesen, dass dies hier der Eingang zur Südspitze des Kontinents sei. Ein Bus Japaner hält an und tut alles, um das Klischee zu erfüllen. Beschirmt und behütet ergießt sich die Ladung auf den Platz, alle fotografieren das Schild, alle steigen wieder ein, ohne Einlass begehrt zu haben. Wir streben weiter der Landspitze entgegen. Doch in der Kabine bei der Schranke sitzt der Hüter des Schlagbaums. Er zeigt auf die Uhr:

»18 Uhr, wir schließen.«

Es ist nicht 18 Uhr, es könnte allenfalls 18 Uhr werden,

und wir könnten es versäumen, rechtzeitig zurück zu sein. Wir verhandeln, was nicht verhandelbar ist. Unser Recht ist verwirkt. Der Mann hat die Spitze eines ganzen Kontinents in seiner Hand.

»Sie haben heute Morgen zu spät geöffnet. Könnten wir nicht diese Verspätung jetzt wiederhaben?«

»Nein.«

Am Ende blieb dies Ende der Welt geschlossen. Doch von einem günstigen Blickpunkt aus, von einer Biegung der Straße Richtung Westen, sahen wir die ominöse Kuppe liegen. Sie hatte nichts von dem Kontinent, der hier auslief, nein, sie war eine Irgendwie-Kuppe auf einem Irgendwo-Hügel, eine einzige Verweigerung, Belvedere und Bellavista, Land's End und Finistère zu sein. So ersparten wir uns die Verlegenheit der Touristen vor der Aussicht.

Wir warteten also an der Straßenbiegung und erlebten das Drama des Reisenden: Er muss feststellen, dass er von nichts bewegt wird, keinen Zweck seiner Reise und deshalb auch keinen des Arbeitslebens finden kann, das er ertrug, um sich die Reise zu ermöglichen. Mit »schöne Aussichten« meint er seine Zukunft, mit »freundliche Aussichten« Wetter und Börse, mit »rosige Aussichten« seine Illusionen. Wenn all das nicht mehr ist, sieht er schwarz.

Doch einmal kommen die Aussichten auch im Singular vor: als schöne Aussicht. Die ist ergreifend. Deshalb werden Gaststätten nach ihr benannt, mit Blick auf die Küste, die Bergkette, den Turm. Und der Besucher verlangsamt, hält inne und ernährt sich vom Blick. Die Aussicht sagt ihm, dass er die richtige Höhe, den passenden Einfallswinkel gefunden hat, und dass »der große Derdiedas« seine Hand eben erst aus der Natur gezogen hat. Sein Atem geht noch darüber. Eine Aussicht ist immer dann schön, wenn der Betrachter vor ihr klein wird. Dann ist sie erhaben, denn er selbst ist bloß eine Bagatelle.

Die eigentliche Magie des Augenblicks aber ereignet sich im Zusammenfluss der Aussichten mit der Aussicht: Man genießt den schönen Blick in die Landschaft symbolisch. Nur in der Selbstvergessenheit vor einer solchen Aussicht verschmilzt der Raum mit der Zeit. Mit einem Mal erscheint in diesem Blick in die landschaftliche Ferne die Zukunft und macht den Betrachter still und fromm. Dann schießt er ein Foto. Die Aussicht ist drauf, die Zukunft nie.

So gibt es denn Reisende, denen nur der erste Schritt gelingt: Sie folgen ihrem Impuls zu verschwinden. In der Fassade dringen sie weder zur Freude noch zum eigenen Bedürfnis durch, verfangen sich in Fotografien, im eigenen Land, im Herkommen, in Analogien zum Bekannten. Und gelangen nicht weg von sich.

Der umgekehrte Fall ist der des glücklichen Menschen, der auf dem Gipfel erst recht zu sich kommt, wie jener Mann, der alle höchsten Erhebungen Europas bestiegen hatte und auf meine Frage, ob er dabei auch Höhepunkte der Erfahrung erlebt habe, erwiderte: »Ja, und zwar eigentlich bei jedem Gipfel, da kann er noch so klein sein. Es stellt sich dann bei mir ein elitäres Gefühl ein, denn ich weiß, ich bin der Einzige, der so etwas macht. Gemischt mit Dankbarkeit, dass es mir möglich ist. So lange gehe ich auf den Gipfel zu und weiß schon: Den kann mir keiner mehr nehmen, und endlich stehe ich oben. Da brauche ich dann mindestens eine Stunde, um so etwas wie einen persönlichen Gottesdienst zu feiern. Tränenanfälle überkommen mich manchmal bei Bergen, die es eigentlich gar nicht verdienen, die nichts Besonderes sind. Aber ich selber bin ja auch nichts Besonderes.«

Das Kap mag eine stumpfe Kuppe, ein glanzloser Hügel sein, aber eigentlich wendet die Fremde dem Reisenden doch überall etwas Vertrautes zu – das Rühren des Reisigbesens über dem Zementboden des Bahnhofs, der abgebrochene Kleiderhaken an der Klotür, ein Lichtast, auf dem der Staub tanzt, oder der Anblick des Gähnenden hinter seiner Zeitung. An den offensichtlichen Enden der Welt liegt oft Niemandsland, besetzt mit Buden. Sie wenden sich vom Anblick des Nichts weg, den Menschen zu, die hier anbranden, allen Menschen, allen Ansprüchen. Touristen suchen den Weg in den Moment, der sich vom Souvenir beglaubigen lässt.

»Ich bringe dich an einen Ort, wo die Welt wirklich zu Ende ist«, sagt Pierre. »Er heißt God's Window und liegt in der Provinz Mpumalanga im Osten, nicht weit vom Krüger-Nationalpark.«

Wir reisen. Manchmal schließt sich der Regenwald über den Pisten, manchmal liegen die Straßendörfer da wie in der Savanne. Dann wieder haben die Viehhirten ihre Gehege und Hütten mit Palisaden gegen wildernde Großkatzen geschützt, ein andermal öffnen sich Steppen und wüst versandete Flächen, auf denen die kargen Rundhütten aus Adobe-Ziegeln den Sonnenglast ausatmen. Der Boden ist fleckig, Pigmentstörungen zeichnen die Haut der Erde.

Wir essen auf einer Veranda an der Straßenbiegung. Der Kellner serviert dazu diese Geschichte: Bei einer Safari wird eine Frau von Löwen zerrissen. Der trauernde Gatte bestreut die Leiche mit Rattengift, damit die Löwen, wenn sie wiederkommen, an ihrem Hunger sterben.

Die Straßen gewinnen wieder an Höhe. Hoch über dem Lowveld, wie das tausend Meter unterhalb der Panorama-Route gelegene Land heißt, liegen die alten Primärwälder konsterniert und buschig. Die neu aufgeforsteten Bauminseln kräuseln sich daneben wie Broccoli. Wo das Wasser in die Schluchten fällt, liegt eine zerschmetterte Anatomie der Felsen, die in den Himmel ragen wie ausgehöhlte Wirbelknochen. Doch kaum hat man ein solches Flussbett hinter sich, kann sich der Wald wieder strecken, den Feldern Platz machen, und gleich ist nichts so erstaunlich wie die Unscheinbarkeit der Natur in der Idylle.

Der Ort, auf den wir zugereist sind, das sind am Ende sechs mal sechs Meter eines niedrigen, alt-orange gestrichenen Geländers mit abgeblätterter Farbe, vor ihm der mit Natursteinplatten geflieste Balkon. Geländer werden errichtet, damit sich die Ausflügler in ihren buntgemusterten Kleidern nicht in die Tiefe stürzen, Handtasche und Fernglas voran. Die Tiefe löst im Sommerfrischler wohl, gerade nachdem er lange aufgestiegen ist, eine solche Sehnsucht aus, dass er von seinem eigenen Grab mit Pfosten und Latten förmlich zurückgehalten werden muss, ja, sein ganzes Verhalten in der Höhe hat offenbar weniger mit der Landschaft als mit diesen dunklen Verlockungen zu tun, dem einzig Dunklen in manchem Ausflüglerleben.

Deshalb lässt sich der Reisende in solch luftiger Höhe gern am Geländer fotografieren, nicht nur im Augenblick einer imperatorischen Hoheit über den landschaftlichen Prospekt, sondern auch in der Pose der Selbstbeherrschung. Gern legt er wie im spielerischen Umgang mit der Tiefe nur eine Hand auf die Brüstung. Das gibt der Pose zugleich eine selbstbewusste Lässigkeit, die das Erhabene des Augenblicks sublimiert. Der Mensch am Geländer wird Denkmal, sein Horizont öffnet sich endlich in die Weite.

»God's Window« ist ein Balkon über einer rasant abfallenden Schlucht, etwa tausend Meter tief, geformt aus glänzenden Felswänden, von Flechten und Ranken bewachsen, vom fallenden Quellwasser bespült, von zirpenden Grillen und schreienden Vögeln beschallt. Eine Schlucht, deren Flanken aufeinander zu streben, als wolle sich ein felsiger Vorhang schließen über dem Blick in die Tiefe, über die Wälder und Ströme, über den Weitblick nach Mosambik.

Die Laubbäume tragen ihre Kronen wie Dolden und

wiegen sich im Minzeduft. In der Felswand balancieren schiefe, langstielige Bäume, umschwirrt von Schwalben. Immer neue Felsnasen, bedeckt mit Kletterpflanzen, staffeln sich in die Weite. Lilien prunken in Weiß und Orange. Die Zweige weisen, sie gestikulieren in die Landschaft, in der sich, von hier oben aus, kaum eine Spur menschlicher Anwesenheit findet. Der Wind scheitelt den Wald. Man könnte denken, man stehe vor dem Hintereingang in den Garten Eden oder sonst einer unzugänglichen Landschaft, in der noch alles ist wie ehedem, vor dem Anbruch der Zeit.

Der Wald ist kein bloßer Bodendecker, sondern lebendig und für Überraschungen gut. Die saftstrotzende Vegetation schickt jetzt ein Aroma von Curry und Jasmin in die Luft, dann von Aas und nassem Stein. Was uns da unten noch als Berg erschien, ist nun ein Buckel, geformt wie der Handrücken auf einem Knauf, und als die Adern des Waldes verlaufen sich Ströme und Rinnsale und verniedlichen sich, je weiter fort sie laufen. Ja, hier spielt das Drama einer Landschaft, der der Mensch bloß zugestoßen ist.

Der Abenddunst kommt in Schwaden ins Tal. Dann frischt der Wind auf unter dem Geschnatter schreiender Vogelschwärme, die durch das Rostrot eines späten Sonnenstrahls tauchen, aufleuchten und über den mäandernden Seen schon verschwunden sind. Die Landschaft, sich selbst überlassen mit ihrer Achsel-Behaarung, mit ihren Furchen, Warzen, Schründen, Narben, verschorft und zugewuchert, verschwindet langsam im Dunkel.

Doch jetzt der Auftritt von Fuji dot com, groß, rot-grün, klimatisiert und mit grollendem Motor, nach dem Zischen der Türen seine Fracht ins Freie gießend: die Frauen wie Spottdrosseln, die Männer ihre Kameras beschwörend, rasierte Nacken, offene Münder.

Mit dem Rücken dazu sitze ich auf einem Felsvorsprung, tausend Meter über dem Wald, über der Schlucht, in der die Wasserläufe zusammenkommen, das Felsgestein sich schichtet. Riesige Farne drängen sich in den Sprühregen der Katarakte. In der Abenddämmerung wirken die Felsensäulen gegenüber wie gezeichnete, tief gekerbte Körper. Das Wasser schwärmt zu Tal und pinselt in leichten Schwaden vor der Felsenschwelle auf und ab, während sich das Rufen der Fledermäuse gegen das Rauschen und Zwitschern des Wasserfalls durchsetzt.

Die Nacht nistet in den Hohlräumen der Spalten, wo die Finsternis schon komplett ist, in die soeben die ersten Tiere treten. Gelb und rot beflaumt liegen die gestaffelten Felskuppen vor ihrem steinernen Amphitheater, alle wie Boviste nebeneinander. Wolken hängen in der Arena, Schattenspiele zittern auf den Wänden, schwefelgelbe Flechten klammern sich an. Alle hier Verweilenden, die Bewohner und die Betrachter, tragen diese Landschaft wie einen Poncho. Alle fühlen sich eingehüllt, auch vom Magnetismus der Tiefe. Ja, da wirkt eine eigene Gravitation des Abgrunds, die ergreifend ist, und ein Ziel hat: »The Void.« Die Leere.

»Nur für Busse«, schreit eine Reiseleiterin, man weiß nicht warum, beantwortet vom kurzen Morsen der Rabenvögel. Da liegt ein Wald, der noch Geheimnis sein darf, da breitet sich die nicht unterworfene Natur aus, und da hinten brütet Mosambik.

»O my Lord, this is awesome!«

Die Ersten treten auf die Plattform.

»O man, o Lord, o wow, isn't this beautiful?«

Ein Pykniker atmet nur noch, das muss reichen. Die anderen stehen und wollen die Landschaft benennen: Wie heißt der Berg, wie heißt der Fluss ... Dann folgt als eine Art Gospel chorisches Anschwellen:

»O shit, isn't this beautiful?«

»O look at this, for Christ's sake, this is fuckin beautiful!«

Sie fotografieren es nieder mit dem Brillenbügel im Mund. Dann lassen sie sich selbst fotografieren vor Gottes Fenster:

»Beautiful background!«

Rauchschwaden durchziehen die Abendluft.

»Gott verbrennt Weihrauch«, lässt sich eine Schweizerin hören und lauscht der Poesie ihrer Metapher nach. »Aber warum heißt das hier Gottes Witwe?«

Winzige, schamhafte Siedlungen liegen im Tal. Sie haben ihre Hüttchen aneinander geschart, als wüssten sie: Es gehört sich nicht, hier anwesend zu ein. Ausgewaschenes Licht stockt in den Schonungen. Manche Stämme stehen nackt im Hang oder beugen sich über den Abgrund. Die Vögel steigen nicht bis in diese Höhe, aber sie steigen, und wir blicken von oben auf ihr Deckgefieder, das sich vollendet spannt ... Sehen ist Einatmen, und während es sich so anfühlt, tritt die Reiseleiterin mit der Orgelstimme an die Rampe, dreht sich zur Gruppe und intoniert im Fortissimo der Inbrunst:

»Now! Let's have a silent conversation with God here!«

Da deponiere ich den ausgewaschenen Pass aus dem Ozean unter einem Stein und überlasse Gott seinen Gesprächspartnern.

Minsk

Der Fremde im Bett

Der Flughafen von Minsk sieht aus, als sei er aus einem Haufen von Dunstabzugshauben zusammengeschweißt. Vor seinen Toren protzt die Monumentalarchitektur Weißrusslands, und wie im alten Sowjetreich gibt es noch immer diese imaginären Geländer. Man muss geleitet, geführt, Befehle müssen erwartet und befolgt werden, Verbote müssen sich aufrichten. Und zwischen all dem entsteht dann die Entgrenzung, das Schwärmerische, der subversive Gedanke. Ausbrechen müsste man, schreien, freveln.

Stattdessen senken sich die Köpfe zu den grünen und roten Linien auf dem Boden, den vorgeschriebenen Gehwegen, auf die hintereinander treten: eine Blondierte mit Dutt, eine Angejahrte mit Reptiliengesicht, eine Büro-Ulknudel im Ringerleibchen. Sie trauen sich nicht einmal, ihr Pfauenrad zu schlagen. Ihr Gehorsam ist provozierend. Kaum gehen sie vorüber, in sich gekehrt wie Frömmlerinnen, ziehen die Wachsoldaten Schmollmünder. Stattdessen nähert sich ihnen ein Fremder, und das mit der Frage:

»Hätten Sie eine Toilette für mich?«

Doch die Formulierung prallt erst an der Uniform, dann an der Mimik des Soldaten ab. Immerhin zwitschern weiter Geräusche aus den Walkie-Talkies.

Draußen wartet man. Das muss so sein. Man wartet in Rotten auf Busse, Fahrer, Ehefrauen. Manche sind noch in der Situation des Wartens fröhlich. Das sind die Glücklichen. Sie wollen sagen: Solange wir leben, werden wir dankbar sein für alles, was auch lebt. Doch gerade die Alten fühlen die Reise, die beschwerdevolle Reise, tiefer, sie warten behäbiger, selbstgenügsamer, sie zittern in ihre Erschöpfung hinein. Die Geschäftsreisenden dagegen sind immer schon eine Etappe über die Gegenwart hinaus. Eines dieser weißrussischen Kraftpakete hat begonnen, auf mich einzureden:

»Haben Sie Ihre Paris Hilton gesehen auf dem Plakat?«

Wir wenden uns beide nach der Frau auf der Werbefläche, die sich an den Dosen-Prosecco räkelt. Von hier aus gesehen, gehört sie also zu meiner Welt.

»Aufregende Frau«, sagt der Geschäftsmann anerkennend, als hätte ich sie gezeugt. Ich suche das Aufregende in dem von allen Geistern verlassenen Gesicht.

»Und wissen Sie, was das Aufregende an ihr ist?«

»Der Prosecco?«

»Ihr Phlegma.«

Sein Begehren ist also von der raffinierteren Art. Ich ziehe mich trotzdem lieber auf mein eigenes Phlegma zurück und betrachte die Wände zwischen den Plakaten. Die Wachsoldaten mustern noch immer die ratlos aus dem Gebäude taumelnden Ankömmlinge.

Eine kalkweiße Satanistin mit Wollstrumpfhose zum Minirock wird von einem Beamten beiseite geführt. Sie blickt geschmeichelt. Auf ihrem Oberschenkel haftet ein Knopf mit der Zahl 23. Wo er angesteckt wurde, beginnt die Treppe der Laufmasche, die sich bald zielstrebig nach innen wendet. Vom Absatz ihres linken Schuhs im Stich gelassen, stürzt sie, eine monströse Erscheinung aus schwarz-weißen Stoffen und Puder, auf den Asphalt. Als der Beamte sie am Arm aufrichten will, tut sie behindert und spreizt dazu theatralisch die Beine, offen für jeden Blick. Sie will es so. Offenbar ist ihre Scham nicht kostbar.

Stunden später bin ich schon auf den Straßen des Zentrums. Wo ist das Zentrum?, hatte ich gefragt, und der Taxifahrer hatte mit einer Bewegung geantwortet, als wolle er mich verspotten: Hier rauf, hier runter, kilometerweit bis zum Horizont, alles Zentrum. Jetzt stehe ich also mitten darin. Ein Mann mit Neurodermitis im Gesicht blättert an einem Drehständer Plakatreproduktionen aus der Sowjetzeit durch und stöhnt dazu wie beim Sex.

Nimm Amman, Kabul, Bombay, dies sind Städte bei Hochflut. Nimm Minsk, es ist eine Stadt bei Ebbe. Nur die Überlebenden kommen raus und machen gleich die Gesichter von Davongekommenen. Sie blinzeln ins Licht.

Ja, ich genieße die Möglichkeit, in einer Stadt zu sein und sie nicht zu finden. Die Straßen sind so breit, als wollten sie sich ergießen. An ihrer Mündung muss die Ansiedlung liegen, das in der Dünung der Hochbauten wogende Stadtmeer. Die Fassaden sind glatt und durchlässig. Irgendwo dahinter, in ihren Höfen, muss sich das urbane Leben entfalten. Der Park ist fast unbelebt, ein paar schwerfällig Redende sitzen unter den Bäumen. Zwischen den Stämmen stehen die Uniformierten wie Spanner oder Exhibitionisten. Als kolossale Denkmäler einer feudalen Zeit behaupten sich die Paläste. Sie machen die Menschen überflüssig, und diese bewegen sich, als fühlten sie sich auch so.

Nur eine kleine »Unbekannte aus der Seine« trägt ein haarfeines Lächeln im Gesicht. Doch ist sie so betrunken, dass ihr Gesicht nicht anders kann als lächeln. In der Hand trägt sie einen erschöpften Strauß schwarzer Tulpen. An ihrer Seite lächelt ein Mann und bläst in ein gelbes Windrad. Offenbar hat er das Mann-sein-Müssen hinter sich, zumindest bei ihr. Das sieht man an seinen, das sieht man an ihren Blicken.

Es sind auch Mädchen auf der Straße, Mädchen, die besonders aufrecht gehen, weil sie erst seit zwei Wochen Brüste haben. Sie balancieren unter den grobmaschigen Wollpullovern die Errungenschaften einer Weiblichkeit, auf die sich ihr Gesicht schon länger vorbereitet hat. Ein paar Monate weiter, und sie beherrschen bereits diesen in den Distanzpunkt versenkten Star-Blick, sind sie es doch bis dahin schon gewohnt, angesehen zu werden. Am liebsten würde man sie betrachten. Man blickt hin und ist selbst wie nicht vorhanden. Das ist die unreife Kälte der Mädchen.

»Das Schönste«, hat Vassili gesagt, mit dem ich ein paar

Tage lang durch die Gegend ziehen werde, »das Schönste sind die weißrussischen Frauen.«

Aber meine trugen mehlfarbene Strümpfe, und ihre Züge waren hart wie die von Transvestiten. Ich habe sie gesehen an der großen Straße und im Park vor der Linguistischen Fakultät. Manchmal prunkten ihre Fesseln umschnürt und ihre Sandalen golden. Dann waren die Beine darüber lang und die Röcke kurz. Sie haben schließlich, als ich im Park so unscheinbar saß, wie ich konnte, alle um mich herumgestanden und geraucht, alle diese Kunstblonden und Kunstroten, die in Leoparden-Imitat Gekleideten, die aus irgendeinem Grund neben ihrem Leben Stehenden und Wartenden.

Lange hat es hier keinen so heißen Sommer gegeben. Die Bankbeamten tragen ihr Hemd aus der Hose hängend, im Kielwasser der vorbeigehenden Nonnen müffelt es unfrisch. Zu heiß ist es für jede Berührung. Wer jetzt noch Hand in Hand geht, liebt wirklich. Auf dem Markt spannt man Sonnenschirme auf, selbst über den Lilien im Bottich, und trotzdem lassen sie schon ab mittags die Köpfe hängen. Ein Roma-Vater spielt mit seinem Sohn »Petite Fleur« für Akkordeon und Klarinette, dreimal hintereinander, dann geht ihnen der Atem aus, und ich kämpfe ein wenig mit einer Rührseligkeit, weil ich an Sidney Bechet denke, wie er damals »Petite Fleur« spielte in meinem Kinderzimmer, als ich die Hoffnung hegte, auch einmal etwas so Elegantes, Mondänes im Leben zu haben wie das, wovon seine Klarinette sprach.

Die Fliegen schliefen auf dem Salat der Touristen ein,

zwei Frauen zogen ihre BHs durch das Armloch der Bluse, und die Tauben schafften es nicht mehr auf den Kopf des Denkmals, sondern lungerten bloß um den Sockel herum. Jetzt kam ein Trompeter und presste unter größter Anstrengung »Il Silenzio« hervor, aber die Passanten winkten ab:

»Lass das bloß bleiben! Es nervt!«

Er ging weiter, versuchte es da.

»Hier auch nicht. Du nervst!«

Das einzige »Willkommen« stand auf dem Teppich im Aufzug.

Sonntagnachmittag. Die Stadt ist voller Bräute. In ihren Gesichtern sieht man, dass die Hochzeitsnacht eine Strapaze sein wird. Auch für den Bräutigam. Dauernd bekreuzigen sich die Leute. Erst wenn man ihrer Blickachse folgt, stellt man fest, dass da eine Kirche, ein Tabernakel ist. Der alte Schachspieler sitzt schon morgens um sieben im Park, packt sein Brett aus und spielt erst einmal ein paar Partien gegen sich selbst. Dann geht er von Bank zu Bank und fragt, ob jemand gegen ihn spielen möchte. Meist kehrt er erfolglos zurück und besiegt sich noch einmal selbst.

Ich sehe zu, wie zwei Frauen und ein Mann über eine Kamera gebeugt das Foto diskutieren, das sie machen wollen. Ich gehe hin und sage:

»Geben Sie her, ich mache Ihnen das Foto, dann geht keiner verloren.«

Sanfte Proteste. Ich sage:

»Nichts da, hinterher freuen Sie sich, ich mache Ihnen

erst mal ein Quer-, dann ein Hochformat. Zur Sicherheit.«

Auf dem Foto stehen sie verlegen und unverbunden nebeneinander. Anschließend erklären mir die drei behutsam, dass sie zu zweit sind. Die andere Frau ist bloß die Passantin, die sie angehalten haben, damit sie von ihnen ein Foto mache. Noch am selben Abend spiele ich ihr auf meinem Laptop »Petite Fleur« vor.

»Nicht schlecht«, sagt Elzbieta. »Aber haben Sie auch ›Maiglöckchen‹ von Utjossow?«

Am nächsten Mittag setze ich mich auf dem Domplatz unter die Touristen: Einige betrachten, andere beobachten, dritte examinieren, vierte forschen, fünfte reisen als Sachverständige, wieder andere als Ausgesetzte.

»Ich möchte nicht hier sein«, sagt der ratlose Mann an meiner Seite.

Ich denke, ich möchte auch weit weg reisen, in ein Land, wo Aspirin »Aspjelena« heißt, an den Souvenirläden »Erinnerung« steht und die Frauen tiefe Bauchnäbel haben, von denen eine Spur schwarzen Flaums abwärts weist. Dann fällt mir ein, ich *bin* weit weg, ich bin in diesem Land, und suche immer noch die Wirklichkeit dieser Stadt.

Minsk liegt an einem Fluss, einem Verkehrsfluss, der achtspurig die Stadt teilt, über sechzehn Kilometer. Von Zeit zu Zeit muss man in die Seitenstraßen abbiegen, um dem Lärm zu entkommen, aber man entkommt ihm nicht. Dort empfangen einen in den Parkanlagen auch gleich die Erschöpften, alte Frauen in Jogginghosen, mittelalte, die vor aller Augen abstumpfen. Entweder sehen sie weichgezeichnet und puffig aus wie Boris Jelzin, oder graphisch konzentriert wie Marika Kilius.

Die Stadt wurde im Krieg von deutschen Bomben in Schutt und Asche gelegt. Man entschied, sie vierzig Kilometer entfernt neu aufzubauen, lagen doch zu viele Minen und Fliegerbomben unter dem Schutt. Eine Abstimmung unter der Bevölkerung aber ergab: Alles soll genau so, genau hier wieder errichtet werden, und so machte man sich 1958 daran, die ganze Innenstadt in ihrem historischen Stil wieder zu errichten. Sozialistische Arbeiter bauten die imperiale Repräsentationsarchitektur des späten 18. und fortschreitenden 19. Jahrhunderts wieder auf. Sie gaben ihr Akkuratesse, sie hielten sich penibel an die Vorlagen, aber der Geist entwich ihnen unter den Händen. Das ist das Aufrichtige: Den sozialistischen Arbeitern gelang es nicht, glaubwürdig imperial und hochherrschaftlich zu bauen. Sie schufen Potemkin'sche Dörfer, Attrappen.

Die historischen Gebäude liegen entfernt voneinander, aufgestellt wie auf einem Monopoly-Brett. Sie wahren Sicherheitsabstände, sie belauern sich. Nur die Kirchen sind schwarz vor Menschen. Unter dem hohen Gewölbe des Mittelschiffs wabert die Menge der Gläubigen wie ein Teig, der noch arbeitet, murmelnd und grummelnd. Selbst draußen vor dem Portal stehen Einzelne, die sich die Übertragung anhören, wie sie so blechern verstärkt auf den Vorplatz scheppert.

Alles ist reinlich in dieser Stadt, also fortschrittlich, die

Siedlungen sind entzerrt, die Monumente Solitäre. Überall unterbindet die Stadtplanung Ensemblebildung, nur die Wohnsilos am Stadtrand ballen sich. Auch das Flussufer liegt unbelebt. Es könnte ein umgekipptes Gewässer betten, das nicht mehr fließt. Da treten, während ich immer noch in meiner Ratlosigkeit am Rand der Grünanlage sitze, Bettler an meine Bank mit einem Gesicht voller Verlangen, aber ohne Sprache dafür. Fette Wiesen sprießen um mich herum, mit überdüngten Wildkräutern, Löwenzahn, Sumpfdotterblumen im Saft. Und plötzlich ist es egal, wo ich bin. Hauptsache, ich bleibe eingehüllt in die Fremde.

Reisende sind Auf-dem-Weg-Seiende. Ihre Bewegung verwandelt Orte in Schauplätze. Sie kommen an, sehen sich um, beobachten Menschen dabei, wie sie in fremden Räumen sich und andere bewegen, und schon dieser Blick verfremdet die Fremde. Alle hier Lebenden sind Geschichte und schleppen ihre Geschichte durch den Raum. Nur der Reisende ist reine Gegenwart, nur er sieht die Stadt in ihrem Jetzt.

Auf einem Faltblatt in der Nachttischschublade an meinem Bett finde ich die deutsche Übersetzung der Sicherheitsanweisungen, sie lautet: »Wenn das Hotel brennt, legen Sie ein paar nasse Handtücher vor die Tür, öffnen Sie das Fenster und geben Sie der Feuerwehr einen Wink.« Den Rest des Tages irre ich durch die Stadt auf der Suche nach etwas, das wäre wie »ein Wink«.

Am nächsten Morgen trägt Minsk das Regenwetter wie ein Kleid. Es ist eine Stadt, die so gesehen werden will. Im weißrussischen Fernsehen ist eine Hausfrau im Minirock eben dabei, zu den »Brandenburgischen Konzerten« die Wohnung zu putzen. Sie ist sehr hübsch, und wenn sie mit ihrer Pfanne gestikuliert, tut sie es ironisch, als wisse sie wohl, dass sie zu hübsch ist für eine Hausfrau, aber eben hübsch genug für eine weißrussische Hausfrauen-Darstellerin in einem Hauch von Bach.

Ich rufe Vassili an. In seinem breiten Wagen cruisen wir durch die Straßen. Er sieht sie mit Bedenken an. In seinen Erzählungen schießen Straßenzüge zusammen als Schauplätze von Kriegen, Krisen, Unfällen, Verhaftungen. Die Stadt, denkt man, ist ein Milieu, das ihn kompromittiert. Was ihn dagegen nicht blamiert, das ist sein Sohn, der hat die Zukunft im Kopf, nicht die Mädchen. Ich frage:

»Hat er denn keine Zukunft mit Mädchen?«

»Er ist reif. Er sagt, father, I don't go out with girls, they have only two things in their head: Pizza and fucking.«

»Pizza?«

»Er sagt, die Mädchen sind alle Prostituierte.«

»Alle?«

»Er unterscheidet zwei Arten der Prostitution: lazy prostitution und dirty prostitution.«

»Er braucht keine Freundin?«

»Er hatte eine. Sie hieß Pralinka. Aber es dauerte bloß ein paar Wochen, da kam er und sagte: ›Papa, ich habe sie durchfühlt. Sie ist leer.‹«

»Bleibt die Pizza.«

»Jetzt hält er sich einen Karpfen im Bassin. Ich weiß

nicht. Er ist mir lieber als so ein falsches Mädchen. Aber sagen Sie: Was sind das für Menschen, die einen Fisch als Haustier akzeptieren? Gibt er ihnen Wärme? Folgt er? Lässt er sich streicheln? Ich sage Ihnen, was mein bester Freund gesagt hat: Nur Männer ohne Schwanz akzeptieren auch einen Karpfen als Haustier. Hat er gesagt.«

Auf der abgeschälten Erde im Vorgarten des Gebäudes hinter mir liegen auch ein Stapel Holzlatten und ein paar abgeblätterte Pfosten. Frauen in burgunderroten Kitteln sitzen aufgereiht auf der Stange und kauen. Sie saßen gestern da, sie sitzen noch. Ja, Krankenschwestern sind sie, blasse weißrussische Stationsengel. Ich schlendere durch das Tor des Krankenhauses – auf der Suche wonach? Einem Ort zum Wirklich-Werden, einem Zustand, einer Situation, an der ich mich festkrallen könnte, um hier auch etwas wie eine Situation zu haben und zurückzulassen. Die Kranken lassen mich laufen. Sie haben andere Sorgen. Und die Passanten blicken mich an, als sei ich nicht gemeint.

Ich behandele das wie eine Mutprobe und trete ins Krankenhaus auf der Suche nach der einen Person, die mich anhalten wird. Aber in der Eingangshalle sitzen nur zwei Greisinnen im Minirock, die rauchen und mich nicht sehen. Also steige ich abwärts. Im Keller gibt es einen gläsernen Verschlag. Man tritt ein und befindet sich in einem neonerleuchteten Kinderkaufmannsladen, in den Regalen Konserven mit altmodisch fotografierten Etiketten. In der Vitrine stehen Gläser mit von Warzen bedeckten Gewürzgurken, die man mit der Holzzange ins Wachspapier wirft, wie die Silberzwiebeln, die geschälten Rote-Beete-Kugeln, die Fischchen, den Bückling.

Die Bedienung hantiert abgewandt am Boden der rückwärtigen Seite, ungerührt, zehn Minuten lang. Ihr Leibchen hat sich aus dem Rocksaum gelöst und gibt eine breite Beckenpartie frei, in die das Delta der Aderverläufe ein Muster gezeichnet hat. Als sie sich erhebt, ist ihr Gesicht rot und vierschrötig, und ein dramatischer Nasen-Herpes sitzt ihr im Gesicht wie Borke. Sie hat jetzt die Sojamilch-Quader fertig aufgeschichtet und zeigt mit dem Kinn auf mich, ihren einzigen Kunden. Ich erwerbe zwei fette Gewürzgurken in Butterbrotpapier und trolle mich, weil sie mich ansieht, als sei es das Beste, was ich tun könne.

Im ersten Stock sind die Glastüren mattiert und geschlossen. Im zweiten Stock sind sie mattiert, aber wenigstens eine öffnet sich zu einem Flur, in dem allein ein Alter mit Infusionsgalgen ruckend ein paar Schritte tut. Die zweite Krankenzimmertür finde ich angelehnt. Das vordere Bett, auf das ich blicke, ist zerwühlt, aber leer, im hinteren Bett ragt ein einsames blasses Profil aus den Kissen. Ich ziehe mir einen Stuhl heran, lege die Gurken auf die Bettkante und sehe in das Gesicht des Alten, Schlafenden. Jetzt bin ich angekommen.

Der Atem des Mannes klingt dünnflüssig. Wie durch einen Strohhalm eingesogen, wird er allmählich vom schmalen Brustkorb verschluckt. Dann schnarcht er sich kaum hörbar seinen weiteren Weg und steht. Man kann die Uhr hören. Dann seufzt er sich auf einer langen Bahn wieder ins Freie, als müsse sich der Atmende von jedem Atemzug einzeln verabschieden.

Der Flanell-Schlafanzug des Greises ist ein oft getragenes, zerwaschenes, blau-graues Gewebe, so durchscheinend wie der Mann selbst. Fleckig ist es, trotzdem rein, sind doch schon viele Waschgänge über die Verschmutzungen gegangen und haben sie gebleicht. Der verschossene Stoff zeigt den edlen Verfall von Rocquefort. Betagt im Design, atmet er die Erinnerung an etwas, das man ehemals wohl »todchic« nannte. Dieser Pyjama, das ist der Hund, der an der Seite seines Herrchens alt und muffelig geworden ist, und doch, er ist ein Trost.

Eine Hand des Greises liegt auf der Decke, braun und rau, rissig und hart von all der Arbeit, sie ruht wie die Hand, die nie gestreichelt hat, ruht wie ein Stück Acker. Vielleicht hatte sich der hinfällige Mann so an die Erde gewöhnt, dass er nicht von ihr lassen konnte, und auch sie schien sich so an ihn gewöhnt zu haben, dass sie ihn jetzt nur mühsam ziehen ließ.

Ich betrachtete sein Gesicht lange: die schütteren Augenbrauen, die Altersflecken, die auf der bleichen Haut selbst verblichen waren, die Pigmentstörungen auf den Lippen, die runzeligen Malvenblätter der Lider, die Bitterkeit der Falten, die sich um den Mund fanden, die flachen Warzen, Intarsien seiner Augenringe.

Wo mögen seine Leute sein? Wer bei seiner Geburt erwartungsvoll herumgestanden und in seine Zukunft geschwärmt hatte, ist vermutlich längst tot, und die vielen neuen Menschen, die erst später in sein Leben getreten sind, sie waren heute vielleicht einfach verhindert, im Kino, oder sie hatten ihn vergessen. Vielleicht war er aber auch ein Mann ohne besondere Anziehungskraft gewesen, ohne den Ehrgeiz und die Gabe, Menschen an sich zu binden. Ja, vielleicht hing er am Leben in seiner menschenleeren Form. Woran sonst?

Ich wüsste gerne, wie das Leben in ihn gekommen war, wie es sich in ihm ausbreitete, wann er es mit beiden Händen packte, um es zu schütteln. Ich wüsste gerne, wann er auf dem Höhepunkt seiner Lebensfreude war, wann und auf welche Weise sie sich von ihm zurückzog und wann er begonnen hatte, sein Leben zu verlieren. Das schönste Lächeln war für ihn vielleicht das vorbeifliegende, und die rührendste Musik »Maiglöckchen« von Leonid Utjossow. Vielleicht wollte er nie weg und nie sein, was er nicht war. Menschen mit anderen, weniger bäurischen Händen sprächen vom »Kunstwerk des Augenblicks«.

Und mehr noch: Wenn er Junge und Halbstarker, Mann und Erwachsener, Arbeiter und Bürger, Greis und Siechender, Hinfälliger und Sterbender wurde auf dieser einen plausiblen, in sein Leben eingeschriebenen Bahn, wenn sich eines aus dem anderen so bewusstlos ableitete und ergab – was wollte sein Bewusstsein dann, als es wurde? Das Wahrnehmen überschreiten? Um was zu werden?

Als ich aufstand, war der Atem des Mannes nur noch wie ein Hauch, der über den Gesichtsflaum eines Babys streift. Ich stand auf, als er innehielt, und wagte nicht zu warten, bis er wieder hörbar würde. In der Tür drehte ich mich um und sah nur das reglose, aus dem Kissen ragende, wie in Holz gesägte Profil mit dem wartend geöffneten Karpfenmund. Es waren die letzten Züge eines verlorenen Lebenskampfes, der jetzt ohne Wucht und ohne Pathos schien. Erst als ich schon wieder auf der großen Straße war, fielen mir die beiden Gurken ein, die ich auf der Kante dieses Sterbebetts vergessen hatte.

Patagonien

Der verbotene Ort

Ich reise aus einer Jahreszeit, die kommt, in eine Jahreszeit, die geht. Der Herbst Patagoniens aber hat mehr Mai in sich als unser März. Ich breche auf und denke an die allgemeine Erschöpfung, in die ich hineinreise, an die Gesten des Scheidens, Ablassens, Ermüdens und Kapitulierens in der Natur. Eine Reise führt fast immer irgendwo an die Abbruchränder zum Unvertrauten, dessen Vergangenheit und dessen Fortleben man nicht kennt. Zu Hause tritt man in die Erzählung wieder ein, aber auch sie ruckt und stockt zunächst, war man nur für eine Weile nicht ihr Zeitzeuge.

Es gibt auf allen Reisen diese Stimmung, in der der Ausstieg dominiert. Noch ist man nirgends angekommen, noch möchte man nirgends ankommen. Fort will man sein, entkernt, gern heimatlos. Der Abschied vom Gewohnten korrespondiert mit den Durchgangs- und Warteräumen, in denen die Fremden schon präsent sind, ihre Erdteile einfließen lassen, sich zu einer Gesellschaft der internationalen Gesichter zusammenschließen und dahinter einfach das sind: müde, ungeschminkte, ambitionslos wirkende Gesichter.

In der Wartehalle des Flughafens von Lima sind sie so: Neben mir ein blondierter Asiate, der sich auf dem Laptop Bilder von Nashörnern ansieht und dazu seufzt. Vor mir fährt um 6 Uhr 45 der eiserne Rollladen zum Schaufenster des Juweliers H. Stern hoch. Dahinter wartet schon ein laufender Fernseher, der eine verjährte Fußballpartie des brasilianischen Titelverteidigers überträgt.

Diese Stätten dehnen sich aus. Auch die Shopping Malls sind kaum mehr regional identifizierbar, nehmen aber den Rang von Sehenswürdigkeiten ein. Sie reduzieren, was Architektur an ihnen ist, und dehnen ihre Schauflächen aus. Die passenden Menschen dazu sind jene, die auch alles Innere zu einer Auslage machen. Sie stehen in diesen Läden, und ihre Camouflage ist der Protz.

Nach der Ankunft in Santiago de Chile ist die Fremde erst einmal nichts als eine Straße, ein Grünstreifen, eine Häuserfront. Primeln welken neben dem Container. Ein Pinochet-Double, geadelt von der Noblesse der Grausamkeit, tritt vor das Haus und entsorgt Altpapier. Auf einer Terrasse oberhalb der neuesten Shopping Mall trinke ich zwei Pisco Sour, bin sogleich beschickert, finde alles wunderschön. Im Hotel verschlafe ich den Einbruch des Nachmittags und wache auf unter der Einwirkung eines Duschgels namens »Magellan Breeze«.

In der Dämmerung finde ich mich dann auf dem Corso von Santiago. Die Fußballmannschaft Colo-Colo hat sich eben gegen den lokalen Favoriten durchgesetzt, jetzt kommen sie alle im Frohsinn auf die Straßen. Die Krüppel ohne Arme und Beine liegen nebeneinander vor ihren Hüten und schnappen mit den Mündern nach der Krempe des Hutes, kaum ist eine Münze hineingefallen. Daneben wartet schon ein Mann, der seinen verwachsenen Beinstumpf in den Verkehr hält wie ein Marzipanbrot. Eine Tanzgruppe führt neue Schritte vor, und in der Luft öffnet die Schönste Arme und Augen und segelt dem Asphalt zu, ohne ihn zu streifen.

Eine Karaoke-Sängerin in Hot Pants animiert die Gaffer, ein Zauberkünstler hat den verlegenen Jungen mit der Brille vor hundert Schaulustigen gerade zum dritten Mal blamiert, ein Akkordeon-Spieler verfällt in Raserei. Wo sich aber die beiden Hauptadern der Fußgängerzone kreuzen, schreiten ein paar Halbwüchsige auf und ab, in den erhobenen Händen bunte Schilder mit der handgemalten Aufschrift »Abrazzos gratis«, Umarmung umsonst. Aus Angst vor Taschendieben bleibt kaum jemand stehen, und so umarmen sie sich zum Beleg ihrer Harmlosigkeit immer wieder wechselseitig.

Ich bin schon eine Weile unterwegs, einsam, und werde vor dem glücklichen Bild der Umarmenden gerade einsamer. Außerdem steuere ich geradewegs auf ihre Gruppe zu, und eine korpulente Zwanzigjährige mit bäuerlichem Gesicht steht nun einmal mitten auf meinem Weg. Ich breite die Arme aus, sie tut es mir gleich, und so gehen wir aufeinander zu, auf den letzten Metern lächelnd wie zwei, die nicht zueinander passen, sich aber dennoch versprochen sind, und drücken uns sekundeninnig an die Brust. Sie hat einen starken Griff, verharrt, schiebt mich dann mit beiden Armen von sich weg, synchron sagen wir »Gracias«, und synchron lachen wir darüber.

Als ich später meine Tasche nach meinem Stift durchsuche, fehlt er nicht etwa, vielmehr ist außer ihm noch ein zweiter, neuer da, ein kleiner schwarzmetalliger Kugelschreiber. Mit ihm notiere ich dies hier.

Aisén heißt die Provinz, in die ich aufbreche, die südlichste von Chile. Ihr Name wird auf Darwin zurückgeführt, »Ice ends« soll er gesagt und den Umstehenden diesen Ausspruch zur Verballhornung überlassen haben. Ich steige die Gangway hinunter auf dem kleinen Flugplatz von Coyhaique, steige direkt in den Wind, und dieser Wind hat alle Farben: Er ist satt oder fahl, er tuscht oder streicht mit dem Quast, er atmet, er treibt, er bläst, er schlägt zu, er hechelt um die Ecken, er ist eine Dimension und wahrhaft der Atem der Natur. Die Blumen fällt er im Beet.

Lili steht in diesem Wind in bunten, selbst genähten und selbst gefilzten Kleidern. Sie verliert keine Zeit. Ihre kleinen Gesten hüpfen über die Berge, während die großen Augen die Landschaft inventarisieren. Dies ist das alte Reich der Tehuelche, der hiesigen Ureinwohner, die das Schicksal der Indianer Nordamerikas teilen. Von den Kolonisatoren bekämpft und nahezu ausgerottet, in Reservate gepackt und dem Alkoholismus ausgeliefert, existieren sie weiter als allenfalls folkloristische Größe. Auf den Steinen hinterließen sie Handabdrücke in Rot oder Blau. Mal haben sie mit den Handtellern gedruckt, mal die Handfläche als Schablone eingesetzt und einen Umriss hinterlassen. So markierten sie Orte, an denen sie sehen konnten, was auf sie zukäme. Uns Nachgeborenen fehlt ihr Blick. Die Nacht bricht ein, der Schlaf kommt früh.

Ein Tehuelche-Püppchen hat es auch auf das Kaminsims unseres Gästehauses geschafft. Erst sterben die Völker aus, dann erleben sie ihre Auferstehung als Andenken. Zwei geschnitzte Erpel, zwei ausgesägte Fische mit hängenden Mundwinkeln, die über das lackierte Brettchen schwimmen, darunter eine Kollektion miniaturisierter Spirituosenflaschen, eine Kaffeemühlensammlung, zwei holzgeschnitzte Kähne mit mineralischen Drusen darin, ein ausgestopfter Hahn, ein Widderhorn, das ist der übrige Schmuck der flackernden Feuerstelle, über der der morgendliche Mate-Tee angesetzt wird. Noch hüllen Nacht und Wind das Haus ein, aber als Lili in Gummistiefeln von draußen kommt, fällt auch schon etwas Frühlicht durch die Tür, und in das Heulen des Windes klappert der Deckel der auf dem Herd kochenden Emaillekanne.

Wir werden durch den Ort streifen, eine kleine, wesenlose Ansiedlung mit nützlichen Häusern, Versorgungsstationen, einer Hauptgeschäftsstraße und ein paar Denkmälern, alle um Jahrhunderte jünger als das, woran sie erinnern. Es gibt Siedlungen, die aus sich selbst leben, und es gibt solche, die man nur aus dem Land versteht, das sie umgibt. Coyhaique gehört zu den Letzteren.

Mittags gehen wir ins »Casino de Bomberos«, die Feuerwehrkantine, denn hier, so heißt es, kochen sie das beste Essen am Ort. Es gibt einen Dielenboden, Holzvertäfelung, darauf Kupferreliefs und Landschaftsmalerei über grün-weißen Tischdecken. Alle, die diesen Gastraum betreten, scheinen gerade aus der Wildnis zu kommen oder sich anzuschicken, wieder in ihr zu verschwinden. Die Heimkehrer begrüßen einander, gehen von Tisch zu Tisch, geben die Wasserstände der Flüsse, die Witterungsverhältnisse in anderen Regionen Patagoniens durch, bringen die Straßen-Zustandsberichte auf den neuesten Stand und haben auch Neuigkeiten: Zwei Tote sind zu beklagen, einer ertrunken, weil er mit zu schwerer Kleidung in einen Strudel geriet, der andere vom Felsen gestürzt. Man isst hässliche Fische mit modrigem Aroma, Avocado dazu, und zum Nachtisch »conserva«, den Dosenpfirsich.

Wir sitzen zu dritt. Lili hat Manuel mitgebracht, einen kaum dreißigjährigen Vater von fünf Kindern, in dessen Gesicht dauernd etwas passiert. Als unser Fahrer spricht er zunächst vom Zustand des Wagens und der Strecke, von 1500 Kilometern, die wir vor uns haben, werden 1400 über Schotterstraßen führen – so spricht sein Berufs-Ich. Eigentlich aber ist er ein Schwärmer, der von der Liebe, der Unversehrtheit der Landschaft, der Humanität träumt, seine Neugier wie seine Intelligenz für sie in die Waagschale wirft.

Später werde ich von der großen Liebesgeschichte hören, aus der seine Ehe wurde, werde erfahren, wie sie einander fremd wurden. Manuel verliebte sich in eine Bergführerin. Doch von einem Lehrgang in den USA, wo sich Ranger aus mehreren Ländern getroffen hatten, kehrte sie nicht zurück. Ihre Leiche wurde an einem Fluss angespült, und niemand konnte oder wollte genau sagen, was ihr zugestoßen war.

Unterdessen aber hatte sich auch Manuels Ehefrau in einen der hiesigen Wildhüter verliebt. Doch ehe sich die Geschichte entfalten konnte, ertrank dieser auf einer seiner Touren in einem Fluss. Er hatte die Strömung unterschätzt. Nun also sitzen die Eheleute wieder aufeinander, sehen sich in die Augen und finden dort die Rückstände einer Geschichte, nach der sie nicht fragen wollen, und beide geben sich Mühe, die Kinder vor den Ausläufern ihrer welken Illusionen zu bewahren.

»Unsere Geschichten sind immer so«, sagt Lili. »Es ist das Land. Hier entwickeln sich die Dinge gerne dramatisch.«

Ihr eigenes Leben taugt nicht minder zum Exempel. Sie lebte in Santiago, war neun Jahre alt, als 1973 der Putsch kam. Doch braucht es Tage, bis sie aus ihrer Kindheit erzählt:

»Damals bestand ab 20 Uhr Ausgehverbot. Mein kleiner Bruder und ich, wir sollten Linsen und Bohnen verlesen, bis wir einschliefen. Einmal war meine Mutter um diese Zeit noch nicht da, ich nahm meinen Bruder, um auf der Straße nach ihr zu suchen. Auf jedem Hochhaus stand ein Soldat, die schossen auf alles, was sich bewegte, also auch auf uns. Aber in jener Nacht haben wir sie heil nach Hause gebracht. Mein Stiefvater wurde interniert, in dem Fußballstadion, wie so viele. Dort hat man die

Leute gefoltert. Wir haben jeden Tag gefragt, wo er sein könnte. Vor dem Stadion schrien die Leute die Namen der Angehörigen, und man hörte die Schreie der Gefolterten. Man roch das Blut. Ich war so schmal, dass ich durch die Gitterstäbe der Käfige passte. So wieselte ich hindurch und rief den Namen meines Stiefvaters. Man musste diese Namen rufen, damit alle wussten, jemand beklagt einen Verlust, jemand ist wach und kümmert sich. Den Folterern war es egal, aber den Opfern bedeutete es viel, wenn ihre Namen gerufen wurden. Ich habe all diese Hoffnungslosen gesehen, die sich aufgegeben hatten, voller Schmerz. Aufgegeben. Die Schreie der Gefolterten gellten unaufhörlich durch die Luft. Ich sehe noch die Mutter, der sie den Sohn entreißen, dessen gellende Schreie sie anschließend von hinter dem Paravent hört. Dann kommt der Folterer mit blutigen Händen, und die Mutter schreit nur: Ihr Schweine, ihr Schweine! Und ich rief immer nur von Zelle zu Zelle: Ist hier Antonio Cavallos? Ich werde mich immer erinnern an die stumpfen, angsterfüllten Augen der Häftlinge, es sind unauslöschliche Blicke. Als Kind war ich so enttäuscht vom Menschen. Dieser Hass! Mich haben die Blicke entsetzt, beiderseits, der Folternden und der Gefolterten.«

»Aber du bist dennoch heimgekehrt in dieses Land, in dem viele der Folterer noch leben?«

»Ich wollte meinen Frieden machen. Ich wollte mich verändern, um anderes zu ändern. Und dazu wollte ich ganz unten anfangen, bei der Kreatur, bei der Natur. Man wird immer mehr Teil dieser Erde, ich muss sie erhalten, ich muss das weitergeben. Ich lasse ja nicht mal einen Avocadokern in der Natur zurück, damit da nicht auf unnatürliche Weise ein Baum entsteht. Und ich fertige Sachen aus Alpaca-Filz und biete sie auf dem Markt an.«

In ihrem Gesicht übernimmt dauernd die Sorge. Wenn man allein bedenkt, wie viel die chilenische Regierung für die Aufforstung ausgibt, aber was tut sie? Betreibt alle diese ökologischen Programme mit nicht-einheimischen Bäumen! Diese verdrängen die lokalen Arten, und so hat die Wildrose schon den Calafate-Strauch vertrieben und auch die kugelrunde, anspruchslose Dornenpflanze Neneo wird immer seltener.

»Stimmt: Hagebutten überall.«

»Wir ändern das ganze Gleichgewicht. Wir müssen den Adler, den Flamingo, den Kondor, den Ibis bewahren. Rothirsch, Hase, Wildschwein, Fasan, alles wurde erst importiert, damit wir es tot wieder exportieren können. Aber diese Arten haben keine Feinde, sie gefährden den Bestand der heimischen Tiere und werden sich hier eines Tages verheerend auswirken. Ich sehe ja täglich, wie das Gleichgewicht kippt.«

»Vielleicht ist das Land noch zu sehr mit dem politischen Chile der Vergangenheit beschäftigt und hält solche Fragen für Luxusprobleme?«

»Es gibt heute ein anderes Chile.«

»Und ist dein Sohn Teil dieses anderen Chile?«

»Er wird Kriminalbeamter. Das war zuerst furchtbar für mich, aber er soll tun, was ihn glücklich macht. Er hat mir die Augen geöffnet für den Wandel. Ja, heute sehe ich ihn als Teil des Anfangs. Wenn man schon Polizei braucht, dann lieber mit Menschen wie ihm.«

Lili lebt auf einer Farm. Sie nennt es Farm. Als wir aber anderntags dort halten, ist es ein Lehmhaus mit Blechdach, dreißig Quadratmeter groß, ohne Strom. Der Kühlschrank ist ein kleiner Holzverschlag, durch den der frische Wind geht. Sie und ihr Mann sind Selbstversorger, sie schlachten, kochen Marmelade, stellen Filzprodukte her und kaufen nur Dinge, die sie partout nicht selbst fertigen oder tauschen können. Manchmal sind sie lange unterwegs für ein paar Flaschen Bier oder für ein paar abgelegte Bücher aus einer Pension. Das Bier zumindest wollen sie künftig auch selbst brauen.

Lili hat ein schönes, mit schwarzen Wimpern, Brauen, Haaren graphisch gezeichnetes Gesicht, in dem ein verschmitzter Ausdruck jetzt wieder der Sorge weicht, einer profunden Sorge, die mal die Landschaft, die Natur, die Wegstrecke, das Wetter, die Nahrung, mal schlicht das ganze Leben meint.

Wir brechen am Morgen auf, um von Chaitén in die Tiefe jener Einöden vorzudringen, deren Weiten der viel bereisten Südspitze des Kontinents vorgelagert sind – ungesehene Landstriche im Schatten der massenmagnetisch wirksamen Spitze des Kontinents. Wir verlassen die festen Straßen rasch, und ich lerne die Landschaften lesen.

Dünn ist die Erdkrume, der Boden darunter spröde vulkanisch. Die pyramidal aufragenden Gipfel, Felsnadeln, schroffen Tafelberge, eleganten Hügel, geronnenen

Quader und isolierten Kegel folgen aufeinander wie rhythmisiert, in jener Dynamik einer Landschaft, die alles in Druck und Bewegung, Kompression, Effet, Schwung und Fluss überträgt. Den Sound komponiert das Wetter: Eben hat die Bergkette Castillo ihre erhabenen Spitzen unter Wolken verschleiert, wie um die Würde seiner Anonymität zu schützen.

Hölzerne Behelfsbrücken schwanken über Wasserläufen, und wo immer sich Pappeln finden, verbirgt sich dahinter eine Siedlung, werden doch Pappeln hier vor allem als Windschutz angebaut. In ihrem Schatten trotzen Hüttchen und Blechbaracken dem großen Atem, eingeschüchtert vom Land, als wollten sie nicht stören. Vor dem weiten Horizont streckt sich die sich selbst überlassene Natur in eine Ferne, die nur fern sein will, gereihte Silhouetten, für den Distanzblick gemacht. Alles flieht, die Landschaften dehnen sich, um auf immer neue Weise hintergründig zu werden. Der Mensch aber, klein gemacht vom Überfluss der Natur, verliert sich im Panorama des Seltenen, der unausgebeuteten Natur und einer Landschaft, die sich im Himmel fortsetzen will.

Manchmal stehen am Wegrand kleine Altäre mit Wasserflaschen, mitten in der Einöde.

»Das«, sagt Lili sentimental, »sind die Gaben für Difunta Correa: Sie lief im Krieg durch die Pampa von Argentinien nach Chile, um ihr Neugeborenes dem Ehemann zu zeigen. Das Kind überlebte an ihrer Brust, die Mutter aber verdurstete unterwegs.«

Deshalb gedenkt man ihrer in einem ganz weltlichen

Kult und häuft an Kapellen und Wegkurven Flaschen, damit ihr Geist nicht verdurste.

Ja, es ist immer noch das Land dieser Geschichten und dieser Helden: Sie kommen über die Berge und durch die Flüsse, die Gauchos mit ihren Halstüchern, Baskenmützen und Stoffschuhen, in Pluderhosen und mit roten Hüftbändern, mit Messern am Gürtel, des dauernden Schlachtens wegen oder weil sie die Hufe säubern müssen. Selbst eine Motorsäge führt mancher moderne Gaucho mit sich. Früher waren sie Wochen zum Viehmarkt unterwegs. Heute reiten sie zumindest einen Tag lang zum nächsten Lädchen. Von Einsamkeit sind sie immer umgeben, denn was sie auch machen, sie machen es allein.

Man weiß nicht genau, wie die Landschaft so weit weg von allen Schotterstraßen sein könnte, die Landschaft ihres Zuhauses jenseits der Berge. Die Charaktere, die diese Einsamkeit schultern können, ohne Ablenkung, ohne Bücher und Filme, sind ungesellig und dem eigenen Kopf ausgeliefert. Manchmal kommen sie über die Hügel an der Seite ihrer Frau, kleinwüchsig wie sie selbst, und dann schreiten sie dahin in einem Schwarm aus Kindern und Hunden.

Wir sind Stunden gefahren, als wir zum ersten Mal wieder auf einen Einkaufsladen stoßen, ein düsterer Schuppen mit Regalen ringsum und Früchten in geflochtenen Körben am Boden. Jeder Bauer aus der Gegend stellt hier seine Produkte ein, vorausgesetzt, er bringt die Preisschilder selbst mit, und der Ladeninhaber hat nichts dagegen. Eben teilt ein Mann mit Cowboyhut am Boden einen Kürbis, ein anderer wickelt Eier aus einem Tuch. Marmelade, Gemüse, Zigaretten sind immer gleich weg, sagt der Inhaber, und der Kunde am Kürbis ergänzt, man kaufe deshalb, was eben da sei, Mixed Pickles im Plastikbecher, Kinder-Aspirin, Schnaps, eine angeschimmelte Zitrone.

Vom Laden aus fahren wir über kaum erkennbare Routen wieder zurück ins Buschland, durchqueren eine Schlucht, schaukeln Felshänge entlang, über angebrochene Brücken, bis in der Mondlandschaft einer steinigen Hügelkuppe ein Gatter erscheint: der erste menschengemachte Gegenstand seit Stunden. Dahinter läuft ein Fußweg zwischen spärlichen Gemüsebeeten auf eine Blechhütte zu, mit Blick auf einen Teich.

Man hätte die abgewandt stehende Frau inmitten ihres Gärtchens für eine Skulptur halten können. Doch ist diese vierzigjährige, bitter gewordene Frau die Witwe María, der der Magenkrebs vor zwei Jahren den Gatten nahm. Seither ist der Herbst in ihrem Gesicht.

»Verlass deine Einöde, komm in die Dörfer«, hatten ihre Kinder und Freunde ermunternd gesagt. »Wir kümmern uns.«

Doch die Zeit ist vorbei, in der die gegerbte Frau noch in einer Wohnung, in einer festen Ansiedlung unter Menschen leben konnte. Nein, hier muss sie bleiben, auf Gedeih und Verderb, mit ihren Tieren, ihrem Pferd, ihren Beeten, dem Teich.

Ihre verschatteten Augen irren mutlos umher, unstet

und besorgt. Nichts ist wert, dass sie es in ihrem Blick festhielte. Nun lebt sie inmitten der erkalteten Kulisse ihrer verlorenen Liebesgeschichte, lebt ohne Gesellschaft und ohne Strom. Manchmal kommt ein Wildhüter vorbei oder ein Feldarbeiter und erzählt ihr vom Leben im Tal oder aus Coyhaique.

Manchmal nimmt sie ihr Pferd und reitet ohne Sattel vier Stunden zum Zigarettenholen, nur um zu erfahren, dass es heute keine Zigaretten gibt. Dies ist die ödeste Ödnis, umkämpft vom Wind auf einer Felsenbühne.

María trocknet Zwiebelschalen, um ihre selbstgestrickten Wollsachen mit ihrem Sud zu färben. Nur mit der Kerze irrt sie durch ihre Räume und lässt das Licht über den fertigen Textilien flackern, grobes Zeug in Grün, Lila und Orange, das sie aus einer Plastiktüte auf den Tisch schüttet. Es ist Suppenduft im Raum. An der Wäscheleine vor der Tür hängt, befestigt mit zwei Klammern, das kleine Transistorradio mit in die Weite zeigender Antenne. So ist der Empfang am besten, und er muss gut sein für die Lokalnachrichten des Tages: »Miguel, komm heim, das Essen ist fertig.« »Pablo, bring Bier mit.« »Carlos, die Kuh ist entlaufen.« Wo jeder Empfang für Mobiltelefone fehlt, ist dies oft die sicherste Verbindung zwischen den Einheimischen.

Augenblicklich dringt aber aus dem Volksempfänger von der Wäscheleine mexikanische Ziehharmonika-Musik, in die hinein ein wehleidiger Mariachi-Sänger plärrt. Gleich wird sich der Wind drehen und auch seine Stimme davontragen. Der Luftzug im Innern der Hütte lässt ein

Mobile aus Muscheln klirren. Ich taste mich durch die Finsternis noch einmal ins Freie, um die Grundmauern zu umrunden. Es wirkt wie das Zuhause von jemandem, der in der Einöde einen Stock in den Boden gesteckt und ein Anwesen drumherum errichtet hat.

So ist zwischen den Zäunen ein Areal mit einer Küche, winzigen Zimmern, türkisfarbenen Wänden entstanden, eine Wohneinheit, die sich fast ungeschützt auf der Kuppe über dem Teich behauptet. Der Wind greift sich immer etwas, das an der Außenwand hängt oder zwischen den Schindeln klemmt, und lässt es klappern, sirren, klopfen, hämmern, donnern. Unmöglich, die Kakophonie zu deuten, die Geräusche im Einzelnen zu lesen. Man sitzt also um den Ofen und hört dem Wind zu und seinen Perkussionen.

Die Menschen leben in diesem Landstrich so isoliert, dass die Kommunen Gemeinschaftshäuser aufstellen ließen, damit sich die Leute dort treffen, sich austauschen, ein Leben im Verbund organisieren könnten. Aber diese Menschen kommen nicht. Seit unter Pinochet aus Nachbarn Verräter, Denunzianten, Folterer wurden, sind sie misstrauisch, suchen keine Gemeinsamkeiten, sondern bleiben lieber für sich.

Die Witwe hat Zahnschmerzen, sie stopft Nelken in die Backe und rechnet dieses Leiden zu all ihren übrigen hinzu. Sie findet, dass wer seinen Mann verlor, nicht auch noch Zahnschmerzen bekommen dürfe. Doch haben wir Weißwein, wir sind beisammen und geschützt, und wir sind uns gut. Wenn wir auf das Klo hinter den Beeten da draußen müssen, tragen wir kleine, um den Kopf geschnallte Grubenleuchten. Marías Kinderbadewanne, die gerade mal eine Lache kalten Wassers fasst, entspricht ihrer winzigen Bettstatt, die aus dem Innern der Matratzen und Decken nach nasser Wolle riecht.

Wir essen das hier Gewachsene: Rote Beete, Kartoffeln, Rosenkohl, die Reste eines selbstgeschlachteten Lamms. Manuel fleddert den Schlegel mit den Zähnen ab:

»Mein Großvater hat mich gelehrt: Frauen und Lämmer isst man mit den Händen.«

Lili erzählt María die Geschichte von der Prinzessin auf der Erbse.

»Aber«, will die Witwe wissen, »warum brauchte sie so viele Decken, war es so kalt?«

»Nein, sie mussten prüfen, ob es sich um eine echte Prinzessin handelte.«

María versteht nicht.

»Und sie hat die Erbse gespürt?«

»Ja.«

»Dann war sie also die echte?«

»Ja.«

María ist zufrieden, wir alle sind es. Noch auf einem wüsten, sturmumtosten Einödhügel in Patagonien ist eine europäische Geschichte verständlich, die die Dekadenz der Reichen verspottet.

Marías Leben brennt auf fast nichts, und nichts hilft ihr, sich selbst zu entkommen, kein Fernsehen, keine Gesellschaft und kein Alkohol. Wären wir nicht da heute, sie säße in der Mitte ihrer Stube im Dunkeln und würde dem

Wind zuhören, dem Wind in seiner Wechselrede, dem Ticken der Uhr, und sie würde die Rauchschwaden betrachten über dem Herd und über dem Mate-Tee.

»Haben Sie Freunde?«

»Jeder will einen guten Freund haben, aber keiner will einer sein«, erwidert sie und lässt die Antwort fliegen.

An der Wand entdecke ich ein altes Kalenderblatt mit einer Abbildung von Berchtesgaden. Aus der Ferne blicke ich auf die kleinformatige Landschaft Europas. Sie lässt uns, unsere Landschaften, unsere Bergpanoramen niedlich erscheinen. Dagegen werden Individuen in Patagonien zerschmettert, ihre Hüttchen geknickt, in den Schutz der Bergrücken genötigt, zur Unscheinbarkeit verdammt. Auch die Straßen folgen lieber den Flüssen, also bereitwillig eingeräumten Bahnen, die die Natur dem Menschen lässt, damit er sich am Rand der Unscheinbarkeit herumdrücke.

Die Verhältnisse verkehren sich: Man lernt, die Natur nicht mehr vom Menschen aus zu denken. Wer hier bleibt, lebt geduldet, geschützt von einem Winkel, und blickt bei Kerzenlicht vor sich oder ins Feuer. Geradezu monumental ist diese Kraft der Menschen, bei sich zu bleiben, ein Innenleben zu kultivieren, das sie nicht im Stich lässt und auch nicht bedroht.

»Wo willst du hin?«, fragt María.

»Nach Chaitén«, sage ich.

»Das dürfte schwer werden. Chaitén ist gesperrt.«

Lili blickt nur wortlos vor sich hin.

»Aber es sollen noch acht Personen in der Stadt leben.«

»Aufsässige. Nachdem der Vulkan am 2. Mai letzten Jahres ausgebrochen ist, hat die Polizei die Stadt evakuiert. Ihr werdet nicht hineingelassen. Außerdem ist es gefährlich. Der Berg kann jederzeit wieder explodieren.«

Es ist wahr, nach dem überraschenden Ausbruch des Vulkans folgten sechzig kleinere Beben. Ein Ascheregen war über der Gegend niedergegangen und hatte das Wasser kontaminiert. Als dann im Jahr darauf der Lavadom im Innern des Kraters ebenfalls zusammenbrach und sich ein neuer Glutstrom ins Meer ergoss, evakuierte man auch die letzten Bürger und warnte sie, nicht zurückzukehren.

Wir sprechen vom Töten. Lili macht das Japsen der Fische auf der Planke nach, dann die schreienden, herzzerreißenden Zicklein, das Röhren der Kühe, bei denen es zwanzig Stunden dauern kann, bis sie aufhören, in ihrer Trauer um ein totes Kalb zu brüllen.

»Es ist eine Qual«, sagt Manuel, »trotzdem muss es gemacht werden.«

Die Trauer in den Augen der Witwe ist der Grausamkeit gewichen. Es ist eine Härte, die sie vom eigenen Leben mitleidlos auf das der Tiere überträgt.

Sie erklärt Lili: Beim Kastrieren muss man dem Tier den Schwanz anbinden, damit die Wunde nicht verdreckt. Kinder halten den Tieren beim Schlachten sogar manchmal die Ohren zu. Das Kastrieren aber wird meist mit den Zähnen gemacht, es ist eine Art Abschaben, das man im Freien machen muss. Im Stall würden die Tiere ja bloß alles kurz und klein schlagen.

Auch wenn sie sonst Mitleid mit den Tieren haben, schneiden die Kinder ihnen gern den Schwanz ab. Wenn man ihn röstet, fallen die Borsten aus, und man kann den Rest auslutschen. Ja, gibt Lili zu, beim ersten eigenhändigen Schlachten hat ihr die Hand gezittert, aber jetzt … Jetzt rührt sie eher dieses andere Bild:

»Nach der Schlachtung bilden die Kühe einen Kreis um die Blutlache und weinen. Das ist schlimm, das ist furchtbar.«

Wir essen Götterspeise mit Gummibärchen-Geschmack. Weiß der Himmel, auf welchen Wegen das chemische Produkt seine Bestimmung auf diesem wüsten Hügel gefunden hat. Plötzlich reden alle von ihrer Kindheit, und als diese ausgeträumt ist, wendet sich María der Kindheit der Völker zu und zeigt uns alte Speerspitzen, die sie im Sand gefunden hat. Die gehörten zu den Patagones, den Großfüßen, die hier einmal lebten und jagten, hochgewachsene Ureinwohner, die nach Argentinien vertrieben wurden.

»Es ist ein Jammer«, sagt Manuel, »an allen Ecken und Enden der Welt begegnet man den Überresten der ausgestorbenen Völker und den Nachkommen der Sieger …«

»… und diese verarbeiten ihr schlechtes Gewissen zu Folklore.«

Wir schlafen früh und spüren die Armut wie eine Gabe.

Als wir im Morgengrauen aufbrechen, steht die Witwe reglos am Gatter, verwandelt in einen Schatten. Sie dunkelt nach, sie verliert Farbe. Wenn es Menschwerdung gibt, warum sollte es nicht Schattenwerdung geben? Der Tod des Gatten hat ihr Leben provoziert: Jetzt glaubt sie zu wissen, dass es eine Illusion ist, zusammengehalten von Illusionen.

An diesem Tag schließen sich Buschlandschaften über unserem Weg, durchzogen von milchigen Strömen. Auf dem Boden der Becken arrangieren sich die Steine zu Pepita-Mustern. Aus den Sümpfen ragen die toten Stämme des Bosque Muerto, der nach einem Vulkanausbruch von 1991 stehen blieb als ein geschundener Geisterwald. Im nackten Astwerk hängen Flechten in gelben Fladen und schaukeln im Wind. Am Straßenrand wartet das nächste Tabernakel, dieses Mal gewidmet der Familie eines verunglückten Arztes aus Santiago.

Sein Wagen durchbrach die Leitplanke, er selbst und seine Frau wurden aus dem Wrack geschleudert, sie waren sogleich tot. Die ältere Tochter griff man an der Straße auf, sie ging unverletzt, im zerrissenen Leibchen, seit Kilometern stumm vor sich hin. Über die jüngere Schwester, die man nirgends finden konnte, sagte sie tonlos nur, Engel hätten sie entführt und in den Himmel geleitet. Tatsächlich, spurlos schien sie verschwunden. Wochenlang hatte man trotzdem nach ihr gesucht. Erste Wundergeschichten rankten sich um ihre Gestalt – der Kern eines Kultes, der sich eben materialisieren wollte –, als man sie endlich vierzig Meter entfernt in der Krone eines Baums fand.

Später brannte das Feuer den mythischen Wald nieder, der mit seinen verkohlten Stämmen, den weißen Blüten der ersten neuen Pflanzen und mit dem Feuerrot der Fuchsien an den Säumen immer noch wirkt, als verglimme erst jetzt seine Glut.

Wir folgen dem morastigen Weg durch den patagonischen Regen, passieren entlegenes Gelände. Mit Grau angerührt ist die Farbe der Seen, mit ihren Ufern voll dicht wuchernder Wildrosensträucher, dick besetzt mit Hagebutten, die als fette Tomätchen auf den Zweigen prunken. Unter den Schattenwänden der Bergfirste schimmern die Wolkenwände wie fettiges Butterbrotpapier. Auch die Gebirgsmasse kommt mit dem Temperament von Stromschnellen daher.

Die Frauen in diesem Landstrich tragen dicke wollene Pullover, die keine Körperkonturen erkennen lassen. In gebückter Haltung, wie vom Wind gebeugt, stehen sie in den Feldern, ihre Haut gegerbt von all der Frischluft, ihre Haare als geschwungene, dunkle Kappen auf dem Schädel kauernd. In die entlegenen Zonen dieser Landschaft fahren die Städter bisweilen, um ihre Hunde vor den großen Ferien auszusetzen. Mehrmals kreuzen diese erbärmlichen Kreaturen mit hängenden Lefzen und blutigen Pfoten unseren Weg.

Wir reisen in Begleitung eines fetten Regenbogen-Paars, das sich auf einer Grundlinie von schimmerndem Violett über den nördlichen Eisfeldern spannt. Wir schauen aus dem Schatten in seine Pracht. Der kalte Hauch der Sierra Contreras mit ihren schmutzigen Gletschern weht herüber, streift das tiefe Türkis der Gebirgsseen und lässt das Kichern der von Stoßböen an den Fels getriebenen Wellen hören. Anthrazitfarbener Staub liegt auf den Schneefeldern.

Dies ist eine Landschaft für Menschen, die sich wegwenden, aus der Gemeinschaft heraus, der Einsamkeit zu, von den Ansiedlungen fort, aus dem Strahlungsbereich der Vergnügungen, den Spielen der erwachsenen Kinder. Am Ende ist wenig zu erfahren von dem, was jene Weltflüchtigen in ihrer Abgeschiedenheit tun, aber der Atem, mit dem sie sich wegwandten, belebt diese Ferne immer noch. Und doch haben in dieser Gegend auch die alten Bauern Angst vor der Einsamkeit. Ihre Kinder ziehen auf und davon, die Siedlungen bei Puerto Bertrand werden allmählich verkauft, und selbst die Aussiedler gestehen:

»Wir leben unserem Heimweh entgegen. Die meisten bekommen es nach zehn Jahren. Aber wir haben keine Lust auf diese Lust, heimzukehren, keine Lust, überhaupt je umzukehren.«

Und dazu blicken sie trotzig, bereit, sich prophylaktisch zu entmündigen, sollten sie je anders denken. Also hoffen sie alle auf den Tourismus. Aber das Rinnsal der wenigen Reisenden, die kommen, spült kaum Geld herein, und so bauen die Einheimischen in der Zwischenzeit dem erwünschten Boom entgegen. Doch jeden Schotterweg, in den man hier hineinfährt, muss man komplett wieder zurückfahren. Überall enden Verkehrswege, und wo sie veröden, da wartet nur noch ein Pfad, der hinter eine Hütte führt und sich im Dickicht zu Füßen der Anden verläuft.

Die kleinen Siedlungen sind Flucht- und Rückzugsorte, an denen sich Gemeinschaften bilden, in deren Mitte eines Tages der Wunsch nach neuen Fluchtorten geboren werden wird. Auch weil die Luft so klar ist, scheinen alle Farben kräftig. An einer Leine zerren tibetische Gebetsfahnen, davor treibt der Rauch waagerecht aus den Schornsteinen. Jedes der ovalen Holzschilder gibt ein gemaltes Versprechen: ein schöner Blick, ein weiches Bett, ein warmer Ofen, und in einem Wohnzimmer aß ich heißhungrig so viele dieser in Öl gebratenen, sumpfdottrig gelben Eier, dass ich noch Tage danach meinen Ekel in Wellen kommen und abebben fühlte. Jäh in die Stille gellen die Sirenen der Motorsägen. Immer tiefer in die Einsamkeit fressen sich die Schneisen – alles für die Zukunft eines Landes, das nur für wenige Monate im Jahr blüht.

Am Ende des langen Prozesses der Naturunterwerfung musste sie schließlich entstehen: die Liebe der Reisenden zu dominanten Landschaften. Sie erblicken die Natur jetzt gerne in einem Zustand, in dem sie noch nicht verloren hat. Sie besuchen sie ja nur, sehen ihrem Aufbäumen mit Respekt, aber auch Nachsicht zu. Noch siedeln die Menschen hier demütig, defensiv, und lassen sich ihre Gefährlichkeit nicht anmerken – wie die Wildrose, wie der Fuchs, der Hase. Sie alle bringen das Prinzip der Unterwanderung, der feindlichen Übernahme in diese Natur.

Der Reisende aber genießt die Landschaft, solange sie nicht unterworfen aussieht. Er bewundert sie, wie um in ihr die eigene vorzivilisatorische Vergangenheit zu bewundern. Doch im selben Moment hat sie bereits kapituliert. Von den »letzten Paradiesen« spricht man längst, und tut es, mit dem Blick des Posthumen, vom Ende aus blickend.

Der Regen knistert in den Blättern, er sirrt und haucht. Manchmal schickt die Sonne einen kleinen Schein durch die Strippen, dann wird der Tropenschauer gläsern, dann unsichtbar. Doch tupfen seine Akzente immer noch die Gräser, und windstill, wie es ist, geben sie nur noch diesem Tupfen nach. In das Wiedererwachen des Lebens draußen klingt das Jaulen der Hunde, das Geschrei einer Säge, das Rumoren des anspringenden Treckers, des holzhackenden Mannes vom Nachbargrundstück, das Knacken der Dielen. Lauter Geräusche, die immer hier sind.

Tiefer hinein führt der manchmal schwer passierbare, von Felsbrocken und Wasserläufen unterbrochene Weg in eine Flusslandschaft wie aus dem Malaiischen Archipel, mit Schwärmen von Papageien, Trompetenbäumen, den roten Kelchen des Hibiskus, schreiend grünen Moosen – die Landschaft von Tortel. Der Regen pladdert Millionen winzige Krater auf die stehende Brühe des Flusses. Direkt in den Berghang sind sie gezimmert, die Stege und Treppen.

Grobschlächtige Melancholiker mit Alkoholikergesichtern warten, die Motorsägen geschultert, im Unterstand. Scheue Frauen mit Damen-Motorsägen schleichen auf den Stegen vorbei. Die Hosen auf Halbmast, sägen sie gefühlvoll das Kaminholz kurz und klein. Der Ort schmachtet in jene Vergangenheit hinein, als man nicht von oben, vom Felsplateau abstieg, sondern unten mit Schiffen und Booten den Flusslauf aufwärts fuhr, bis es nicht weiterging, weil die Schluchten eng und unpassierbar waren.

Hier, am Ende einer solchen Schlucht, wo die Holzhäuser in Zeilen übereinander die Hänge emporklettern, hier sammelten sich die Gestrandeten, und es herrschte die Axt. Die Welt war fern, und Reisende fanden den Weg nur selten bis in diesen Winkel. Jetzt gibt es eine Straße, die von oben an den Rand der Siedlung führt, und prompt macht sich das Dorf weltfertig. Zu teuer, zu laut, zu dreckig wird es werden, und die Ahnung, dass man hier an ein Ende der Welt gelangt sein könnte, wird sich wohl nur kurz kapitalisieren lassen.

Doch während es geschieht, wird auch dieser kleine tropische Flecken kurz den Traum von Las Vegas geträumt haben. Ist denn der Fluss nicht herrlich grün-grau und fast ohne Bewegung? Strahlen die Farben aus dem Hang nicht mit der Intensität bengalischer Feuer, das Fuchsien-, das Ziegel-, das Hibiskus-, das Holz-Rot der frisch gesägten und regennassen Stämme, das Blau der Rauchwolken? Man tut keinen Schritt ohne die Begleitung der nassen, schmutzigen Hunde, die bedürftig und rammdösig dem Menschenschritt folgen. Der Regen wird in den nächsten Tagen zunehmen, Felsbrocken werden auf die Schotterstraßen geschwemmt und sie endgültig unpassierbar machen, und das Gürteltier duckt sich dann auch tief in den Straßengraben, wo es den Eingang des Baus im geschlämmten Graben nicht mehr finden kann.

Der Schleier des Regens, der durch die Windstille kommt, ist jetzt die einzige Bewegung. Er raut die Atmosphäre auf wie geätzte Schraffuren im Glas. Alles hält inne und duldet. Die Schilfkolben stehen hoch und abwartend, die toten Bäume erheben sich aus dem Ascheboden, der sich tiefer schwarz färbt, so wie die glatten Stämme funkelnder scheinen. So mancher Blick wendet sich, um ein Stück Himmel zu erforschen. Wenn es lange regnet, werden die Schafe sterben müssen. Ihre Wolle lastet dann nass und zu schwer, und nirgends finden sich Schutz und Wärme. Erfrieren werden sie oder am Erkältungsinfekt dahinsiechen.

Die dünnsten Wolken dampfen zwischen den Felswänden. Und höher noch fassen die Schneefelder wie die Steine eines Puzzles in die Wolken, die den Gipfel besetzen.

Am Ende der dritten Nacht gibt der Regen endlich auf. Den ganzen Tag über zieht die Sonne Feuchtigkeit aus der Straße. Ein Hauch liegt über dem Asphalt, ein Dunst deckt selbst den Schotter. »Wir verkaufen die Stille des Südens«, steht auf einem handgemalten Transparent.

Wir lesen es an der Straße in der Stimmung, die dem Regen folgt. Wir lesen es wieder am selben Abend, als wir die Steppe erreicht haben, die trockene Steppe, die atmet, auch wo es länger nicht geregnet hat. Ihr Boden, ein leicht federnder Steppenteppich, gibt nach. Wir gehen auf der Oberfläche des ausgetrockneten Sees, sein Craquelé bebt wie Kork, mit den Abdrücken zahlloser Pfoten darauf, mit vereinzelten Sammelplätzen für Kot, für verschleppte Knochen.

Manchmal ist das Meckern des Guanakos, manchmal das Zwitschern eines kleinen Singvogels in der Luft. Doch manchmal liegt das Guanako auch vom Puma gerissen in Fetzen da. Die Katze liebt die Jagd auf dieses lamaartige Tier, die Jagd vor allem, denn nach ein paar Bissen dürfen oftmals die Geier den Rest übernehmen. Während sie es auch jetzt tun, fällt aus einer finsteren Wolkenwand ein einziges Lichtbündel grell auf den toten See. Es ist Gotteslicht, das seinen Fächer aufschlägt, es streift auch die begrasten Wände des Felstheaters ringsum, dann kommt der kalte Abend, und der Wind flötet hohl.

Über Nacht ist der Winter eingebrochen. Schnee hat selbst die niederen Felsen beflaumt, und auch auf den runden, bewaldeten Kuppen liegt der Raureif nun dünn. Aber noch ist die Kraft der Sonne unbändig, und wo sich der fett und grün quellende Gletscher zwischen die Felsmassive drängt, ist auch das Perlen des Schmelzwassers hörbar. Wo es von den Eisrändern abwärts tropft, um sich in einem schwarzen Steinbecken zu sammeln, kann man Kahn fahren. Auf dem See, den das Abschmelzen des Gletschers produziert, ist man diesem am nächsten. Flaschengrün-milchig ergießt sich das Rinnsal in den Fjord.

Als wir nach langer Fahrt endlich seine Achselbeuge erreicht haben, finden wir uns in einer alten sudetendeutschen Siedlung wieder. »Hotel Ludwig« heißt das erste

Haus am Platz, »Otto-Uebel-Straße« die zugehörige Avenida. Falken sitzen auf den Abfällen, Holzhütten liegen verstreut und wie von Quäkern errichtet, Tümmler springen. Das Wasser duftet nach Tang und Schilf, die Wiesen sind von aggressivem Grün, aus jedem Schornstein ein Fähnchen blauen Rauchs in einem kalten Himmel. Verstreut liegt morsches Holz, und eine abstruse Puppenstuben-Tankstelle hebt sich mit vier Zapfsäulen im 50er-Jahre-Design aus den Wildrosenbüschen.

Am Abend brennt im »Hotel Ludwig« der Kamin. Ein imposanter, solider deutscher Holzbau ist das, voller Details, die man aus dem Alpenland kennt. In der Bibliothek stehen deutsche Bücher, Freud, Jung, Kafka, Mozarts Klarinettenkonzert läuft, und der Geist des Exils wird von einer sanften Wehmut gestreift, mit der die Besitzerin aus dieser Fremde heraus an das Glück in deutschen Wiesen denkt. Nur die Küchenhilfe hat ihren Kopf auf die gekreuzten Arme gelegt und sitzt frisch eingeschlafen da.

Am nächsten Tag laufen wir in ein gigantisches Flussbett hinein, ein mit Schwemmholz bedecktes, mit Geröllfeldern ausgelegtes Land. Die Kristalle des vulkanischen Bodens glitzern im Sand, gekipptes, auch totes Buschwerk überall, Strünke, aus deren Herz Bambusstöcke schießen. Die Spuren von Katzen und Rotwild zeichnen den Sand zwischen den runzeligen, wie pockennarbigen Steinen.

Ein paar Autostunden später, und wir sehen in der Ferne erstmals wieder die befestigte Straße, biegen um eine Kurve, und die Landschaft liegt da wie eine Frau, die

die Bettdecke zurückschlägt. Trügerisch aber die verheißene Schönheit, gilt doch der Ort als ein heimgesuchter, denn an der Brücke, die sich hier wölbt, soll regelmäßig eine Tote im Brautkleid erscheinen.

Die Kapelle hat man in die moosbedeckte Grotte der Brücke hineingehauen, Laternen in die nackte rückwärtige Wand gestellt, Fürbitten daneben abgelegt, samt den Fotos verunglückter Autos und Schnappschüssen von lächelnden Gatten, die aus ihrem Lächeln heraus der Tod an sich gerissen hatte. Die Tränen des Stearins sind über alles geflossen, auch über ein Paar rosa Babysöckchen, ein Plastikschwert, einen Schnuller. Der Geruch von Schafen liegt in der Luft, weil nachts hier die Tiere ihre Zuflucht suchen und finden.

»Danke, dass Du mich beschützt«, schreibt eine Filzschreiberschrift die Madonna an. »Ich muss wissen, wo meine Frau ist«, fleht eine andere. »Ich verzeihe ihr. Hilf mir, sie zu finden. Ich wünsche, dass Du uns ein gemeinsames Leben schenkst.« »Ich bin seit Tagen wie verloren. Seit Tagen möchte ich dieselbe sein, die ich war, fröhlich, glücklich und vieles mehr.« Die Schreiberin hat ihren Worten Kunstblumen mitgegeben, die aus der Klarsichtfolie grüßen. Selbst über die Grenzen zum benachbarten Argentinien hinweg, weiß Manuel, kommen die Fürbittenden angereist, um der »Madonna der Kaskade« Wünsche zu unterbreiten, sie zu beschenken und anzubeten. Eine Schrift sagt: »Jungfrau, ich kenne Dich nicht, aber ich habe gehört, dass Du gut bist. Pass bitte auf meinen Sohn auf, der wegreisen muss.«

Zu allem Überfluss aber ist die finstere Grotte noch umwölkt von dieser jüngsten, immer noch rätselhaften, unaufgeklärten Geschichte: Innerhalb eines einzigen Monats hat man elf Jugendliche tot unter der Brücke gefunden, einen nach dem anderen. Alle elf waren gutaussehend, alle elf angeblich verwickelt in Drogen- und Sexgeschichten, alle elf sollen Hand an sich gelegt haben, und mehrere Bürgermeister waren angeblich auch verwickelt in diesen Fall. Und das alles gleich unter den Augen der Jungfrau der Kaskade!

Die Bürgermeister haben die Selbstmorde der Jugendlichen auf Depressionen zurückgeführt, wie sie nicht ungewöhnlich seien infolge des schlechten Wetters. Aber wer würde ihnen glauben? Wer würde das Rätsel lösen wollen, und wer hier fände nicht letztlich die Intrige um so vieles ergiebiger und poetischer?

»Ich habe dir doch gesagt«, wiederholt Lili, »in Patagonien nehmen die Geschichten gern einen dramatischen Verlauf.«

Diese Dramen sind Schläfer. Kaum ist eine beliebige Situation da, könnte sich Spannung aufbauen und zum Ausbruch kommen. Wo alles umgeben von Einsamkeit geschieht, da sind die Ereignisse entrückt, aber einzigartig. Man sieht sie aus der Ferne, die Gerüchte tragen sie auf und davon, und im Handumdrehen haben sie sich in der Geschichte des wüsten Landstrichs niedergeschlagen.

Wir reisen über die Bruchlinien dieser Geschichten, bewegt auch von den seismischen Stößen aus dem Innenleben der Vergangenheit. Nicht weit von der finsteren Wallfahrtsbrücke stoßen wir auf den letzten wahren Supermarkt am Ende der Welt, einen, durch den die Gauchos stiefeln und wirklich alles finden: Zielfernrohre, Waffen, Alkohol, Kinderdreiräder, Windeln, Pillen, Düngemittel, verrottetes Obst, amerikanisches Müsli, schwitzenden Käse, frische Creme-Hörnchen. Die Frauen hier stehen wie überwältigt zwischen den Regalen. Sie haben ovale Gesichter und kein Kinn, sie besitzen die muskulösen Schultern von Ringerinnen und einen klaren, geradlinigen Gesichtsausdruck.

Hinter dem Haus riecht auch die Toilette am Ende der Welt nach Endzeit.

»Und auf der Papprolle«, berichte ich Lili, »lag nur noch ein einziges Blatt Klopapier.«

»Ein bisschen dick aufgetragen für ein Ende der Welt, oder?«

»Stimmt. In Wirklichkeit lag auf der Papprolle kein einziges Blatt.«

Das ist Cochrane, ein befestigter Flecken, auf dessen Straßen die aus der Wildnis Kommenden herumstreifen wie Irrläufer, unbehauste Existenzen, Pferde führend. Rings um ein beigefarbenes, lagerartig gebautes Haus läuft eine Mauer mit aufgesetztem Stacheldraht – das Orts-, nein, das Provinzgefängnis. Kann man erkennen, wie man die Straftäter hier, wo es nicht weitergeht, ihren Freiheitsentzug erfahren lässt?

Die Wache am Tor behandelt uns als unerwartete Aufgabe, doch bereit, an uns zu wachsen, und so verspricht der Mann gravitätisch, für Lili und mich ein Wort bei seinem Vorgesetzten einzulegen. Wir warten. Wir werden erhört.

Der bullige Kommandant in seiner steifen, wattierten, Körpermasse suggerierenden Uniform ist erst 24 Jahre alt, trägt aber schon einen Stern auf der Schulterklappe. Das frische Hochzeitsfoto von ihm und seiner Frau thront auf dem Schreibtisch wie er selbst im Sessel. Die Gattin auf dem Foto lächelt blond. Auf der Wand hinter dem Schreibtisch aber wacht in einem größeren Rahmen die Polizeichefin. Streng und schmallippig sieht sie aus dem Foto hinunter auf das Hochzeitsbild. Es stehen auch Pokale in der Vitrine, errungen beim Fliegenfischen und im Hallenfußball. Wir führen eine Unterhaltung, an der das Erstaunlichste ist, dass sie Unterhaltung sein darf, eine Wechselrede mit kleinen eingelassenen Genrebildern aus dem heimischen, dem familiären, dem beruflichen Leben. Drei Menschen intonieren Variationen über das Thema: Ich bin doch auch nur ein Mensch.

Der Kommandant führt uns durch die Schleuse, zuerst zu den Zellen für die Vertrauenshäftlinge mit drei Betten, einem laufenden Fernseher, einem Frotteetuch mit aufgedrucktem Pin-up. Im Flur nebenan liegt die Straf- und Dunkelzelle, in der einzig ein Bett steht. Maximal zehn Tage lang darf ein Häftling hier eines groben Verstoßes wegen festgehalten werden, und nur eine Stunde Hofgang ist ihm dann täglich erlaubt. Der Häftling der Nachbarzelle lehnt halbnackt im Fenster, hört zu und ruft dann:

»Und wenn Frauen kommen, wird eine Zelle frei gemacht.«

Der winzige Hof ist kaum mehr als ein Übergang zwischen den Trakten. Ein einfältig vor sich hin sehender Gefangener reißt eine Eisenstange mit zwei in Blecheimern gegossenen Zementblöcken an den Enden vom Boden zur Brust, vom Boden zur Brust. Alle Bodybuildergeräte im Hof sind solche Readymades aus Blechbüchsen, Eisenstangen und Betonfüllungen.

Die meisten der dreizehn Insassen sitzen wegen Vergewaltigung, schwerer Körperverletzung, Sachbeschädigung, Trunkenheit und Erregung öffentlichen Ärgernisses, wenigstens Vergehen ohne Todesfolge. Sie machen böse, stumpfe, stillgelegte oder enttäuschte Gesichter, ja, manchmal ist ihr Gesicht krimineller als das Delikt, das man ihnen zu Lasten legt, oder sie wirken, als hätten sie sich die passende Physiognomie erst nach ihrer Inhaftierung zugelegt. Der kleine Ganove will Al Capone sein. Achtzehn Angestellte sind da, ihn zu bewachen und zu betreuen.

Auch eine Schreinerei unterhalten die Häftlinge. Hier erledigen sie Reparaturarbeiten für die örtlichen Anwohner, bessern Stühle aus, verleimen Schränke. Im Moment aber ist es ein Schaukelpferd, das im Zentrum der kleinen Werkstattarena aufgebockt wurde, und das, intakt, von hier seinen Weg in ein Kinderzimmer finden wird. Es wirkt ähnlich poetisch wie die andere Produktion des Augenblicks, Täfelchen, in die ein Gedicht eingeritzt wurde. Lachend zeigt man mir den Verbrecher, der wegen schwerer Körperverletzung sitzt und nun einfache Sinnsprüche mit unbeholfen empfindsam aufgetragenen Farben und Metaphern oder moralischen Maximen graviert, gegen die er selbst verstieß.

Nebenan liegt die Werkstatt, in der Fell verarbeitet wird. Ein Stück gegerbtes Ziegenleder verwandelt sich gerade in einen Polsterbezug, Zaumzeug und Trense erhalten die letzten Verzierungen, der Bettvorleger aus Schafwolle ist bereits fertig. Ein Häftling arbeitet abseits unbeirrt an einer geflochtenen Peitsche. Nachdem ich ihm länger zugeschaut habe, hält er sie überraschend hoch und sagt »Das Symbol der Staatsmacht«, und lacht.

Ihre Produkte dürfen die Insassen auf dem örtlichen Markt verkaufen lassen und die kleinen Erlöse behalten. Es ist frisch im Raum, aber das spüren die Häftlinge offenbar nicht, wissen sie doch obendrein: Nichts, was sie betrifft, darf teuer sein, alles brennt auf kleiner Flamme, und deshalb wird auch erst ab 17 Uhr geheizt.

In einem französischen Kriminalfilm sagt der Gangster: »Es gibt im Leben immer Handelnde und Zuschauer. Das Problem kommt von den Zuschauern.« Für die Häftlinge hat sich diese Rollenverteilung auch im Gefängnis nicht geändert. Sie sind weiterhin die Akteure, die Wachen weiterhin die Zuschauer. So stehen sie da, haben Schlagstöcke und Säbel umgeschnallt, aber tragen wenigstens keine Pistole. Sie trinken mit den Häftlingen Mate, besprechen mit ihnen die Fußballergebnisse, und manchmal fällt ihnen oder sogar dem Kommandanten einer der Gefangenen ins Wort.

Man teilt sich in die Bedingungen, die Kälte, die Enge, die Werkstätten und Gemeinschaftsräume, und das Wachpersonal isst sogar das von den Gefangenen Gekochte. Einmal, erzählt der Kommandant, sind die Häftlinge bei ihm erschienen und baten, auf den schmalen äußeren Fluchtwegen Salat und Tomaten anbauen, Gemüsebeete anlegen zu dürfen.

»Ich werde nichts sehen, habe ich gesagt.«

So jung er ist, weiß er doch die Regeln an den passenden Stellen zu brechen, und so sieht er jetzt wohlwollend auf die Salatköpfe, die er nicht sieht.

Er zeigt uns auch die Krankenstation mit ihren zwei Betten, zeigt uns das Zimmer für den Rechtsanwalt, samt verdecktem Panikknopf an der Wand, zeigt uns das Kabuff für die Sprechstunde, wo er freitags jede Beschwerde der Häftlinge schriftlich aufnimmt:

»So kann ich sie also nicht bescheißen.«

Draußen verständigt sich das Personal über Walkie-Talkies. Die Häftlinge hören mit tristen Gesichtern zu. Die Kommunikationskette unter den Wachen ist auch eine ihrer Ketten.

Als wir wieder auf der Straße stehen, streckt Lili die Hand in den Luftraum vor sich. Sie macht kein Hehl daraus, dass sie zittert, und jetzt sagt sie es fast weinend:

»Es gibt es eben doch, das gute Chile! Jetzt weiß ich es. Ich bin so froh. Mein Sohn wird Polizist. Es war immer so schwer für mich, das zu akzeptieren. Aber ich weiß, es muss nicht so sein, wie ich das Land in Erinnerung habe, es kann anders werden. Schau, dieser junge Kommandant. Er war so freundlich. Er hat es auch schwer. Denk allein an seine frisch vermählte Frau. Sie hat alles aufgegeben, um mit ihm hier zu leben.«

Sie spricht vor sich hin, wie sie läuft: mit festem Blick auf den Gehweg.

»Hast du gesehen: Sie fallen ihm ins Wort. Sie widersprechen ihm sogar. Ein guter Mann ist das.«

Er könnte ihr Sohn sein.

Ahnt der junge Kommandant, dass er eben ein Leben gewendet hat? Ein einziger Besuch, eine einzige Begegnung, und plötzlich verschiebt sich die Perspektive auf ein Land, das in Lilis Mund gerade zum ersten Mal »mein Land« geworden ist.

Ein kleines Rodeo-Theater liegt am Straßenrand, ein Stück weiter sitzt Carancho, der Geier, über einem Stück Aas, und auf dem Zaun wacht der schwarze Adler. Sie haben einen kleinen Hasen geschlagen, ihm erst die Augen ausgepickt, dann die Eingeweide von frisch schillerndem Rot herausgezogen und ausgebreitet. In den Baumwipfeln beraten sich knatternd die anderen Aasfresser. Lili hat immer noch ihr hauchdünnes Lächeln im Gesicht.

»Komm«, sagt sie, und ihr Ton ist wie euphorisiert, »jetzt versuchen wir auch nach Chaitén zu fahren! Vielleicht haben wir ja noch einmal Glück mit den Offiziellen.«

Als der Vulkan im Mai 2008 ausbrach, musste der Küstenort Chaitén, das Tor nach Patagonien, weiträumig evakuiert werden. Es regnete einen halben Meter Asche, das Meer stieg zur Schmutzflut an, riss die Habseligkeiten der Küstenbewohner mit sich, und immer noch raucht der Vulkan so heftig, dass bis heute niemand in seiner Nähe verweilen möchte.

In diesem Hafenort landeten bis dahin die großen Schiffe der Patagonien-Reisenden. Eine kleine Ferienwirtschaft hatte sich entwickelt mit Gästehäusern und Hotels an der Promenade, einer Schule, einem Krankenhaus und Parkanlagen, durch die nachts der Puma streifte. Die wenigen Personen, die heute noch in der toten Stadt leben, haben sich geweigert, die Heimat zu verlassen, denn sie glauben weder den Behörden noch den Geologen, die einen baldigen größeren Ausbruch und die totale Zerstörung des Ortes voraussagen.

Die hohen Staubschichten zu beiden Seiten der Straße sind das erste Indiz für die Annäherung an die Katastrophe. In einer Schule, viele Kilometer vor dem Berg, hat sich die Wache eingerichtet. Uniformierte in fluoreszierenden Westen lungern um den Schlagbaum; ihre Kappen sind bestickt mit einem Emblem, auf dem sich zwei Gewehre kreuzen. Am Posten vor der verbotenen Zone sitzen die beiden diensthabenden Polizisten, die die Ausweise sehen und das Motiv für den Besuch wissen wollen. Sie verhandeln. Dass wir von weit her kommen, dass wir nicht fotografieren wollen, dass zwei Einheimische aus dieser Gegend im Wagen sitzen, dass lange niemand kam und Einlass begehrte, etwas von all dem verbessert unsere Aussichten auf den Besuch der toten Stadt.

Unterdessen betrachten wir unter allen Wolken am Himmel die eine – die nicht fließende, die steigende, lastende Wolke, die sich in die Bank der anderen schiebt und eine andere Quelle hat: im Magma, im Erdinneren. Sie quillt stetig über den schneebedeckten Riegel der Anden-Kette, wie aus sich selbst gespeist, wie ein autonomes, solitäres Geschöpf, das keine Feinde hat und keine Korrektur erfährt und von keinem Wetter gelöscht oder davongetragen wird. Vielleicht ist es der Respekt im Angesicht des Vulkans. Die Beamten jedenfalls winken uns durch mit abgewandten Gesichtern.

Über die Puente Amarillo dringen wir in die verlassene Zone ein. Vor 45 Jahren stürzte hier ein Flugzeug ab. Es wurde nie geborgen, seit fünfzehn Jahren wohnt ein Hippie in seinem Wrack. Keine Spur von ihm, nur Eukalyptus, Schwefel, unabgeerntete Bäume. Die Verkehrsschilder weisen ins Nichts, die Wäsche baumelt noch auf den Leinen und hat die Farbe des Staubs angenommen.

Man fährt direkt auf den Höhenzug der Anden, auf die Felswand zu, durch den Grauschleier der Felder. Etwas wie schlechter Atem ist über diese Plantagen gegangen, die lappigen großen Blätter liegen am Boden versengt, Asche bedeckt selbst die Tische der verlassenen Häuser, nur das robuste Wiesengrün hat sich fröhlich erneuert.

Die Siedlung liegt unter einem pudrigen Schleier, aber einem erstarrten. Die Haufen zusammengeschippter Asche sind gehärtet, die Gebäude aufgegeben. Auch frisch gebaute Häuser altern unter Grau, Äpfel kullern über die Straße. In den Pfützen steht das Wasser gelb, die Schule, die Denkmäler, der Spielplatz haben sich in lauter funktionslose Räume verwandelt, die nichts mehr meinen, nur etwas bedeuten. Am Spielplatz wirkt das Denkmal mit den erfrorenen, in Stein gehauenen Abbildungen des Lebens wie eine Verspottung der Lage: Fischer fischen, Bauern bestellen die Felder. Doch das Pathos der flankierenden Erlöserfiguren, es bleibt hinter dem erhabenen Elend der Szenerie zurück. »Chaitén ne morirá« hat jemand auf dieses Denkmal einer toten Stadt geschrieben, und das Gleiche noch einmal mit dem Finger in den Staub auf den Fensterscheiben der verlassenen Wohnungen.

Selbst in den Innenräumen steht die Asche manchmal hoch. Sie hat die Tassen auf dem Frühstückstisch bedeckt, die Teller gefüllt. Am Straßenrand parken zum Ausschlachten freigegebene Autos. Ein Mercedes mit einladend geöffneter Haube hat schon ein paar Innereien eingebüßt, und das, obwohl ein Polizeiwagen patrouilliert, um Plünderungen zu verhindern. Zwei Männer wuchten einen Kühlschrank auf die Ladefläche eines Pick-up, doch weit und breit, so scheint es, sind dies die einzigen Menschen hier. Einer nähert sich und klagt über den Vulkan, die Regierung, die Behörden, die Vandalen und Gott, und während er spricht, grollt hinter den Hügeln drohend der Berg. Er ist allgegenwärtig, zugleich unwandelbar, und doch verändert sich auch am Himmel nichts so schnell wie die Rauchsäule über diesem Wundkanal ins Erdinnere.

Ein Henkelmann kullert leer über die Straße, das alte Geschirr ist auf dem Aspalt zerschellt, Pfotenspuren laufen durch den Staub. Von den Mauern gellen die Graffiti der Nach-Ausbruchszeit, und doch mahnt nebenan das

Kriegerdenkmal mit seinen gekreuzten Gewehren: »Siempre viven los por la patria mueren« – eine unermüdliche Huldigung an alle, die für das Vaterland ihr Leben ließen. Doch klingt sie nun entrückt, jetzt, da sich die Vulkanasche auch über die Kriegsgeschichte legte.

Ungesund der Geruch, der aus den Kanälen steigt, und obligatorisch die Schilder mit dem Wortlaut »Der Staat sieht zu!« – was er nicht tat, denn so mancher ehemalige Bewohner des Orts wurde inzwischen reich an den Entschädigungen.

Es stehen auch die Verkehrsschilder noch, auf denen Frauen Kinder führen und Schulkinder die Straße kreuzen. Leeres Warnen, leeres Bedeuten. Manche Häuser hat die Schmutzwelle nur zur Hälfte mitgerissen, sie stehen als offene Gerippe und geben den Blick frei auf kleine Bücherregale mit zu Boden gegangenen Schmökern. Selbst das Meer hat sich zurückgezogen, in die Zone hinter der Böschung, wo ein einzelnes Haus fast bis an den Saum der Brandung gezogen wurde. Gekippt liegt es da, hinter einem breiten Streifen schwefliger Brühe, der in Pfützen auf dem unreinen Strand ausläuft und in dessen Umfeld auch ein Herd und ein Kühlschrank gestrandet sind. Matratzen lagern auf der Böschung zum Meer, Hausrat liegt verstreut wie nach einer Explosion. Erst am Horizont leuchtet ein schmaler grüner Streifen offener, klarer und ungetrübter See.

Auch die Brücke ist zusammengebrochen. Die hübsche Fassade der »Cabañas Brisa del Mar« mit Blick auf die Promenade lässt an ein beschauliches Badeleben denken, an Tee mit Rahm und Sonnenhüte. Doch so staubbedeckt, wie die Ortschaft drumherum daliegt, scheint der Weg weiter, sie sich wieder instand gesetzt zu denken, als sich umgekehrt vorzustellen, die Natur hole sich all dies komplett zurück.

Die kleinen Restaurants tragen immer noch die Namen ihrer Spezialitäten auf der Fassade, das »Hospedaje Astoria« ist leer, die »Farmacia Austral« gähnt aus der verstaubten Auslage, eine Tafel wirbt für »Turismo Rural«, und die Kirche prunkt mit dem Namen »La Iglesia de Jesuchristo de los Santos de los Ultimos Días«. Hortensienbüsche wuchern unnatürlich fett, und mitten im Vogelzwitschern ist die Stille vollkommen.

Hier entspringt die Straße, die bis zum Ausbruch des Vulkans den nördlichen Eingang nach Patagonien bezeichnete. Ehemals verband sie den Hafen mit dem Landesinneren und wurde deshalb gut befestigt. Heute streifen drei Pferde und ein Fohlen elegant über die leere Uferpromenade, die einzigen Flaneure. Sie bleiben da und dort mal stehen, blicken über das Meer, rupfen sich von Zeit zu Zeit ein paar Büschel giftiggrünen Grases aus dem Wegrain und schlendern weiter. Die Pferde übernehmen auch die Häuser und machen es sich, surreal wie sie sind, in den Wohnzimmern bequem. Noch finden sie überall Futter, und auch die Polizei lässt sie gewähren. Auf manchen der Häuserwände haben Tierschützer Protestinschriften hinterlassen: »Ihr flieht, Eure Hunde und Katzen lasst Ihr zurück. Schande über Euch!« Es gab kein Evakuierungsprogramm für Tiere.

An der Mole stoßen wir schließlich sogar auf zwei Tramper, die sich bis hierher durchgeschlagen haben und auf das große Schiff warten, das sonst immer die Kreuzfahrer bringt. Doch kein Schiff will kommen.

Das Sirren des fernen Meeres unterlegt das Knirschen der eigenen Schritte. Auf einer ergrauten Rasenanlage liegt auch das Krankenhaus mit seinen lindgrünen Baracken und sperrangelweit offen stehenden Türen. Vulkanasche hat auch diese Flure, auch die Betten im Innern, auch die beiden OP-Tische bedeckt, und auf der Wiese im Hof kampieren tatsächlich ein paar israelische Tramper, die Wanderlieder singen, während in diesem Augenblick hoch über ihnen wahrhaftig die Geier kreisen.

Ja, auch Monate nach der Katastrophe sind immer noch Geier über der Stadt. Sie kommen in weit geschwungenen Bögen nieder und fleddern tote Tiere in den Abwässerkanälen oder hacken einem Hund den gedunsenen Bauch auf, der sich ihnen bei einer Latrine entgegenwölbt. Nach und nach lassen sich jetzt selbst ein paar der renitenten Einheimischen blicken. Zwei von ihnen arbeiten mit Schaufeln auf dem Friedhof. Als ein Alter vorbeikommt, der unter einem Tuch auf der Schubkarre etwas transportiert, das wir nicht sehen sollen, nicken sie konspirativ. Ein anderer lässt den immer gleichen Redeschwall fallen:

»Una tortura, una tortura!«

Eine Qual ist es, entwurzelt zu werden, vertrieben, ein Unglück, das eigene Zuhause von der Naturkatastrophe verschluckt zu sehen. Ein Greis, der auf seinen Stock gestützt über der ausgewaschenen Bucht sitzt, meint aber, dass die Natur hier nur eine Rechnung begleiche, weil sich das Treiben des Menschen anders nicht mehr beantworten lasse.

Mitten im Untergang hat er sich gefunden als der Prophet dieses Untergangs, und er bleibt selbst dann noch Prophet, als die Katastrophe überstanden ist. Doch wer sagt, während das Leben die Pausentaste drückt, dass nicht schon das Unheil seine Kräfte bündelt und das nächste Desaster seine Truppen sammelt? Die Sonne scheint, die Lerchen steigen, die Seeluft atmet bloß als Brise. Mögen sich die Gegenden an den Enden der Welt auch sonst eher ratlos dem Verschwinden entgegenstrecken, hier ist es anders. Hier zerstreut sich die Landschaft in einer Idylle des Untergangs.

Timbuktu

Der Junge Indigo

Da liegt es, das Land der Sahara mit seinen Schorfschichten in Gelb, Hellrosa, Blutrot, die Siedlungen gepfercht, umzingelt von irgendeiner Natur, die aus den schütteren Wäldern, den flachen Bergen, den dürren Ebenen Gefahren schicken könnte, der Niger breit und mürrisch, in einem opulenten Becken von kleinen Inseln besetzt, briefmarkengroße Felder darauf. Dann die Sümpfe, dann weite Ebenen mit nichts, dann die Hütte von einem, der sich zurückgezogen hat – wovon, wohin? In die Quarantäne? Dann kleine Oasenorte mit Lehmbauten aus Adobeziegeln um einen gelben Tümpel. Ja, so trumpft sie auf, diese Übermacht an Landschaft, die nicht eigentlich schön, eher wie strapazierte Haut wirkt, wie ein interessant abgearbeitetes Gesicht.

Man wird hier keine moderne Physiognomie finden. Die Menschen haben die Züge vorzeitlicher Propheten oder Götzen, deren Augen hellgrau in einem wässrigen Hof liegen, und auch der Fluss ist nicht blau, nicht grün, sondern graugelb in seinem rissigen Uferstreifen aus Hornhaut. Die Felder staubig, die Hütten staubfarben, die Erdoberfläche abgewetzt, verschlissen, weil die Elemente hier alles abschmirgeln, die Sonne, der prasselnde Tropenregen, die Hitze, der Wüstenwind, die Sandstürme der heißen Monate. Mal stockt das Wasser in den Senken, mal wird es von der Sonne aufgesogen, so dass bloß verkrustete Ebenen zurückbleiben.

Der Kreislauf hat Tempo, ein abruptes Blühen, ein zügiges Welken zieht über die Senken des Wüstenbodens: Alles mäandert, die Rippen der Dünen, die Überlaufkanäle des Flusses, die Ackersäume, die hellen Sandbänke, die Straßen, alles in einer Farbskala auf der Basis von Schmutz.

Der Niger, ein Delta aus zahllosen Rinnsalen, Einzelläufen, Strömen, Kanälen und Seebecken wird immer neu zur Demarkationslinie zwischen Schwemmland und roter Wüste. Dann wieder schwindet sein Einfluss, und er trägt das Grün seiner Ufer allenfalls ein paar Meter weit ins Land. Orte wie Wüstenfriedhöfe liegen zu seinen Seiten. Sie erscheinen wie eine Irritation der Ordnung, ein Gekräusel, oder wie fossile Abdrücke im Sand. Der Flughafen von Timbuktu wird von fünf Soldaten mit dem Gewehr im Anschlag bewacht. Wir sollen geduckt, zu beiden Seiten militärisch flankiert, das Hauptgebäude erreichen.

Umgeben von einem Ring der Schmerzen ist Timbuktu, einem Ring der Hitze, der Entbehrungen, des Durstes, des Krieges, und dann ist da das Sterben von innen, das Verkommen, die Auszehrung mit ihren Symptomen: Fast erloschene Nomaden lagern in ihren Lumpen im Schatten der Lehmziegelwände, auf ärmlichen

Märkten reihen sich die Bäuerinnen im Spalier, vor jeder von ihnen drei Früchte, drei Knollen, ein Bündel Gemüse. Draußen Lumpensammler, frei laufende Kranke und Verwirrte, Kriegsopfer auf selbstgemachten Krücken oder Wägelchen.

Doch hier, am legendären Ort, im Innern der Verwahrlosung, wird Indigo gewonnen. Als sei dieses Blau die Farbe des Blutes dieser Stadt, deren Menschen selbst blauhäutig wirken. Warum fliehen sie nicht? Anderswo wäre Wasser, Versorgung, Unterstützung, Schutz. Doch bis man dahin gelangt wäre, müsste man durch die Wüste, die Hitze, das Massaker, den Überfall, man müsste sich als lebende Beute durch ein Inferno retten.

Übermüdet straucheln wir in ein vom Frühlicht schmutzig durchspültes Hotelzimmer. Gedanken sind kaum mehr erreichbar. Bloß Auge, tasten wir die gekalkten Wände ab, die Tapeten, den Zimmerschmuck. Da hängt das Bild einer Bambushütte, und ein paar halbnackte Eingeborene kauern davor wie in einem rassistischen Film – eine Momentaufnahme, auf der niemand einen Weg in die Aufmerksamkeit der Welt sucht. Schaut, ein paar stehengebliebene Schwarze. Abgesehen davon gibt es keinen Schmuck.

Timbuktu, diese legendenumwobene Stadt in der Südsahara, gelegen auf dem Punkt, an dem sich Niger-Delta und Sahara berühren, war ein politisch bedeutsames, aufgeklärtes, von Gelehrten bevölkertes Zentrum. Im frühen 12. Jahrhundert gegründet, gab die Stadt, Sitz von Schriftgelehrten und Philosophen, der Islamisierung des

Kontinents wesentliche Impulse. Sie war Handelsstation, denn über den Niger wurde das Gold des Kontinents herbeigeschafft, sie war zugleich Verkehrsknotenpunkt: Auch heute noch führen von hier die Karawanenstraßen zu den Oasen nach Norden und neuerdings auch die Fluchtwege der Migranten auf dem Weg nach Europa.

Anna befreit sich aus ihrem blau-rot gebatikten afrikanischen Kleid und legt sich nur im Slip auf das harte Bett mit dem steifen Überwurf. Auf ihrem Bauch, ihren Beinen, auf Schultern und Armen, überall glitzern Schweißperlen. Sie rührt sich nicht, auf der Haut arbeitet es dennoch.

Ich inspiziere den Nachttisch, in dem sich eine Kolonie Ameisen organisiert hat, trete auf den Balkon und blicke auf den müden Pool. Zwei Gestalten bewegen sich darin, eine Frau in einem schwarzen Badeanzug und ein kleines Mädchen, das an ihrer Hand durch die unklare Brühe watet. Dann legt sich die Mutter auf den Rücken, beobachtet die eigenen planschenden Fußspitzen. Ihr Grätschen und Treten, Stampfen und Zittern erinnert am ehesten an eine phlegmatisch-erotische Choreographie. Müde stelle ich mir den Mann vor, der sie ergreifen und lieben würde. Anna döst, in diesen Temperaturen scheint auch die Liebe entrückt.

Timbuktu ist Sand, vor allem Sand, alles sinkt in Sand, ist aus Sand gemacht oder nimmt seine Farbe, selbst seinen Geruch an. Der Sand strahlt die Hitze ab, der Sand holt sich die Stadt, zu Sand soll sie werden. Das einzige, dem Verfall offenbar entzogene Objekt ist auf einer Fassade die bronzene Tafel mit der Aufschrift: »Hier lebte der Afrikaforscher Heinrich Barth. Dieses Haus besuchte im Jahre 1956 Präsident Heinrich Lübke.«

Dies wird bleiben.

Nachdenklich flanieren Glaubensmänner durch die Gassen, Muthala im Mund, das Kaustöckchen, das sich mit seinen antibakteriellen pflanzlichen Inhaltsstoffen in der Dentalhygiene bewährt. In einem Hinterhof sehen wir zu, wie Steinbrocken zerschlagen werden. Das so gewonnene Mehl mischt man als Nahrungszusatz ins Essen für Schwangere. Pissende Männer stehen breitbeinig über dem Fluss oder in den Hängen. Die Bananen verwandeln sich auf dem Rost in etwas, das nach Kastanien schmeckt. Das Kino ist bloß eine unterkühle Garage mit ein paar Holzbänken und einem U-matic-Projektor. Als die lächerlich animierte Trick-Schlange auf der Leinwand erscheint, springt die Frau vor mir schreiend über zwei Bänke nach hinten.

Der glatzköpfige, goldbehangene, kurzbehoste, schwule französische Hotelier spricht mit über der Brust verschränkten Armen auf seinen einfältigen Zimmerjungen ein, einen Knaben mit begriffsstutzigem, früh gealtertem Gesicht. Der Chef befiehlt, dass die Läden ab zehn Uhr vor die Hotelzimmerfenster geschlagen werden müssen, damit die Hitze nicht eindringe, und ein neues Moskitonetz soll unverzüglich besorgt und gespannt werden. Der Knabe bleibt bockig. Mit seinen Befehlen kommt der Chef schon mal gar nicht weiter. Als Nächstes soll der Junge eine Besorgung machen. Der Patron bittet also und windet sich wie ein Klageweib vor seinem Bediensteten, der ihn jetzt unverhohlen verächtlich ansieht. Da greift sich der Chef, wo er das Bewusstsein des Knaben schon nicht erreichen kann, dessen Nacken und zwingt ihn in eine leichte Beugung. Der Junge sieht von unten böse auf, tut, als schmerze der Griff und fiept wie eine Ratte im Müll. Schließlich bietet der Chef ihm für den Weg sein Fahrrad an, es sei besser »als das des Ministers«. Der bedienstete Knabe lacht ihn höhnisch aus. Beide lassen ab.

Ein paar Goldhändler kommen ins Hotel, Würdenträger in Schlappen, asketisch und gut gekleidet, sehr ernst. Sie verschwinden hinter einer Zimmertür. Die Klimaanlage übertönt das sonore Stimmengewirr der Verhandlungen.

Alle Nachrichten zirkulieren hier schnell. Abends schlendern Männer in den Hof, um uns Geschäfte anzubieten, weil sie gehört haben, dass wir uns nach einem Gegenstand, einer Entfernung, einem Hotel, einem Verkehrsmittel erkundigt haben. So sitzen sie nacheinander an unserem Tisch: der Verkäufer von silbernen Kreuzen unterschiedlicher Stämme (er hat gehört, dass ich für Anna eine Kette kaufte); ein Junge mit Musikkassetten, dem ich am Tag zuvor zwei abkaufte, und der nun seinen Fundus aufgestockt hat; ein Abweichler des lokalen Taxi-Syndikats, der unseren Versuch, privat nach Bobo Dioulasso zu gelangen, als »Betrug« bezeichnet. Er selbst feilscht um Tarife, die wir beim Syndikat nie bekommen würden, und schwächt seine Verhandlungsposition durch dauerndes Trinken. Bald ist er völlig betrunken und undiplomatisch.

Kaum ist es so weit, steht ein morgenländischer Teppichhändler vom Gebet auf, um uns vor dem verrückten Taxifahrer zu warnen.

»Sie sollten das Fahrgeld besser in einen Teppich investieren.«

Der fliegt zwar nicht, lässt sich aber ausrollen. Er wird ausgerollt. Der Nächste, ein Discjockey, hegt keine merkantilen Absichten, wie er bekennt, hat aber »Handelsvertreter« auf der Visitenkarte stehen. In seinem Gefolge dringen so nebenher diverse Anbieter von Tuareg-Schmuck, Postkarten, Trockenfrüchten in den Hof, alle deprimiert, weil so wenige Fremde da sind.

»Monsieur, moins cher«, »Monsieur, half price!«

Die westliche Trennung von Arbeit und Freizeit, Geldverdienen und Unterhaltung gilt hier nicht. Man breitet ein Tuch auf dem Gehweg aus und beugt sich darüber. Alle sind Familienmitglieder, alles sind Familiensachen. Spiele besprechen, Lachen, Tauschen, Touristen-Jagen, es ist alles eins, das Aufzwingen von Konversation, das Perlenfädeln, über dem man sich Geschichten erzählt. Es sind lauter Formen, einen Zustand gleichermaßen für die Arbeit und die Überwindung der Arbeit zu finden und innerhalb dessen einen anderen Zeitverbrauch zu bestimmen.

Afrika verlangt auch ein verändertes Verhältnis zum Raum: Es organisiert das Leben auf der Fläche und verlangt, dass man sich an einem Höcker in der Horizontlinie orientiert, an einer Senke, einem dürren Strauch, einer Ansiedlung. In den Büschen lärmen Kanarienvögel. Vor einem Rinnsal hocken ein paar Jungen, die mit einem toten Fisch an einem Faden etwas anderes, Größeres anlocken wollen. In dem schlammigen Weiher, in den der Bachlauf mündet, bringt ein bulliger Mittdreißiger einem winzigen weißen Mädchen Schwimmen und Tauchen bei. Ihr Vater sitzt am Ufer und malt die Bucht mit schreienden Acrylfarben. Zwei Automechaniker im Overall treten, die öligen Hände in einem Lumpen, hinter die Staffelei, um die Schmiererei auf der Leinwand zu beurteilen. Orange blühende Bäume säumen das Ufer, alternierend mit Hibiskus. Zwei Frauen schlagen mit Stöcken auf Kokosnüsse, als wollten sie sie züchtigen.

Der Weg, sich diese Wirklichkeit anzueignen, ist, in ihre Eintönigkeit einzutreten. Alles scheint ebenso vereinzelt wie aufgehoben im Zusammenklang schwerfälliger, synchroner Vorgänge, in denen abrupt nur die Kinder erscheinen, die aus dem Wasser tauchen mit diesen in der Angstlust panisch um ihr Überleben ringenden Augen.

Ich ging zum Niger, kniete nieder und streckte beide Hände ins Wasser, um es getan zu haben. Ein Alter saß abseits in der Hocke. Er schien zu verstehen, nickte und lächelte, und die Frauen, die am Boden Mais über dem Feuer rösteten, winkten mich heran und schenkten mir einen Kolben zur Feier des Augenblicks. Ihre Hütten sind mit Müll bedeckt, damit die Dächer nicht wegfliegen.

Vor einem Kaktus duckte sich in den Unrat ein Pelikan,

der sich mit dem Schnabel die Brust putzte, neben ihm fraß die Ziege von einem Pappkarton, musste ihn aber gleich mit vier weiteren Jungtieren teilen. Ein Kind schleuderte einen Ziegenschädel an seinem Horn ins Wasser, und ein Mann in einem tief violetten Bubu erzählt mir mit dem winzigen Silberpfeifchen zwischen den ausgeleierten Lippen von seiner Geliebten und nennt sie »meine Neunte«.

Jetzt tritt auch der Junge mit seinem Kasten voller Musikkassetten wieder leise an den Tisch. Der Hotelier mit der Damenbrille beobachtet mich von ferne und will meine Schreiberei nicht stören. Die Kinder am Straßenrand grüßen, aber sie fordern nicht mehr.

Über einen Deich laufe ich zu einem Weiher hinunter, in dem drei Ochsen getränkt werden. Es gibt auch drei nackte Hünen, die hier hinabschreiten, doch sind sie nicht aus ethnischen, sondern aus sozialen Gründen nackt. Wenn ich als Kind in Illustrierten die Pseudoreportagen über die »Begattungsriten der Mursi« fand, wirkten diese Eingeborenen auf mich nie nackt, hatten sie doch immer noch ihre Hautfarbe an.

Wieder und wieder öffnet sich am Weg die Ebene, wo zwischen Baracken und Hütten Ziegen grasen. Ein Junge läuft an meiner Seite, einen zerbrochenen Eimer mit dem Stock über die Straße treibend. Bis hinunter zu einem Flussarm läuft er, wo mich ein anderer Junge zu seiner Piroge ruft, mit der ich zur Sandbank in der Mitte des Stroms übersetze, und schon nähern sich die Siedler:

»Wo sind die Medikamente?«

Als ich meine leeren Hände zeige, dramatisieren sie heftiger:

»Mein Kopf tut weh«, die Hand geht hin, »mein Magen schmerzt«, die Hand verkrampft sich dort.

»Hast du Jod mitgebracht? Mich juckt es überall.«

Als Tuareg verlassen sie ihre Insel nicht, gehen nie auf die andere Flussseite. Aus dem Strom hört man trotzdem das Schreien von Kindern.

»Keine Sorge, das sind die, die zum ersten Mal hinüber schwimmen, sie haben noch Angst.«

Eine korpulente Frau mit einem geringfügig schräg eingesetzten Glasauge fixiert mich angestrengt. Es entsteht ein Irrsinn im Gesicht, ähnlich, wie wenn die Krankheit den Körper zum Objekt eines großen Phlegmas macht, ein eigenes Design wählt, Ornamente anbringt, Funktionen stilllegt, einen Ausdruck wegnimmt, einen anderen vergrößert. So blickt sie mich an, unstet, doch starr.

Ich entkomme ihren Spinnenfingern und erreiche das Ende einer Landzunge. Ein Mann stellt sich mir in den Weg:

»Hier auf der Spitze, ein paar Meter weiter nur, ziehen wir Salat. Wenn Sie ihn sich ansehen möchten ... Dafür mache ich Ihnen einen besonderen Preis.«

Wo der Markt fehlt, wird alles Markt, auch die Betrachtung von Grünzeug. Ich sage ihm, dass ich Salat schon einmal gesehen habe. Er tut erst erstaunt, dann wendet er sich mit Hochmut ab.

Die Kinder spielen am Wasser, die Frauen sitzen auf

den Schwellen ihrer Hütten und verlesen Gemüse, die Männer thronen erhöht auf Dächern oder Mauern. Im Abfall häufen sich Lebensgeschichten. Da ist ein Kind, das mit einer Aluminiumkrücke in einem Muschelhaufen stochert, während darüber, mit ihren abgetretenen, ausgefransten Flügelenden, die Geier kreisen. Die jungen Mädchen dagegen haben sich zur Toilette auf die Felsbrocken in der Lagune zurückgezogen, wo die Füße gewaschen, die Zöpfe geflochten werden, während die Jungen sich an einem Fußballspiel mit zwei Bällen versuchen. Alle Gerüche schweben über einer Basisnote von Fischabfall und Exkrementen. Unter dem Lamentieren der großen Vögel in den Bäumen stieren glatzköpfige Kinder in die Szene, mit dem Gesichtsausdruck der Alten, während ein Schatten aus Indigo den Hain streift.

In der Palmenkrone über uns baut ein Vogel nun schon sein viertes Nest in einer Reihe. Er braucht einen Tag, und am Ende der Woche könnte im ersten Nest schon ein Vogelherz schlagen. Als die Dämmerung einbricht, kredenzt uns der malinesische Kellner in der beschlagenen, bauchigen Amphore senegalesischen Wein, schwer wie Aprikosenblut, goldgelb, doch streng wie Harz, und Anna schaut mich an, als öffne sich eben ihr Scheitelchakra dem Wüstenhimmel.

Am andern Tag entlässt uns die Straße in die Sahelzone. Die Sahara liegt da als eine Erdkörperzone, geschwungen, errötend und erbleichend. Sie hebt sich und sie streckt sich, manchmal schickt sie einen Schauer von Büschen über die Ebene, und am Wegrand in den toten

Bäumen lamentieren schillernd blaue und gelbschwarze Vögel. Streifenhörnchen und Geckos begegnen einander an den Stämmen, Geier hüpfen durch die blankgefressenen Gerippe kollabierter Ziegen. Manchmal hängt ein Fetzen Gewebe im Schnabel der Vögel. Immerhin leben sie leichter als die Ziegen und Langohrkühe, die im Schatten der Affenbrotbäume hecheln, und gleich nebenan recken Bäume ihre Kronen wie geballte Fäuste in den Sonnenbrand, während man an den Straßen die graubraunen Fleischhälften frisch geschlachteter Tiere vorbeiträgt.

Der Himmel, die Wüste, die staubige Luft, sie nehmen alle die gleiche Farbe an, ein in das Beige geriebenes Grau mit rötlichen, gelblichen, milchigen Tönen, und aus dieser großen Monochromie tritt das schreiende Bunt der Gewänder, das tiefsatte Indigo der Kaftane hervor, als sei die Natur nichts anderes als das Kontrastmittel zum Menschen, das Medium, in dem er erscheint. Irgendwann wird man nur noch Sand und Dunst sehen, und über den gemauerten Fundamenten, den Lehmziegeln darüber, über dem Bast der Hüttendächer wird ein Himmel liegen, der alle Farben in sich saugt. Dann werden sich die Hütten verlaufen, und wenn nur noch Wüste ist, wird plötzlich ein einzelnes Kind erscheinen, das, eine Silhouette bloß, durch den Sandsturm kommt und von ihm verschluckt wird als ein Phantom.

So Mohammed, der kleine Tuareg-Junge mit den abgeklärten Augen des Veteranen, ein vielleicht Zehnjähriger, den man auch Indigo nennt und der in der Wand des aufgewirbelten Wüstensands verschwindet. So auch der Alte, der ein paar Baguettes, in ein Tuch gewickelt, mit sich trägt, mit der beschwichtigend erhobenen Hand in unseren Wagen steigt und einen starken Geruch von Pflanzenfarben verströmt. Dann lässt er sich irgendwo absetzen. Oder die junge Frau, für die wir anhalten, die aber nicht einsteigen will, weil sie unser befremdlicher Akzent im Französischen misstrauisch macht; sie sieht uns an, als seien wir Sklavenjäger. Oder das kleine Mädchen mit dem federleichten Händedruck und dem Korb voller warmer Speisen, das irgendwo zwischen den Dünen verschwindet, wo nichts ist. Oder jene Männer, die wir am Straßengraben auflesen. Ihre soziale Klasse verrät sich zuerst in den Flipflops: Die guten sind handbemalt, mit Punzierungen oder Applikationen versehen, sogar geflochten, die der Armen sind geklebt und ausgefranst, sie sind Teil des Körpers geworden und wie aus Hornhaut gemacht.

Jenseits der Orte dehnen sich Areale voller Müll, dann die Autowracks wie Schädel, und darüber strahlt auf hohen Stelzen das einzige Plakat: Zwei Marlboro-Jungen auf Pferden in ihrer Wüste, einer anderen Wüste, weit weg. Aber die ihre ist blasser und disziplinierter und weniger theatralisch. Trotzdem: Kann man an einer Straße in der Wüste mit dem Bild einer Wüste werben? Wie schauen die hier Lebenden auf dieses Bild? Es ist nicht Ferne, nicht Reinheit, was es ausatmet, es ist kein Theaterprospekt, sondern ihre Realität. Was soll da noch wünschbar sein?

Auf die Sockel der Gräber des großen Friedhofs hat man die emaillierten Fotos der Verblichenen genagelt. Uralte Wilde mit geschlechtslosen Zügen starren aus dem Mattglanz, Gesichter, aus denen die Arbeit oder das Alter jede sexuelle Disposition herausgewaschen haben. Darunter steht »Vierter König« oder »Untergebene des Sowieso-Königs«. Durchwurzelte, verknorpelte Gesichter, von Narben wie durchgestrichen, und damit in Stammeskriegen kein Zweifel aufkomme, haben sie ihre Tätowierungen wie das Muster einer Flagge über das Gesicht gelegt.

Die Kinder fassen mich bei der Hand und ziehen mich auf einen Fleck, wo sie mit der Zwille eine Ratte erledigt haben. Sie blutet am Kopf, wirkt aber sonst reinlich und appetitlich, reinlicher jedenfalls als das Rinnsal, in dem sie niedergestreckt wurde, ja, sie sieht aus, als sei sie in ihrem Pelz ausgegangen und erhebe sich über ihr Milieu. Die Kinder agieren erbarmungslos und setzen mit ihren Schleudern noch einmal an, um die zähe Ratte zu einem allerletzten Aufbäumen zu reanimieren. Der Junge Indigo ist auch unter ihnen, aber er schüttelt den Kopf mit jener Missbilligung, die er bei mir vermutet.

Eine Schweizerin prustet im Schatten der Moschee ihren persönlichen Tuareg an:

»Wünschen Sie einen Orangenminze-Ricola-Bonbon?«

»Nein, danke«, sagt er und reibt sich den Bauch, Schmerzen vorwegnehmend.

Sie verharrt wie eine Königsmumie und fotografiert

pikiert das Plakat mit dem Slogan: »Enfants du Monde. Venez nous voir«.

Den Wegrand garnieren die Umrisse der Schlangen und Echsen und Geckos, die plattgefahren wurden. Zu Wasserzeichen im Sand sind sie ausgetrocknet, die Körper der Reptilien. Auch eine Ziege liegt da, mit einem Hals so lang, als müsse sich der Kopf vom Tier wegrecken, um sich in Sicherheit zu bringen. Jetzt bin ich schon heimischer.

Aus dem Sand der Wüste kehren wir zurück in die Farbe der Wüste: die Luft brandig, die Mauern sonnverbrannt und gehärtet, bepudert mit Wüstensand. Die Menschen hier sind sauber, wie der Sand sauber ist. Kein Unrat, nirgends. An den Verfall gewöhnt, leben alle damit, ihre Hinterlassenschaften dem Wind zu überantworten, der alles in die Sahara trägt. Das gesellschaftliche Leben aber ballt sich um die Institutionen Markt, Moschee, Polizeistation, Schule, Universität.

Alles ist aus Sand gebaut, aus Geschichte, aus Widerstand gegen die ferne Regierung, alles existiert zur Verkörperung eines großen Namens: Timbuktu, Heimat der Indigo-Männer, der Tuareg. Doch auch Vermummte, Bewaffnete, Krüppel, Bettler, fliegende Händler, Priester, alle, die hier leben, tun es, weil sie hier noch überleben können, und das nicht zuletzt, weil sie einen Zugang gefunden haben zum Reisenden. Der kennt Polizisten-, Beamten-, Bediensteten-Gesichter, findet aber alles, was im Zusammenhang mit den Tuareg steht, plötzlich edel.

Rätselhafter Nomade. Für eine schäbige Münze wird

die gewünschte Tracht angelegt, die gewünschte Position eingenommen, das gewünschte Gesicht gemacht. Auch die Wüstensöhne muss man sich zurechtbiegen, auch sie kann man schließlich nicht lassen, wie sie sind. Man sieht ja, wo das endet. Besser, man lässt ihnen ein wenig Regie angedeihen, denn schließlich hängt an jedem Blick auch ein ausgestreckter Arm und an jedem Arm öffnet sich eine verlangende Hand in ihrer Greifbewegung, und manchmal, ganz selten, trifft der eigene Blick überraschend das Augenpaar eines Menschen, der da bloß sitzt und eine Art Mitgefühl zeigt für dich, der du ausgesetzt bist.

Und dann weicht man zurück durch die versteinerten Blicke verhüllter Muselmaninnen, die passiv grüßen, als wollten sie einen tiefer in die Kinderhorden, die Rudel der Krückenträger, die mit den winkenden Beinstummeln drücken, und es fällt einem auf, dass man zu keinem einzigen dieser Gesichter eine Geschichte zur Hand hat. Da ist nur die Fähigkeit, nicht zu verstehen, und was man mitbringt an Sympathie, Mitbewegung, Teilnahme, das kann man nur in das mimische Idiom des eigenen Kulturkreises übersetzen, das hier nicht immer verstanden wird.

Man wandert durch den Blick der Bettler. Sie müssen die Augen nicht mehr auf den Handteller senken, um zu wissen, was ihn beschwert. Die Touristen empfinden vage, dass diese Kreaturen schon durch die Begegnung mit ihnen, den von weit Herkommenden, geadelt werden, und eine Frau, die den Tuareg ein westliches Einwickelpapier verehrte, belehrt ihre Freunde:

»Wieso, das ist doch für die was ganz Tolles, Seltenes, so ein Papier.«

Es reicht offenbar, dass die Geste des Gebens durch die Anwesenheit des Fremden beglaubigt wird, und schließlich ist das Strohfeuer der Euphorie über die eigene Anwesenheit an diesem Wüstenort rasch abgebrannt. Mühen stellen sich ein, Plagen, Lasten. Oder es trifft dich ein Blick eines dieser Sitzenden, ein Blick, der dir nicht gilt und in dem sogar Beileid mitschwingt, Beileid für das Leben, das du herangeschleppt hast und wieder mit dir nimmst.

Auch der allgegenwärtige Knabe Indigo blickt mich aus einem Leben an, das ich nicht mal bewundern kann, so wenig, wie ich es kenne. Im matten Strahl dieses Blickes schwingt die Armut abermals, aber gereinigt von der Bedürftigkeit und dem Betteln, eher als ein Zustand der Entsagung, der Würde in einem Verzicht, von dem du Lichtjahre entfernt lebst. Dort, wo der Anspruch schon erloschen ist, dort ist die Armut verzweifelter noch, ohne Ausdruck, und wenn sie anfängt zu sprechen, gibt es zu diesem Sprechen kein wahres, aufrichtiges, echtes Verhalten.

Das Strandgut rund um den Flughafen: Der Europäer kommt aus dem Zustand des Wartens hier nie heraus, der Einheimische ist nie in ihn eingetreten. Da ist Fatima mit dem lüsternen Mund, den schmachtenden Augen und einer weißen, halb durchsichtigen Bluse, die um ein großes Schwellen gerafft ist. Von Zeit zu Zeit blickt die Thronende kontrollierend auf ihre Brüste herab, und kommt ein Fremder vorbei, gestikuliert sie mit ihnen.

In eine Ecke hat man einen Fernsehschirm montiert, auf dem Videofilme zu sehen sind. Die kleinen Jungen lungern in Trauben herum und können sich nicht entscheiden, was fesselnder ist, der Anblick des Films – Bertrand Bliers »Abendanzug« – oder der Anblick des weißen Paares, das wir sind.

Als im Film plötzlich zwei Männer nackt im Bett liegen, hat er die ganze Aufmerksamkeit der Kinder, doch ein Alter drischt mit dem Regenschirm in das Rudel und ruft:

»Ce n'est pas pour vous!«

Die Jungen feixen, stieben auseinander und nehmen in einigem Abstand die Konstellation des Rudels wieder an. Ein Älterer mit arrogant geschwungenen Augenbrauen, ein Kleiner im ärmellosen Mädchenblouson, ein rabiater Kaugummikauer in vollem Sportdress, der kleine Clown, der immerzu an einer Stange auf und ab rutscht und Grimassen schneidet: die Gang auf Bereitschaft.

Ein prachtvoll gekleideter Alter kommt heran und legt mir die Hand auf die Schulter:

»Tag, mein Kleiner!«

»Mein Kleiner?«

»Ich bin 1926 geboren.«

Er schreibt die Jahreszahl dreimal untereinander auf den eigenen Handteller und hält sie mir dicht vor die Augen.

»Schau, wie ich lebe. Schon habe ich das Dreifache meiner Lebenserwartung erreicht!«

Auch der Junge Indigo treibt sich hier herum, sehr

schüchtern, ein stummer Begleiter. Immer sieht er von außen zu, in seinen Umhang gehüllt, ein sandfarbenes Stück Leinen. Manchmal wird er verscheucht, dann bewegt er sich kreiselnd an die Peripherie seiner Gruppe und treibt erst langsam zu mir zurück. Wenn man ihn anspricht, stammelt er etwas auf Französisch. Sein Charme ist leise, aber unwiderstehlich. Er weiß nicht von sich, nicht von seiner Grazie, die noch betont wird, wenn er lachend den Wildwuchs seiner Zähne entblößt. Doch im nächsten Augenblick sitzt er da wie der antike Dorn-Auszieher mit den zerschundenen Beinen, dem Handgelenk mit der offenen, kaum angeheilten Lochwunde, mal in sich selbst versunken, mal ein Verhältnis suchend wie das des Zöglings zum Mentor, eine Geheimbeziehung, eine diskrete, von Unterwerfung und Achtung getragene Beziehung.

Seine Augen sind immer schon da. Wann immer ich schaue, hat er schon geschaut. Manchmal legt er sein Knabengesicht in die Falten eines Herrn und reibt sich die nackten Fußsohlen im Sitzen. Anders als andere bietet er keine Dienste an, fragt nicht nach unserer Herkunft, umwirbt nicht »Madame« und sucht auch keine Kenntnisse über unser Land, unseren Sport. Nur einmal zuckt er bedauernd die Achseln: Ja, die bettelnden Kinder seien lästig. Aber ohne sie abzuwerten, meint er das, eher mit Verständnis für mich, der sie anstrengend finden könnte.

Es ist unser letzter Tag. Wir haben mit einem Tuareg Tee im Sand vor dem Flughafen getrunken. Seine beiden Kamele sind schon gesattelt.

»Wo ziehen Sie hin?«

»In meine Oase.«

»Wie lange werden Sie unterwegs sein?«

»Drei Wochen.«

»Was finden Sie dort?«

»Meine vier Frauen.«

»Und was machen Sie an den Abenden?«

»Wir erzählen uns Geschichten.«

Vor meinem inneren Auge erscheint der Horror Vacui des deutschen Ehemannes, der seiner Gattin allabendlich Geschichten erzählen müsste.

Wir nehmen zu unserem Abschied seine welke Hand in die unsere und lassen sie, schlaff wie sie ist, für einen Augenblick so liegen. Dann schlendere ich, allein mit Mohammed, dem Jungen Indigo, in einem langen Weg auf das Flugzeug zu. Jetzt hat er einfach seine Hand in meine gelegt, wie die muslimischen Männer es auf den Gassen tun. Wir bewegen uns auf die Propellermaschine zu: das Rudel der tobenden Kinder rund um Anna, der Junge ernst und stumm an meiner Seite. Er schreitet routiniert barfuß über den Sand, dessen Hitze ich durch die Sohlen meiner Schuhe fühle, und lässt meine Hand nicht los. In meiner Linken habe ich einen Schein vorbereitet, einen großen, für ihn sehr großen Schein, die einzige Möglichkeit des Augenblicks, seinem Leben einen Effet zu geben, etwas zu bewirken, das bleibt. Ich gebe ihm die Hand zum Abschied, dann schiebe ich den Schein nach.

Er blickt mir seelenruhig in die Augen mit diesem cremigen Blick, der so ambitionslos kommt, als wolle er nur verweilen. Dann brechen seine Augen für einen Wimpernschlag aus, schnellen hinab auf die Hand, dann noch einmal hoch zu mir: Ob ich weiß, was ich tue? Ob ich mich geirrt haben und gleich alles rückgängig machen könnte?

Er lässt mich fahren, den Schein in der Faust, und läuft – nicht zurück, wo noch die Passagiere mit ihren Begleitern und Angehörigen nachdrängen, sondern voraus, an der Gangway vorbei, unter der Maschine hindurch, über die Landebahn, auf der anderen Seite die Böschung aufwärts und wieder abwärts in den Dünensand, er läuft und läuft, sieht sich keinmal um. Seine Sohlen klöppeln den Wüstensand, helle Wölkchen steigen unter jedem Tritt hoch, seine beiden jüngeren Vasallen sind ihm jetzt auf den Fersen, doch er dreht sich nicht um, er läuft, er läuft, er läuft.

Ich lasse Anna und die anderen Passagiere an mir vorbei die Gangway hochsteigen und blicke ihm weiter nach, bis er zuletzt nur noch ein Partikel in der Landschaft ist, der sich immer langsamer fortbewegt, über die Dünen, in die Senken. Erst als ich dann am Fenster sitze, die Maschine abhebt und Höhe gewinnt, kann ich erkennen, dass er ins Nichts läuft mit keinem Haus, keiner Hütte, keiner Siedlung als Ziel. In dieser ganzen Zone der Sahara ist nichts als diese Bewegung, die Bewegung einer Flucht ohne Fluchtpunkt, die von nichts angetrieben wird, als von der Möglichkeit zu fliehen.

Bombay
Das Orakel

Von den Bäumen hoch über der Kreuzung flogen Papageien auf in einem grünen Schwarm, Äffchen balancierten über die Wäscheleinen auf den Balkons, Transistorradios widersprachen einander, und die beschwerdeführenden Hupen der Motorradtaxis klangen arhythmisch wie ein indonesisches Gamelanorchester. Der Junge, der mit unserem Auto lief, solange dieses Schrittgeschwindigkeit fuhr, palaverte in mehreren Sprachen in den Wagen hinein. Es gab nichts zu bitten, nichts zu fordern, nichts anzubieten. Dieser Großstadtkrieger wünschte nichts, als ein Gespräch aufrechtzuerhalten, zu reden, beantwortet zu werden, Fremde kennenzulernen. Wir hielten, ich stieg aus und setzte mich mit ihm in eine kleine Grünanlage an der Straße. Er hatte tätowierte Ohrläppchen und fragte mich:

»Wie viel Milch gibt eure Kuh?«

Ich wusste, so betrachtet, wenig über uns, und so saß der Junge tief hineingebeugt in das wenige, das er hörte und nicht komplett verstand. Wir sahen uns bewegungslos an, zwei Landschaften im Gespräch.

»Ich bin ein Straßenkind«, sagte er, als sei dies sein Titel.

»Ja«, sagte ich. Was sonst?, dachte ich.

»Ich habe Dinge gesehen, die ein Junge in meinem Alter nicht sehen sollte.«

»Ja«, sagte ich.

»Sprecht ihr, wenn ihr unter euch seid, deutsches Englisch oder englisches Englisch?«

Ich erklärte ihm deutsches Deutsch.

»Was sagt ihr, wenn ihr etwas bewundert?«

»Wir sagen: Nicht schlecht, Herr Specht.«

Er wiederholte es und wollte weitere Ausdrücke lernen, bis ich ihm eröffnete, dass ich jetzt in das Haus gegenüber gehen und mit zwei Eunuchen reden würde.

»Ich kenne auch einen Tanssexuellen. Der wurde als Frau geboren und brachte allein durch seine mentale Kraft die eigenen Eierstöcke zum Platzen. Ich warte.«

»Worauf?«

»Auf dich.«

»Woher weißt du, was Eierstöcke sind?«

Er zeigte auf die Straße und sagte: »Die Akademie des Lebens.«

Schon als ich diese Straße nur zur Hälfte überquert hatte, füllte sie sich mit dem Geschrei der Huren. Ihre Aufforderungen kamen kurz und fordernd, sie klangen, als wollten sie mich auf etwas aufmerksam machen:

»Hey! Come here! Hey! Look here!«

Es klang, als hätte ich etwas fallen gelassen.

»Sir! Watch out!«

Ich blickte auf die Steilwand eines großen braunen

Oberschenkels, der aus dem Sarong gekippt wurde und auf das Sitzbänkchen schwappte wie ein Kilo Leber.

»Thank you«, rief ich und versuchte mich an einem Gesichtsausdruck frustrierter Begierde. Die Frau bedeckte ihre nackte Auslage mit theatralischem Schwung, ihr Gesicht nahm Züge verletzten Stolzes an. Sie tat unfreiwillig entblößt und schamhaft. Da stürzte ich in den dunklen Hauseingang hinter ihr.

Ich steige ein Mietshaus hoch. Innen ist es entkernt durch Flure, Stiegen, Fluchten, Katakomben, ein ganzes Gangsystem öffnet sich, in dem ich mich rasch nicht mehr zurechtfinde. Immer tiefer geht man hinein und kommt nicht weiter, zweigt ab und ist wieder am Ausgangspunkt. Das Licht dringt nur schwach blau durch die Röhrenknochen der Ytong-Blöcke, die die Außenflure vom Hof abgrenzen und die Katakomben blickdicht machen. Von innen schimmert ein Lämpchen, und hinten im Bau schwankt an einer Leine eine farbige Glühbirne, die als das Ewige Licht den Wallfahrern den Weg weist.

Ich folge einem Mann, der eine Plastiktüte trägt, sie leuchtet mir. Als er sich umdreht, ist er eine Frau und nicht begeistert, verfolgt zu werden. Jetzt taucht sie unter den hängenden Wäschestücken durch, dann tief hinein in einen Seitenflur. Ich folge, gebückt, dann steht plötzlich eine Matrone mit einer Schaufel vor mir, dann ein Mann mit süchtigen Augen, der mich missmutig anstiert. Erst bleibt er in seinem weißen Hemd wie angelehnt an der Wand, dann hebt sich seine Hand doch, aber schlägt nicht zu, nein, sondern weist mir den Weg.

Ich biege ab in den nächsten Flur. Er führt durch eine gekachelte Sanitärlandschaft, in der nichts mehr sanitär ist: Die Fugen zwischen den Kacheln schimmeln, in den Bruchlinien haben sich Organismen gebildet, die aus dem Stein quellen. Zwei Eunuchen essen an einem seitlichen Tisch eine wässrige Linsensuppe, ein paar Plastikstühle werden verrückt. Eine leere Bettstatt hat ihre Kissen abgeworfen, als ich aber näher komme, ist sie gar nicht leer, sondern eine monströse Nackte streckt mir ihre Füße entgegen, schwarze Haare auf den Zehengliedern. Ein Ventilator, eingelassen in das obere Drittel der Fensterscheibe, arbeitet, aber er verwirbelt die Luft nur, er kühlt sie nicht. Eine Frau wirft ihr dickes Haar von einer Seite auf die andere.

Ich setze mich zu den Eunuchen mit der Linsensuppe. Einer hat seine Haare in einer Schlammpackung, aber unter der Hitze im Raum und der Feuchtigkeit läuft die Farbe in langen Tränen durch das Gesicht, wie beim sterbenden Aschenbach am Strand von Venedig. Der eine der beiden Eunuchen ist ein listiges Frettchen mit dem Teint eines Pastrami-Brötchens und schnellen Augen. Der andere ist eine hellhäutige Diva mit der großzügigen Physiognomie eines Caravaggio-Knaben, einer breit aufsteigenden Stirn und lauter runden Formen, wunderschön, wäre da nicht die Haarpackung, die zähflüssig durch das Gesicht läuft.

Sein damaliger Freund und er haben sich als Dorfjungen in Südindien eigenhändig kastriert, um in der Großstadt leichter Kundschaft finden zu können. Der Freund starb an der Selbstverstümmelung. Er selbst aber, der Glamouröse, hat ein Auskommen, weil er auf sich halte, nur gute Produkte auftrage, immer Parfüm verwende … Er nähert sich. Ja, alle Düfte des Orients steigen von ihm in die Atmosphäre. Außerdem werde er zu Hochzeiten eingeladen als Glücksbringer, und dann sei ja da noch die Liebe.

Er meint die große Lieblosigkeit, Prostitution genannt. Aber die Liebe?

»Ich bin ja nicht mehr zu viel gut«, sagt er. »Aber zum Empfangen bin ich gut.«

Er lacht, eine angeschmuddelte Lache. Dann spricht er davon, dass in der Liebe gerade das Glück des Gebens wichtiger … Das habe ich schon mal gehört, aber in einem Zusammenhang, in dem der nächste Satzbaustein von der Schönheit handelte, die von innen komme. Und während er weiter vom liebenden Geben spricht, gibt die Träne nach, die ihre Kraft schon eine Weile in seinem inneren Augenwinkel sammelte, und bebt, mit Mascara geschwängert, die große blasse Wange hinab. Die Königin lässt sie laufen, auch wenn eine schmutzige Fahrrinne zurückbleibt.

Beim Hinaustreten auf den Flur verschwinden die Schatten zu beiden Seiten. Ich taste mich weiter durch den lichtarmen Korridor, einem Schimmer, irgendeinem Schimmer entgegen. Blauer Verputz bröckelt oder schwebt in Schuppen zu Boden. Die Wand sieht nun aus wie eine Karte des Meeresbodens mit Kontinenten aus Mörtel, Beton, freigelegten Stein- und Kachelresten.

Im Weitertasten öffnet sich die Wand unter meinen Fingerspitzen mit Aussparungen und präsentiert Götterbilder, schlangenarmige, kalbsköpfige Wesen, erleuchtet und energetisch geladen.

Eine abgetretene Treppe öffnet sich wie auf einem verblauten Foto, kaum identifizierbar, ein paar Stufen tief in eine offene Zimmerflucht. Ihre Kammern hängen alle an diesem einen Flur, und in jeder Nische wartet ein Bett. Im Dunkeln sitzen Leute, starrend, als seien sie die Kundschaft, Huren, Kinder, Väter, Verwandte. Einmal führt eine Holzleiter zum Hochbett hinauf, und auch dort oben wartet, in gerafften Tüchern, die Sünde, eine große Sünde, den Tüchern nach zu urteilen, die vor sich hin schlottern, während eine Alte, »die Mutter« genannt, aus dem Nichts, aus dem stotternden Lachen heraus, zu weinen beginnt.

Der feuchte Geruch in den Zimmern will sagen: Alles lebt. Laken, Fetzen, Wollmäuse, Katzen, Schaben, Tauben, Ratten, auch Kakerlaken lassen sich sehen, und die Gesichter der Menschen dazu sind wie die antiker Sibyllen, dunkel, wie aus einem Schacht der Geschichte aufsteigend, mit verfinsterten Zügen, von einer Last gedrückt, die unsichtbar ist und sich manchmal über den zusammengewachsenen Brauen eingenistet zu haben scheint. Auch ein Kind mit aufgetriebenem Kopf sitzt auf der Bodenmatte, es greift vor sich, mit der ausgestreckten Hand immer vor sich, wo eigentlich nichts ist.

»Da ist etwas«, bringt die Mutter unter Schluchzen hervor. »Mein Kind sieht etwas, ich bin sicher.«

Die Verschwendung im Elend: Das ist der Überfluss des Überflüssigen, die Ornamentik der Blumengirlanden und Malas, der Tätowierungen, der schwarz gezeichneten Augen und geschwungenen Damenbärte, des roten Nagellacks, der bemalten Ballons, der karierten Überwürfe, der Düfte, die aus dem dunklen Backenflaum der Frauen steigen, der Blumenkränze, der gerahmten Götter unter Glas. Ja, selbst das Aufbauschen der Gewänder in schwelgerischen Draperien, das Quellen der Haut in Bauchfalten ist wuchernde Opulenz. Ein paar violette Zwiebeln liegen am Boden, der Blick geht darüber hinweg durch den zerschlissenen Fenstervorhang. Wie ineinander gebaute Grillenkäfige sind diese Häuser mit ihren Außenfluren voller Ventilatoren, Kübel, Hausgeräte, Wäschespinnen, Schüsseln, Tücher. Und das Falsettkreischen der Mopedhupen setzt niemals aus.

Ich weiche zurück, in die Tiefe des Baus. Noch bin ich den Flur nicht zu Ende gegangen, noch kenne ich seine letzten Versprechungen nicht. Ein starker, unbehaarter Arm liegt auf dem Gang. Er gehört dem barfüßigen, schlafenden Freier, der ruht, als sei er auf dem Weg zur Begehrten vom Schlaf niedergestreckt worden, und weil er nicht wert ist, dass sie sich für ihn erhebe, ist die müde Hure selbst eingeschlafen, auf einer dieser durchgelegenen Matratzen mit den braunen Schweißrändern vergangener Orgien, die ihr Wasserzeichen im Laken hinterlassen haben.

Immer rauschen die Ventilatoren. Überall bewegen und bauschen sich Stoffe in der Luft, immer atmet oder schnarcht es. Im Schaumkranz ihrer Hinterlassenschaften veratmen sich die Höhlenmenschen. Sandalen, Feudel, Plastikgeschirr und Spielzeug. In den Wänden öffnen sich neue, bisher ungesehene Stollen, aus denen immer weitere Leute herantaumeln. Räume, die man unbewohnt vermutete, werden plötzlich lebendig, weil erst die Kakerlaken, Hunde und Ratten herauslaufen, dann die Menschen. Die Freier schlagen einen Vorhang zur Seite, rabiat, wenn sie kommen, routiniert, wenn sie gehen. Alle haben diesen dünnen Oberlippenbart, Münder mit wulstigen Lippen, und alle wirken verkatert, verbiestert, ernüchtert, lustlos. Zwischen den Gittern hängt Food-Fotografie, nackt und glänzend wie Lebensmittel-Pornographie. Wäsche tropft von der Zimmerdecke, sie kann in solcher Schwüle nur schimmeln, nicht trocknen.

Und tiefer hinein ins Purgatorium! Die Lage ist ernst. Kein Gruß wird beantwortet, kein Lächeln erwidert, wir spaßen nicht, wir leben. Nur ein merkwürdig fehlgeleiteter Japaner kommt mir entgegen, sagt jedem »Guten Tag«.

Die Huren leben hier wie unterirdische Existenzen, wie Nacktmulle im Geruch von feuchter Erde, im Atem der vielen Schlafenden, in Kabinen wie Särge. In einer Pfütze opalisiert etwas verlaufenes Blut, von dem das räudige Hündchen mit der Zunge probiert. Die Frauen tragen auch schlafend am Boden noch ihr volles Hurenornat und die Freier steigen über sie hinweg zu den nächsten Frauen, Frauen, die sich unter Goldschmuck-Geklingel zum Blick dieses Freiers erheben, um gleich wieder zusammenzusacken.

Eine Siebzehnjährige mit einem bereits enttäuschten Gesicht lagert auf einer Bettstatt wie die »Große Odaliske« von Ingres. Sie sei nicht käuflich, verkündet sie ungefragt. Doch wurde sie vor einem Jahr, flüstert man mir zu, von ihrer Mutter einem reichen Kunden zugeführt, der ihre Unschuld hoch bezahlte. Wer es sich leisten kann, sollte einmal pro Jahr eine Frau entjungfern, findet der Volksglaube. Das stärke die Potenz.

Auf dem Boden wird über einem Gaskocher Reis erhitzt, Limonade in unguten Farben über dem Wasserhahn verdünnt. Die kleinen Mädchen hat man besonders aufgetakelt, mit Ketten behängt, mit Schminke schattiert. Die mittelalten Kinder blicken schon milieuschlau in die Welt, wenn nicht verdorben. Früh Alternde sind dies. Die Abhärtung in ihren Gesichtern folgt auf die Durchtriebenheit, die Bitterkeit, die Raffgier, und schließlich ist auch diese nicht mehr frisch in Augen, deren Blick tot im Blick des Gegenübers verweilt.

In der vorletzten Aussparung des Flurs sitzt die Mutter-Kupplerin auf einer schmutzigen Matratze. Sie thront, hat sie doch etwas anzubieten, das auf seine Weise einzig ist: die Tochter. Diese Mutter, schwarz gekleidet, schwarz geschminkt und mit reichlich Gold behangen, hat immer noch ein Mädchengesicht. Aber es ist etwas Verschlagenes dazu getreten, und nur wenn dies Gesicht seinen Charme braucht, das Lachen ein wenig zu lange stehen lässt und die langen Ohrringe kokett in der Kopfneigung klingeln, dann ist sie kurz eine unternehmungslustige Frau, die alles auf Anfang stellt. Ihre vierschrötige Achtzehnjährige mit dem ölig bläulichen Teint aber wartet ganz allein auf ihrer Matratze im letzten Zimmer, dem Kopfende des Flurs, wo alles endet. Sie sitzt allein, ein paar Haarspitzen in der Hand, einfältig vor sich blickend. Nein, die Tochter ist unter den Jüngsten in diesem Flur, nicht unter den Anziehendsten.

Aber die Lust? Wo betritt sie die Szenerie, wohin entkommt sie? Wo wirft sie sich der Verschwendung in die Arme, dem Überfluss? Ja, wo ist das Überflüssige, das Umwegige? Wo öffnet sie den Raum für ihre haltlosen Versprechen? Die Lebensklugheit der Huren ist eine Erfindung des kulturellen Oberbaus. Es gibt auch in diesen Katakomben keine nicht-professionelle, keine nicht-taktische Bewegung. Warum sollte die Frau noch irgendetwas anderes sein wollen als »der Entsafter«, wie die Männer spotten, eine Maschine zur Hervorbringung von Sekreten?

Doch andererseits: Die Liebe des Westens entwickelte sich zu einem eigenen sanitären Bereich. Hier hat plötzlich alles mit Hygiene zu tun, rangiert die Gesundheit über dem Eros. Doch was, wenn die wahre Erleichterung des Sex eben darin bestünde, alle diese Einschränkungen der Vitalität zu überwinden? Für den Moment des Höhepunkts wenigstens. Aids hat die Liebe auch spießiger gemacht.

Die Mutter geleitet mich zum Ende des Flurs und präsentiert ihre Tochter: Mumtaz, die stämmige Attraktion unter einem stehenden Ventilator. Nachdem sie mich gemustert hat, schaut sie lieber in den Ventilator. Mumtaz ist nicht allein HIV-infiziert, sie ist aidskrank. Das weiß man, das sieht man auch.

Mit zurückgebundenen Haaren, bleich und ein wenig pausbäckig, mümmelt sie vor sich hin, vielleicht ein Kaugummi, vielleicht die eigene Zunge auslutschend. Dann bleibt der Mund stehen, weil er von keinem Impuls mehr erreicht wird. Mumtaz glotzt. Von der Grundposition des Trotzes aus findet die Mimik als Nächstes in eine Ärgerlichkeit. Mumtaz kratzt sich das Gesicht, das Innere der Ohren, den Haaransatz. Plötzlich redet sie mit hoher Stimme, aber die Mutter wischt ihr Reden weg.

»Das ist nichts«, sagt sie. »Was sie da sagt, hat gar nichts zu bedeuten.«

Mumtaz öffnet den Mund zu einem Wald von Zähnen, so durcheinander, dass das Gebiss dem Lachen etwas Wildes gibt. Dann sucht sie einen Punkt des Interesses auf der blauen Decke, die ihren Schoß bedeckt, legt den Kopf auf die Seite, lässt das leere Kauen, zieht die Brauen kurz zusammen und bleibt so, elegisch: Eine Frau, die das Repertoire mimischer Möglichkeiten durchgeht, aber diese schwimmen vor ihrem Gesicht. Dabei beißt sie sich auch auf die Unterlippe, beginnt unversehens zu schluchzen, tut es ein paarmal, so lange, bis sie offenbar vergessen hat, wie es weitergeht. Nein, sie wird nicht weinen, nein, jetzt hat sie den Faden verloren und ist schon wieder woanders.

Während wir noch interessiert in das Gesicht des Mädchens schauen, nimmt die Mutter das Verkaufsgespräch wieder auf: Menschen, die schon HIV-positiv seien, könnten mit Mumtaz natürlich ungeschützt Verkehr haben. Wenn man mal darüber nachdenke, spräche ja nichts dagegen, und wie schön sei es für diese Bedauernswerten, auch mal wieder die Wonnen der ungeschützten Liebe kennenzulernen. Die anderen sollten sich besser schützen, aber faszinierend – sie verwendet das Wort »spellbinding« – könne es auch sein, mit einer zu schlafen, die, das könne ich ja selbst sehen, geistig verwirrt sei.

»Verwirrt?«

Also verwirrt in der Art, dass sie eben manchmal einen Mann ergreife und ihm fürchterlich guttue. Sie sei ausdauernd und lasse sich lange und mit Kraft herannehmen. Ein andermal dagegen könne es passieren, dass sie den Mann wegstoße und ihn partout nicht an sich lassen wolle.

»Man kann es nicht erklären, aber so ist sie. Faszinierend!«

Die Mutter blickt angewidert in das Gesicht der eigenen Tochter. Mumtaz schwitzt. Ihre Gesten kommen ansatzlos. Greift sie sich ein Handtuch, so hat sie es vorher nicht einmal fixiert. Reibt sie sich das Gesicht, so wirkt es, als habe sie eben noch nicht gewusst, dass sie eines besitze. Ihre Finger, kurz und fett, wie sie sind, fliegen unablässig auf, setzen sich irgendwo auf dem Körper nieder und machen sich ans Kratzen, Kneten, Kneifen, Reiben. Ungeschminkt ist Mumtaz, bis auf die Kajal-Ablagerungen um die Augen, ein Ölfilm liegt auf der Haut, die Ohrringe sind winzig und vermutlich die einzigen Schmuckstücke, die sie besitzt. Auf beiden Seiten dieses tölpeligen

Gesichts mit seinem Unverstand hängen die Ohrringe wie der hämische Einfall eines Menschen, der ausgerechnet diesem Gesicht auch noch einen Akzent verleihen wollte.

»Schauen Sie«, sagt die Mutter. »Der Mensch ist gut organisiert.« Sie demonstriert es am eigenen Körper. »Hier, das Herz liegt unter dem Kopf, also können die Gefühle nie stärker werden als das Hirn. Nicht wahr, Mumtaz?«

Die kratzt sich durch die schwarze Bluse den Unterbauch.

»Am unwichtigsten aber ist der Sex. Er hat die tiefste Position. Selbst das Essen ist wichtiger als das. Nicht, Mumtaz?«

Die Frage trifft ein, braucht aber lange:

»Nee«, sagt Mumtaz dann, entblößt ihre Kollektion Zähne, »nee«, und zuckt tatsächlich die Achseln wie ein Mädchen, lächelnd vor Schüchternheit, aber grotesk. Die Mutter nimmt ihr alles weg, das Wort, den Lappen in ihrer Hand.

»Du bist ja wieder unausstehlich«, sagt sie.

Im Hintergrund das hohe Tremolo der Singstimmen Bollywoods, das raue Geschrei einer rechthaberischen Alten, ein Telefon, das Klappern von Kochgeschirr, Hupen. Nun geht der Lappen zwischen Mutter und Tochter hin und her. Sie wischen sich abwechselnd den Schweiß in das schmutzige Rot des Fetzens, dann den Speichel vom Mund, und Mumtaz lächelt dünn, überlegen, wie im Nachsinnen über einem haarfeinen Gedanken.

Dann gähnt sie, ohne zu gähnen, es sieht eher aus wie

ein Versuch, den Kiefer zu entlasten. Wenn die Mutter glaubt, einen Witz machen zu müssen, lacht Mumtaz nicht, sie schabt sich stattdessen mit dem Lumpen den Dreck aus der Hals-, dann aus der Armbeuge, sie schabt und schabt, bis ihr die Mutter auf den Handrücken schlägt. Darauf setzt Mumtaz den Lumpen als Ventilator ein, schlägt sich aber dabei ungeschickt mehrfach ins Gesicht.

Mumtaz, die in sich Thronende. Ihr Gesicht war wohl nie das einer Frau, männlich ist es geworden und schwammig, hat Schmutz und Schweiß aufgenommen und wieder abgesondert. Mimisch bewegt es sich auf engem Raum, und auch der eigene Name kommt Mumtaz nur widerwillig über die Lippen. Froh ist sie nicht, sie selbst zu sein, schon eher zufrieden ist sie, wenigstens aussprechen zu können, was sie nicht sein mag. Auch ihre Zunge ist nicht gern in ihrem Mund und wälzt sich missmutig von einem Mundwinkel in den anderen, schaut mit der Spitze raus und wird mit dem Lappen weggewischt.

Da also thront sie, am Ende eines langen Flurs namens Höllenfahrt, hinter sich die Wand, vor sich die Freier, die Kuppler, die Kranken, die Tiere, um sich herum ein Höhlenleben mit dem Soundtrack des 21. Jahrhunderts. In sich eingeschlossen mit ihren Impulsen, Affekten, Reflexen, krank, aber, eben noch nutzbar, Prinzessin der letzten Klasse der Menschen.

Und alles, was sie kann auf ihrem Matratzenthron, das ist, jenes Orakel zu sein, das die Männer manchmal erhört und sich ihnen quiekend ergibt oder sie wegstößt und ablehnt. Ob die Männer ihres bizarren Begehrens oder der Neugierde wegen kommen, ob sie sich einen Spaß machen oder sich selbst ein Orakel stellen wollen, wer kann das wissen?

Doch dieser hier, der vornehme junge Mann in der beigefarbenen Hemdhose, er kommt offenbar in guten Absichten, und als er die schmale Hand nach ihrer Wange ausstreckt, da legt sich diese fettige Wange auch gleich zutraulich hinein.

Die Mutter erhebt sich ächzend und macht mir ein Zeichen, es auch zu tun. Der Vorhang wird vorgezogen. Keinen Grund gibt es, der Zufriedenheit im Gesicht von Mumtaz zu misstrauen, keinen Grund, abgesehen von jenem Augenblick, da ich auf meinem Rückweg schon wieder fast am Anfang des Flurs angekommen bin und ein Dröhnen höre, das aus einer Menschenbrust dringt, dann ein Brüllen wie aus den tiefen Registern einer Orgel, aus einer Basslage aufwärts steigend, verwandt keinem Geräusch, das ich je hörte. Hoch oben zwitschert die Stimme nun hysterisch, sie flattert durch den dunklen Flur, und niemand könnte sagen, ob die Lust, der Schmerz oder der Tod so brüllt. Doch dann zerstäubt sie in einem Kindergeschrei, einem verzweifelten Lamentieren, hervorgebracht unter Strampeln. Das Orakel hat gesprochen: Vergeblich die Sanftmut des Mannes, sein Zureden, sein Werben, vergeblich seine Bemühung, mit Mumtaz liebevoll zu sein.

Als ich wieder auf der Straße angekommen und erst

wenige Schritte gegangen bin, ergreift jemand von hinten energisch meine Rechte. Doch als ich sie impulsiv zurückziehen will, ruft der wartende Straßenjunge vom gegenüberliegenden Mäuerchen aus:

»Lass!«

Es ist einer der beiden Eunuchen, der meine Hand an seine Lippen zieht und gleich darauf verschwindet.

»Alle Achtung«, sagt der Junge, »einen besseren Glücksbringer gibt es nicht als den Kuss des Eunuchen.«

Ich schaue unwillkürlich auf meine Hand.

»Und?«, will der Junge wissen, »wie war's?«

In meinem Kopf hallt der Schrei der Mumtaz immer noch nach. Aber der Junge schaut perfide.

»Nicht schlecht, Herr Specht?«

Tangkiling
Die Straße ins Nichts

So hoch, so stetig über der Wüste durch die Wolken schwimmend, verliert man das elementare Gefühl für die Bewegung. Auf der Erde sind alle Beschleunigungen mit einer Blickgeschwindigkeit verbunden. Dieses Tauchen durch die Luft jedoch, das Gleiten über entfernte Muster und Schraffuren, Wölbungen und Dehnungen, Flächen und Senken versagt dem Auge die Fähigkeit, den Tempobezeichnungen der Außenwelt, dem Wechsel ihrer Proportionen, dem Schwinden und Entstehen ihrer Farbigkeit zu begegnen.

In Bahrain zwischengelandet, lief ich einmal die Halle hinauf und wieder hinunter, durch den prunkvollen Mascarpone-Marmor, vorbei an Pilastern und Säulen, klein unter den aufgereckten, blinden Karyatiden des Flugverkehrs, Kolossen, die die Gewölbe stützen, entlang der toten Schalter, vorbei am Spalier der Schlafenden, die auf polierten Bänken zusammengesackt ihre Köpfe in schwarze Tücher tauchen, über sich die Bilder von Palmen und Präsidenten. Vor der Flughafenmoschee häuften sich fünfzig Paar Plastiksandalen, doch kein Laut drang nach außen. Als die Maschine wieder über der Wüste war, ließ ihre

Strahlkraft auch die Bilder des Marmors, der Säulen, der Karyatiden ausbleichen.

»Haben Sie die Moschee gesehen?«, fragte ich den Deutschschweizer an meiner Seite.

Der stierte vor sich hin:

»Yesyesyes.«

Er erinnerte sich, sah auf den Gang, dann auf den Mund seines anderen Nachbarn, durchs Fenster, auf das Titelblatt einer Zeitschrift vor sich, wieder durchs Fenster und auf mein rechtes Bein.

»Yesyesyes. Interessant, interessant.«

Eine Stunde später hatte er sich gutwillig angetrunken, offenbar zur Milderung seiner Nervosität. Außerdem gefiel es ihm, die Stewardess zu schikanieren, die aus Singapur kam und eine rote Uniform trug. Drei Tage würde sie bei ihrem Freund verbringen. Der Schweizer zwinkerte ihr zu, was sie ignorierte. Für den Sommer plante sie, mit ihrem »darling«, wie sie ihn jetzt demonstrativ nannte, mit dem Fahrrad durch die Bretagne zu fahren. Konnte man in der Bretagne Fahrräder leihen? Mein Nachbar bejahte. Sie ging.

Darauf versuchte er, mit ihr eine Unterhaltung über Politik in Gang zu bringen, aber sein Englisch war zu dürftig. Von dem dünnen Lächeln aber, mit dem er noch eine Zeitlang kleine Ermunterungen hervorbrachte und die Stewardess zu kitzeln versuchte, fühlte ich mich eher abgestoßen, und als er schließlich anfangen wollte, mir die Liebe Christi zu erklären, wurde es mir auf meinem Fensterplatz eng. Desto angestrengter schaute ich hinaus.

Zurück blieben die Industrien von Balikpapan, die Werften der großen Ölstadt an der Ostküste Borneos, die Rauchfahnen über den Schloten, die im tropischen Dunst rasch rostenden Installationen der Raffinerien.

Die Straßen enden in Flüssen, und die Flüsse wieder in Flüssen. Sie bestimmen das unregelmäßige Muster aus den Reststücken eines sechzig Millionen Jahre alten Urwalds und den freigerodeten Flächen, auf denen die neuen Siedler ihre bunt gestrichenen Baracken abgestellt haben. Abseits erkennt man noch die alten Haufendörfer, vereinzelt sogar ein paar Langhäuser, und über allem lasten die Wolken schwelender und offener Brände.

Früher drangen holländische Kolonialbeamte, philippinische Seeräuber und Missionare, chinesische und malaiische Kaufleute von den Flussmündungen aus in dieses Dickicht, den zweitgrößten Dschungel der Welt. Heute kommen selten Weiße nach Zentralkalimantan oder Borneo, aber im Hafen der südlichen Metropole Banjarmasin und auf dem Flughafen von Palangkaraya, der Hauptstadt, landen Javanesen, Balinesen, Maduraner in Klein- und Großfamilien, Tausende jeden Monat.

Schon seit Jahrhunderten ballt sich die Bevölkerung Indonesiens auf Java, der Insel mit dem fruchtbarsten Boden und folgerichtig mit der dichtesten Besiedlung der Welt. Zwei Drittel aller Indonesier leben hier, auf der vorgelagerten Insel Madura und dem benachbarten Bali. Die Bevölkerungsdichte ist auf der größten dieser drei Inseln immer noch mehr als doppelt so hoch wie in Deutschland.

Schon zu Anfang des 20. Jahrhunderts begannen die

holländischen Kolonialherren mit der Umsiedlung der Javanesen auf die wildere Insel Sumatra. Etwa zweihunderttausend Menschen hatten bis zum Zweiten Weltkrieg Java verlassen. Bis zum Ende des Jahrhunderts sollten es dann, der indonesischen Regierung zufolge, etwa sieben Millionen Menschen sein, die im Zuge des größten Umsiedlungsprojekts der Welt, der sogenannten »Transmigration«, Java verlassen würden. Vor allem auf Kalimantan und im Dschungel Borneos sei ihnen eine neue Existenz sicher, so hieß es.

Die Ankömmlinge auf den dortigen Flughäfen tragen noch die Trachten ihrer Kultur: mit gestickten Borten besetzte Tücher die wohlhabenden Javanesen, Verwaltungsbeamte, Mediziner oder Juristen, Sarongs die Balinesen, auch Shorts, auch Batikhemden und T-Shirts, Verschleierungen. Die hier auf dem Flughafen stehen, strapaziert und voll müder Erwartung, können sich untereinander kaum verständigen. Das Indonesische ist eine spät entwickelte, synthetische Amtssprache, die gut zweihundertfünfzig regionale Sprachen und ebenso viele Dialekte ersetzen soll.

Die Ankömmlinge teilen die Erwartung, sonst nichts, und statt einer geeigneten Vorbereitung erhalten sie ein Versprechen. Das alles sollt ihr haben: ein Haus, Land, Saatgut und ein Präsidentenfoto. Darüber hinaus erhalten sie noch ein wenig Unterricht in Ackerbau und in Hygiene. Aber das kennen sie: Schließlich hat auch auf Java jeder größere Ort ein Familienplanungsdenkmal, Sinnbild der glücklichen Kleinfamilie, und auf den Dörfern gibt es wenigstens das entsprechende Verkehrsschild: eine Hand mit zwei gereckten Fingern, »dua anak cukup«, »zwei Kinder sind genug!«

Im Waschraum des Flughafens Banjamarsin erläutert eine Zeichnung die Benutzung der westlichen Toilette: »Hocke dich nicht mit den Füßen auf den Rand, schöpfe kein Wasser aus dem Loch und stecke auch deinen Kopf nicht hinein!« Neben dem Spiegel die Regeln der Körperhygiene: »Vergiss auch die Ohren nicht, nicht die Nase und nicht einmal die Spitzen deiner Ellenbogen!« An den Wänden der Halle bleichen die Tafeln mit Tieren und Pflanzen des Waldes, daneben die altmodisch strahlenden Gesichter der »Lifebuoy«-Reklamen, die monochromen Werbungen für ABC-Drinks und Ultra Milk. Andere Bilder sieht man nicht.

Am Waschbecken fand ich mich in der Gesellschaft meines Schweizer Sitznachbarn aus dem Flugzeug wieder. Er schaufelte sich mit beiden Händen unermüdlich kaltes Wasser ins Gesicht und sprach das eigene Spiegelbild an:

»Ich muss wach werden. Ich muss wach werden.«

»Holt man Sie ab?«

Er drehte mir den ganzen Oberkörper zu und wirkte kurz, als hätte ich etwas Obszönes gesagt.

»Daran habe ich noch gar nicht gedacht«, erwiderte er. »Ich empfehle mich dem Herrn. Das sollten Sie auch tun. Für wen sind Sie hier?«

»Für meinen Nächsten«, sagte ich so unironisch wie möglich. »Und Sie?«

»Für meinen Bruder«, sagte er und meinte es sichtlich ernst.

Die Dörfer, in denen die Ankömmlinge aus Java verschwinden werden, besitzen manchmal ein Fernsehgerät auf einem hölzernen Podest, vor dem man abends dem einzigen Programm folgt: Nachrichten, Bilder von Paraden, Ordensverleihungen und rituellen Tänzen. Mal rodet jemand ein Gebüsch, mal zieht er eine Fahne hoch oder macht ein Boot klar, und zwischendurch erklärt Lorne Greene, immer noch in der weiß wattierten »Pa-Bonanza«-Jacke, den Seefuchs oder andere Tiere, die es auf Borneo nicht gibt, wo so viele Arten verbreitet oder sogar endemisch sind. Aber schließlich lebt ja selbst Lorne Greene inzwischen nicht mehr.

Die Fernsehwerbung war von der Regierung hier schon vor Jahren abgeschafft worden, um »keine falschen Bedürfnisse« zu wecken. In den Läden ihrer Dörfer aber fanden die Siedler die Glanzbildchen der Produkt-PR und daneben vor allem Rohstoffe, Naturprodukte, nicht-designtes Essen – Früchte, Knollen, Hühner- und grüne Gänseeier, Dörrfisch, Gewürztütchen und in den Vitrinen das prachtvolle Rot-Gold der Nelkenzigaretten, an den Wänden einzelne Kalenderblätter mit Ansichten von Teneriffa oder Garmisch-Partenkirchen.

An der Straße hatte ich mir mit einem jungen Mann ein Taxi geteilt, der ein bisschen Englisch sprach. Mit seinen zweiundzwanzig Jahren, verriet er mir, war er nichts Geringeres als der größte Blutegel-Forscher Indonesiens. Für die Nacht lud er mich in das Haus seines Vaters ein, der als muslimischer Richter eine hohe Autorität am Ort und zugleich so freundlich war, den fünfzig Kindern, die gekommen waren, den Weißen zu sehen, bei Einbruch der Dämmerung etwas Essen hinauszubringen. Wenn wir über die Fensterleiste blickten, sahen wir sie da im Halblicht ruhig sitzen, um abzuwarten, dass wir uns zeigten.

Als ich der Familie beim Abendessen erzählte, dass ich am liebsten auf einem Boot nach Palangkaraya reisen würde, breiteten sie eine Karte aus, und wir fuhren mit den Fingern Ströme abwärts, Ströme, Verästelungen und Mündungen, den ganzen Aderlauf des tropischen Regenwalds entlang, um am Ende aller dieser Kapillare den Knotenpunkt zu finden, der »Palangkaraya« heißt.

Am nächsten Tag mieten sie einen Steuermann und einen Maschinisten und ich gehe an Bord eines Bootes. Mehrmals schieben sich während der Fahrt meterlange Schlangen und Krokodile ins Wasser. Sobald sich eine Wasserpflanze in unsere Schiffsschraube flicht, springt der Bootsmann trotzdem mit der Machete bewaffnet in die undurchsichtige Brühe und befreit uns in mehreren Tauchgängen, während der Maschinist von oben aufpasst, dass sich kein Angreifer nähert. Ehemals Feinde der Primaten, sind die Schlangen und Krokodile heute selbst bedroht. Ihr Hauptfeind ist auch der des Orang-Utans: der Mensch.

Am Strom winden sich Schlangen durch das vom Niedrigstand des Wassers freigelegte Wurzelwerk. An manchen Bäumen erkennt man die Markierungen der irgendwo im Busch lebenden Volksstämme, die so ihr Territorium bezeichnet haben. Einige wohnen sogar in den Bäumen, andere auf Lichtungen oder an nahen Bachläufen. Sie leben animistisch. Auch Anthropophagen, kannibalistische Stämme mit der Neigung, zum Schutz gegen Dämonen den menschlichen Skalp an der Außenwand des Hauses anzubringen, soll es bis in die fünfziger Jahre hinein auf Borneo gegeben haben. Doch nie verstummen die Geschichten, die Ähnliches noch für die jüngste Vergangenheit behaupten.

In Palangkaraya aber, der erst 1957 gegründeten Hauptstadt von Zentralkalimantan, kann man fotokopieren und technische Apparate kaufen. Hier gibt es vier Kinos, aber Straßenbeleuchtung noch nicht lange. Es gibt ein großes Krankenhaus, aber nur einen Chirurgen für alle, die tagelang in ihren Einbäumen wegen einer Blinddarmoperation oder der Behandlung einer Schnittverletzung hierher unterwegs sind. Es gibt Banken, aber noch nicht lange solche, die Schecks oder Dollar akzeptieren. Es gibt Computerspezialisten und korrespondierende Mitglieder wissenschaftlicher Zeitschriften, aber nicht selten sind es dieselben, deren Glaubenspraxis rituelle Schlachtungen und Trance-Tänze einschließt.

Der letzte Gouverneur der Region, immerhin im Rang eines Ministerpräsidenten, verfügte testamentarisch, sein Sarg solle aus dem Holz eines sogenannten »Herzbaums« gefertigt werden, eines Baums also, bei dessen Pflanzung in der Wurzel ein menschliches Herz eingesetzt wurde. Die Einheimischen merken sich im Urwald solche Bäume, und es war, als ich Ende der achtziger Jahre nach Palangkaraya kam, kaum ein Jahr her, dass der Bitte des großen Staatsmannes entsprochen worden war.

Seit die Regierung die Lebensform der Dayak für »unzeitgemäß« erklärt hat, sind auch die Kopfjäger von der Bildfläche verschwunden. Zwar haben viele Einheimische bis in die siebziger Jahre hinein die Friedhöfe geheim gehalten, aus Angst, Kopfjäger könnten die Verblichenen ausgraben und ihre Schädel davontragen, in jüngerer Zeit aber soll man sich schon verschiedentlich mit Tierschädeln beholfen haben, immer in der Hoffnung, dass die schlafenden Geister den Betrug nicht merkten. Schädel jedenfalls, unter den vier Grundpfosten eines Hauses angebracht, sollen bei der Brautwahl helfen und die Geister repräsentieren, die dem Verstorbenen in der Unterwelt zu Diensten stehen.

Eine Anthropologin, die sich aus keinem anderen Grund in den Urwald aufgemacht hatte, als um die Spur dieser »Menschenfresser« aufzunehmen, wurde eines Abends in der Hütte eines Einheimischen gefunden, wo sie sich, nackt und völlig verängstigt, in eine Gardine eingerollt hatte, verwirrt. Von Kannibalen konnte sie nicht berichten.

Ich blieb ein paar Tage in Palangkaraya. Nicht weit vom Kino steht abends auf dem Dorfplatz ein Geschichtenerzähler. Er ist am Nachmittag mit dem Boot angekommen und trägt zerrissene Kleidung, Tierfelle und mehrere Amulette übereinander. Als er seine Decke ausbreitet und von den Tieren erzählt, die nun gleich aus dem Boden kriechen werden, um sich dann durch die Menge zu bewegen, schreit diese Menge, als erfahre sie jedes Wort am eigenen Leib. Dabei steht das Kino nur einen Steinwurf von hier, und der Soundtrack des Films, der gerade da läuft, untermalt auch die Fabeln des Erzählers. Über dem Eingang zum Kino hängt ein Schild mit der Aufschrift »höflich, geregelt, ruhig«. Unsere »Rambos« und »Rockys« kommen trotzdem bis hierher.

Hier, wo mehrere hundert Sprachen und Dialekte vorkommen, aber kein Englisch und kaum die sterile Amtssprache mit dem Namen Indonesisch, hier kam ich zumindest bei den Zahlen mit Indonesisch aus. Fragte ich aber, wann das Schiff ablegte, streckte mir ein Hafenarbeiter die fünf Finger einer Hand entgegen und sagte »Empat«, aber »Empat« heißt »vier«. Also »Lima« konterte ich und streckte ihm meine ganze Hand entgegen für die Fünf. Nein, »Empat« beharrte mein Gegenüber, wieder seine ganze Hand hinhaltend. Und ich wieder meine dagegen, »Lima« rufend. Zwei Hände, zweimal fünf Finger, gegeneinander aufgerichtet, doch zwei Resultate. Endlich erfuhr ich: Für den Einheimischen Borneos zählt der Daumen nicht als vollständiger Finger. Also signalisiert man mit zwei vollen Händen die Zahl Acht, und ich gewann beim Übersetzen einen neuen Blick auf den Körper.

Am nächsten Tag war der Geschichtenerzähler vom Dorfplatz wieder da, wieder mit seiner Decke, stellte ein paar Kerzen drumherum und erzählte erneut von den Tieren, den Tieren unter der Decke. Es gab immer ein großes Geschrei, kaum hob er einen Zipfel an oder rüttelte ein bisschen an einer Ecke. Wenn ich aber aufstand, dann schlossen sich mir die meisten Kinder an, und sie warteten auch, wenn ich in meinem Gästehaus verschwunden war, bis ich wieder ins Freie trat. Ich las derweil im Dunkeln mit der Taschenlampe die Bibel, die mich allerdings ernüchterte, als ich feststellte, wie viele ihrer moralischen Geschichten auf Tauschverhältnisse hinauslaufen.

Ich knipste die Taschenlampe aus und fragte mich: Wäre ich mit einer gewissen Vorbereitung mit meiner Bibellektüre besser zurechtgekommen? Hätte ich dem Nachbarn im Flugzeug vielleicht zuhören und mir von ihm die Liebe Christi erläutern lassen sollen? Doch andererseits: Wann wäre Kommunikation jemals nicht gebrochen? Nicht der Nachbar, der Schweizer, der Alkohol, nicht die Bibel, nicht das Wörterbuch, nichts bewahrt den Reisenden vor seiner Vereinzelung, dachte ich und sackte in einen Schlaf voller übler Träume.

Am folgenden Tag besuchte ich drei Missionarsschwestern, die unter einem Fliegenfänger am Tisch saßen und karge Mahlzeiten einnahmen. Sie erzählten, wie sich das indonesische Hausmädchen anfänglich immer mit zusammengelegten Händen vor dem Fliegenleimband verbeugt habe, hielt sie es doch für ein christliches Requisit, das es zu achten gelte.

Die Schwestern wussten viel. Geologen, berichteten sie, haben die Bodenqualität auf einer Skala von 1 für unfruchtbaren Sandstrand bis 10 für die Erde Javas klassifiziert. Danach besitzt der Boden Zentralkalimantans nur die Qualitätsstufe 2 – unfasslich für jeden, der den Früchtereichtum der Märkte hier kennt oder tagelang mit dem Boot durch eine Vegetation gefahren ist, deren biologischer Formenreichtum nur noch mit einigen Korallenriffen vergleichbar ist. 1,7 Millionen Tier- und Pflanzenarten sollen im tropischen Regenwald zu Hause sein. Nicht einmal die Hälfte hiervon ist wissenschaftlich erforscht, zu schweigen von der Analyse der Enzyme und Fermente, der Drogen und Medikamente, die mit der Zerstörung dieses Lebensraums unwiederbringlich verloren gehen.

Seine Fruchtbarkeit verdankt der tropische Regenwald Borneos also nicht primär dem Boden. Sie liegt vielmehr in der Luft, im Blattgrün, in den zahllosen symbiotischen Verbindungen zwischen Pflanzen und Tieren. Vierzig Meter über dem Boden wachsen in toten Bäumen Sträucher und Blumen aus den verlassenen Nestern der Orang-Utans. Kerne, verfaulte Früchte, Kot und vermodernde Zweige mischen sich zum Kompost und lassen neue Mikrokosmen entstehen mit einem hoch verletzlichen inneren Gleichgewicht.

Die Schwestern erzählten mir auch von der Straße von Palangkaraya. Im wilden Herzen Borneos gibt es Pfade und Traumpfade, keine Straßen. Die Ansiedlungen im Dickicht aus Macchie und tropischem Regenwald, die Haufendörfer an den breiten grauen Strömen sind nur durch Wasserwege oder die unsicheren Luftrouten lokaler Fluggesellschaften miteinander verbunden. Wenn also mitten im Dschungel, gleich hinter Palangkaraja, plötzlich dreißig Kilometer Asphalt ausliegen, so bilden sie für ehemalige Kopfjäger, Waldmenschen, die im Einbaum an die Peripherie der Zivilisation paddeln, eine eigene Sehenswürdigkeit. Denn dieses Stück Straße wurde vor vielen Jahren von »den Russen« gebaut, warum, weiß hier kein Mensch mehr, war doch Tangkiling, der Ort am Ende der Straße, immer bedeutungslos.

Die Straße von Palangkaraya, so sagen sie, führt mitten durch den zerstörten, von Brandrodung gezeichneten, immer schwelenden tropischen Regenwald. Von hier aus sieht man dem heutigen Dschungel ins Gesicht.

Es ist wahr: Der Urwald Borneos brennt in jedem Augenblick an vielen Stellen. Wie Wolkenfetzen hängen die Schwaden zwischen den Bergen oder gelbgrau über Joseph Conrads melancholischen Flüssen. Manchmal können die kleineren Verkehrsmaschinen wegen des Rauchs über mehrere Wochen nicht fliegen. Aber wer schon vier Tage lang mit dem Boot zum Flughafen unterwegs ist, kehrt nicht gleich um, sondern kampiert lieber an Ort und Stelle.

Am Hafen riecht es nach Öl und Sägespänen. Vom Rand der Stadt Palangkaraya schwelt in die feuchte Hitze der Rauch der Brände ringsum. Auf der einzigen Straße heraus gibt es angeblich nur sechs Autos. Sie werden nie abgeschlossen. Wenn je eines fehlte – wo sollte es schon sein?

Ich machte mich also zu Fuß auf, in der Hitze, mit nichts im Gepäck als dem Vertrauen, dass es am Rande der

Straße Waren zu kaufen geben, jemand mir Wasser, eine Banane und am Ende vielleicht eine Autofahrt verkaufen könnte. Der Rauch zog in Schwaden über den geborstenen, manchmal von Blumen durchstoßenen Asphalt.

Die Siedler brennen die Gebüsche gleich neben ihrer Hütte ebenso nieder wie hektargroße Parzellen zu Seiten ihrer Felder. Alles, was die Anwohner eigenhändig gerodet haben, gehört ihnen selbst, und wer beobachtet hat, wie viele Tage es braucht, mit einer Steinaxt einen hundertjährigen Urwaldriesen zu fällen, der versteht die Dankbarkeit, mit der die neuen, noch unerfahrenen Siedler in die Schneisen der Abholzungsfirmen eindringen, um dort durch Brandrodung Land zu gewinnen. Sie fühlen sich durch die hohe Luftfeuchtigkeit vor Funkenflug, durch den sumpfigen Boden vor einer Ausbreitung der Brände geschützt.

Als im Jahr 1982 die Regenzeit jedoch ungewöhnlich lange ausblieb, dörrten die Sümpfe aus und das Feuer zerstörte ein Stück Regenwald von der Größe Taiwans. Dieser schlimmste Brand in der Geschichte aller verzeichneten Brände wurde erst 1983 durch die endlich einsetzenden Regenfälle gelöscht.

Die indonesischen Zeitungen berichteten über die Katastrophe erst ein Jahr nach ihrem Beginn. Sie waren durch ausländische Nachrichtenagenturen auf das Feuer aufmerksam gemacht worden. Heute hat die Regierung die Piloten der kleinen Verkehrsmaschinen mit der Beobachtung der Brände beauftragt. Einige berichten, der Brand von 1982 / 83 sei nie wirklich gelöscht worden, und prompt ließ der nächste Großbrand, dieses Mal kurz vor der Jahrtausendwende, nicht auf sich warten.

Dennoch ist die Vielfalt der Pflanzen berauschend, sind die Variationen, die Bizarrerien in Farb- und Formgebung auch am Straßenrand schier unermesslich und beweisen den Reichtum einer im Wesentlichen auf parasitären Verhältnissen wuchernden Natur.

So ist der Orang-Utan als das einzige Tier zugleich gierig und stark genug, die schwere Durian-Frucht – Delikatesse für Einheimische und Menschenaffen – nicht nur zu ernten, sondern sie viele Meter weit in das heimische Nest zu schleppen, wo der Kern, in den Kot dieses Nests eingelassen oder aus den Wipfeln abgeworfen, noch die Chance des Überlebens und der Fortpflanzung erhält. Stirbt der Orang-Utan aus, so fallen auch die Kerne der Durian unter die immer selben Bäume, und so wäre der legendäre Baum Südostasiens ohne den Pongo pygmaeus in dieser Region vom Aussterben bedroht.

Ein ähnlich symbiotisches Verhältnis hat sich zwischen den Umsiedlern und der Holzindustrie gebildet. Einmal in die entstandenen Schneisen eingefallen, sengen und sicheln die Ansiedler Gestrüpp, Kleinholz und Macchie herunter, den Kahlschlag vollendend, der mittelfristig auch ihren eigenen Lebensraum zerstören wird.

Die Siedler in Zentralkalimantan wissen, dass unter ihren Augen eine Waldart zerstört wird, die sich nie wieder erholen kann und die durch die nachgepflanzten Monokulturen oder selbst durch die Einrichtung eines Nationalparks langfristig nicht wirklich bewahrt würde, aber sie können sich ökologische Skrupel am wenigsten leisten. Auf den mühsam gerodeten Feldern ziehen sie die anspruchslosesten aller Pflanzen: Ananas und Trockenreis. Die Ananas wird häufig direkt in die Asche gesetzt. Ihre Frucht bleibt faustgroß, sie überschwemmt die Märkte, entsprechend niedrig ist ihr Verkaufspreis. Mehr als eine Ernte im Jahr gibt der Boden nicht her.

Das Saatgut für den Reis stellt die Regierung. Bleibt eine Regenzeit zu lange aus – und als Folge der Klimaveränderung sind auch hier die Jahreszeiten unzuverlässig geworden –, wird das Saatgut verzehrt und man hofft auf die nächste Zuteilung. Nach zwei Ernten ist der Boden ohnehin wieder erschöpft. Man lässt ihn brachliegen, denn nun wächst hier nichts mehr als das harte Alang-Alang-Gras, das den Boden allmählich mit einer so dichten Decke überzieht, dass für lange Zeit nichts hindurchdringt. Erst nach fünfzehn oder zwanzig Jahren werden hier wieder Farne und Bäume wurzeln können, und nach weit über hundert Jahren könnte bei ungestörten Verhältnissen sogar eine Art Sekundärwald entstehen, der dem ursprünglichen Regenwald zumindest gleiche.

Die Bauern aber ziehen weiter. Ich sehe sie mit Sack und Pack über die Straße kommen. Auch ein Pick-up knattert vorbei, überfrachtet mit den Habseligkeiten der ewig enttäuschten, ewig rastlosen Siedler. Sie gewinnen neue Parzellen, schließen sich wieder zu Transmigrasi-Siedlungen zusammen und schwärmen zwei Jahre später in alle Himmelsrichtungen aus. Vereinzelt entstehen Musterdörfer wie Bukitrawi am Kahayan-Fluss, eine Siedlung, auf die die Landesregierung gerne verweist, gibt es doch hier eine Volksschule, eine Krankenbaracke mit sechs Zimmern und ein paar Kioske. Auf dem Bootssteg schlagen die Frauen die Wäsche, darunter schwimmen Kinder in Autoreifen auf den Abwässern.

Wer beim Ackerbau nicht genug verdient, zieht während der Trockenzeit, wenn das Wasser niedrig steht, an den Fluss und wäscht Gold. Die Erfolgreichsten fördern am Tag knapp ein Drittel Gramm. Sie erhalten dafür das Äquivalent einer halben Kinokarte.

Ich bin schon Stunden auf der Straße nach Tangkiling unterwegs, da schließt ein Mädchen auf einem großen schwarzen Hollandfahrrad zu mir auf und hält Schritt. Sie blickt mich so unverhohlen neugierig an, als erwarte sie jeden Augenblick meinen Kollaps. Die vierzehnjährige Gugah strampelt allmorgendlich drei Stunden mit dem Fahrrad zum Gymnasium in der Stadt. Ihr Transmigrasi-Dorf verlässt sie im Morgengrauen. Auf den Feldwegen wird es lange nicht hell. Der Rauch der Brandrodungen schluckt das fahle Sonnenlicht und ist oft so dicht, dass man kaum ein paar Meter weit sehen kann. Ab drei Uhr nachmittags steht die Sonne nur noch als Scheibe im Dunst. Sechs Stunden täglich also fährt Gugah durch eine abgerissene, fast verödete Landschaft. Weil aber auch die Lehrer des einzigen Gymnasiums weit und breit sehr schlecht und oft erst mit monatelanger Verspätung bezahlt werden, kommen die Schüler häufig vergeblich. Denn auch für die Lehrer ist es lukrativer, ihr Land zu beackern oder Gold zu waschen.

Vor einem Jahr etwa wurde Gugah mit einer Erkrankung der Atemwege in eines der sechs Zimmer der Krankenstation gebracht. Der Arzt aus der Stadt empfahl ihr, auf dem Schulweg künftig ein Taschentuch vor den Mund zu binden. Sie gehorchte. Darüber lachten, wenn sie auf ihrem Fahrrad vorbeifuhr, die Arbeiter in den Rodungen. Heute tragen sie selber Tücher um den Mund.

An manchen Tagen wird Gugah von ihrer Freundin Sri begleitet. Sri transportiert auf dem Rücken einen Korb mit Flaschen. Naturheilsäfte und Medikamente finden in der Stadt, wo sich viele keinen Arzt leisten können, guten Absatz. In der chirurgischen Station von Palangkaraya waren, als ich dorthin kam, nur fünf Patienten untergebracht. Sie schliefen unter fleckigen Moskitonetzen. Manchmal liegen Verwandte mit im Bett, manchmal liegen sie darunter.

Aber da der javanische Chirurg, der hierher versetzt wurde, Preise verlangt, die die wenigsten bezahlen können, wenden sich die Kranken inzwischen wieder gerne den »Dukuns« zu, Medizinmännern und -frauen, die zwar naturheilkundliche Kenntnisse besitzen, sich auch animistischer oder totemistischer Methoden bedienen, andererseits aber auch bisweilen Angst als Mittel einsetzen und Schwangere und Patienten mit Bruchverletzungen schon so lange massiert haben, bis Blutvergiftungen eintraten. Kein Wunder, dass die durchschnittliche Lebenserwartung in Zentralkalimantan nur bei etwa vierzig Jahren liegt.

Unter diesen Bedingungen vollzieht sich die Entwicklung, der wir den Namen »Fortschritt« geben, asynchron. Immerzu entstehen neue Bruchlinien zwischen den Schichten des kulturellen Wissens, den Traditionen, den Lehren, der Aufklärung und dem Aberglauben.

Zu beiden Seiten der Straße liegen abgeholzte Wälder, Ananasfelder, kleine Tümpel, in denen die Siedler mit Reusen fischen. Man verkauft auch Mangos an der Straße und Eier, in roten Kanistern Benzin, in blauen sogar Wasser. Man kann sein Fahrrad reparieren lassen oder einen Schirm kaufen gegen die Sonne. Was immer in den Häusern abseits der Straße gehortet wird, es findet seinen Weg an die Straße.

Die kleine Polizeistation sieht aus wie von einer Modelleisenbahn hierher versetzt, und angesichts der paar Vehikel, die in dieser Gegend zugelassen sind, fragt man sich, welcher Verkehr denn wohl zu regeln sei. Ein paar Kilometer später steht dann noch eine Baracke mitten im Qualm. Dies ist das kleine Dschungelbordell, abgerückt von der Straße und unscheinbar. Hier warten fünf Mädchen auf ihre Freier, eines im Schaukelstuhl auf der Veranda, vier auf dem einzigen Sofa im Salon.

Das Mädchen im Schaukelstuhl trägt ein langes traditionelles Gewand mit goldenen Fäden im Rot. Es ist hoch geschlitzt, das ist die Sünde. Weil das Mädchen eingeschlafen ist, weiß es nicht, dass der Schlitz gerade sperrangelweit offen steht und das braune Bein bis zum Ansatz freigibt. Ja, man kann sogar ein eierschalfarbenes Höschen nicht übersehen. Als ich aber vorbeischleichen will, öffnen sich die Augen des Mädchens zu Schlitzen, und es erwacht als eine Frau, die nichts zurechtrückt, sondern lieber einen Moment der Schamlosigkeit auskostet.

Im Inneren der Baracke kauern die vier anderen Mädchen rings um einen Bambustisch. Meist warten sie lange. Legen Patiencen, verkaufen einem vorbeischlurfenden Bauern eine Diät-Cola und sehen dem Esel hinterher, wie er über die Straße geht. Eines Tages wird er nicht mehr kommen. Und eines Tages wird auch das kleine Hurenhaus zwischen den Trockenreis- und den Zwergananasfeldern in Flammen aufgehen. Nicht viele werden hier Lust erlebt haben, manche vielleicht die erste Liebe. Die werden sein Ende als Verlust empfinden.

»Komm her«, winken die Mädchen, als ich schon in der Tür stehe.

Ich werde hineingeführt, erhalte eine Cola. Hinter improvisierten Paravents sind fleckige Laken zu sehen, Kissen in verschossenem Rot.

Ich sitze bloß da im hintersten Winkel, den sie aus Stellwänden zusammengeschoben haben. Wir spielen Karten, wir trinken Cola. Die Mädchen verlassen eines nach dem anderen den Raum, machen sich irgendwo zu schaffen, kehren zurück, rotieren, damit ich leichter wählen kann. Irgendwo in einem Winkel auf der anderen Seite der Baracke robbt jemand über den Boden. Das muss das Liebesspiel sein, klingt aber wie Putzen. Das Mädchen, das heraustritt, wischt sich die flache Handfläche am Kleid ab. Der dazugehörige Mann lässt sich nicht

blicken. Wir spielen noch eine Partie Mau Mau, verglei-
chen die Größe unserer Hände und legen die Unterarme zum Teint-Vergleich nebeneinander:

»Nice complexion!«

Die Schönste macht ein melancholisches Gesicht, als ich mich zum Gehen anschicke. Danke. Sie fragt, ob ich nicht mit ihr gehen will. Ich schüttele den Kopf. Sie sagt, dass sie eigentlich nicht einmal verstehen könne, wie irgendjemand mit einer der fünf Frauen mitgehen könnte. Da wäre ich ihr fast gefolgt. Als ich endlich gehe, seufzt sie wie eine Seemannsbraut. Auf der Straße steht, geht, fährt niemand. Die Sonne dampft sengend durch den Dunst. Doch immerhin hat das Bordell Verkehrsanbindung.

Nur in Tangkiling, jenem Dorf, zu dem die Straße von Palangkaraya führt, da gibt es nichts, und nicht einmal die Straße findet einen anständigen Abschluss. Sie endet, ohne zu enden, sie verläuft sich einfach, als sei sie bloß zu erschöpft, weiterzumachen. Was sie versammeln konnte, das hat sie versammelt, nun ist sie müde wie der Boden.

Dies ist allenfalls der Brückenkopf in den Dschungel, in das Nichts-als-Dschungel. Erst hier öffnet sich das mythische Land der Ureinwohner dieser Wildnis, der Waldmenschen, wie sie wörtlich heißen, der Orang-Utan, die heute gejagt und vertrieben, von Transmigranten eingekesselt oder als Haustiere missbraucht werden und die man früher einmal wie eine eigene Bevölkerung ehrte. Bei den Dayak, den Ureinwohnern Borneos, liegt ein

Tabu auf dem Inzest und auf der Lächerlichmachung von Tieren. Bei Verstoß droht dem ganzen Dorf die Strafe der Versteinerung.

Der erste wilde Orang-Utan, den ich sehe, steht aufrecht unter der gleißenden Mittagssonne, hoch oben in einem schneeweißen Baumgerippe. Er hat aus den Luftwurzeln eines parasitären Organismus Zweige für sein Nest gerissen und bricht kurz darauf in der Nachbarschaft zwei tote Äste ab, um sie zu Boden zu schleudern. Auch das Deponieren von Zweigen auf dem Boden, das Hämmern auf leere Strünke oder Umstürzen von Bäumen folgt nicht blinder Zerstörungswut. Vielmehr werden solche lärmenden Aktionen von den Affen als ein Kommunikationsmittel benutzt, durch das sie ihr Territorium bezeichnen. Häufig erkennt man den Lebensraum des Orang-Utans an den Spuren brachialer Gewalt, die er hinterlässt.

Orang-Utans sind kaum geselliger, als es ein Säugetier sein muss, heißt es. Sie sind ganz sicher einzelgängerischer als Schimpansen und Gorillas, auch melancholischer, denke ich. Vor allem die erwachsenen Männchen sind solche Eigenbrötler, dass Begegnungen zwischen ihnen nur etwa einmal pro Jahr beobachtet werden. Durch ihre Langrufe, kilometerweit hörbare Signale, machen sie die geschlechtsreifen Weibchen auf sich aufmerksam und grenzen so das eigene Gebiet gegenüber anderen Männchen ab. Da sich die Weibchen weitgehend still verhalten, ist es also offenbar ihnen überlassen, sich den Männchen zuzugesellen. Diese wiederum akzeptieren nur Weibchen, von deren Fruchtbarkeit sie sich zuvor überzeugt haben.

Ich streife durch Tankiling, eine unordentliche, improvisierte Siedlung, und bin auf der anderen Seite gleich wieder draußen. Die Frauen waschen, die Kinder baden im Fluss. Jenseits der Siedlung zeugen niedergebrochenes Gehölz, verwüstete Baumkronen und Schonungen von der Zerstörungswut, andere sagen vom Konstruktionstalent, vom Bauwillen der Orang-Utans. Ihr Land, wenn es denn eines gibt, beginnt hier, jenseits der Straße von Palangkaraja, die endet, als versickere sie in einer Spur aus dunklem Dschungelboden.

Vor kurzem, so erzählen mir die Frauen, die herbeigeströmt sind, war schon einmal ein Fremder hier, auch er aus Europa. Dieser Schweizer Geistliche war offenbar ausgezogen, Asien im Allgemeinen und Borneo im Besonderen dem richtigen Glauben zu öffnen, wenn nicht zu unterwerfen. Nachdem er zu Hause die chinesische Sprache gut genug gelernt hatte, um – wie er glaubte – radebrechen zu können, bestieg er irgendwo im weiten China eine improvisierte Kanzel und psalmodierte in einem Idiom, in dem das Schweizerdeutsche mit dem Chinesischen eine Mesalliance eingegangen war. Jedenfalls predigte er etwa eineinhalb Stunden und schritt nach dem Segen erhobenen Hauptes von dannen, bis ein paar Halbwüchsige hinter ihm hergelaufen kamen und riefen: »Herr Jesus, du hast deinen Hut vergessen!« Sie hatten gedacht, er erzähle aus dem eigenen Leben!

Derart enttäuscht, war er ausgezogen, um in seiner

schwarzen Soutane nun die Buschmenschen auf Borneo zu evangelisieren. Unglücklicherweise aber verirrte er sich im Dschungel, erreichte nach Tagen, ausgezehrt und bärtig, den Fluss und winkte hilferufend den vorbeitreibenden Booten. Die Einheimischen aber hielten ihn, heruntergekommen wie er war, von weißer Haut und in der schwarzen Soutane, für ein Gespenst, wagten nicht, sich ihm zu nähern, und der liebe Gott ließ ihn bei einem Gesträuch am Ufer verhungern.

»Wir haben ihn dort hinten in der Hütte aufgebahrt«, sagt ein Jüngling. »Doch was soll aus ihm werden? Sein Bruder will kommen, ihn heimzuholen. Wollen Sie ihm nicht mal eben die letzte Ehre erweisen?«

Als ich an die Bahre trete, auf der der Unglückliche in seiner Soutane ruht, vollbärtig, hohlwangig und mit riesigen Augenhöhlen, weiß ich plötzlich, wer dieser Bruder ist, der da erwartet wird und dem ich lieber nicht noch einmal begegne. »Yes, yes, yes«, ich erinnere mich genau, »interessant, interessant«. Also verneige ich mich kurz vor der leiblichen Hülle, drehe mich um und sorge dafür, dass ich schnellstmöglich Land zwischen mich und den Toten bringe, diesen Wiedergänger.

Die Straße nach Palangkaraya lag wieder vor mir.

Kamtschatka

Asche und Magma

Man wacht auf und überfliegt ein Gehirn, rot und zerklüftet, bizarr geformt, mit mäandernden Nervenbahnen, man überfliegt es in 31 000 Fuß Höhe, und es sieht aus wie ein Organismus. Man bewegt sich auf einen Punkt zu, achttausend Kilometer von zu Hause, über eine Formation aus pathetisch getürmten Felsmassiven, Abgründen, nackten tektonischen Schichtungen. Malerisch. Fremd. Man sollte Seemannslieder singen, Heimweh haben, Dschunken passieren lassen.

Doch auf dem Monitor des Bordfernsehens bewegt sich das Symbol des Flugzeugs auf seiner gestrichelten Linie nur ganz langsam und ruckhaft durch elf Zeitzonen. Bald wird die Regierung sie auf acht reduzieren. Auf einem anderen Kanal erscheinen jetzt polnische Sumo-Ringerinnen, dann eine Rallye in Uganda, ein indonesischer Badmintonspieler, zuletzt eine Weihnachtsmänner-Parade. Die Welt ist reich und fern. Dann flammt die Kabinenbeleuchtung auf, und auf den Tabletts wird Fisch vorbeigetragen in gläserner Sauce.

Der herbe Boden Russlands liegt unter Ihnen, spannen Sie die Flügel aus, und Sie haben irgendwo vor sich Sibirien und unter sich die Mandschurei und in den trockenen Flussläufen die Kavallerie des Dschinghis Khan mit ihren Standarten.

Die Geschäftsleute mustern unter halb geschlossenen Lidern die ethnische Vielfalt auf dem Tablett. Sie haben Europa nicht verlassen, Asien nicht betreten, im kulinarischen Niemandsland herrscht ein Crossover.

Es sind auch die Namen, die man bereist, Worte mit dem mythischen Klang von Samarkand, Surabaya, Havanna, Damaskus, Dakar, Timbuktu oder eben Kamtschatka. Ein Name wie ein Takt aus einem Marsch, gesungen von einem Männerchor. In dem Wort öffnet sich ein Raum, er wird weit. Das ist das Gute. Denn eigentlich werden die Räume eng. Überbevölkerung, Kriege, Migrationsbewegungen, Naturkatastrophen, Ressentiments, Seuchen schieben sie zusammen. Auch dehnen sich die Städte immer fahrlässiger aus, nicht nur, indem sie die Grauzonen der Stadtränder eingemeinden, schlimmer, sie machen aus Dörfern etwas Städtisches, etwas, das tut, als sei es metropolisch und habe metropolische Bedürfnisse zu befriedigen.

Die Dörfer reagieren nicht mehr auf die Bedürfnisse von Dörflern, sie kennen nur Städter, und so werden wir allmählich klaustrophobisch. Wir kommen nicht mehr heraus aus den Städten. Also sind unsere Reisen Übersprungsreisen. Wir folgen einem Reflex, streben ins Freie. Es ist, als bliebe unser Leben im Aufzug stecken. Kaum kommen wir frei, stürzen wir hinaus und suchen ein Wort, ein umschwärmtes Wort wie: Kamtschatka.

Die Wolken haben, von oben gesehen, die Schönheit von Pelzen. Ihre Oberfläche streckt sich der Berührung förmlich entgegen, und der leiseste Strich, etwa durch die flache Kante einer Tragfläche, schneidet ihre Form. Sie bäumen sich auf, wälzen sich langsam auf die andere Seite, und ihre Enden verflattern in die Atmosphäre.

Nach ein paar Stunden Flug hatte ich die Sichtblende des Fensters so weit angehoben, dass das milchige Licht eindringen konnte, ohne den schnarchenden Koloss zu meiner Linken aufzuwecken. Unter uns lag jetzt verwüstetes Land, trockene Mäander in verwehten Tälern, verdorrte Steppe, eine Decke Dreck, breitgetreten und auseinandergezogen, wie mikroskopierte Haut oder Tapete – und zugleich wie gar etwas, das ich nie gesehen hatte. Die Sonne welkte am Horizont, wollte nicht auf-, nicht untergehen.

Wir flogen in die subarktische Landschaft hinein, eine dünn besiedelte, die bis 1990 atomares Sperrgebiet und unzugänglich war. Seitdem schrumpft die Hauptstadt Petropawlowsk Kamtschatski. Es lebten einmal gut 300 000 Einwohner hier, heute sind es mehr als ein Drittel weniger, und sie mögen es nicht hören, wenn man dies »Sibirien« nennt, klingt es doch zu streng nach Straflager und Verbannung.

»Wir nennen uns Fernost«, sagt eine Dame im Flugzeug schnippisch, schnappt sich die russische »Hello« und widmet sich einem Zusammenbruch von Amy Winehouse. Ich blicke mich im Flugzeug um. Dies also sind bereits die Menschen, die in Kamtschatka arbeiten, leben, wohnen oder Gründe haben, diesem östlichen Außenposten des russischen Reichs einen Besuch abzustatten.

Zwei betagte Männer mit großen Körpern und struppigen grauen Frisuren zechen, reden laut gegen den Lärm der Motoren, fahren die Lehnen zurück und sehen sich mit Schweinsäugelchen an wie Verliebte. Sie halten ihre Blicke fest, als hätten sie nichts anderes im Leben. Dann zwinkern sie einander zu, voller Einverständnis, kokett und schwülstig, und essen Geleefrüchte mit Erdnüssen. Einmal flüstern sie der Stewardess etwas zu, das macht, dass sie errötend hinter dem Vorhang verschwindet, wo sie, wie sich herausstellt, ihr kurzärmeliges Leibchen gegen ein strenges Uniformkostüm wechseln wird. Die Stimmung in der Kabine ist rau, derb, anstrengend und nur abrupt wohlwollend.

Dann die Westküste Kamtschatkas: Die Zeichnung der Berge mit ihren Schneerippen wirkt wie mit unbeholfener Hand graphisch eingetragen. Dann schließt sich die Wolkendecke, aber wo sie von unten ausgebeult wird und sich einzelne Kumulus-Türme heben, weiß man um die vulkanische Tätigkeit darunter. Erst der Opala, dann treten auch die schwarzen Vulkankuppen rings um Petropawlowsk energisch durch die Wolkendecke, der Awatscha, der Mutnowski. Eine Weile ist man mit ihnen allein zwischen den Schichten, in die sie ihre Fumarolewölkchen entlassen: unten der Schaum der Wolkensahne, oben der federzarte Gazeschleier, dazwischen die Matronen mit ihrem Qualm, ihrer verrauchten Aura, von Vulkanasche gesättigt. Schmutzig schmieren sie ihre Ausdünstungen in die Wolkenkissen.

Es öffnet sich die weit geschwungene Awatscha-Bucht. Das Land, das zu den Füßen der Berge erscheint, ist gemustert wie Borke am Stamm. Das Brachland zwischen den Wasserläufen und Seen, die Flecken kleiner Sippenhöfe, die aus Baracken und Hütten zusammengeschachtelt sind, die Umgehungen der Verkehrswege, die sich höflich den Bergen, den Wasserläufen, den Vulkanen Awatschinskaja Sopka und Korjakskij anpassen, dieses ganze natürliche Patchwork wird von einer Kraft dirigiert, die in den feuerspeienden Bergen nur ihre sichtbare Materialisierung gefunden hat.

Kamtschatka liegt auf dem »Pazifischen Feuerring«. Im Osten verläuft er entlang dem Alëuten-Tiefseegraben, dessen Ausläufer bis hinab nach Kalifornien reichen, und insgesamt beschreibt er instabiles Gelände. Von Süden aus schiebt sich die dichtere Ozeanische Platte allmählich unter die asiatische Festlandsplatte, und so entlädt sich auf der gesamten Halbinsel eine Erdenergie, die sich in Vulkanen und Geysiren sichtbar Luft macht. Diese Landschaft, eine der erdgeschichtlich jüngsten der Welt, ist von der Verschiebung der tektonischen Platten dauernd erschüttert.

Erdbeben gibt es hier manchmal mehrmals pro Woche, und wenn es klirrt oder schaukelt, dann werden sich die Einwohner bloß mal wieder ihrer Sterblichkeit bewusst und der Tatsache, dass sie auf einem jungen, sehr jungen Landzipfel wohnen, einem nicht fertiggestellten, und sie könnten sich darüber klarwerden, dass wir einen lebenden Planeten bewohnen, mit immenser Energie in seinem Kern. Geologen warnen, dass es hier in absehbarer Zeit zur Katastrophe kommen muss. Die Stadt wird verschwinden, einem Ausbruch oder Beben zum Opfer fallen, aber die Einheimischen bleiben und sagen: Nicht jetzt, nicht heute, nicht zu unseren Lebzeiten. Wo sollen wir sonst hin? Sie leben anders als wir, bewusster befristet.

Neun Stunden braucht man ab Moskau, um den russischen Kontinent zu überfliegen, bis in die äußerste Spitze, wo man von den Herren in Moskau seit alters her wenig weiß und noch weniger wissen will. Das also ist Kamtschatka, der Küste vorgelagerte Halbinsel, die fernste Ferne, von der auch Moskau lange Zeit nur eine diffuse Vorstellung besaß. Ein Trio von Vulkanen ist das Wahrzeichen dieser Region.

Knapp sieben Monate Froststarre bewahren Kamtschatka wenigstens zeitweise vor ihrer Energie, doch die Angst vor den Tsunami, die auch eine Folge seismischer Aktivität sind, hat nicht zuletzt dazu geführt, dass die Hauptstadt Petropawlowsk Kamtschatski lieber im Inneren einer gewaltigen Bucht siedelt als in dem breiten, fast unbewohnten Küstenstreifen.

Die Landung des Kosaken Wladimir Atlassow im Jahr 1697 wird allgemein als die Entdeckung dieser Halbinsel in Russisch-Fernost angesehen. Früher müssen hier jedoch schon Namenlose, Spurlose, vermutlich Pelztierjäger, angekommen sein. Aber erst als Zar Peter I. 1724 den

Dänen Vitus Bering einbestellte und ihn mit dem Auftrag versah, herauszufinden, wo das russische Reich genau ende, wo die Landmassen auf das Meer stießen, und ob sich dort nicht vielleicht einzunehmendes Land öffne, war der Grundstein zur Erforschung der äußersten Grenze des Reiches gelegt. Bering brach auf, der Zar starb ein Jahr später, lange bevor der Däne 1730 seine Ergebnisse heimbrachte, die dann weder Anna Iwanowa noch sonst jemanden sonderlich interessierten. Nur Bering selbst war von seiner Mission überzeugter denn je und machte sich fieberhaft an die Vorbereitung der Großen Nordischen Expedition, zu der er 1733 aufbrechen, die er aber nicht überleben sollte. Er starb auf den östlich vor Kamtschatka liegenden Kommandeurinseln.

Bis zur Wende zum 20. Jahrhundert sind dann immer wieder Expeditionen nach Kamtschatka gezogen, zunächst geleitet von wirtschaftlichen Interessen, die sich vor allem an die Zobeljagd banden. Schließlich aber wurden wie überall die Ureinwohner in brutalen Kämpfen unterworfen und für die eigenen Zwecke dienstbar gemacht, ehe man im 20. Jahrhundert, im Verlauf ihres Aussterbens gewissermaßen, die Tschuktschen ethnologischer Forschungen für würdig erachtete.

Steigt man heute bei Petropawlowsk auf einen Berg und blickt in die Runde der Bucht mit ihrer breiten Hafeneinfahrt, ihren verstreut und von keiner Stadtplanung gemaßregelten Siedlungen und Häuserkomplexen, ihrer glanzlosen Erscheinung, dann wird der Grünstreifen der fast unbesiedelten Küste, die dieses von keiner Kosmetik entstellte Gesicht Amerika zuwendet, beinahe unverändert so erscheinen, wie es die Forscher damals gesehen haben müssen.

Die erste Kamtschatka-Expedition von 1725 zog noch an Petropawlowsk vorbei. Die spätere Hauptstadt war seit ihrer Gründung 1740 eine Garnisonsstadt, nicht mehr. Schon Katharina II. hatte hier Bauern ansiedeln wollen. Die aber zogen die Fischerei vor und tun es noch heute. Brachland, wohin man blickt. Die Beamten der Zaren verzweifelten an der Mentalität der ungebärdigen Bauern, die die Landwirtschaft ebenso wenig wie die Schafzucht in Angriff nehmen wollten. Stattdessen widmete man sich dem Lachsfang, und noch heute gibt es nirgends auf der Welt einen so reichen Bestand der unterschiedlichsten Arten wie hier, wo der Wildachs in solchem Überfluss vorkommt, dass er sogar als Tierfutter verwendet wird.

Ähnlich gibt es auch kaum irgendwo auf der Erde eine vergleichbar starke Bären-Population. Doch kämpften sich die frühen Trapper durch den Winter, durch die Entbehrung eines Lebens in Laub- und Erdhütten, so kommen die Jagdgesellschaften heute mit Privatflugzeugen aus Moskau, knallen manchmal aus der Luft ihre Beute ab und sind wieder weg. Andere Jäger konzentrieren sich vor allem auf die Bärengalle, der in China aphrodisierende Wirkung nachgesagt wird, und so findet man in der Wildnis bisweilen Bärenkadaver, denen nur die Gallenblase entnommen wurde.

Keine zwei Jahrzehnte ist es her, da existierte Kamtschatka noch als unzugängliches, verbotenes Land, als militärisches Sperrgebiet. Im Kalten Krieg war hier die größte U-Bootflotte des nordpazifischen Raums stationiert, und der Lageplatz der Fischereiflotte, abgeschnitten vom Festland, besaß nicht einmal eine Eisenbahnverbindung zum Rest der Welt. Ein Ort für Wunderlichkeiten also, für Geheimnisträger und Sektierer, ein Ort ohne Öffentlichkeit.

Und dann fasst dich die Fremde an, und du bist plötzlich sehr weit weg, unüberbrückbar entrückt wie in einem Exil, ohne die Möglichkeit einer raschen Heimkehr, ausgesetzt und abgeschoben. Die Fremde schließt dich dann ein, du stößt dich dauernd an ihr, kannst dich drehen und wenden, wie du willst, sie wird dasselbe Gesicht, dasselbe Unverständnis zeigen. Sie wird dich abstoßen, ausscheiden, und du verlierst dich in der großen Wesenlosigkeit, auf den Gehwegen, die nirgends hinführen, zwischen den Häusern mit ihren blasigen Anstrichen, dem vom Salzwasser mitgenommenen Putz, in der grandiosen Tristesse einer Ansiedlung, die nicht behaust sein will, sondern zwischen den Versuchen, zu unterhalten, zu verwalten und zu ernähren, keine Sprache gefunden hat.

Die Häuser stehen ungeplant, als habe man sie bloß so über dem Land ausgeschüttet. Manchen Fassaden wurde ein rosa-blauer Pastellanstrich verpasst, vielleicht, weil nichts sonst Pastell ist. Auf einem wie abgehäuteten Stück Erde hat man einen Luna-Park errichtet. Aber niemand betreibt den Auto-Scooter, nicht einmal Licht brennt. In den vier fast identischen, nebeneinander errichteten Imbissbuden warten vier Verkäuferinnen auf die Käufer von vier Sorten fast identischer Lachsbrötchen. Die monumentalen Bauten der Stadt sind unscheinbar in ihrem grauen Putz, beherbergen Verwaltungen und Universitätsabteilungen. Die grandiosen Bauten aber sind bunte Konsumkathedralen, vom Menschen und allen seinen guten Geistern verlassen – einschüchternde, aus einer anderen Welt entführte Satelliten, die eines Tages abheben und davonfliegen werden.

Vor den Toren lagern missmutige junge Soldaten, die man hierher versetzt hat und die ihr Unglück mit sehr viel Alkohol und abendlichen Aggressionsschüben therapieren. Und wenn man in ein Restaurant geht, erwartet einen in einem Kunst-Habitat aus Pappmaché der aufgerichtete Braunbär mit seinen Jungen am Entrée. Solche Schwulstformen des Sentimentalen kommen wie Anfälle, wie poetische Schübe, die sich in den Formen vergreifen und märchenhaft übertrieben sind, wo man dem eigenen Leben einen Überbau geben will.

Mein Hotel ist von außen ein glanzloser Kasten mit blätternder Fassade, innen aber betritt man eine Halle, in der ebenfalls ein ausgestopfter Braunbär mit gefletschten Zähnen seinen gemalten Lebensraum verteidigt. Die Zimmer sind altrussisch, mit schweren goldenen Brokatstoffen, und in der Nachttischschublade findet sich ein Handbuch, in dem man stolz darauf ist, vier Dienste anbieten zu können: Weckruf, Wäsche, ein Bügeleisen und Shuttle zum Flughafen. Danach folgen fünf volle Seiten Verbote und Gesetze, zum Beispiel: »Kochen Sie keine Gemüsesuppe«, »Halten Sie keine Vögel im Zimmer«.

Um halb sechs Uhr früh erwacht im Sommer die Stadt. Noch ist die Luft klar, unbelastet vom Qualm des Schwerverkehrs, noch strahlen die Neonschriften mit ihren schmissigen kyrillischen Zeichen und schlichten Botschaften in die Dämmerung. Die Vögel schreien lauter, als die Kleinwagen hupen, und in den lagerartig in lauter tristen Zeilen an den Hang gesetzten Plattenbausiedlungen gehen die ersten Lichter an. Aber aus den hohlen Fenstern der Bauruinen, den aufgegebenen Bauten gähnt die schwarze Nacht noch, als habe sie nur hier ihr Zuhause, und das Rosa der Morgenwölkchen bedeckt den traurigen Ort mit Kitsch.

Auf der Straße Heimtorkelnde, verschlafene Taxifahrer, Frühschichtarbeiter, alles in allem lauter aufgetaute Menschen. Sie kommen aus dem langen harten Winter, blinzeln in die Sonne, blühen kurz und rollen sich irgendwo wieder ein, in den Disko-Schuppen, den Fitness-Studios, auch den Kinos, die sich als die illuminierten Portale zur Welt anbieten.

Ab halb sieben gibt es Frühstück mit Spiegelei samt Krebsfleischbelag, rotem Kaviar, Weißbrot und der russischen Fassung von »Livin' La Vida Loca« im Ohr, das hier noch verrückter klingt als bei Ricky Martin. Die Bedienung ist eine uniformierte Gestrenge, die mich durch die Durchreiche minutenlang mustert, ehe sie langsam Teller für Teller bringt. Es sind auch Desserts darunter, die alle aussehen, als seien sie in die Schminktöpfe der russischen Frauen gefallen.

Als die Dämmerung gerade verklingt, finde ich mich auf den Straßen, unter Erkern, die vollgestellt sind wie Speicher, mit ihren Blechverschalungen auf der Wetterseite. Menschen, die sich farbig anziehen, buntes Make-up tragen, als müssten sie der Tristesse der Architektur ihren persönlichen Frohsinn entgegensetzen. Das macht sie noch trauriger. Für die goldenen Knospen der neuen Kathedrale haben die Reichen ihr Zahngold und ihren Schmuck gespendet, und tatsächlich erhebt sich der Bau auf den Grundmauern eines ehemaligen Theaters zu einer deplatzierten Pracht, die nur noch mit den Werbetafeln konkurrieren kann.

Auf dem Markt stehen die Frauen in langen Reihen vor ihren Lachskaviarbottichen. Zum Probieren werden kleine Häufchen auf den Handrücken gekleckst. Jede Frau hier hat ihr eigenes Rezept, baut auf einen bestimmten Salzgehalt, eine spezifische Konservierung. Das soll alles hygienisch bedenklich, wenn nicht hoch gefährlich sein, aber stünden die Händlerinnen seit dreißig Jahren da, wenn sie ihre Kunden in den Tod fütterten?

Ich sehe einem Gehörlosen-Pärchen auf dem Bürgersteig zu. Er bockt, hat seine Hand der ihren entzogen. Sie redet mit geräuschlos belfernden Lippen auf ihn ein. Er wischt alles weg. Ihre Gesten werden größer, sie machen sich Luft. Er stimmt ein gestisches Anschreien an, raumgreifend, mit den klobigen Händen die Luft sichelnd. Ja, auch sonst scheint er ein Wunderlicher zu sein. Sie weicht zurück mit einer Mimik wie im Stummfilm, aber er hat nicht genug. Erst fährt seine Faust in den Himmel, darauf zieht er dreimal hintereinander eine jähe Linie zwischen sich und sie. Dann wendet er sich weg und lässt sie stehen. Aber schon wenige Meter später weiß er kaum, wie er sich noch orientieren soll. Synchron wenden sie sich wieder einander zu, getrennt, doch unfähig, es zu sein.

Petropawlowsk trägt bei manchen den Titel »dreckigste Stadt Russlands«. Kein Wunder also, dass alle hier in die Natur streben. Doch es ist ein Unterschied, ob man eine Stadt vom Land aus entdeckt oder das Land von der Stadt aus. Nein, Petropawlowsk ist so, damit einem die Natur umso ergreifender und reiner erscheint. Und da ganz Kamtschatka, immerhin doppelt so groß wie Deutschland, nur über 130 Kilometer eines zerrissenen Netzes asphaltierter Straßen verfügt und nach sieben Monaten im Schnee nur eine kurze Blüte im schwelgerischen Sommer erlebt, ist die Natur hier schwerlich totzukriegen. Sie übernimmt hinter der Stadt mit Steinbirken-Hainen auf sumpfigem Grund, Halbstauden und Kiefernwäldern, in die sich ab und zu ein »Schaschlik Café« schiebt. Im Sommer sind die Wegränder staubig, und auch der Baum bei der silberhaltigen Quelle, an den man Stofffetzen bindet für sich, die Frau, die Geliebte oder künftige Frau, steht behaucht vom gelben Film des Straßenstaubs.

An den Hängen aber funkeln sie wieder, die Birken, die man in dieser dunklen Gegend als die Lichtbringerinnen liebt. Das Silber ihrer Stämme schimmert noch durch die

Dämmerung – ein Naturzauber, der sich edelmetallisch gegen das ganztägige Zwielicht durchsetzt.

Seit Tagen fahren wir allmorgendlich in das Dickicht der großen, teilnahmslosen Landschaft hinein mit ihren spärlichen Siedlungen. In den blau gestrichenen Bushäuschen stehen großbusige Frauen mit blonden und schwarzen Haaren auf demselben Kopf und einem Mondrian-Druck auf dem T-Shirt. Spricht man sie an, öffnen sich ihre Gesichter und ergehen sich in einem gurgelnden Russisch, das mir von Nastja, der Dolmetscherin, in ein warm gefärbtes Deutsch übersetzt wird, während sich Sergej am Steuer als der »Mann der tausend Geschichten« bewährt, der seine Pointen auch auf Englisch präpariert hat.

Die Sträucher drängen sich von beiden Seiten an die Fahrbahn, als gäbe es etwas zu sehen. Dabei führen diese Schotterwege nur geradlinig auf den Horizont zu, und manchmal fährt ein Alter mit seinem Fahrrad vorbei, oder ein Soldat pisst ins Gebüsch, von Mücken umschwärmt. Dann wieder öffnen sich die Perspektiven zu gigantischen Tälern, in denen die Brache groß und verschwenderisch liegt, als sei es der einzige Sinn der Landschaft, den Vulkanen als Auslegeware zu dienen.

Manchmal stehen in den Dörfern acht Frauen hintereinander vor ihren Wägelchen, in denen sie unter heißen Tüchern ihre Piroggen warmhalten mit Kartoffelfüllung oder Speck, Kohl, Zwiebeln, Gehacktem, Waldfrüchten und Apfel. Die LKW-Fahrer schlendern heran, die meisten mit blankem Oberkörper oder im Unterhemd, oder die Soldaten oder Freizeitkrieger in ihren Camouflage-Overalls. Irgendwie nehmen immer alle Szenen die Färbung des Landes an.

Am dritten Tag sammeln wir zwei Wanderer auf, die verloren durch die Sonne traben, Jelena und Kolja, sie von hintergründiger, pausbackiger Selbstversunkenheit, scheu und verlangsamt in allem, was sie sagt, und versonnen selbst im Gehen, er ein schmaler, kluger Junge mit schnellen kurzen Bemerkungen und guter Beobachtungsgabe. Jelena trägt eine Ballonmütze, die die Formen ihres Gesichts aufnimmt, Kolja eine blau-weiß-schwarz gestreifte Kapuzenjacke, eigentlich ein Textil aus Kinderzeiten, dazu die Baggy-Pants des Rappers.

»Wo wollt ihr hin?«

Kolja weist mit dem Finger auf eine ferne Anhöhe. Wo das Kraftwerk sei, dort wolle er sich gerne mal umsehen.

»Das hätte sie ohne Auto Tage gekostet«, lässt mich Sergej wissen, als wir uns am Straßenrand die Beine vertreten. »Ohne Rastplatz, ohne Essen. Die arme Frau, ihr Kerl hat Nerven.«

Wir schrauben uns hoch in die unwirtliche Vulkanlandschaft. Das Mondtal, in dem der gelbe, lagerartige Trakt des Kraftwerks liegt, ist umgeben von Warnschildern, Wellblechhütten, Containern, rostigem Gerät, ein paar Baracken für die Arbeiter, und weiter hinten erhebt sich der gelbe Quader eines Hotels für die höheren Angestellten.

Ohne Erlaubnis erhält man keinen Zutritt zum Gelände, aber Sergej schlendert strahlend, schon aus der

Entfernung das Gespräch aufnehmend, auf den Schlagbaum zu, wo der Uniformierte mit seiner Familie und den zwei Hunden schon zu lachen begonnen hat. Es herrscht Sonntagnachmittagsstimmung. Man tauscht Geschichten aus, bringt den Klatsch auf den neuesten Stand, und unterdessen hat der Passierschein den Besitzer gewechselt. Unsere kleine Gesellschaft schlendert den Schotterweg herunter, an Ventilen vorbei, aus denen Dampf austritt, Becken, in denen die Abwässer gesammelt werden, trübe dunkle und giftig blaue, die in den nächsten Fluss geleitet werden. Dieser Fluss ist tot. Sergej steht vor der Anlage: Die Maschinen dröhnen, an drei Stellen steigen Rauchsäulen in die Luft:

»Nun war ich schon so oft hier, und jedes Mal ist es auf andere Weise schön. Immer weckt dies auf andere Weise schöne Gefühle.«

Das Werk liegt in einem Hochtal, eingefasst vom Amphitheater der Vulkane, ein Rückzugsort, auch für ein Kraftwerk. Hydranten ragen aus dem Schnee, Pipelines laufen in alle Richtungen. Wir steigen über Rohre, durch ein Gatter, in einen Aschenhang. Jelena und Kolja dokumentieren sich wechselseitig mit Foto- und Videokamera. Seit dreizehn Jahren sind sie zusammen. Wenn sie sich nicht filmen, geben sie sich ungeübte Küsse oder nehmen sich bei der Hand. Eine Schwäche scheint auf dem Grund ihrer Stärke zu liegen.

Jelena hat keine Eltern mehr. Sie ist so introvertiert, dass sie wohl eigentlich nur ein einziges Gesicht machen möchte. Das macht sie immer. Manchmal wendet es sich gütig dem Mann zu, manchmal fragend uns. Außen kommen diese Unterscheidungen kaum an. Vielmehr interpretieren wir sie in ihrem Zusammenhang, und nur Jelenas Lachen ist ein Ereignis, das alle Nuancen über den Haufen wirft, so ungestüm macht es sich breit.

Eines Tages wird ihr Gesicht streng werden, eine Gereiztheit wird sich über der Nasenwurzel festsetzen, man kann sie schon kommen sehen. Andererseits aber wird auch die Güte ihr Gesicht wohl nie ganz verlassen. Scheint es auch manchmal von dunklen Stimmungen erreicht und überflutet, so kennt man ihren Ursprung so wenig wie den ihres Lachens, das am offensten ist, wenn es scheinbar grundlos kommt.

Erzählt Sergej aber wieder eine seiner Geschichten, von denen ihn keine Mühe des Weges abhalten kann, dann lacht Jelena eher gutmütig, auch ein wenig mitleidig, jedenfalls wie eine, die nicht Spielverderberin sein will. Eine dieser Geschichten geht so:

»Eine Frau drängelt sich an der Supermarktkasse vor und sagt: Ich bin schwanger. Versteht ihr: schwanger! Die Leute hinter ihr schimpfen natürlich und sagen: Wir sehen aber nichts! Da sagt die Frau: Was kann ich dafür, dass man eine halbe Stunde danach noch nichts sieht!«

Wir steigen in einen Erdtrichter. Der Boden wirkt blauschimmelig und verdorben, dann gelbstichig bis ins Grün changierend wie ein Schwamm an der Wand, ein übler Wasserschaden, Pilzbefall oder angelaufene Badewannenglasur. Körnig und porös ist der Stein, er krümelt unter den Fingern, und wo man in eine Erdvertiefung fasst, wird es heißer. Hier berührt man etwas in engem Zusammenhang mit dem Erdinneren.

In ihrem gelben T-Shirt steht Jelena und beugt sich über die dampfenden Felsspalten. An manchen Stellen kocht das Wasser hoch und spritzt heraus in kleinen Fontänen, an anderen siedet es nur oder tritt wie durch Perforierungen aus. Schwefelgelb und Rost sind die Farben, Krampfaderblau und Flechtengelb. Das Aquarell der Erde kennt nur verlaufene Töne. Dumpfig aufgeheizt ist die Luft, in die Nastja ihren Zigarettenrauch ausatmet. An anderen Stellen tritt der Rauch aus wie durch Düsen. Das Gras am Bachlauf strotzt giftgrün, rötlich schimmert der Hang, die höheren Pflanzen halten Sicherheitsabstände. Wund ist die Erde, strapaziert und durchlässig.

Jelena blickt auf die heiße Quelle und sagt:

»Es ist wie im Märchen, ein Jungbrunnen. Man taucht als Mutter unter und als Mädchen wieder auf.«

»Und wie oft bist du schon untergetaucht?«

Sie schüttelt bedächtig den Kopf:

»Wir Frauen aus dem Norden werden von der Kälte konserviert.«

Ihre Jeans ist an einem Riss sorgfältig gestopft, die Applikationen auf dem senffarbenen T-Shirt, das so gut in die Landschaft passt, sind abgerieben, wo der Stoff fadenscheinig geworden ist, sind ihm frische Fäden zu Hilfe gekommen.

Es könnte so sein: Ihre Schüchternheit hat sie in die Arme des Ersten getrieben, der sie erkannte. Von ihm hat sie alles gelernt und behandelt es nun wie Geheimwissen.

Es ist vielleicht nicht so, dass sie ihn unbedingt gewollt hätte. Sie wollte nur einfach alle anderen nicht. Noch jetzt greift sie in jedem schwachen Moment nach seiner Hand. Es ist ihr recht, dass er ein Soldat ist. Ein Soldat ist ein respektabler Mann und für sie so etwas wie ein moderner Ritter.

Kolja ist ursprünglich Weißrusse, doch er ging zum Militär, verbrachte ein Jahr in Äthiopien und kehrte schließlich nach Russland zurück, wo er auf einem Stützpunkt im Nordwesten Dienst tut. Seiner Frau darf er von Äthiopien zwar erzählen, die Äthiopierinnen aber lässt er dabei aus. Denn schon wenn man sie bloß erwähnt, dann wütet sie gegen diese Frauen mit ihren afrikanischen Sitten. Als er dort war, in diesem Äthiopien, hat sie jede Nacht geweint. Aber ihr jetziges Leben ist gut, sagt sie. Sie haben zwar wenig Geld, dürfen aber in der Kaserne leben mit ihren beiden Kindern. Ein Freund hat ihnen Kamtschatka als Urlaubsort ans Herz gelegt, er kommt aus Petropawlowsk und hat sie in seine kleine hiesige Wohnung eingeladen. Aber gerade als sie anreisten, musste er die Stadt verlassen. Jetzt leben sie in seiner Wohnung außerhalb der Stadt, haben aber niemanden, ihnen zu sagen, was man hier unternehmen könnte. Zweimal waren sie in Petropawlowsk, aber das, finden sie übereinstimmend, sei keine schöne Stadt.

»Was habt ihr also sonst gemacht?«

Sie errötet.

»Gebadet.«

Als wir die beiden am Abend in einer ärmlichen Siedlung aus Baracken absetzen, sie beschämt die Hand an den Mund hält, weil alles ringsum so dürftig ist, sagt sie:

»Ich habe einen Tag so voller Eindrücke erlebt, dass ich sie kaum mehr beherrsche.«

Und Kolja verbeugt sich steif und sagt:

»Thank you, Sir.«

Als ich frage, ob sie am nächsten Tag wieder mit uns kommen wollen, legt er die Fingerspitzen an die Schläfe und wiederholt:

»Thank you, Sir.«

Und so sind wir am folgenden Tag wieder beisammen: Sergej, der Asket mit den strahlenden Augen, den Yoga-Kenntnissen, den endlosen Geschichten und seiner Begeisterung für jeden Hügel; Kolja mit dem lächerlichen Freizeithut, der intellektuelle Soldat, der die Natur sorgfältiger beobachtet als die Gesellschaft um ihn und alles fotografisch festhält; Nastja mit den zurückgebundenen Haaren auf dem Blondschopf, die dauernd übersetzende, in alle Himmelsrichtungen Agierende, der Gruppe ihr Temperament Schenkende; Jelena mit dem stillen, insistierenden Blick, der in der Verlegenheit oft in Ironie umschlägt, und mit der sanften Stimme, die manchmal lamentierend klingt; schließlich Galina, eine damenhafte Freundin mit Picknick-Korb, die uns mit den Behörden helfen soll. Wir essen auf der Ladeklappe unseres Jeeps: Lachs, Tomaten und Gurken, roten Kaviar, Würste, Weißbrot, Räucherfleisch, wir trinken das Quellwasser, das wir am Weg abgefüllt haben, und Kwass, den vergorenen Brottrunk.

Nachdem wir getrunken haben, legen wir uns in die Wiese und betrachten die Wolken wie Bilder im Museum, die berühmten Wolken Kamtschatkas. Es kommen ja Menschen her, um bloß sie zu sehen, die schönsten Wolken der Welt: die Blumenkohlwolken, die Linsenwolken, die Ufos, die wie gequollener Sago sind, großperlig mit starken grauen Zellwänden.

Heute etwa hat der Pinselstrich des Föhns die Wolken mit breiter Quaste verteilt, ein paar Federwölkchen sind entkommen und schweben schwerelos, als wollten sie das Landschaftsdesign auf den Himmel übertragen. Schneeflecken liegen mitten im saftigen Grün, die hohen Matten leuchten grün-weiß. Manchmal sieht es aus, als habe der Berg Schnee ausgespuckt und dieser fließe zwischen den Lavarücken zu Tal. Jetzt werden die Panoramen groß. Wir steigen auf einen Berg, wo die Hochebene steinig ist und man die Sonne kaum spürt, und zählen von einem einzigen Fleck aus neun Vulkane, neun Individuen, mal effektvoll, mal unscheinbar schön. Sergej wird nie müde, die Schönheit der erloschenen wie der tätigen Feuerspeier zu bestaunen, ihre Namen zu nennen, sie schwärmerisch von einer Liste zu lesen, die fünfundzwanzig aktiven, die zahllosen untätigen.

Wann immer man sich kurz von Sergej entfernt hat, kehrt man zurück, und er ist gerade mitten in einer Geschichte, die in der Natur spielt. Eben erzählt er von einer Köchin im Lager, die sich plötzlich allein mit einem Bären fand. Sie schrie, der Bär zog sich zurück. Stunden später schrie sie noch, und noch viel später schrie sie immer noch. Als die Gruppe ins Lager zurückkehrte, schrie sie schon leiser, war aber völlig betrunken, weil sie in ihrer Angst zwei Flaschen Martini geleert hatte, zwischen den Schreien.

Der Kuckuck ruft.

»Warte«, sagt Nastja und zählt. »Wie lange werden wir leben? 70, 80, 90 …«

Wir werden 120 Jahre alt und bewegen uns langsam über eine Hochebene. Manchmal frisst sich der Weg durch zwei Meter hohe schmutzige Schneeschneisen. Dann wieder liegen die Felder frei, übersät mit Felsbrocken. Schweigt der Kuckuck, bleibt nichts als das Sirren der Insekten, und bisweilen klingen nie gehörte, bizarre Vogelrufe im Dröhnen des Windes. Hochstielige Strommasten stolzieren rostig über die Bergrücken, unter den Überlandleitungen hindurch schießen Rinnsale aus Schmelzwasser, an ihren Ufern schütteln sich dickleibige Vögel, ehe sie zu Fuß weitergehen, durch die frische Schneeluft mit Schwefelaroma.

Jelena sagt mir, was immer sie sagen will, auf dem Weg über Nastja, sie sagt es in gediegenen kompakten Sätzen von einigem Nährwert, zum Beispiel:

»Die Frauen des Nordens nehmen die Stille ihrer Landschaft in sich auf.«

Sie sagt nur diesen einen Satz. Soll er sich setzen wie ein Aphorismus, und ich schaue sie an, ihre verrätselten, schräg stehenden Augen über den hohen Wangenknochen, ihren strengen Mund, aus dem dieser Satz kam, und der dabei weder streng noch still war.

Jelena und Kolja sind seit dreizehn Jahren ein Paar, aber sie geben sich immer noch Küsse, als müssten sie einen leeren Raum füllen. Trotzdem erlaubt sich Jelena bisweilen kleine frivole Anspielungen, die sie, verschlossen wie sie ist, noch hintergründiger erscheinen lassen. Ich vergleiche Sergejs Badehose mit einem Küchenvorhang, sie lacht und sagt:

»Am besten lebt es sich ganz ohne Vorhänge.«

Ich nenne Jelena »Mischutka«, die Bärin. Sie sagt:

»Erst heute Nacht werde ich zur Mischutka.«

Ihr Blick ruht dann versonnen auf einem Punkt in der Ferne. Dort ist nicht ihr Mann. Dort ist vielleicht gar kein Mann, nur ein diffuses Wissen, in das sie niemanden einweiht, ein Begehren, von dem sie allein weiß, wie sie sich dazu verhalten soll. Dann, und es geschieht nur selten, flitzen ihre Augen zu mir hinüber, um eine Reaktion einzufangen. So schüchtern wie selbstbewusst, verkörpert sie die Frau, die unter der Scheu um ihren Reiz, sogar um den Reiz der Scheu weiß, und sie bindet beides mit Würde zusammen.

»Meine Küche ist so groß wie der Innenraum dieses Wagens«, sagt sie, »und der Kuchen, den ich für dich backen würde, wäre größer, als mein Herd es fassen könnte.«

Es ist wie im Märchen, sie übersetzt ihre Zuneigung in Kuchen!

Heute sind wir Stunden unterwegs, als wir auf einen Schlagbaum zufahren, abermals ein Sperrgebiet, rings um das Geheimnis eines neuartigen Wasserkraftwerks.

Galina ist die Justiziarin der Betreiberfirma, und als unsere Lotsin hält sie am Posten ein Papier mit einem Zahlencode hoch, bis eine Stimme aus dieser Rufsäule mitten in der Wildnis bellt und der Wagen passieren darf.

Wir sind nicht weit gekommen, da verraten das Schwanken und Rütteln der Sträucher am Straßenrand den Bär auf der Jagd. Als wir anhalten, tobt er tiefer in das Dickicht hinein, schnaufend und grummelnd. Impulsiv gehorchen alle Beteiligten dem Geschlechterklischee: Drei Männer springen auf den Kranz der Böschung und verfolgen noch eine Weile mit den Augen die Spur, die das Schütteln der Sträucher und kleinen Baumkronen durch das Dickicht zieht. Drei Frauen verharren im Wagen, warnen und wehklagen ins Leere, und selbst der Bär kennt sein Rollenfach, er bleibt berechenbar und sucht randalierend das Weite.

Wir folgen der schmalen, fast zugewachsenen Fahrspur im Gelände, bis hinter einer Kurve aus dem Nichts ein glanzloser Baukörper erscheint. Hinter dem verlassen wirkenden Firmengebäude sitzt mit bloßem Oberkörper ein einzelner Arbeiter und entschuppt einen Fisch. Seine fragenden Augen wandern von Gesicht zu Gesicht.

»Kostja!«, ruft Galina. »Hast du einen Fisch auch für uns? Oder zwei?«

Schweigend ergreift er einen langstieligen Kescher, führt uns zum Wehr und fischt, gegen die Strömung schaufelnd, zwei Ladungen blutjunger Lachse aus dem reißenden Wasser, kaum größer als Sprotten. Sergej bedankt sich zum Abschied mit einer Zwei-Liter-Plastikflasche Bier.

Wir dringen tiefer in das Gelände ein und steigen schließlich mitten in der Wildnis durch das Gestrüpp des Unterholzes einem Wasserfall entgegen. An den Stromschnellen, über den glatten Bahnen des Wassers, das nur an den Felsbuckeln kurz aufschäumt, dann aber rasant dem Abgrund zu stürzt, findet jeder einen Felsen, und wir sitzen, verteilt auf lauter schwach bemooste Brocken im Wasserlauf, und schweigen. Jelena hat die Hosenbeine aufgekrempelt und traut sich nicht weit. Kolja fotografiert sie von einem Stein in der Mitte des Stroms aus. Sie schaut die Kamera meerjungfräulich an, mich dagegen eher fragend, weiß Gott, warum. Sergej macht den Wildhüter, erklimmt einen Vorsprung und sucht das Buschwerk am Fluss mit den Augen nach Bären ab. Wir anderen balancieren direkt über der Stelle, an der die Fluten stürzen. Jelena erhebt die Stimme nur, um mit mütterlicher Inbrunst zu mahnen.

Später am Nachmittag werden wir tiefer in die Wildnis dringen, einen ausladenden, flachen See finden mit einem struppigen Gestade. Dort braten wir die Fischlein über offenem Feuer, essen Graubrot mit rotem Lachskaviar, Äpfel, Kekse, gefüllte Bonbons. Anschließend gehen die Männer schwimmen, die Frauen legen sich in die Wiese, und alle sind froh, dass nichts passiert, alles nur ist.

Im Wagen beginnen sie in den Abendstunden aus fünf Kehlen zu singen und sind sich im Gesang vollendet einig.

»Dieses Lied handelt von der Sehnsucht nach einem wahren Freund«, kündigt Nastja an und schickt ihre Stimme in die tiefen Lagen.

Die Sehnsucht habe ich herausgehört.

»Jetzt kommt das Lied von der schwarzen Katze, die nur denen Unglück bringt, die an sie glauben«, sagt Jelena. »Warte, ich will für dich singen.«

Sie hebt mit dünner Stimme an, erholt sich aber und wird dann ganz kräftig. Alle anderen klatschen rhythmisch mit, auch Sergej am Steuer kann nicht an sich halten. So schnurgerade wie die Straße durch die Birkenwälder führt, kann man sie auch freihändig befahren. Er wählt den nächsten Titel und kündigt an:

»Das ist das Lied von den Leuten, die am Montag geboren wurden, und nun den Montag abschaffen wollen, weil er ihnen Unglück bringt.«

Im Refrain platzt der Reifen. Wir schlingern ins Kiesbett, im Bremsen verzieht die Spur, es riecht nach Gummi. Während der Regen leise nieselnd einsetzt, wechselt Kolja das Rad, Nastja raucht, Jelena schaut sich den Himmel an, als wolle sie darin verschwinden. Auf der unbefahrenen Straße schlendert sie langsam dahin, und nur manchmal schlenkert sie mit den Armen, um die Mücken wegzuwedeln.

Sergej umkreist den Wagen mit fachmännischen Blicken, lässt sich dabei aber vom Erzählen nicht abhalten. Seine Geschichten sind einfach wie die aus dem »Decamerone«. Sie könnten Titel tragen wie: Als mich ein Freund zum Überholen aufforderte, ich es aber lieber sein ließ. – Wie ein Pfarrer einmal den Gottesdienst verschlief. – Wie die Kinder in der Schule pfuschen wollten, der Lehrer aber rechtzeitig die Aufgaben austauschte. – Wie mich meine erste Frau für einen Jüngeren verließ. – Wie man meine Tochter für die eines anderen Mannes hielt, weil sie so schön ist.

»Du warst schon mal verheiratet, Sergej?«

Er seufzt nicht ohne humoristische Theatralik: »Banditen sagen: Geld oder Leben. Frauen nehmen beides.«

Als der neue Reifen sitzt, hat sich der Himmel verdunkelt. Heute sieht es aus, als käme Kamtschatka im Regen zu sich. Die Atmosphäre steigt vom Firmament nieder und legt sich über das Land.

Jetzt passen sich auch die grauen Fassaden von Petropawlowsk dem Wetter an. Überall brennt Licht, die Auspuffschwaden gepanschten Diesels färben manchen Regenschleier bläulich. Die Sonne scheint wie aus der Tiefe eines Gobelins. Einen ganzen Tag lang dämmerte die Stadt und findet nun erst richtig zu sich. Als wäre sie für den hellen Sonnenschein nicht gemacht.

Wir fahren über die Küstenstrecke in Petropawlowsk ein, als schon die Straßenbeleuchtung eingeschaltet ist. So wie sie jetzt da liegt, ist sie reizend, die Stadt. Deshalb kurbele ich die Scheibe herunter und rufe aus dem Fenster, phonetisch imitierend, was ich die anderen andernorts habe sagen hören:

»Kakaia brijälist!«

Alle lachen.

»Was heißt das?«, will ich wissen.

»Es heißt so viel wie: Welche Schönheit!«

Dann ist es gut. Unter den Bäumen vor ihrem armseligen Haus verabschieden wir Kolja und Jelena. Ich erneuere das Zeremoniell:

»Hättet ihr Lust, auch morgen wieder mit uns …«

Jelena lächelt glühend, Kolja salutiert lässig und nickt.

»Seltsames Paar«, sagt Nastja, als sie mich zum Hotel bringt. »Nach dreizehn Jahren immer noch so versessen.«

»Außerdem ist sie eifersüchtig.«

»Dabei ist er es, der Grund dazu hätte«, erwidert Nastja.

Sie hatte nach dem Tod von Jelenas Eltern gefragt, einem bloß von Andeutungen umgebenen Unfall. Zurückgeblieben war Jelena allein, fern von Kolja in seinem exotischen Ostafrika. Und dann der Tod des Freundes. Welches Freundes? Es war regelrecht aus ihr herausgebrochen, sagte Nastja, unter Überdruck. Dieser Freund war ihr Trost gewesen in der Zeit, als man Kolja in Äthiopien stationiert hatte, ein mittelloser, ohne Eltern und Angehörige Lebender wie sie selbst, ein schwärmerischer Begleiter, ein Komplize, der zweite Mann in ihrem Leben – ein Liebhaber? Hatte sie sich verstrickt? Hatte sie ausbrechen wollen?

Kolja war jedenfalls zurückgekehrt, die Ehe erwies sich als unerschütterlich, und der Freund hatte sich drei Monate nach der Wiederherstellung von Jelenas Ehe unter die lokale Eisenbahn geworfen. Ein paar Monate erst vor diesen Ferien war er kremiert worden.

»Wusste Kolja …?«

»Um Himmels willen, er hat den Freund ohnehin schon gehasst.«

Den nächsten Tag beginnen wir schweigsamer. Kolja trägt wieder die Kapuzenjacke des nordamerikanischen Rappers, Jelena wieder ihr senffarbenes Leibchen mit den gestickten, ausgebesserten Applikationen. An der Straße ein großes Gleiten von Birkenwäldern, Heidehügeln, grasigen Ebenen, und in den Tundra-Landstrichen Zirbelkiefern, alpine Mattenpflanzen.

Die Natur erhält ihre Größe immer wieder durch das, was man nicht in ihr sieht: Die Landschaft, die sich aus der fernen Wildnis bis hierher streckt, die Zonen unbetretenen Landes, das sich bis zu diesem einen Fleck aufbaut, die Ausläufer, die abebbenden Hügel ... Sie empfängt diese Größe selbst durch die lange Zeit, während derer sie in der Winterfinsternis wartet, um jetzt abrupt zu schwelgen, und durch die geduckt lebenden Menschen, die aus ihrem Bau kommen und sich für zwei warme Monate aufrichten. Streunende Hunde sind unterwegs und Rabenkrähen. Alle Bewegungen kommen aus dem Erwachen.

Anders sind die Menschen, die hier ihr Kollektivschicksal teilen, anders als Dörfler und Städter anderswo, die in feinmaschigen Netzwerken Eingefangenen. Die Verständigungswege sind kurz. Die Menschen sagen sich nicht guten Tag, treten aber ohne Scheu aufeinander zu und reden drauflos, und da es wenig Informationsmöglichkeiten gibt, tauschen sie wie im Mittelalter Gerüchte aus, geben mündliche Berichte weiter, deuten, was sie sehen.

Die Piroggen-Verkäuferin steht gut eingepackt in der kühlen Brise und sagt: »Die Reisenden, die jetzt vom Meer aus hier vorbeikommen, sind alle rot. Es muss heiß dort sein, jedenfalls muss die Sonne scheinen.«

Unser Weg führt uns in eine andere Richtung. Einmal ist unter einem Hügel ein Tschum zu erkennen, das mit Baumrinde abgedeckte Zelt der Bewohner der Wildnis. Meist aber kommen wir nach stundenlanger Fahrt in Dörfer, die nicht minder isoliert daliegen, Siedlungen aus drei Mietwohnblocks und ein paar halb improvisierten Hüttchen samt Gärtchen. Wir tauchen in den Blick von Menschen, die in die Fassaden eingelassen scheinen, wie die auf den Fensterbänken liegenden rauchenden Männer mit dem nackten Oberkörper oder dem weißen Trägerunterhemd. In meiner Jugend gab es sie noch überall. Inzwischen haben sie sich offenbar ganz nach Russland zurückgezogen.

Über die wenigen Dorfstraßen holpern angerostete Kradräder mit Beiwagen, ihre Sitze aber sind pompös mit Bärenfell ausgelegt. Manchmal malen die Anwohner einen einzelnen Hauseingang bunt an. Dort ist dann der örtliche Kaufmannsladen zu Hause. Manchmal malen sie auch einen Fries Blumen auf die Fensterbank, aber echte Blumen finden ihren Weg nicht bis hierher. Viele Häuser wurden schon aufgegeben, viele Fenster vernagelt, andere mit Plastikfolie verklebt. Das Gras steht oft bis zur halben Höhe des Erdgeschosses. Ringsum strecken sich riesige Flächen Brache.

Ein paar zockelnde Alte schleppen in Plastiktüten

Zwei-Liter-Flaschen Bier vorbei. Die meisten Männer tragen Military-Look, weil solche Kleider billig und haltbar sind und keinen sozialen Status markieren. Die älteren Männer treten auch schon mal im Bademantel auf die Straße. Alle wirken wie eingeschlossen in der Fläche.

In einem der beiden hiesigen Läden gibt es keinen Zucker, im nächsten bekommt man ihn lose, in einem kleinen Zellophantütchen. In der Ferne singt eine Motorsäge. Die Bewohner dieses Fleckens im Nirgendwo haben alle Wintergesichter, selbst im Sommer. Die Wäsche wird an die rückwärtige Außenwand gehängt, davor spielen die Kinder Fußball. Hinten verlaufen sich mit dunklen Fassaden die alten Holzhäuser. Sie sind wie Schreberhäuschen konstruiert, stehen aber so ansehnlich und gepflegt wie Dämchen da, die auf sich halten. Ein Pferd grast an der Straße, ein anderes trabt für sich allein auf und davon.

Zwei Frauen sitzen auf dem Balkon und betrachten uns. Von der Straße hinauf rufend, beginne ich ein Gespräch:

»Wie viele sind Sie hier noch?«

»Nicht mal tausend.«

»Der Winter ist zu lang, oder?«

»Neun Monate.«

»Und wie halten Sie die Kälte aus?«

»Wir verkleben die Fugen. Dauernd kleben wir. Wenn jemand etwas Geld hat, kauft er sich so moderne europäische Plastikfenster wie die da« – sie weisen zum Nachbarhaus.

»Warum bestellt ihr das Land nicht?«

»Wer Land hat, macht das, aber die meisten haben kein Land.«

»Und wovon lebt ihr?«

»Die meisten vom Fischfang im Fluss.«

»Unglaublich!«

Sie lachen heiser. Ihr Leben ist in der Tat, was sie dem Alkohol abringen können, ein Überleben auf einem kaum lebenswerten Flecken, dem ihren.

Später entdecken wir am Kiosk eine handgemalte Einladung zu einem Abend »Nur für Erwachsene«. Wie gerne wären wir dabei, wenn sich die fahrende Varietékünstlerin aus dem Zobel schält! Es gibt auch ein falsch befestigtes Verkehrsschild an der Straße, auf dem ein Mann kopfüber am Zebrastreifen hängt. Den Mann könnte es hier irgendwo geben, aber einen Zebrastreifen? In einem Fenster lehnt ein selbstgemaltes, sonnenverbranntes Bild auf Holz. Es zeigt eine nackte Frau mit Hund auf dem Schoß. Darunter blüht hoch der Rittersporn in ganzen Kolonien.

Am Rand eines ehemaligen Getreidefelds wollen wir unser Picknick aufbauen. Doch gleich verdunkeln die Mücken die Luft, und wir fliehen vor dem aggressiven Geschwader mit dem Sound einer singenden Säge zurück in den kleinen Ort, stellen auf der Grünfläche direkt neben der Weggabelung unser Tischchen mit fünf Stühlen auf, breiten auf der Decke Weißbrot, Gurken, Tomaten, roten Kaviar, Kwass, Meereskohlsalat, getrocknete Schollen, russische Bonbons und Kekse aus und bilden so das seltsame Bild der dekadenten Städter, die kommen, um am elendsten Ort zu tafeln, bestaunt von den fassungslos aus den Fenstern Lehnenden.

Sergej erklärt uns die Stämme der Ureinwohner mit besonderer Berücksichtigung der, wie er sagt, grobschlächtigen, schwerknochigen, triebhaften Frauen, und er schließt:

»Wenn man keinen Sex mit einer Korjakin gemacht hat, hat man Kamtschatka nicht gesehen.«

Alle hängen ihren Vorstellungen nach.

Jelena fragt, ob wir in Deutschland auch Pilze in unseren Wäldern haben.

»O ja, und im Herbst bin ich immer in die Wälder gegangen und habe sie gesammelt.«

Sie reicht mir strahlend ihre raue Hand:

»Habt ihr auch den Weißpilz mit dem breiten weißen Stamm und dem großen braunen Hut?«

»Nein, den haben wir nicht. Wir haben den Birkenpilz.«

»Aber beim Weißpilz bleibt der Stamm selbst nach dem Kochen weiß. Und trinkt ihr auch Weidenröschentee?«

»Nein, das nicht.«

»Bei uns werden selbst die Baumpilze zu Tee verarbeitet.«

»Das kennen wir nicht.«

Wir verabreden, dass ich eines Tages in ihre Garnisonsstadt im Norden Russlands reisen werde, dass sie in der kleinen Küche ihren Kuchen backen, für mich kochen, dass wir den Weißpilz suchen werden und dass …

»Dieser See heißt ›Der tote See‹«, sagt Sergej und zeigt aus dem Fenster.

»Warum?«

»Weil man nie jemanden in ihm baden sieht.«

»Und warum ist das so?«

»Weil er ›der tote See‹ heißt.«

Kolja legt trotzdem die Kleider ab und flieht vor dem nächsten Mückenschwarm in das flache Wasser. Sergej hält dabei nach Bären Ausschau, und ich schließe zu Kolja auf. Wortlos schwimmen wir nebeneinander hinaus in den kalten See, in dessen brauner Oberfläche sich der Bergkamm spiegelt, während sich auf der anderen Seite die Matten in großzügigem Schwung zwischen den Hügeln verlieren. Sergej stimmt am Ufer ein russisches Lied an, die Frauen fallen ein. Nach hundert Metern entscheidet Kolja, dass Weiterschwimmen zu gefährlich wäre. Er duldet keine Widerrede. Wie der Hausherr des Landes legt er fest, dass wir jetzt umkehren müssten, und anschließend, dass dies kein Gewässer für Frauen sei. Jelena zieht Hose und Bluse wieder an.

»Ein Mann fragt einen Japaner«, beginnt Sergej im Wagen, »was magst du an Russland? Er erwidert: die Kinder. Und sonst?, fragt der Russe. Die Kinder. Aber du musst doch noch etwas anderes mögen! Nein, sagt der Japaner, alles, was die Russen mit den Händen machen, geht schief.«

Jelena lacht ihr gutmütiges, eingeweihtes Lachen. Es kippt aber gleich, als sie an die eigenen beiden Kinder denkt.

Am Abend stehen wir zu viert vor der großen Indifferenz des Meeres. Da liegen drei von Möwenkack bedeckte Felsen vor der Brandung, die Wellen schieben ihre Schaumkronen geordnet auf den Lavasand. Steine, Muscheln, Hölzer, Strandgut gibt es nicht, der Himmel ballt ein paar Wolken nur aus dekorativen Gründen, er meint es nicht ernst. Die Bucht ist lang und ohne Schwung, eine große Waagerechte, die sich erst an ihren fernen Ausläufern krümmt. Wir haben zwei Vulkane und einen breiten Streifen aus Halbstauden und Zwergkiefern, dazu das Blütenmeer der gemischten Wiese im Rücken. Jelena krempelt ihre Hosenbeine hoch bis zum Knie und sagt, bevor sie die ersten Schritte in die Auslaufzone der Wellen tut:

»So schön habe ich das Meer noch nie gesehen!«

Immer noch vibriert ihre Stimmung zwischen Überschwang und feierlicher, introvertierter Begeisterung. Dann reißt sie sich los und läuft. Jetzt ist sie schön. Jetzt jauchzt sie, und es klingt wie zum ersten Mal nach langer Zeit.

Am Ende wird ihr Mann sie vom Wasser, wo sie ihre Füße vom Vulkansand reinigte, huckepack zum Wagen tragen, damit ihre Füße nicht wieder schmutzig werden, ihre kleinen speckigen Füße. Es tut ihr, der Mutter, sichtbar gut, mal eben wie ein Kind behandelt zu werden.

An den Abenden fragen wir nun nicht mehr, ob die beiden anderntags mit uns reisen wollen, wir fragen nur noch, wann wir sie abholen sollen. Am letzten Morgen trägt Jelena einen Korb am Arm. In der Nacht hat sie Piroggen und Fleischbällchen gekocht und gesalzene Teigwaren dazu gebacken. Alles, was sie auftreiben konnte, muss sie verarbeitet haben, und als ich mich zur Begrüßung zu ihr hinunterbeuge, inhaliere ich zum Küchengeruch erstmalig ein hauchfeines, seifiges Parfüm.

Gegen Mittag stapfen wir in die monströse Szenerie des Awatscha hinein, über die geronnenen Schlammlawinen, in das erkaltete Lavabett des 2001 zuletzt ausgebrochenen Bergs. In seiner ersten Eruption spie er zunächst Asche, dann Lava. Die Asche erkaltete zu Tuff, die Lava zu Basalt. Ein unbehaustes Tal voller Gesteinsbrocken liegt vor uns, porös erfrorene Massen, gesäumt vom begrünten Hang, besetzt mit Flechten, Saxifragen, Krüppelkiefern, erfüllt vom hohen Zirpen der Vögel und Insekten. Ein Wolkenband hat sich oben über den Hang gelegt, die schmuddeligen Schneefelder wirken wie von den schmutzigen Wolken eingesaut – ein Anblick wie vor der Erschaffung der Natur.

Kolja ist mit seinem festen Schuhwerk und dem Gang des gebirgserprobten Marschierers tief in die Schlackefelder eingedrungen. Mal kauert er unten im Tal lange über einer Pflanze, mal filmt er den Gesteinsfluss, dann wieder verschwindet er hinter den gewaltigen Brocken, die am Rande des alten Flussbetts zur Ruhe gekommen sind.

Wir stehen gerade allein, als Jelena meinen Unterarm berührt. Ihr Blick hat sich von innen verdunkelt, er insistiert, als wolle er jetzt, in diesem Moment, unbedingt wortlos verstanden werden. Zum ersten Mal ist da etwas Verschworenes, zugleich Dringliches in ihren Augen, und während ich diesen Blick noch fragend festhalte, zieht sie einen Briefumschlag aus der Tasche. Verstehe. Ich werde ihn nehmen, niemandem etwas sagen, werde zu Hause einen Exilrussen finden, der ihn mir übersetzt, werde antworten, und den Ernst meiner Antwort mit einer Erwähnung des Weißpilzes aufhellen.

Sie aber zieht den Umschlag gleich wieder zurück und birgt ihn, wo er war, in der inneren Jackentasche. Nur ist das Inständige aus ihrem Blick nicht gewichen, ihm folge ich.

»Idi sjuda«, sagt sie auf Russisch, und ich verstehe »komm«.

Wir balancieren hintereinander durch ein Geröllfeld. Nastja raucht auf einem Felsen, tief versunken in eine von Sergejs Geschichten. Kolja ist kaum mehr zu sehen, so weit hat er sich in das erkaltete Flussbett gewagt, und so steigen wir zum Sirren des Windes, zum Klickern des Gerölls, zum Zirpen einzelner Vogelstimmen aufwärts, einem Nebenkrater entgegen, der mit wetterwendischen Fumarole-Wölkchen Rauchzeichen gibt.

Dieses Mal folge ich Jelenas Schritten, erfasst von ihrer Zielstrebigkeit und immer noch im Bann eines Blickes, der wie ein Versprechen war. In der unmittelbaren Nähe des schweflig dampfenden Nebenkraters mit seinen Quellen und Geysiren wuchern Grünalgen und der niedrige Schachtelhalm. Trifft uns das Wölkchen aus dem Schwefelgrund, wehren wir uns mit vor dem Mund wedelnden Händen, flach hustend. Es ist eine Mulde bloß, ein beigegelb blubbernder Erdtopf, an dessen Rand Jelena kauert, während das Rauchfähnchen sich dreht. Zum zweiten Mal greift sie nach mir, dieses Mal mit ihrer Hand meine heranziehend, und ich hocke mich neben sie, während sie, halb flüsternd, sehr schnell ein paar russische Verse deklamiert, etwas Formelles oder Liturgisches. Ich verstehe nicht. Das taubstumme Pärchen auf der Straße von Petropawlowsk fällt mir ein.

Ihre Augen suchen die meinen nur kurz. Etwas Frenetisches ist jetzt in diesem Blick, der mich nicht meint. Dann legt sie sich den Zeigefinger auf die halb geöffneten Lippen, zieht wieder den Umschlag hervor, reißt ihn der Schmalseite nach auf. Eine hauchzarte grau-braune Fahne Asche schwebt in den Wind, wird in den kleinen Krater, aber zum guten Teil darüber hinaus getragen, über den Schachtelhalm und die Algen hinweg und hat sich zerstäubt. Jelena knickt den Umschlag zweimal und steckt ihn wieder ein. Zuletzt faltet sie die Hände, ein Gebet hineinflüsternd, und alles ist vorbei. Das beißende Schwefelwölkchen scheucht uns vor sich her. Abwärts steigen wir, und wo der Staub auf den Gräsern liegt, denken wir wohl beide an den Weg, den die Asche nahm, auch sie nur ein Hauch. Dann wiederholt Jelena ihre Geste und führt den Zeigefinger zum zweiten Mal an den geschlossenen Mund.

Als wir wieder zu den anderen stoßen, breitet sie dem ahnungslosen Kolja gleich ihre Arme aus und lässt ihn eintauchen. Er tut es mit jungenhafter Unreife und hält für Augenblicke zwischen seinen Lippen ihr dickes Ohrläppchen fest. Sie klopft ihm begütigend dazu auf den Rücken.

Unseren letzten Abend verbringen wir in der unbenutzt wirkenden Anlage eines Hotel-Freibads, dessen Becken gerade durch einen Schlauch mit schwefligem Thermalwasser befüllt wird. Kurzatmig lagern wir im Wasser. Kolja taucht mit Kopfsprung ins Becken, Jelena zieht sich einen schwarzen Bikini an und drückt ihren stämmigen Körper rasch unter die milchige Wasseroberfläche, während Sergej den allgemeinen Frohsinn unermüdlich weiter stimuliert. Wir trinken Bier aus Plastikbechern und toben ein bisschen herum. Einmal drückt Jelena unter Wasser meine Hand.

Musik wird eingeschaltet. Es gibt viele Instrumente, die furchtbar sind in ihrer Fröhlichkeit. Das Akkordeon führt sie an, dann folgt das hüpfende Geigen-Tutti. Der Abend ist voller Akkordeon und Happy Sound. Später gesellen sich noch ein paar russische Oligarchen zu uns, fett sind sie, aber stark, haben Plastiktüten voller Alkoholika und zwei hübsche, nichtsnutzige Frauen bei sich, die sich wie die Ausziehmädchen am Poolrand räkeln und füreinander posieren. Als dann drei weitere Geschäftsmänner dazukommen, alle mit weißen Frotteetüchern um die Hüften und mit dem Handy telefonierend, während sie im warmen Wasser stehen, entschließen wir uns zum Aufbruch.

Unter den buschigen Bäumen vor der armseligen Siedlung, die sie bewohnen, holen wir zur Verabschiedung von Jelena und Kolja aus. Wir stehen um den Wagen, die Männer umarmen sich fast ohne Körperkontakt. Als ich Jelena die Arme öffne, kommt sie, von einem leichten

Sonnenbrand vergoldet, und drückt sich rückhaltlos in diese Umarmung, als wolle sie so, als Passform, erhalten bleiben. Dann wendet sie sich Nastja zu, damit sie übersetze:

»Wir haben eine Zeit mit vielen schwarzen Streifen erlebt. Nie hätten wir gedacht, dass uns hier ein so weißer Streifen erwartet.«

Darauf schenkt sie mir noch einmal ihren gedrungenen Körper, von dem sie weiß, dass man ihn gerne in den Arm nimmt, und lässt ihn ruhen. Kolja ist ins Haus gegangen, um Geschenke zu holen.

»Du wirst mir fehlen«, sage ich.

Als ich im nächtlichen Hotelzimmer die Geschenke öffne, sind es ein Wimpel von Koljas U-Boot-Stützpunkt, ein grünmetalliger Schlüsselanhänger mit dem Emblem desselben, dazu eine blau-weiß-geringelte ärmellose Weste. Sie passt, sieht aber aus wie ein Ringer-Leibchen aus einem Badeort an der Côte d'Azur der zwanziger Jahre. Das ist ihr Geschenk. Ich trage es eine Nacht lang und eine weitere, bis es sich unwiederbringlich anfühlt. Ja, sie fehlt mir.

Mandalay

Ein Traum vom Meer

Aufgewachsen bin ich in jener Hügellandschaft, die man geographisch die Voreifel nennt, Liebhaber bezeichnen sie auch als »Rheinische Toskana«. Doch das ist schon keine Beschönigung mehr, sondern eine Irreführung. Unser damals noch weitgehend bäuerlich lebendes Dorf trägt den Namen Oedekoven, was man, wie mir der Bürgermeister einmal erläuterte, nicht so offensichtlich ableiten darf, wie es scheint, sondern vielmehr auf den germanischen Gott Odin zurückführen soll. Der rastete, wie Götter es manchmal tun, angeblich in einem nahen Gehölz.

Dieses lag unweit unseres Hauses, und an einer Stelle sah man von einem Kiesweg aus, der den Mischwald teilte und in einen Wiesengrund führte, durch den schütteren Baumbestand in das Tal mit seinen dem nahen Bonn vorgelagerten Dörfern und Ministerialsiedlungen. Als ich etwa siebenjährig einmal in der ersten Morgenfrühe mit meiner Mutter über diesen Kiesweg in die Senke einbog, lag der Frühnebel so dicht über dem Tal, dass ich unwillkürlich dachte, man habe mir die ganze Wahrheit über meine Heimat unterschlagen, und ich greinte:

»Warum habt ihr mir verschwiegen, dass wir am Meer wohnen?«

Ich glaubte damals an eine besondere Wirkung des Meers. Dort müsste das Leben ein anderes sein, von den Städten abgewandt, durch den dauernden Anblick des Wassers geklärt. Als ich erst das Mysterium der Gemäldegalerien entdeckt hatte, suchte ich das Meer im Blick von alten Malern, die nicht nach Fotos, sondern ganz nach der Natur hatten arbeiten müssen, staunte zum Beispiel über die Seestücke van Goyens mit dem Staubglanz über dem Wasser und dem Talent, Himmel, Erde und den Spiegel der See ineinander zu matschen, als wären sie aus einem Stoff, schwärmte in die unergründliche, heidnische Romantik von Claude Lorrains Landschaftsbildern hinein, wo die Täler tief wie nirgends und die Horizonte weit sind.

Später habe ich mich mit dem Phänomen der Unähnlichkeit, des Betrugs an der Naturwahrheit, auch als Student beschäftigt und in Claude Lorrains »Aeneas und Dido in Karthago« eine Verlegenheit vor dem Meer gefunden, die von Respekt zeugt, von Hilflosigkeit, fast so, als habe der Maler vor der authentischen Widerspiegelung des Ozeans Angst gehabt, als habe er ihm nicht in die Augen sehen können. Da liegt der Ozean vor der Halbinsel von Tunis wie gewebt, eine Antiquität, an anderer Stelle schimmert er gläsern wie mit dem Mund geblasen.

So wie jedes Feuer die Sonne spiegelt, so soll bei ihm wohl jeder Strom das Meer, jede Pfütze den Ozean zitieren, und wo auf den Bildern die Wasser fallen, setzen sie auch wirklich die Zerstörungskraft einer Brandung frei. Verweilt Lorrains Blick aber auf dem Meeresspiegel, so ist er ratlos, kann er ihn doch offenbar weder zur Bewegung noch zum Glänzen bringen. Selbst wo die Ruderblätter der Galeere ins Wasser tauchen, gibt es kein Spritzen, und rund um den Kiel schäumt allenfalls Sprühsahne. Da ist kein Anbranden am Ufer, kein Reflektieren des Himmels. Nein, bei manchem Stillleben-Maler steckt mehr Hochsee im Weinglas als bei Lorrain im ganzen Ozean.

Warum setzt vor einer Nebelbank in der Voreifel, vor einem Ölgemälde von Claude Lorrain die Erinnerung an Birma ein? Dieses verrätselte Land war über viele Jahre von Fremden nur für eine Woche und nur an vier Orten bereisbar. Zu dieser Zeit war ich dort. Man durfte Rangun, Pagan, Mandalay und den Inle-See besuchen. Der Rest gehörte den wilden Tieren, den Pagoden, den Mönchen und dann und wann einem schneeweißen DDR-Funktionär, der sich durch den Dschungel sächselte, genossenschaftlich verbunden dem sozialistischen Bruderstaat. Jeder Ort, auf den man seinen Fuß setzte, war umgeben von verbotenen Stätten, Demarkationslinien zum Unbekannten und Unzugänglichen. Deshalb blickte man von jedem Fleck wie von einem Aussichtspunkt aus in die Terra incognita.

An manchen Orten gibt es hier doppelt so viele Pagoden wie Einwohner. Man setzt sich hinten auf einen Ochsenkarren, schunkelt über das versteppte Weideland und hält im Abendrot vor einem dieser Prachtbauten, der aus einer goldenen Knospe auf dem Dach zu blühen beginnt.

Drinnen klingelt es immerzu, und noch weit weg lispelt der hohe Glockenklang durch die Luft. In seinem schattigen Gewölbe aber sitzt derselbe Buddha gleich viermal da, damit er in alle Himmelsrichtungen gucken und segnen kann. Mönche dämmern vor seinem Schoß mit Räucherstäbchen, und vor ihrem eigenen Schoß türmt sich dann nur noch die Asche.

Auch Wahrsager kauern in Buddhas Schatten:

»Älter als achtzig Jahre werden? Nein, das ist leider unmöglich für Sie«, sagt er.

Leider. Zum ersten Mal im Leben möchte ich 81 Jahre alt werden. Doch während ich noch mit meiner Lebenserwartung hadere, tunkt der Erleuchtete eine bittere, erdbeerförmige Frucht in Salz, und seine Augen sagen: »Heul doch!« Ich schenke ihm in einem Umschlag ein hauchdünnes Fähnchen Blattgold. Er verneigt sich. So ist es gut, nämlich »gottgefällig«.

Stunden haben die Arbeiter in ihrem dunklen Koben so lange mit dem Vorschlaghammer auf einen Packen Papier geschlagen, bis aus dem Nugget im Innern dieser schimmernde Fetzen wurde. Der Wahrsager nimmt das Blättchen, klebt es murmelnd auf eine nur mannshohe Buddha-Statuette, die unter all dem Gold ihre Physiognomie eingebüßt hat, und jetzt schimmert nur noch die Kajallinie des Lidstrichs durch das Blattgold.

»Leider«, sagt der Wahrsager noch einmal, »nicht über achtzig«, und dann noch: »Mit drei der vier Elemente werden Sie im Leben gut auskommen. Das Wasser aber wird nie Ihr Freund. Nie.«

Leider. Ich werde mein Rettungsschwimmerzeugnis verbrennen, in dem mir freundlichen Feuer.

»Alles, was Ihnen feindlich ist, nähert sich Ihnen aus südöstlicher Richtung.«

»Und wenn ich mich drehe?«

Solche Haarspalterei wird mir kaum nützen. Er sagt es nicht. Sein Blick sagt es. Mein Ochsenkarren ist jetzt weg, aber die Steppe dampft warm und grau. Man stopft sich die in ein Blatt gewickelten Splitter der Betelnuss in die Backe, sabbert und geht zu Fuß. Jedes Runterschlucken wärmt den Bauch, jedes berauscht ein kleines bisschen mehr. Feuerrot wird ausgespuckt, das Sputum perlt auf den Blättern, verläuft sich im Sand.

Den Alten verfaulen nach lebenslangem Betelnuss-Abusus die Zähne im Mund. Aber der Konsum betäubt den Hunger, und das wird bisweilen wichtig sein, nicht allein der Armut wegen, sondern auch, weil Birma, wie George Orwell befand, die seltene Gabe besitzt, jede bekömmliche Speise in eine ungenießbare zu verwandeln: Das Fleisch kommt mit grünlichem Pelz auf den Tisch, aus dem Gemüsematsch riecht es nach Krokussen und Tümpeln, die Einsprengsel im Reis sind Insekten, und vom Nachbartisch schielen Funktionäre in Zivil herüber, damit niemand zu vertraut mit den Einheimischen werde.

Wer um fünf Uhr morgens aufsteht, kann den Goldwäschern am Fluss zusehen, wie sie die Köpfe über den Schüsseln zusammenstecken, während die kleinen Mädchen die Ochsen im Wasser bürsten. Aber noch klingt das Schnaufen und Rufen gedämpft. Über den Büschen wacht von den Hängen das perlweiße Gesicht eines steinernen Götzen, halb Faun, halb Greif, und dahinter, in dem alten, hölzernen Klosterbau, wandeln, orange und rostrot hingetuscht, die barfüßigen Mönche. Während sie ihr Klingeln und Beten aufnehmen oder schweigend heilige Schriften studieren, steckt sich die junge Lastwagenfahrerin unten an der Straße eine dicke, grüne Zigarre in den Mund und lächelt den ersten Fahrgast an mit dem strahlenden Betelnuss-Rot ihrer Zähne. O happy day!

Birma lebte zu lange mit dem Rücken zur Welt, als dass seine Menschen schon wissen könnten, wie verwahrlost, wie fadenscheinig gebildet, wie überrumpelt wir dieses Land betreten. Seine Verkehrsmittel sind beschwerlich, seine Unterkünfte ärmlich, seine Restaurants bedenklich, aber dann gibt es in der Hauptstadt Rangun das »Strand«, diesen prachtvollen Hotelbau aus der Kolonialzeit, ebenbürtig seinen beiden Geschwistern »Oriental« in Bangkok und »Raffles« in Singapur, es gibt Zimmerfluchten in dunklem Holz mit alten Armaturen, blutroten Stoffen, Lounges, in denen das Aroma aus hundert Jahren Spionage und Geheimdiplomatie hängt und die Erinnerung an Panamahüte. Am liebsten sind mir Hotels, deren Geschichte man noch bewohnen kann. So ist das »Strand«.

Als ich dort eintraf, gab es kein Einzelzimmer mehr, also teilte ich mir ein Doppelzimmer mit einer alleinreisenden Britin namens Belinda. Unser Zimmer, mit seinen roten Stoffen und dunklen Möbeln eher eine Zimmerflucht, war so weitläufig, dass wir uns kaum hätten begegnen müssen. Sie trat ein, fand das alles zu groß und drückend und schloss als Erstes die Vorhänge, als gelte es, unseren Besitz vor den Blicken Fremder zu schützen.

»Gehen wir essen?«

Wir setzten uns in den weitläufigen Speisesaal des »Strand« mit seinen umlaufenden Holzvertäfelungen, seinen kolonialen Erinnerungsstücken, seinen aus der Vergangenheit geretteten Ritualen. Der Kellner schob ihr den Stuhl in die Kniekehlen, sie quittierte es mit Genugtuung.

Als Gesprächseröffnung wählte sie »die Armut da draußen«, die sie »bedrückend« fand. Ich wählte die Rochade:

»Aber gut anzusehen«, sagte ich.

»Zyniker!«

Ich erklärte, das Bedauern über die elenden Lebensbedingungen der meisten Menschen auf der Welt sei das eine, das andere aber sei, dass so mancher Reisende wohl enttäuscht wäre, wenn er an seinem Reiseziel ohne Bilder der Armut auskommen müsste. Sie schaute indigniert, dann erwiderte sie spitz:

»Du hast bestimmt einen höheren Standpunkt, aber mich macht der Anblick der Armut nur traurig.«

Ich legte nach mit der These, weniges mache ein Land so vielfältig, so reich fürs Auge, so barock wie die Armut. Sie ließ dem Gedanken eine Schamfrist. Dann rückte sie sicherheitshalber von ihm ab und schaute nur indigniert.

»Glaubst du nicht, dass das Gefühl der Überlegenheit das Wohlbefinden steigert?«, fragte ich.

Sie überging das als nicht verwertbar.

»Diese Länder sind so weit weg«, sagte sie, »und innerlich ist es noch weiter. Wir haben ja eben erst die Tür aufgemacht, zu diesen Leuten, die so freundlich sind, zu ihrer Kultur, ihrem Essen …«

Sie sagt das mit strengen Augen, jeden Satz mit Nachdruck herausschickend, denn er ist gearbeitet, ist Ergebnis einer Leistung. Doch während sie gerade noch großherzig klingt, kreisen ihre Gedanken im nächsten Augenblick um diese abstoßende Veranlagung der Einheimischen, sie bei jeder Gelegenheit betrügen zu wollen. Sie ergeht sich in langen Berechnungen der Tarife für Bahnen, Museen, Rikschas. Zwar hat sie alle diese Angaben aus alten Büchern, sie lassen sich aber mit den heutigen Wechselkursen immer noch vergleichen und dann mit dem Taschenrechner neu kalkulieren. Auch hat sie mehrere Geschichten parat, in denen sie die Oberhand behielt, sich nicht betrügen ließ und einen Handel glücklich für sich entscheiden konnte.

Nein, sie werde hier »die Preise nicht kaputtmachen«, sagt sie. Sie nicht! Wirklich gelassen wird sie deshalb nur in großen Hotels mit feststehenden Tarifen. Aber wenn dann dort die Speisekarte Lücken aufweist … Und wenn dann auch noch so viele Kellner herumstehen, so viele untätige Kellner wie hier …

»Die halbe Speisekarte haben Sie nicht. So.«

Sie mustert den Kellner, als sei er die Karte.

»Was *haben* Sie denn? Keine Ente? Sie haben keine Ente in diesem Land? Draußen ist mir aber die eine oder andere Ente aufgefallen. Die eine oder andere«, lacht sie.

Der Kellner tut ihr nicht den Gefallen, in Tränen auszubrechen, aber er schüttet die Eiswürfel unbeholfen über den halben Tisch.

»Macht nichts«, beschwichtigt Belinda, »no problem«, und wischt die Würfel aus ihrem Schoß auf den Dielenboden, wo sie klackernd dahinschliddern und von zwei traditionell gewandeten Mädchen in einem Becher gesammelt werden müssen.

Und Belinda? Sie kennt das Metier, ist sie doch selbst auf einer höheren Position in der Dienstleistungsbranche beschäftigt, dort, wo Begriffe wie »corporate«, »assistant« »manager«, »director« und »center« irgendwie im Sternbild eines Berufes zusammentreten. Man kann ihr nichts vormachen, und deshalb wird sie auch in Birma nicht zu sich kommen. Mit den immer selben Augen wird sie in ständig wechselnde Landschaften, gesellschaftliche Gefüge und moralische Situationen sehen, und am Ende all das hier kondensieren zum Standpunkt der Eingeweihten, die immerhin da war, die also mitreden kann, wo andere schweigen sollten: »Birma ist … die Menschen dort wollen einfach … die Religion macht sie … mit ihrer Armut kommen sie vergleichsweise …«

Ihre Selbstherrlichkeit stimuliert allenfalls den aggressiven Eros, wie mir bewusst wird, als sie in ihren kurzen Pyjama-Shorts aus dem Bad in den Raum schlendert.

In der Nacht saßen wir dann in unseren hohen Betten,

tranken Flaschenbier, redeten vor uns hin, und die Mischung aus dem kleinlichen imperatorischen Habitus und ihrer Verlorenheit in der Fremde gab ihr etwas so Reizvolles, dass ich ihr immer wieder die Flasche zum Anstoßen hinhielt. Sie gestand mir dafür, dass es für einen Mann bisher einfach »keine Zeit« in ihrem Leben gegeben habe. Danach sprachen wir über das, was andere in unserer Lage jetzt sicher machen würden. Doch fanden wir beide keinen Eingang in diese Lage.

Am nächsten Tag kompensierte ich mein schlechtes Gewissen des guten Hotels und der herrischen Gesellschaft wegen, indem ich mir im Bahnhof ein Billigticket für die Fahrt nach Mandalay buchte. Ich setzte mich in die Holzklasse zu den Bauern, den Arbeitern, den Viechern.

Die Kompartimente der birmanesischen Staatsbahn bestehen aus zwei einander gegenüberstehenden hellen Holzbänken, auf denen jeweils drei schmale Menschen nebeneinander Platz finden können – oder ein Ehepaar mit Truthahn, wie mir gegenüber. Der Truthahn ist eine hässliche Kreatur, die dauernd dünkelhaft aus dem Fenster sieht und jeden Augenkontakt vermeidet. Unter dem Kopf hängt der rote Hautlappen wie ein Tumor. Das Besitzerpaar dagegen ist wunderschön und animiert. Zunächst traut sich nur der Mann mit den großen tiefen Augen, mich anzustrahlen. Maßlos, als flirte er, bleiben seine Augen an den meinen hängen.

Seine Frau Mariam ist eine stillgelegte Schönheit, die offenbar von ihrem Reiz nicht weiß. Sie hat die Farbe der Erde, ihre Gliedmaßen sind schwer, ihre Augen ruhen lange auf einem Ding, ehe sie sich erschöpfen, und wenn sie einen Gegenstand nimmt, dann schwebt ihre Hand an, legt sich darauf wie zum Schmusen und hat ihn gestreichelt, ehe sie ihn benutzt. Auch ihr Lachen macht sich von sehr weit innen auf den Weg. Wenn es aber auf dem Gesicht angekommen ist, dann breitet es sich aus und geht nicht, bis es nicht alle Winkel des Gesichts durchflutet hat. Man kann nicht aufhören, sie anzusehen.

Als sie mir die Hand gibt, bleibt die Hand wie eine abgelegte Ware, weich und nachgiebig, in der meinen liegen. Das Wachstum der Fingernägel hat das letzte Rot bis über die Mitte des Nagels transportiert. Wenn sie nickt oder der Zug schaukelt, gibt es eine leichte Auf-und-ab-Bewegung der Gesichtsmasse. Nur ihre Augen erröten.

»Wo fahren Sie hin?«, frage ich.

»Nach Hause«, sagt der Mann, »in den Krieg.«

»Welcher Krieg?«, frage ich und denke an die Sequenz aus »Masculin-Feminin«, als Jean-Luc Godard »Miss 19 Jahre« fragt, wo auf der Welt gerade Krieg geführt werde, und sie muss passen.

»An der Grenze zwischen Birma und China wird schon seit vielen Jahrzehnten Krieg geführt«, sagt er. »Aber wir sind dort unter uns, und so weiß man es nicht.«

»Wer seid ihr?«

»Wir gehören zum Volk der Kachin.«

»Worum wird der Krieg geführt?«

Er zählt es an den Fingern auf: »Früher gegen die Engländer, dann gegen die Chinesen, dann mit den Chinesen gegen die Regierung Birmas, dann gegen die Armee, dann gegen Rebellenführer Fürst Khun Sa, dann gegen die Regierung für unsere Unabhängigkeit ...«

Sein Finger bleibt in der Luft über der Abzählhand schweben ...

»Und fertig«, bindet Mariam ab und lacht.

Fürst Khun Sa war mir zuletzt auf einem Illustriertenfoto begegnet. Stolz hatte sich der Drogenfürst des Nordens im Kreise der eigenen Armee gezeigt, ein Halbchinese, der ehemals Offizier der nationalchinesischen Armee gewesen war und über Jahrzehnte den Opiumhandel im »Goldenen Dreieck« von Birma, Thailand, Laos organisierte. 1994 wurde sein Hauptquartier gestürmt und der Handel neu geregelt. Einen Auslieferungsantrag der USA lehnte die Regierung von Birma ab. Khun Sa zog sich ins Edelsteingeschäft zurück und lebte noch ein gutes Jahrzehnt gut geschützt in Rangun.

Ja, der Krieg wohnt hartnäckig, wo auch Khin Maung und Mariam wohnen. Sie sind Buchbinder, und ihren kleinen Betrieb führen sie gemeinsam. Wir werden lange fahren, und sie nutzen die Zeit, mir ihre Lage zu erklären, wobei Mariam nicht weniger spricht als ihr Mann, und ebenso stolz fasst sie zusammen: Schon die Briten hatten es nirgends so schwer mit der Kolonialisierung wie in Nordbirma. Wenn man von »Kachin« spricht, so ist dies ein Sammelname für diverse ethnische Gruppierungen, die Lashi, die Lisu, die Maru und Rawang. Die Kachin, die auch in China und Indien lebten, ließen sich evangelisieren, um sich von den heimischen, dem Buddhismus anhängenden Birmanen abzugrenzen. Während früher hier die »Communist Party of Burma« treu für eine größere Annäherung an den chinesischen Nachbarn im Norden gekämpft hatte, kämpften die Kachin in Birma bis zum November 1993 mit ihrer »Kachin Independent Army« gegen die Regierung, und noch heute dauert der bewaffnete Kampf für die Unabhängigkeit ihrer Provinz und der gegen Schmuggler von Opium und Edelsteinen an.

Khin Maung und Mariam wohnen in einem Dorf nördlich von Myitkyina, im verbotenen, für Fremde gesperrten Distrikt, nicht weit von der Grenze zu China. Myitkyina ist ein Zentrum, wo Gold, Jade und Bernstein gewonnen werden, aber auch die Wanderfeldbauern kommen hierher auf die Märkte, und die hiesigen Kachins sind immer noch in Stämmen unter Häuptlingen organisiert. Die Eisenbahn endet hier, aber die Straße führt immer weiter bis nach Indien und China.

Mariam macht sich den unsteten Truthahn mit einem Griff an seinen Hals gefügig. Khin Maung hält einen Leinensack Zucker zwischen seinen Knien. Zu Hunderten nehmen die Fliegen darauf Platz. Draußen breitet sich schwarze Erde aus, die Glockenkelche der Pagoden leuchten in Weiß oder Gold, und wenn die Menschen eine Errungenschaft gemacht haben, dann sind es Schirmmützen. Es riecht nach Hirse und fauligem Gemüse. Aber das Lachen sitzt locker.

Über die Wasserspiegel morastiger Teiche staksen die Hütten dahin auf morschen Balken. Man sieht den Seuchen in der Entstehung zu, und da die Fenster offen bleiben, schwärmen an jeder Haltestelle des Zuges die Insekten herein, trunken vom Fäulnisgeruch. Mariam hält ein leeres westliches Parfümfläschchen an die Nase, das Geschenk einer Touristin. Kleine Pferde sprengen außer Atem durch eine Allee. Tätowierte Jugendliche in traditionellen Röcken stoßen den Rauch ihrer grünen Zigarren in Wolken aus, Männer in karierten Sarongs kauern untätig vor blau gestrichenen Hütten, davor Hunde und Kinder, Ochsenkarren hinter Pferdekutschen, weit entfernt ein Lautsprecherwagen mit einer Musik aus Klopfen und Wimmern.

Schuljungen kommen Arm in Arm die Straße herunter. Der Geruch von Dörrfisch ist in der Luft, im Respektsabstand zum Zug warten Bauern, Viehtreiber und Mönche, Pferdegeschirre klingeln, bis das Donnern schwerer alter Lastwagen hineinbricht. Dann stellt sich die Stille wieder her, in die nur manchmal das Rufen eines Goldwäschers am Ufer dringt. Von rechts und links scharen sich dann die Kollegen um die Schüssel und deuten mit Zeigefingern vielsagend in den kleinen Matsch.

»Man sollte in Freetown sein«, sagt Khin Maung. Aus der Zeitung hat er erfahren: In Freetown in Sierra Leone legten starke Regenfälle Diamanten frei. Aus allen Himmelsrichtungen reisen die Leute mit primitiven Werkzeugen an, Spaten und Schippen, Netzen, Sieben und Waschpfannen, sie haben keine Ahnung. Auch Waffen bringen sie mit. Es kommt zu schweren Zusammenstößen, die Regierung setzt Militär ein. Er hat das gelesen, als handele die Zeitung von ihm. Wohnt er nicht selbst im Krieg?

Eine birmanesische Mutter auf der anderen Seite des Gangs schaukelt ihr kleines Mädchen auf dem Schoß. Nach jedem Jauchzen des Kindes entschuldigt sie sich im Kreis für den Lärm.

»O, don't worry, that's the sweetest noise.«

Hört es und legt dankbar die flache Hand auf die eigene Brust.

»Is it, indeed?«, fragt sie ungläubig, als habe sie es so nie gehört, und sieht ihr Mädchen an, mit anderen Augen.

Der einzige weitere Fremde in der Holzklasse ist ein Kanadier, der seinen Heroinentzug in einem nordthailändischen Kloster absolvieren wollte, aber floh angesichts von Kaulquappen im Badewasser, Läusen im Bett, dem erbärmlichen Essen und einer Unterbringung wie von Gefangenen.

»Sie ketten dich an. Wenn du zu fliehen versuchst, prügeln sie dich mit dem Gummischlauch. Keine Sanftmut, keine Milde. Nur Dreck, Gewalt und Willkür. Aber es gibt einen Fischteich im Hof und Mangobäume, unter denen man sitzen und Musik machen kann.«

Nun ist er zum zweiten Mal in Birma, um seinen Rückfall zu organisieren. Auf den Unterarm hat er sich in abwärts laufenden Buchstaben »hellian« tätowiert, der Einwohner der Hölle.

Als ich von Khin Maung wissen will, was der Zweck seiner Reise war, reißt er seine großen seelenvollen Augen auf und sagt nichts.

»The purpose«, sage ich, »the purpose of your travel.«

Sein Blick ist von freundlicher Begriffsstutzigkeit, und

Mariam sieht unter ihrem stehengebliebenen Lächeln ernst in sich hinein. Das ändert sich auch nicht, als er aufzählt, was er in Rangun gekauft habe, Papier, Leim, verschiedene Messer … Er werde mir ein Buch binden, sagt er, mit in Gold gestanzten Lettern. Monate später wird es wirklich bei mir eintreffen, es ist blau, trägt unsere Namen, und jede Linie sieht aus, als sei sie mit der Hand gezogen.

Jetzt sei die Arbeit über lange Zeit gesichert, er werde …

… mir nicht sagen, warum er sich auf die Reise gemacht habe, nicht wahr?

Es braucht noch eine Weile, viel Hin- und Hersehen und Sich-des-Einvernehmens-Vergewisserns, bis das liebenswerte Ehepaar mit seiner Geschichte herausrückt, sind sie doch ausgezogen, etwas kaum Gestattetes, nämlich schlechthin Sinnloses zu tun: Einmal in ihrem Leben wollten sie das Meer sehen, wollten über Rangun hinaus die wenigen Kilometer bis zum Ozean zurücklegen und sich an seinem Anblick freuen. Mehr nicht.

»Es gibt für euch aber kürzere Wege zum Meer.«

»Aber die Genehmigung für eine Reise nach Rangun bekommt man leichter.«

In der Hauptstadt waren sie in eine Polizeisperre gelaufen, und man hatte ihnen die Weiterreise untersagt.

»Warum?«

Wieder lacht Khin Maung. So kann nur ein Fremder fragen.

Seine Fragen sind andere: Was wird aus den Dingen,

die sich im Spiegel des Meeres reflektierten. Er hat einmal gelesen, sie seien alle noch da, die untergegangenen Schiffe, die Silhouetten der Frachter, die Flaschen sogar, die auf den Wellen tanzten. Sieht man sie, fühlt man sie noch?

Seine Fragen sind durchwegs poetisch. Meine Antworten sind es nicht. Doch das bremst seinen Eifer keineswegs. Warum, will er sogar wissen, soll das Meer, gerade das Meer, ein Gleichnis für die Liebe sein? Ich sage:

»Grenzenlos sieht es aus, seine Farbe ist die der Treue, es bewegt sich im Stillstand …«

»Es tobt doch.«

Die Eheleute sitzen da, die Knie eingewickelt in ihren Handflächen, sitzen wie gespiegelt da zwischen ihrem hässlichen Truthahn und ihrem Sack Zucker und wollen das Meer nicht als Gleichnis akzeptieren. Ist ihre Liebe ein Seestück nach Art des Claude Lorrain? Ist es das, was ich sehen soll?

Ich erzähle ihnen, wie gegen Ende des 19. Jahrhunderts der Dichter Franz Grillparzer an die Adria reiste, um zum ersten Mal das Meer zu sehen, das er nicht fotografiert oder gefilmt kennen konnte. Ich berichte, wie wir Leser den Atem anhalten, tritt doch hier ein Dichter, ein Mann des Wortes, zum ersten Mal in seinem Leben vor das Original des Ozeans, und was schreibt er in sein Tagebuch: »So hatte ich's mir nicht gedacht.«

Khin Maung blickt fröhlich aus dem Fenster. Die Geschichte sagt ihm nichts, aber wir reisen, wir reden, wir teilen.

»Wie ist euer Meer?«, will er wissen.

»Wir haben zwei kleine«, sage ich. »Sie meinen es gut.«

»Und wie sehen sie aus?«

»Manchmal bloß wie Nebel in einem Tal.«

Die Freundlichkeit verlässt sein Gesicht nie, und das schon deshalb, weil, so seltsam auch klingen mag, was ich sage, ich es bin, der es beglaubigt, der Fremde, und so nickt er seiner Frau manchmal bestätigend zu wie ein Moderator. Sie soll unser Einverständnis teilen. Das tut sie, und wenn eine Gruppe Mönche am Bahndamm entlanggeht, sagt sie schon mal: »Mönche«, und wenn es Büffel sind: »Büffel«. Das reicht uns für eine vollkommene, glückliche Kommunikation.

»Wo werdet ihr ankommen?«, frage ich. »Was ist das für ein Dorf, in dem ihr lebt?«

»Das ist nicht der Rede wert«, meint Khin Maung. »Es ist ja ganz klein.«

Vom Zug aus kann man erkennen: Die Armen haben Bambushütten, die dem Monsun nicht standhalten, die Reichen wohnen in Teakhäusern. Strom besitzen die wenigsten Dörfer, und Khin Maung erklärt, stundenlange Märsche zu den Märkten böten oft die einzige Einnahmequelle.

»Aber lebt ihr denn in Häusern, in Hütten?«

»Wir leben im Krieg«, sagt Khin Maung wieder.

Aus dem Waggonfenster blicken wir auf Dörfer, deren Armut einen idyllischen Ausdruck angenommen hat. Ob das Dorf der beiden auch so ist, so ein Ensemble aus hochbeinigen Hütten um einen Weiher, mit Holztrögen, in die das Viehfutter geschüttet wird, mit Erdnussfeldern und Palmenhainen ringsum, gesegnet mit der schwarzen, fruchtbaren Erde, beschenkt mit den Pagoden, die dicht verteilt in den Ebenen stehen? Ja, hier lässt sich vom Ackerbau leben, und was man nicht besitzt, das wird aus Schrott zusammengebaut.

Man sieht zwei Arbeiter im rasenden Wechsel auf die glühenden Eisen auf dem Amboss hämmern; man sieht den einsamen Bauern unter der Palmyrapalme die Baumgeister anbeten und beschwichtigen, ehe er zum Ernten mit der Machete in die Krone steigt. Man sieht den Töpfer über der Platte den Ton schaben, damit der rechte Wasserkrug entstehe; man sieht die Bambusmattenflechter ihre Streifen gerben; man sieht die Goldschläger, die mit schweren Geräten rhythmisch auf Papierballen hämmern, in denen sich eben wieder ein Goldkorn zu Blattgold verwandelt; man sieht die Frauen die weiße, schützende Tanaka-Paste aus Wasser, Rinde und Sandelholz anrühren und auftragen; man sieht sie mit süßem Baumrinde-Shampoo bedeckt bei ihrer Haarwasch-Zeremonie, und steht der Zug, dann dringt aus den nahen Klosterräumen der Klang der Schellen und Flöten, als sei dies der Sound, den die Götter mögen, das Äquivalent zum Kerzenschein.

Man kann auch chorisches Beten vernehmen, mit Stimmen, die tönen, als räsonierten sie. Sie sagen immer das Gleiche, sie tun immer das Gleiche, in derselben Reihenfolge tun sie es. So klingt das Mantra des Betens, das niemals verändert wird und den immer gleichen Abläufen folgt, wie das Mantra des Arbeitens. Ja, das Mantra des Betens und das des Arbeitens, sie hängen zusammen, handelt es sich doch um die nämlichen, ewigen mythischen Tätigkeiten.

Khin Maung hat unterdessen eine bauchige, mit glattem Leder bezogene Flasche entkorkt und gießt mir und sich etwas Reisschnaps in zwei winzige Becher, die er aus Zeitungspapier auswickelt.

»Vor 1200 Jahren zogen die Kachin aus Tibet in den Norden Birmas«, sagt er. »Als der Große Geist unter den Kachin die Schrift verteilte, erhielten sie sie auf Leder. So trug der Kachin die Schrift unter dem Arm, aber in seiner Aufregung schwitzte er, und zwar so sehr, dass man das Leder zum Trocknen über das Feuer hängen musste. Da erwischten es die Ratten, kauten darauf herum und verschleppten es in einen Reiskorb. Man versuchte daraufhin, den Inhalt der Schrift zu retten, weichte den Reis ein und trank das Wasser.« Khin Maung strahlt, als er an dieser Stelle der Erzählung glücklich angelangt ist. »Und deshalb trinken die weisen Priester noch heute Reisschnaps, bevor sie zu ihren Prophezeiungen schreiten, und bringen sich so in den Besitz der Weisheit. Wohlsein!«

Mandalay, die rebellische, der Moderne zugewandte Siedlung, deutete sich draußen mit den ersten Ausläufern einer werdenden Millionenstadt an, die sich aus ihrer dörflichen Vergangenheit nicht lösen kann. Die Hüttchen verlaufen sich in der zersiedelten Ebene am Ufer der Irrawaddy, die man auch »die Erquickende« nennt. Westliche Sachen werden in die Stadt geschwemmt wie die lila Häkelmütze für den Greis, der Comic, das Fahrrad mit Stützrädern, die Mundddusche. Doch auch die Ochsenkarren schleppen sich noch über die Straße, gemeinsam mit den alten Treckern, den Fuhrwerken und Rikschas, den unschnittigen Automobilen aus China.

Wir tauschen die letzten Fragen und Antworten. Über die Grenzen dieser Stadt hinaus darf ich nicht reisen, und Khin Maung und Mariam werden in ihrer roten Tracht hier sitzenbleiben, mit Sack und Truthahn zwischen den Knien, mit den wunderlichen Speisen, die sie aus den Zeitungsblättern wickeln, und den entflammten Augen, die nach allem Ausschau halten, was kommt.

»Warum seid ihr rot gekleidet?«

Khin Maung wird ernst, denn ist er auch Christ wie die meisten Kachin, so möchte er doch dafür Buddha und die Geister des Animismus nicht missen, und diese Vielgötterei hat jedenfalls seinem Glauben keinen Abbruch getan. Christus und Buddha sind gemeinsam für das Jenseits verantwortlich, findet er, die Geister dagegen wirken vor allem ins Diesseits. Deshalb gehen er und Mariam auch bisweilen zu den Geisterschwestern, Halbwesen, die als Medium fungieren.

»Das Rot steht für das Blut der Erde, für die Seelenwanderung, die uns bevorsteht.«

»Also für das Wasser?«

»Das Wasser ist für uns Wiedergeburt, die wichtigste Größe im Kreislauf des Lebens.«

Und Mariam ergänzt: »Lange beschwören wir den

Himmel, damit Indra, der Kriegs- und Donnergott, mit diamantenem Donnerkeil die Monsunwolken spaltet und ihnen den Regen entlockt.«

Ihre Reise zum Meer war also eher eine Wallfahrt denn ein Ausflug. Sie haben erst in der Shwedagon-Pagode beten, dann zum Meer reisen und an den Ozean treten wollen. Doch dann kommt eine Macht dazwischen, die nicht Gott ist und nicht Natur und doch so wirksam wie sie beide: die Staatsgewalt. Sie wird uns nur die Freiheit lassen, in der Holzklasse eines Zuges beieinander zu sitzen und die Versäumnisse und Verhinderungen zu überbrücken: Sie werden das Meer nicht sehen und ich nicht ihr Dorf.

Mandalay ist der Ort, an dem wir uns in einer unbeholfenen Umarmung trennen. Sie werden diese eine Umarmung nachstellen, die sie aus Filmen kennen, und ich werde nicht wissen, wie viel Körper man ergreifen darf, wenn man die Frau eines birmanesischen Kachin-Buchbinders in die Arme nimmt oder besser, wenn man sie an ihren runden Schultern bloß ein paar Zentimeter an sich zieht. Wir umarmen uns also, hier, an diesem Schnittpunkt zweier undurchlässiger Grenzen. Jeder von uns verschwindet hinter einer Wand, die für den Zurückbleibenden undurchdringlich ist.

Ich wünschte, wir hätten das Selbstverständliche tun, am Meer stehen, in ihr Dorf reisen, bleiben können, doch dieses Mal ist unsere Trennung nicht kulturell bedingt, sondern politisch. Ich habe nicht vermocht, ihnen das Meer, das sie nie sahen, erfahrbar zu machen. Mein Meer ist ein anderes, und ihr Dorf suche ich in ihren Augen, in der Textur ihrer Hände, in ihren Blicken nacheinander, ihren Stoffen und Utensilien, doch suche ich vergeblich.

Deshalb hängen unsere Blicke ineinander, weil wir nichts anderes haben, die Wirklichkeit des Gegenübers zu entziffern, und diese Blicke wollen und wollen sich nicht lösen, als ich am Bahngleis in Mandalay vor dem Abteilfenster stehe und sich der Zug mit ihnen in Bewegung setzt, sie haben die Hände nur halbhoch zum Gruß erhoben. Sein Glühen bleibt, ihr Strahlen hängt weiter in der Luft, und als sie den Augen entschwunden sind, ist da noch etwas Immaterielles auf diesem Bahnsteig, das ich betrachte wie Kunst. Es ist der Nimbus einer Grenze, die sich soeben als unpassierbar, aber durchlässig erwiesen hat.

Der Fuciner See

Die Auszehrung

Um die Mitte der achtziger Jahre arbeitete in der Wiener Nationalbibliothek zäh und zehrend eine junge Frau mit schwarzem Pagenkopf. Allmorgendlich wuchtete sie einen gewichtigen Stapel Bücher auf den immer selben Tisch und schleppte ihn abends an den immer selben Schalter zurück. Ablenken ließ sie sich nicht. Die Einzigen, die ihre Stimme hörten, waren die Bibliotheksdiener, die ihr die Bücher aushändigten und diese abends wieder in Empfang nahmen. Niemand lud sie zum Kaffee ein, niemand hielt ein Schwätzchen mit ihr, und da ich zwei Tische hinter ihr saß, kann ich sagen: Sie hat auch selbst niemanden eingeladen oder von seinem Tisch abgeholt. Blass war sie, und dennoch weiß gepudert, ließ sich nie ohne campariroten Lippenstift sehen und musste sich schon in ihren späten Zwanzigern die Haare färben. Rabenschwarz.

Vor den Zudringlichkeiten anderer Geistesarbeiter bewahrte sie nicht ihr etwas skurriles Aussehen oder ihr abweisender, beinahe höhnischer Habitus, und auch nicht ihr Arbeitseifer, der kein Eifer war, sondern ein Brennen, eine Wut, ein Sich-Verzehren. Unfreiwillig umgab sie etwas Ungemütliches, die Aura einer Hysterikerin, die eigentlich fanatisch oder ekstatisch, jedenfalls unvernünftig und verzweifelt verquer im Leben zu hängen schien. Ihren wirklichen Namen habe ich nicht oft benutzt, denn sie konnte ihn nicht leiden, weshalb wir uns einigten, »Clarisse« sei der Name, der besser als alle anderen zu ihr passe. Besser als an ihre Physiognomie kann ich mich eigenartigerweise an ihren Geruch erinnern, einen körperlosen, brandigen, das Trägermedium für den Geruch von Betschwestern, die unerlöst geblieben sind.

Ich arbeitete in dieser Bibliothek schon Monate, in denen wir uns allenfalls zur Kenntnis genommen hatten, Monate, in denen ich vor allem ihren Nacken studierte, ihren pudrig weißen, nackten Nacken, der die schwarze Haarkappe stützte wie der Stil den Hut eines Champignons. Das war Monate so gegangen, bis ich eines Tages aus der Mittagspause kam und einen Zettel auf meinen Papieren fand. Darauf standen, mit dünner violetter Tinte hektisch hingeworfen, die Worte: »Unser Mann aus Kairo ist am Bahnhof angekommen.«

Als sie das nächste Mal ihren Platz verließ, prüfte ich im Vorbeischlendern, ob sie wirklich mit violetter Tinte schrieb. Dann lehnte ich mich abends an ihren Tisch und fragte:

»Und?«

Sie schrieb über Kafka, aber Forschung konnte man es nicht nennen. Kafka zwang ihr seinen Willen auf, er übte einen Bann aus. Nichts und niemand bestand gegen ihn. Es war ein Fall von Ernst-Nehmen, das jedes Maß sprengte, der ideale Fall eigentlich, nahm sie ihn doch ernster, als er sich wohl selbst genommen hatte. Es war eine Geiselnahme, mit ihr selbst als Geisel.

Kafka höhlte ihr Leben aus und bewegte sich in ihr, und wenn sie ihn ihren »geistigen Vater« nannte, tat sie es nicht, ohne den leiblichen Vater herabzusetzen, der als abruzzesischer Gastarbeiter nach Österreich gekommen war – in ihren Worten ein verachtenswerter, dort nie heimisch gewordener Mann, der sich in ihrer Kindheit Zweideutigkeiten mit ihr erlaubt hatte. Zweideutig auch, wie sie davon sprach, denn manchmal wirkte es, als wünschte sie, es sei so gewesen, damit sie einen Grund hätte, nach dem frühen Tod der Muter nun auch den Vater von sich abzutrennen, um Platz für Kafka zu schaffen.

Eine Zeitlang sahen wir uns regelmäßig. Es war immer unkonventionell, immer anregend mit ihr. Man schlief wenig, und gedanklich war alles erlaubt. Einmal erläuterte sie mir das Motiv des Hungerns bei Kafka: Es sei kein Hungern im materiellen oder sozialen Sinn, auch habe es mit dem Verlangen, der Not, dem Begehren nichts zu tun, vielmehr versuche sich der Hungerkünstler zu revidieren, also seine Existenz auszutrocknen, um sie am Ende wie eine Haut abstreifen zu können.

»Es handelt sich um Selbstaufgabe als Bedingung der Selbsterschaffung. Er muss sich verlieren, um sich gewinnen zu können. Aber er kann es nicht mit einem Mal, auf einen Schlag tun, sondern jedes Quäntchen von sich muss er einzeln loswerden. Siehst du, es ist nicht einfach bloß dialektisch. Er ist der Mensch, der ist, indem er zu nichts wird. Oder der ist, indem er zu nichts wird, zunichte wird, verstehst du, er ist, indem er nicht isst.«

»Verstehe.«

Ich musste sie beruhigen. In dieser Nacht wurde es so spät, dass sie bei mir schlief, das heißt, ich schlief. Sie schwang sich mitten in der Nacht auf mich, nestelte an meinem Schoß und hechelte in mein Ohr, wir sollten jetzt ein Kind machen, ein Kind, das uns erlösen würde, alles ginge darin auf, alles. Ich redete ihr schlaftrunken das Kind aus, nicht die Erlösung.

Dennoch war dies der einzige Moment, in dem sich etwas Wahnhaftes gezeigt hatte, etwas Ängstigendes, und aus ihrer anschließenden Beschämung und meiner Vorsicht ergab sich von nun an eine Distanz, die ihren Ursprung im Moment der größten Nähe hatte. Mit diesem Moment konnten wir nicht mehr unkonventionell umgehen. Etwas hatte sich gezeigt, das auch wahrhaftig war, aber größer als unser unaufgeräumtes Verhältnis.

Wir trieben auseinander. Ich verließ Wien, ihre Briefe blieben bald aus, und da wir keine gemeinsamen Freunde hatten, erhielt ich auch sonst keine Nachrichten von ihr. Von ihrer Kafka-Arbeit gab es in der akademischen Welt keine Spur.

Dann rief eines Abends ihr Vater bei mir an, was auf eigene Weise furchtbar war, denn vor meinem inneren Auge schwankte sein Bild zwischen dem abruzzesischen Arbeiter, der in die Fremde gekommen war, und dem zudringlichen Familienpatriarchen. Lange rückte er nicht mit seinem Anliegen heraus, trotzdem konnte man seiner latenten Aufregung anmerken, dass sein Anruf eine böse Pointe haben würde, die er hinauszögerte, um vor allem sich selbst zu schonen.

Clarisse habe sich mit dieser Kafka-Arbeit ruiniert, sagte er. Natürlich sei er anfangs stolz gewesen, dass seine Tochter eine »dottoressa« sein werde. Er verstehe ja nichts von dem, was sie da schreibe, aber irgendwann sei das doch alles nicht mehr normal gewesen. Sie hatte ihm Kafka zu lesen gegeben, er hatte es auch wirklich »interessant« gefunden, und manchmal sei der Mann ja auch »richtig lustig«, aber was sie daraus mache …

»Was macht sie denn daraus?«

Vor zwei Monaten hatte sie um Aufnahme in einen Nonnenorden gebeten. Die Schwestern von M. hatten sie auch wirklich zur Probe akzeptiert, dann aber allmählich verstanden, dass es ihr nicht um den Dienst am Herrn ging, sondern dass sie sich im Kloster eigentlich aushungern wollte. Das gehöre sich natürlich nicht, und so hatte die Äbtissin befunden, dass Clarisse des Klosters wieder verwiesen werden müsse. Als der Vater die Tochter abholte, war sie schmal und völlig verwildert.

In die Bibliothek konnte er sie nicht zurückschicken, sie sich allein in ihrer Wohnung zu überlassen war ihm zu gefährlich, also hatte er sie in den Wagen gesetzt und war mit ihr nach Hause gefahren, in die Abruzzen.

»Sie kennen den Lago Fucino, ja? Auf der anderen Seite, also auf der Südseite des Lago Fucino, da liegt in den Bergen Campobasso.«

»Da kommen Sie her?«

»Ja.«

»Haben Sie noch Familie dort?«

»Nein.«

»Von da rufen Sie mich an?«

»Ja.«

»Und was erwarten Sie von mir?«

»Helfen Sie uns.«

Er sagte »uns«, ein ganz anderer Plural als »unser Mann aus Kairo«, von dem ich nie wieder hatte hören sollen.

Als ich zwei Tage später aufbrach, war meine Stimmung diffus: Die Telefonstimme des Vaters klang bedauernswert, die Vorstellung, Clarisse allein mit dem Vater in einem Abruzzendorf zu wissen, beunruhigend, aber auch um des Abenteuers willen ließ ich mir eine Bahnkarte zum Fuciner See ausstellen. Dabei spielte neben der Sorge auch die Vorstellung der Landschaft eine Rolle, in der ich nie gewesen war.

Der Lago Fucino, das war ein Topos aus einer Literatur, in der Italien noch »Arkadien« hieß und nach Zitronen und Friedhofsengeln roch. Wilhelm Waiblinger, der jung und verwirrt in Rom gestorbene Freund Hölderlins, hatte ehemals in einem Brief geschrieben: »Welch eine südliche Farbe im See! Welch ein Blau, welche violette, grünliche Töne in ihm! Welch ein wollüstiger, prachtvoller, schmachtender Zauber in den holdseligen Gebirgen ... Von der Klarheit dieses Sees haben Sie keinen Begriff. Die reizenden Umgebungen spiegeln sich nicht nur in unbestimmten Massen, sondern in den zartesten Umrissen, mit allen ihren Farbentönen, Einzelheiten, Berg-

und Felspartien aufs entzückendste in der regungslosen wollüstigen Wasserfläche ab. Sie glauben gar nicht mehr auf Wasser zu schweben, es scheint ein anderes, viel feineres, dünneres, geistigeres, dem Licht verwandtes Element zu sein, auf dem Sie hingleiten, auf dem der Reflex des dunklen südlichen Himmels ruht.«

Ich stöberte weiter durch die Münchner Staatsbibliothek auf der Suche nach literarischen Vignetten des Sees, und fand, dass andere, die weniger Schwärmer waren als der junge Waiblinger, meinten, kein Wasser münde in den See, keines fließe von ihm ab, unterirdisch entleere er sich, seine Vegetation sei eintönig, und eine düstere Stille laste auf ihm. Auf Aquarellen von Edward Lear wirkte er tatsächlich wie ein umgekipptes Gewässer, faszinierend tot.

»Fahren Sie bis Avezzano«, sagte die Schalterbeamtin, als ich eine Bahnkarte löste. »Das liegt am nächsten dran.«

Gut, also nach Avezzano, in die unglückliche Stadt, die von einem Erdbeben im Januar des Jahres 1915 vom mittelalterlichen Städtchen in ein Barackenlager verwandelt wurde. Von den 13 000 Einwohnern überlebten damals gerade mal zweitausend. Im Zweiten Weltkrieg wurde der Ort dann noch von den Alliierten bombardiert, die hier Deutsche treffen wollten. Dabei hatte es sich eigentlich um ein wichtiges italienisches Widerstandsnest gehandelt. Es ging in den Flammen des »friendly fire« auf.

Ich machte meinen Weg über den Brenner, durch die Tunnel der Emilia Romagna und die Ebenen der Toskana, Umbriens. Hatte man die Ausläufer der Alpen erst einmal hinter sich – wie befreiend der unmerkliche, beschwichtigende Wandel zum Sanft-Werden. Jetzt erhob sich die Landschaft nur noch zu rundkuppigen Hügeln, jetzt stiegen die oft abgeflachten Kegel individuell und wie unverbunden neben den gewundenen Flusstälern und aus verödeten Senken empor, wie die Wirtstiere einzelner, von alters her befestigter Ortschaften, die sich über der Flanke ausbreiteten und meist aus dem Fels des Hügels herausgehauen worden waren. Fast alle alten Ortschaften hier hatten so auf den Anhöhen oder am Hang gesiedelt, und nur die modernen Städte suchten – unbeeindruckt von alten Verteidigungsideen, aber mit ihren Industrien abhängig vom Wasser – ihre Lage am Fluss.

Die erste Suggestion der Abruzzen geht von ihrem Licht aus, einem Licht, das die fernsten Hügelrücken zu bloßen Konturen ausbleicht, die Kuppen des Mittelgrundes blau aus dem Sfumato der Talnebel emporsteigen und den nächstgelegenen Landstrich umso farbenkräftiger wirken lässt. Jede Zone dieser typischen Terrassenlandschaft, die sich manchmal Zeile für Zeile mit baumbestandenen Rücken in die Ferne schiebt, besitzt ihre eigene Farbigkeit, ihre eigene Auflösung des Kolorits in das Weißblau von fernem Dunst und Himmel, ihre eigene Struktur: weit weg nur bläuliche Fläche, näherzu ein Heraustreten der graubraunen Orte aus dem Grün und Schwarz der Äcker und Weiden, und in der Nähe die reiche Differenzierung asymmetrisch geschnittener Ackerflächen, verwilderter Parzellen, unbereinigter Einsprengsel und zugewucherter Bachläufe, über denen blühende Büsche und Weidenruten hängen.

Wo aber die Tafelberge zurücktreten, ihre gestreckten Rücken in langsam fallenden Hängen auslaufen und die Wellenbewegung der Hügel zu einem Stillstand kommt, bildet sich vereinzelt jene andere Landschaft heraus, grandios schlicht: die der Ebenen und Hochebenen. Hier dehnt sich zu beiden Seiten der einsamen Straßen eine Mondlandschaft von eigener Charakteristik und fast ohne Besiedlung, ja, manchmal fast ohne Spuren menschlicher Arbeit. Immer wieder erstrecken sich Felder von Disteln und einfachen Saxifragen über Geländeschwellen hinweg, und nur in den ferneren Ebenen, wo die sanften Faltungen des Gebirges von seiner dramatischen Höhe hinabführen, haben Bauern vereinzelt Getreidefelder angelegt, von Mohn und Kornblume sattsam durchwachsen.

Größte Teile der Landschaft sind hier unbebaut geblieben, oder sie wurden aufgegeben. Wie mit Steppenbewuchs besetzt, strecken sich die Hänge, und die fernen Kornfelder liegen so unbestimmt im Dunst, als ruhten hier noch die vorgeschichtlichen Seen. Andere Felder dagegen wurden aus der Wildnis förmlich ausgeschnitten und sitzen nun als einfache geometrische Muster wie Flicken auf einer Erde, die sonst keine akkuraten Figuren kennt.

Über weite Strecken scheint diese Landschaft die Spuren menschlicher Anwesenheit geradezu zu verdrängen, dann aber tauchen plötzlich einzelne Gehöfte auf, eine Bar, ein Laden, und zwischen den wenigen Häusern verlaufen sich die Gassen wie offene Flure, durch die man die verschiedenen Zimmer eines Hauses verbunden hat.

Denn wie sich die Außenbezirke der Städte manchmal in die Dörfer hinein- und durch sie hindurchgeschoben haben, so ist im Netzwerk der Gassen, Stiegen und Pferdetreppen der Bergdörfer die Scheidung zwischen öffentlichen und privaten Räumen oft verwischt.

War man in Höhenlagen ehemals sicherer vor Angreifern, so sind solche Ortschaften heute gefährdet durch ihre Abgeschiedenheit und Isolation. Siedlungsformen aber sind ja auch Lebensformen. Deshalb wird man unter den Leuten im Gebirge beispielsweise häufiger gemeinsame Feste, gemeinsames Arbeiten wie Backen und Waschen finden, das Lastentragen mit Eseln oder das Balancieren auf dem Kopf, lauter Bräuche, die im Tal verschwunden sind und dort auch die Formen der Geselligkeit, des sozialen Austauschs und Gemeinschaftslebens weniger eng und verpflichtend haben werden lassen.

Man tritt in diesen Landschaften in die Bildhintergründe eines Piero della Francesca, auch eines Perugino ein. In den Allegorien auf den Tafelrückseiten von Pieros Doppelporträts des Federico da Montefeltro und seiner Frau Battista Sforza breitet sich so eine reich differenzierte, fast überprononcierte, idealisch erhobene Landschaft aus, mit einzeln emporragenden Hügeln, die so charakterisch sind für die Gegend, in der sie entstanden.

Und Perugino hat, als seine Bilder klassischer und stereotyper wurden, den Reichtum dieser Landschaftsformen zu einem immer wiederkehrenden Prospekt nivelliert. Da sind die von beiden Seiten zur kompositionellen Mitte hin auslaufenden Hügelrücken, die von zartpudrigem Laubwerk besetzten Bäume auf den Scheiteln, und auf der Bildachse schlängelt sich eine weitläufige Ebene in die idealisch erblaute Bildtiefe, wo noch ein See erkennbar ist, an dessen Ufern gejagt oder gearbeitet wird, und wo Schäfer ihre Weiden haben oder ihre Tiere tränken.

Die Prospekte stehen noch heute, die Szenerien sind noch zu finden, im Westen besetzt von den Buckeln der Sandsteinhügel, die sich zum Apennin aufbauen, im Osten und Süden charakterisiert von den schrofferen Konturen der Kalksteingebirge mit ihren Flachdach- und Plateauabschlüssen. Wo über den grünen Tälern und Bachläufen, über den waldigen Hängen die nackten Felsmassive hervortreten, erkennt man den kontrastarmen grauen Stein, der viele der kleineren Siedlungen ganz beherrscht und die Häuser den Felsen assimiliert.

Da zahlreiche kleinere Ströme in den größten Strom der Region, den Tiber, münden, ist dieser zur Hauptschlagader des Verkehrs geworden. Die Bahn begleitet wie die Schnellstraße sein Tal, kleinere Verkehrswege folgen den Flüssen, die als Verbindung zwischen den Becken und Langtälern zu beiden Seiten in weniger erschlossene Gebiete führen.

Ich saß in der Bahn und folgte dem Tiber-Tal Richtung Süden. Wenn die Reise einen Zweck gehabt hatte, so war er inzwischen verloren gegangen. Zu Anfang gab es einen Anlass, nicht mehr, und am Ende würde es eine Situation geben, nicht weniger. Dazwischen lag das Versprechen einer Erfahrung, anziehend wie Angstlust. Ich sah mich mit Clarisse irgendwo in den Bergen hinter dem Fuciner See sitzen, auf das Wasser blicken und darüber nachdenken, wie es weitergehen könnte. Aber das war nicht wirklich.

Wirklich war Arkadien, die Landschaft uritalienischer Schäfer-Idylle. Denn im »grünen Herzen Italiens«, wie Carducci die Region in seinen berühmten Versen besang, finden sich tatsächlich noch Schäfereien und Hirten, die über die legendären »tratturi«, die antiken Viehpfade, ihre inzwischen geschrumpften Herden aus Apulien und Kalabrien herbeiführen.

Der Tiber gliedert das Bergland in nord-südlicher Richtung. Die Landstriche zu seinen Ufern sind von der Gegenwart nicht unbearbeitet, und doch scheint durch diese Landschaft jene antike noch hindurch, die Plinius der Jüngere in seiner Beschreibung des oberen Tiber-Tals beschwörerisch feiert: »Die Gegend ist wunderschön. Stelle dir ein ungeheures Amphitheater vor, wie es allein die Natur zu bilden vermag: eine weit ausgedehnte Ebene wird von Bergen umgürtet, die Berge sind mit altem Hochwald bekrönt und haben einen reichen Wildstand. An den Abhängen zieht sich Schlagwald hinunter, dazwischen fette Erdhügel (denn Felsen sucht man hier überall vergebens), die dem ebensten Gefilde an Fruchtbarkeit nicht nachstehen und eine gesegnete Ernte, wenn auch etwas später, so doch zur vollen Reife bringen. Unterhalb erstrecken sich Weinberge rings herum und gewähren weit und breit einen einheitlichen Anblick. Wo sie aufhören, folgen Obstpflanzungen und bilden gleichsam ihren

Saum gegen die Ebene. Diese enthält Wiesen und Kornfelder. Riesige Ochsen und die stärksten Pflüge allein werden mit dem Boden fertig. Nimmt man ihn nach der Brache in Angriff, so ist er äußerst zäh und erhebt sich in solchen Schollen, dass er neunmal gepflügt werden muss. Die Wiesen prangen im Blumenflor, Klee und Gras sind zart weich und gleichsam ewig jung; denn alles wird von beständigen Bächen genährt. Aber trotz der Wasserfülle ist kein Sumpf da, weil der geneigte Boden das empfangene Wasser, das er nicht aufnehmen kann, an den Tiber abgibt. Dieser schiffbare Fluss strömt mitten durchs Gefilde und trägt alle Feldfrüchte nach Rom hinab im Winter und Frühling; im Sommer wird er seicht und trocken, gewinnt dann im Herbst neue Kraft. Die Aussicht auf diese Gegend von einer Anhöhe aus gewährt einen großen Genuss. Man glaubt nämlich nicht eine Landschaft, sondern ein Gemälde von außerordentlicher Schönheit zu schauen: ein solcher Wechsel, eine solche Zeichnung begegnet dem Auge, wohin es sich wenden mag.«

In Avezzano verließ ich den Zug. Es war noch früh am Morgen und so, wie es sein soll: Die Frauen fegten in Lockenwicklern die Straße, und die Männer palaverten über den rosafarbenen Seiten der »Gazetta dello Sport«. In der ersten Bar am Bahnhof fragte ich einen einsamen Zeitungsleser nach dem Weg zum See. Er fragte nach. Ich wiederholte: »Zum Lago Fucino.« Er faltete die Zeitung zusammen, wobei er mich nicht aus den Augen ließ, und sagte gutmütig belustigt:

»Ci porto io.« Ich bring Sie hin.

Anschließend schleppten wir uns in seinem kleinen blauen Vehikel mit dem furzenden Auspuff den Berg aufwärts, bis zu einer Piazzale, wo der Mann seinen Wagen parkte und es sich nicht nehmen ließ, mich bis an die Brüstung über dem Tal zu führen:

»Ecco il Lago Fucino«, sagte er mit der Geste des Besitzers.

Und ich erblickte den See im zweiten Konjunktiv, den See, der hätte sein können, eine gigantische Einlegearbeit aus Grün- und Braunflächen, mit scharf geschnittenen Parzellen, die dem Verlauf der Wege folgten, den Teppichen der Stauden- und Getreide- und Gemüsefelder, an deren Säumen nur vereinzelte Höfe standen.

Der Fuciner See ist nicht mehr, »non c'é più il lago«, sagte der Mann an meiner Seite. Ausgetrocknet, nicht von der Zeit, sondern von der Arbeit des Menschen.

Ich blieb auf einer Bank über dem Tal sitzen und schaute: Irgendwo scheint immer die Sonne auf die Fläche, oder Lichtflecken jagen darüber hinweg, und als sei der Grundstoff immer noch Wasser, laufen die Äcker gegen den Rand der Senke hin aus, lassen erst lockere, dann dichte Besiedlung zu und verlieren sich. Wenn aber der Nebel über der Ebene liegt, kann es von Ferne so aussehen, als sei der See zurückgekehrt in seine Heimat, sein Bett.

In den nächsten Tagen verlor ich mein eigentliches Reiseziel immer wieder aus den Augen, fasziniert von dem See, der keiner war, ging in die kommunale Bibliothek, um über den Lago Fucino zu lesen, und saß anschließend ganz verrentnert über der Ebene. Als er sich noch hier ausbreitete, soll er sehr fischreich gewesen sein, der See, an dessen Ufern die Marser und später die Römer Oliven, Wein und Früchte anbauten. Sein Klima galt zwar als rau, aber bis zu seiner Austrocknung ist er angeblich nur fünfmal zugefroren, zum ersten Mal im Jahr 1167. Rätselhaft erschien den Anwohnern wie den Historikern das Steigen und Fallen seines Wasserstandes. Im Jahr 1752 soll er so flach gewesen sein, dass man die Fundamente der antiken Stadt Marruvium erkennen und Statuen von Claudius und Agrippina bergen konnte.

Und nun steht man an der Stelle, an der ein Traum realisiert, also beerdigt wurde, ein Traum, den die Antike zu träumen begann und die Neuzeit austräumte. Der früheste Plan zur Austrocknung des Sees, der durch einen Erdrutsch entstanden war und den Fluss Sagittario auf einer Fläche von 155 Quadratkilometern staute, stammt von Caesar, der sich von der Nutzbarmachung der Ebene vor allem Korn-Nachschub für die wachsende Stadt Rom versprach. Er kam nicht weit.

Kaiser Claudius griff mit demselben Argument den Plan wieder auf und begann ihn 44 nach Christus in die Tat umzusetzen, eine Plackerei, zu der nach Angaben römischer Historiker 30 000 Arbeiter, hauptsächlich Sklaven, verpflichtet wurden, die sich an die Konstruktion der unterirdischen Ableitungskanäle machten.

Elf Jahre später waren die Baumaßnahmen abgeschlossen und Kaiser Claudius reiste zur Einweihung des grandiosen Projekts mit dem gesamten Hofstaat an. Tribünen wurden errichtet, Festspiele abgehalten und auf dem Höhepunkt die Schleusen geöffnet, doch durch den Kanal ergoss sich allenfalls ein Rinnsal, und der Wasserspiegel senkte sich nur um wenige Zentimeter. Kaiser und Hofstaat kehrten grollend nach Rom zurück.

Die Arbeit wurde neuerlich aufgenommen. Als sie abgeschlossen war, konzipierte man noch größere Feste, neue Spiele. Gleich an der Einlassöffnung des Kanals bereitete man ein Gastmahl vor, wieder waren die Tribünen geschmückt, und Schalmeien-Instrumente zeterten den Triumph in die Welt. Dieses Mal aber strömte das Wasser, als die Schleusen geöffnet wurden, mit solcher Macht durch den sogenannten Emissär, dass die kaiserliche Tribüne fortgerissen wurde und Claudius, seine Frau Agrippina und ihr Sohn Nero fast in den Fluten umgekommen wären. Um ein Haar hätte der Fuciner See die Weltgeschichte verändert.

Später haben die Kaiser Trajan und Hadrian den Abfluss erneut ausgebaut, und er tat seinen Dienst bis ins 6. Jahrhundert hinein, solange er nicht verstopfte oder sein System von Barbaren zerstört wurde. Später hat sich das Fürstengeschlecht der Colonna, das hier residierte, haben sich Friedrich II. und Alfons I. von Aragon immer wieder erfolglos daran versucht, den Emissär zu reinigen und den See auszutrocknen.

Dies aber gelang erst im 19. Jahrhundert dem auf eigene Rechnung arbeitenden Privatmann Alessandro Torlonia, der Architekten aus Frankreich und der Schweiz die alten Baupläne aus der Zeit des Claudius studieren ließ, um die damals gemachten Fehler zu korrigieren. Ab 1854 arbeitete man daran, indem man erst die tiefste Stelle des Sees ermittelte, dann den Kanal um drei Meter absenkte und schließlich den Eingang des Emissärs weiter östlich und näher zum See legte.

Torlonia versammelte ein Heer von Sträflingen, Gelegenheitsarbeitern und auch Bauern aus der Gegend, um das Vorhaben zu vollenden. »Entweder ich lege den See trocken oder er mich«, sprach er. Zeitgenossen berichten, wie die Arbeiter hüfthoch im Schlamm gestanden hätten, finstere Gestalten, die wirkten, als führen sie in den Höllenschlund ein.

21 Jahre später war die Arbeit abgeschlossen. Als Entgelt seiner Leistung nahm Torlonia das gewonnene Land für sich in Anspruch, teilte es in 497 Abschnitte zu je 24 Hektar und vergab es zu einem guten Teil an abruzzesische Bergbauern und Leute aus den benachbarten Provinzen, die plötzlich zu Großgrundbesitzern aufstiegen.

Die Austrocknung des Sees hat die mittelitalienische Region gravierend verändert, und es ist kaum vorstellbar, welche Landschaft dort heute liegen könnte, oder, wie der Althistoriker Heinrich Nissen um die Wende zum 20. Jahrhundert schrieb: Es sei unmöglich, dass sich jemand in die Naturschönheit dieses Landes versenken könne, »ohne die tiefen Wunden gewahr zu werden, die des Menschen Unverstand und Raubgier ihr geschlagen«. So ist es wohl auch nachvollziehbar, dass sich Ferdinand Gregorovius angesichts der Entwässerung des Lago Fucino um den Fortbestand auch des lieblichen Trasimenischen Sees zu sorgen begann: »Auch ihn wird man ins Meer spedieren, um Acker- und Weideland zu gewinnen, und wer weiß, welche neue mörderische Kapitalisten und Austrocknungsmenschen schon an seinen reizenden Ufern umherschleichen und die Kosten berechnen, mit denen diese wundervolle Dichtung der Natur in Industrieprosa umzuwandeln sei.«

Tatsächlich ist das gewonnene Schwemmland in der Regel besonders fruchtbar, und wenn irgendwo, dann haben die Bauern hier durch Flurbereinigung, Wegebegradigung und den gemeinsamen Einsatz von Maschinen zu einer profitablen Form der Landwirtschaft gefunden. An den Hängen dagegen oder gar im Gebirgsland liegen die einzelnen Felder manchmal wie aufgedeckte Spielkarten in einer wüsten, von Buschwerk, Felsbrocken und einzelnen Bäumen durchsetzten Landschaft.

Die typische Landschaftsformation dieser Zone ist ein schwach beflaumter Hügelrücken mit durchscheinendem Fels in der Höhe, Buschwerk, Geröllfeldern und Flecken von Nadelwald darunter, versetzt mit vereinzelt ausgeschnittenen Feldern, auf denen oft nur für den Familienbedarf angebaut wird, nicht selten weit weg vom Gehöft. Abwärts streckt sich dann das Silbergrau der Olivenhaine, in Fluss und Farbe den Geröllfeldern ähnlich, und in der Annäherung an das Tal immer häufiger begleitet von Weiden, bunten Feldern, feucht-schwarzen Ackerflächen, gesäumt von kräftigen Weiden und eingefassten Bachläufen. Im Tal schließlich wird die Landschaft vollends lieblich. Die Felder sind wie Intarsien miteinander verfugt, ihre Farbigkeit gewinnt an Intensität, und die Wege und Straßen verlaufen schnurgerade.

Von der anderen Seite des jetzt trockenen Sees aus bin ich dann unverzüglich nach Campobasso getrampt. Das war nicht schwer. Auf dem Land nehmen die Leute selbst Fremde mit. Ein paar Kilometer später sind sie keine mehr. Der letzte Wagen setzte mich vor der Tür der »Locanda« ab, das heißt, des einzigen Hauses, das »Fremdenzimmer« anbot.

Der Ort hatte ehemals zweitausend Einwohner gezählt. Inzwischen waren nur noch die Alten übrig, eine kleinere Gruppe war nach Rom ausgewandert, eine größere nach Kanada und in die USA. Ihre Gesichter starrten mich später aus dem Sepiaton der Fotografien im einzigen Gasthaus an. Auf der ganzen Welt bilden die Abruzzesen eine namhafte Exilantengemeinde. Die raue Provinz des Hochgebirges, der Bauern und der Bären ernährt auf dem Lande ihre Leute kaum noch. Die Zurückbleibenden gehören einem aussterbenden Volk an, und in manche dieser halb verlassenen Ortschaften mit ihren Ruinen, in ihre nur noch fragmentarisch mit Straßenbeleuchtung versorgten Gehöfte, ziehen die »Vucumprà«, Flüchtlinge aus Afrika. So werden sie ihres Akzents wegen böse genannt, wenn sie auf den Marktplätzen die geschnitzten Elefanten ihrer Heimat feilbieten. So treffen in den abruzzesischen Dörfern die letzten der Zurückgebliebenen auf die Ersten, denen die Flucht gelang.

Ich ging quer durch den Gastraum, wo ich auf dem Plätzchen hinter dem Haus Clarisse mit ihrem Vater sitzen sah. Der erhob sich und schüttelte mir freudlos die Hand. Clarisse schnellte bei meinem Anblick heftig errötend hoch, wie mitten aus einem Streit, und sagte bloß:

»Da bist du ja endlich!«

Ich hatte sie blass in Erinnerung, jetzt war ihr Teint fiebrig. Ihre Haare hatte sie dem werdenden Grau überlassen, und ihr Aufzug war nicht mehr nachlässig, sondern fast verwahrlost. Sie führte mich am Unterarm ab, quer durch den Gastraum, küsste mich auf halber Strecke konventionell, aber demonstrativ und suchte anschließend das Freie. Der Wirt blickte uns unwirsch hinterher. Ein düsterer Empfang! Auf dem Sträßchen vor dem Haus wandten wir uns nach rechts, dann noch mal nach rechts, dann waren wir fast schon überall gewesen.

»Alle sind seltsam zu mir«, zischelte Clarisse.

»Wie: seltsam?«

»Du kennst sie nicht. Das sind andere Menschen. Mit solchen hattest du noch nie zu tun.«

»Lass sie. Du bekommst deine Ruhe, kannst ...«

»Wegen dem ersten Abend sind sie so. Das liegt alles an dem ersten Abend.«

An jenem Abend war sie mit dem Vater in den Gastraum getreten. Er hatte ein paar der dort Versammelten begrüßt, die Stimmung war angespannt, auch verlegen gewesen. Sie hatte sich zusammengerissen, vor dem Wirt geknickst, und jeden per Handschlag begrüßt.

»Dann wollen wir mal das Zimmer beziehen«, hatte der Vater gesagt.

»Welches Zimmer?«, hatte sie gefragt.

»Unser Zimmer.«

»Wir brauchen zwei Zimmer.«

Indignierte Blicke auf sie, offen seien die Köpfe geschüttelt worden. Kokett lachend hatte der Wirt den Schlüssel am Brettchen vor ihren Augen tanzen lassen. Als sie ihm den aus der Hand schlagen wollte, ging ein Alter schlichtend dazwischen, meinte aber, in der ersten Nacht könne man es doch einmal ausprobieren.

»Nichts: Ausprobieren!«, hatte sie gerufen und dann mit ausgestrecktem Zeigefinger schneidend durch den Gastraum geschrien: »Ich schlafe mit diesem Mann nicht in einem Zimmer!«

Andere vergrößern gern, was sie in ihrer Rage angeblich gesagt haben, bei Clarisse war es eher umgekehrt. Man konnte sicher sein, dass ihr Schrei beißend gewesen war und dass sie ihrer Feststellung noch eher einen Fluch hinterhergeschickt hatte.

»Was geht Sie alle das an«, hatte sie geschrien und den Wirt auf Deutsch einen »Flatterfüßler« genannt, dem sie den »lombardischen Blutkackerich« an sein »Rektum« wünsche.

Ich schüttelte den Kopf, aber nicht aus Missbilligung, auch nicht, weil ich ihr nicht glaubte, eher über die bizarre Konstellation, über die Havarie des Vaters.

Clarisse aber missdeutete auch mein Kopfschütteln.

»Findest du das normal? Eine erwachsene Tochter mit ihrem Vater auf einem Zimmer, am Ende in einem Bett?«

»Nein«, sagte ich ihr zuliebe.

»Die sind alle nicht normal. Alle nicht! Die stecken alle unter einer Decke.«

Ich musste wieder lächeln, doch dieses Mal bloß der Metapher wegen.

Sie aber griff empört nach meiner Hand und zog mich die Straße herunter, mit diesem fanatischen Augenausdruck, den sie früher schon hatte, diesem brandigen Keuchen und Eifern. In diesem Augenblick hatte ich das Gefühl, ich sei nur angereist, um der Adressat dieses Wutausbruchs zu sein, das vor allem. Sie ließ meine Hand nicht los, zog mich über einen Feldweg auf den kleinen Friedhof des Ortes, den idyllischsten Flecken weit und breit, mit Blick bis auf den fernen Fuciner See. Dort ließ sie mich los und stolzierte nun nach beiden Seiten übertrieben dirigierend über den Kiesweg zwischen den Sepulkralskulpturen, den bemoosten Steinen und Platten, mal auf diesen, mal auf jenen Grabstein zeigend und deklamierend:

»Maria Passa, Francesco Farinello, Pietra Farinello, Sergio Farinello, Guido Passa, Eleonora Passa, Mauro Farinello, Massimiliana Passa, Pippo Farinello, Gloria Farinello …«

Sie drehte sich zu mir um, der ich noch mehrere Schritte hinter ihr ging und die Namen nachbuchstabierte:

»Ein Dorf aus zwei Familien, verstehst du jetzt? Sie sind alle miteinander verwandt: Farinello, Passa, Passa, Farinello … Sie sind hier …«

Sie fasste sich an den Kopf, schraubte mit den Fingern an der Schläfe herum wie eine Italienerin.

»Sie sind degeneriert, verrückt!«

Wir setzten uns auf eine Bank und blickten auf den Fuciner See. Von Kafka fingen wir sicherheitshalber beide nicht an. Aber ich erinnerte mich, wie sie gesagt hatte, er komme zu sich selbst erst, indem er verschwinde. Da lag in seiner schäbigen Symbolik der ferne See, der keiner war, und Clarisse geiferte neben mir, dass nun kein Ort mehr sei, keiner, keine Bibliothek, kein Kloster und am wenigsten dieses Dorf, kein Fleck unter dem Himmel, wo sie bleiben könne. Und ich blickte auf das Land, das der ausgetrocknete See freigegeben hatte, wie es dalag, so akkurat parzelliert, so saftig und fruchtbar, dass man vor seiner Schönheit hätte verzweifeln können.

Heute lebt Clarisse nicht mehr. Sie hat schließlich doch noch einen Ausgang gefunden, es war der aus ihrem Leben.

Gorée

Die Tür ohne Wiederkehr

Die Insel der Seligen ist unterkellert. Man weiß es, doch sieht man es nicht, wenn man mit einem kleinen Boot im Hafen von Dakar ablegt und auf diesen bloß drei Kilometer entfernten Festungsfelsen zufährt, die schreckliche Idylle, die zuerst bloß »Ber« hieß, später »Ila de Palma«. Die britischen Besatzer tauften sie »Cape Coast Castle«, und erst die Franzosen nannten sie schließlich Gorée, den »guten Hafen« oder auch »Gorée, die Glückliche«, aber das war schon zu der Zeit, als die Schiffe mit den aneinandergeketteten Sklaven über den Atlantik kamen und sich kaum jemand glücklich schätzte, Gorée zu erreichen.

Alle zwanzig Minuten geht heute die Fähre aus Dakar. Die Frauen auf dem Schiff in ihren prachtvollen Bubus balancieren auf den Köpfen Südfrüchte, Zucker, Süßkartoffeln, Obst. Wo sie ankommen, wohnen heute auf einem Felsen, der einmal fünftausend Einwohner beherbergte, noch etwa tausend. Von denen liegen an diesem Mittag die einen in Hängematten, die anderen flanieren unter der wehenden Wäsche über den Gassen, die Dritten lagern in der Wiese über den freilaufenden Schafen, die Vierten sitzen bloß da, in einer Luft voll von Kinder- und Vogelgeschrei.

Nur knapp einen Kilometer lang und dreihundert Meter breit ist dieses legendäre Eiland auf der westlichsten Spitze Afrikas. So sahen wir Gorée vor uns, noch vom Boot aus. Greta hatte den Teint der Südeuropäerin, führte die Ursprünge ihrer Familie aber auf afrikanische Sklaven zurück, und so hatte sie vor unserem Besuch alles darangesetzt, mich über die Bedeutung der Insel aufzuklären.

1444 wurde Gorée von Portugal, dann von Frankreich besetzt, in der Folge aber auch von den Engländern, Holländern, den Dänen und Schweden, dann wieder von den Engländern, die hier eine Zeitlang ein Warenlager unterhielten. Allein siebzehnmal wechselte die Insel die Besitzer, ein Fort mehr als eine Residenz, eine Festung, deren schwarze Kanonen immer noch über den Hafen zeigen.

Von den Portugiesen war die Palmeninsel auf der Suche nach den sagenumwobenen westafrikanischen Goldfeldern okkupiert worden. Knapp hundert Jahre später begann unter den Besatzern der hiesige Menschenhandel, und bis zu seinem Verbot im Jahr 1848 diente die Insel als Stützpunkt für die Verschiffung von Sklaven.

Nachdem Nordamerika entdeckt war, man für die Plantagen dort, aber auch für die in Brasilien und auf den westindischen Inseln Arbeitskräfte brauchte, florierte der Handel. Zwischen dem 16. und dem 19. Jahrhundert sollen insgesamt zwanzig Millionen Sklaven von Westafrika aus in die Neue Welt und nach Südamerika verkauft worden sein. Sie verschwanden auch in den Silberminen Mexikos und Perus, auf den Tabak- und Baumwollplantagen Nordamerikas, in den Zuckerrohrfeldern der Karibik. Die Holländer schickten sie in ihre Kolonien nach Surinam, Berbice und Guyana, die vorgelagerte Insel Curaçao entwickelte sich bald zum bedeutendsten Sklavenmarkt der Welt.

»Daheim in Gorée«, erklärte Greta, »waren die Sklaven unterdessen zur Währung geworden. Der Preis eines Hauses etwa wurde in Sklaven berechnet, ein gutes arabisches Reitpferd kostete derer zwölf bis fünfzehn. Allerdings waren Pferde in kriegerischen Zeiten sehr gefragt, und so wurden viele Sklaven nicht ins transatlantische Geschäft geschoben, sondern innerafrikanisch weitervermittelt.«

»War es lukrativ?«

»Und ob. Der Sklave war ein Wertgegenstand der Zeit. In Afrika konnte man ihn für etwas Branntwein und billige Tauschware im Wert von fünf Gulden erwerben, während sich in Südamerika gut das Zehnfache in Zucker erlösen ließ. Dieser wurde in Europa, wo Süßwaren nicht mehr allein eine Sache der oberen Stände waren, für ein Vielfaches verkauft. Er änderte hier die Speisegewohnheiten und verhalf nebenbei auch dem Beruf des Zahnarztes zur Blüte. Es dauerte nicht lange, und die europäischen Sklavenhandelsgesellschaften hielten sich sogar ihre eigenen Plantagen in Afrika.«

Inzwischen hält man es allerdings für möglich, dass ökonomisch in Gorée die Versorgung der Schiffe mit

Lebensmitteln und Agrarprodukten eine größere Rolle spielte als die billigen Sklaven selbst. Doch auch auf dieser kleinen Festungsinsel gab es alles: Weiße Sklavenhändler, wohlhabende Afrikaner, die sich selbst am Sklavenhandel beteiligten, es gab sogar schon reiche Sklaven, die sich selbst Sklaven hielten, Jahrhunderte, bevor die ersten Europäer auf den Kontinent kamen. Viele der Sklaven traten damals eilig zum Islam über, weil eine Verordnung besagte, dass man einen Mohammedaner nicht versklaven dürfe. Wenn also heute etwa achtzig Prozent der Senegalesen und etwa fünfzig Prozent der Einwohner Afrikas Muslime sind, so verrät dies auch, wie tief und bleibend selbst die Religion dieser Gegend mit dem Sklavenhandel verbunden ist.

Wir näherten uns der Bucht von Gorée. Ihre Mole war ein umfriedeter Platz zum Anlanden, wenig mehr. Hier wurden ehemals auch die Schiffe für die große Fahrt instand gesetzt. Daneben entwickelte sich ein Verschiebeplatz für Gold, Straußenfedern, Kleidung, Wachs, und der angenehmen Verhältnisse wegen zogen selbst einige freigelassene Sklaven auf die Insel und lebten hier Auge in Auge mit ihren unfreien Brüdern und Schwestern.

Viele der Schiffe, die hier entladen und danach mit Sklaven beladen wurden, stammten aus Liverpool, der europäischen Hauptstadt des Sklavenhandels. Man tauschte hier Menschen gegen begehrte europäische Güter ein, Textilien, Eisenwaren, Werkzeuge, Glas und Waffen, lauter Dinge, die mit der Zeit entweder ihre Attraktivität oder ihr Prestige einbüßten, so dass diese Art des Handels schließlich zurückging. Andererseits gehörte es in manchen adligen Kreisen zum Renommé, einen Sklaven zu besitzen. Unvergessen auch die Wiener Dame der Mozart-Zeit, die ihren afrikanischen Ehemann nach seinem Tod ausstopfen und ins Museum stellen ließ – mit seinem Einverständnis.

»Unter den damals knapp dreitausend Bewohnern der Insel Gorée«, wollte ich von Greta wissen, »waren angeblich ein Viertel Mulatten. Warum?«

»Weißen Frauen war der Zugang zur Insel verwehrt. Die europäischen Herren dort suchten sich einheimische Gattinnen, von denen sie durch das Gesetz in dem Augenblick als geschieden galten, da diese starben oder sie selbst nach Europa heimkehrten. So blieben die Mulatten zurück, und die Mulattinnen vor allem wurden zu einflussreichen Vermittlern zwischen den Kulturen. Ihnen wurden eigene Häuser gebaut, und sie besaßen nicht selten selbst wieder Sklaven.«

Und so landeten wir also auf einem geschichtlich schwer belasteten Boden, setzten unseren Fuß auf das sonnenwarme Kopfsteinpflaster, dem nur die Bougainville-Büsche, die Palmen und Affenbrotbäume Schatten spendeten, und auf den von Säulen gestützten Veranden lagen wirklich in Liegestühlen Mulattinnen, hatten die rote Bougainville hinter dem Ohr und die Augen über den Dekolletés geschlossen. Das ist Pierre Loti, das ist Orientkitsch, oder es ist glühender Delacroix mit Blick auf den dunklen Küstenstreifen vor Dakar mit seinen Basaltkuppen unter dem Smog.

Ja, man kann strauchelnd in die miniaturisierte Welt des Kolonialismus eintreten, erfasst von verbotenen Gefühlen. Es darf nicht schön sein, was man das »Dachau Afrikas« nannte, es darf im Sonnenglanz nicht blühen, seine Mauern dürfen den Duft warmen Lavagesteins nicht ausdünsten, die Atmosphäre darf nicht so leicht sein und die Romantik der leeren Paläste nicht so schwärmerisch. Ein Museum darf all das nicht sein, ein Denkmal mit dem Namen »Weltkulturerbe«, etwas, dem man attestiert, dass es zu einer abgeschlossenen Epoche der Geschichte gehört.

Es gibt Orte, die den Flaneur zwingen, es nicht mehr zu sein. Orte, an denen das Schweifen zum Stillstand kommt. Es gibt die Orte der Zwangsvorstellung, die Bühnen der Manie. Es gibt schließlich Orte, die Erinnerung herstellen durch eine Sequenz von unausweichlichen, aufdringlichen, sich eigenmächtig vom Boden des Bewusstseins lösenden Bildern, und es gibt Nicht-Orte, die nichts als Vergessen produzieren. Wir sehen der Wucherung solcher Nicht-Orte zu, die wenig mehr sind als Aufbewahrungsorte für Menschen.

Die Orte der Ratlosigkeit sind es, an denen sich keine Erfahrung befestigt, die kein Bedürfnis befriedigen, die eher das Verlangen, nicht zu sein, nähren. Sie sind Stätten der Auslöschung. Man muss nicht bewusst sein, um sie gesehen zu haben. Kein beteiligter Blick streift sie, keine Fürsorge hält sie aufrecht, keine Geschichte will hier beginnen. Der Reisende findet keinen Zugang zu diesen Orten, er müsste sie in ein Buch, einen Film, ins Fernsehen versetzen, in einen anderen Zusammenhang. Dann wäre dieser Hafen vielleicht nicht einfach der dreckige kleine Landeplatz, sondern die Verheißung für ein »Weit weg«. Und dahinter läge die Welt.

Gorée, der unausweichlich afrikanische, der Ort des Menschenmöglichen, hat eine andere Art Erinnerung zu speichern, und hätte er sich mir nicht spontan so vermittelt, ein Blick in Gretas Gesicht hätte ausgereicht, sein Nachbeben in der Erschütterung zu identifizieren. Er liegt da, besetzt von der Vorstellung, dass Menschen hier ihrer Zerstörung entgegengingen, und sie sollten diese nicht allein erfahren, sie sollten sie so bewusst wie möglich erfahren. Sie sollten in das endlose Jetzt ihrer Qual versetzt werden, ein lang andauerndes Gegenwärtig-Sein, das sich zum Existenzbeweis verdichtete: Ja, es gelang ihnen nicht, sich vom Leben zu lösen, und wir Nachgeborenen verbannen sie in die Vorstellung einer historisch entrückten, quasi literarischen Folter.

Wie soll man ihn sich aber vergegenwärtigen, den Schmerz, der nach innen ging, der stumm machte, weil er die Verwüstung, die Verwandlung ins Leere, ins Nicht-Sein einleitete, dieser Schmerz als Eingriff der Totenstille? Wie will man ihn vernehmen gegen den Schmerz, der schrie, den vitalen, sich lautstark äußernden, expressiven Schmerz? Wie will man die Bewegung des Hinscheidens bewahren neben der Bewegung, aus der Rousseau die Sprache ableitete, der des Schreis, der Interjektion, aus der sich Sprache auch bei Nietzsche angeblich erst löst? Hatte der Erlöschende keine Sprache? Und welcher

Impuls für eine Mitteilung bleibt erhalten, wo der Gefolterte die Einheit mit seinem Körper kündigen will?

Wir näherten uns dem Kernstück der Siedlung. Das »Maison des Esclaves«, errichtet von 1776 bis 1778, ist heute ein Schauraum, eine Vitrine des Menschenhandels, voller Verliese, in denen die Sklaven ihre Verschiffung erwarteten. Alle sind sie hierhergekommen. Nelson Mandela bestand darauf, sich in eine Zelle zu pferchen, Papst Johannes Paul II. entschuldigte sich für die Verstrickung der Christen, Bill Clinton bedauerte ganz allgemein, seine Gattin Hillary ließ sich hier von Annie Leibovitz für die »Elle« fotografieren, und George W. Bush blieb zwanzig Minuten, in denen er von »schlimmen Schicksalen« sprach. Die ergreifendste Entschuldigung aber formulierte hier Brasiliens Präsident Lula für sein Land, das von allen Ländern am meisten Sklaven importierte und die Sklaverei selbst erst 1888 abgeschafft hatte. Ihre Folgen bestimmen die Gegenwart: Fast die Hälfte der heutigen Einwohner Brasiliens sind afrikanischen Ursprungs.

Wer immer dieses Sklavenhaus betreten hat, muss es bedrückt getan haben und zugleich unwillentlich berührt vom Zauber der Stätte, ihrer anstößigen Schönheit. Hier wohnten die Sklavenhalter in der Beletage, gut eingerichtet und komfortabel, erreichbar über eine wie von Antoni Gaudí geschwungene Freitreppe in Altrosa. Vom Salon unter der massiven Holzdecke ging der Blick durch das große Fenster über den Balkon auf den Ozean.

Darunter, nur durch ein paar Bretter und Balken getrennt, lebten zusammengepfercht und angekettet die

Sklaven. Sie durften ihr Quartier nur verlassen, um zu arbeiten oder verschifft zu werden. Hier wateten sie durch den Kot, der erst entfernt wurde, hatte er einen bestimmten Pegelstand erreicht. Manchmal wurden diese Keller ausgemistet, manchmal auch einfach mit Meerwasser geflutet. Mit einer Paste aus Bohnen und Palmöl hat man die Unterernährten regelrecht gemästet. Von Zeit zu Zeit kam jemand, zog die Toten heraus und warf sie den Haien zum Fraß vor. Die Kranken und Gebrechlichen folgten.

Greta stand und schwieg, alles Gelesene innerlich auf die Wände projizierend. Es kommen viele Menschen nach Gorée, die, angeregt von der Fernsehserie »Roots«, ihre Vergangenheit suchen. Die Serie hat sie als Erstes die Bedeutung dessen gelehrt, überhaupt Ahnen zu haben, und dann, sie von hier zu haben. Es sind Besucher darunter, die bloß staunen, und solche, die sich mit professioneller Hilfe zurückführen lassen, solche, die das Haus berühren, weil sie es »erkennen«, und solche, die plötzlich fühlen, dass sie von hier stammen, die sich auskennen an einem Ort, an dem sie sich leiblich zuvor niemals befunden haben. Es kommen auch sachlichere Menschen hierher, die sich mit geschlossenen Augen in so ein Verlies stellen, die Bilder der Vorzeit eindringen lassen und meinen, jetzt müssten sie heimgesucht, ja überwältigt werden von jenen letzten Bildern, die auch die Sklaven vor ihrer Verschiffung sahen.

Greta bewegte sich in kurzen, stockenden Schritten. Sie fotografierte nicht und richtete keine Videokamera auf das Ensemble. Was für Bilder aber stellen sich ein vor der »porte sans retour«, der »Tür ohne Wiederkehr«, durch die die Elenden zum Laderaum gelangten? Die Menschenhändler ließen sich das schwarze »Ebenholz«, »Ebony«, wie sie die Sklaven nannten, vorführen, prüften Muskeln, Knochen, Zähne, examinierten selbst die mentale Verfassung. Nach dem Kauf wurden die Körper gebrandmarkt, und durch die Aussparung dieser kläglichen Maueröffnung richteten die Verlorenen den Blick auf das Meer. Dann wurden sie in den dicken Bäuchen der Briggs oder Schoner verstaut, den für den Sklaventransport umgebauten Handelsschiffen mit Zwischendecks, die eingezogen worden waren, um für den Transport noch mehr, wenn auch engeren Raum zu gewinnen.

Über eine Planke wurden die Gefesselten in den Schiffsbauch getrieben, wo sie erst die Ladung löschen mussten, worauf man ihnen ihren Platz auf einer der Ebenen zuwies. Kot und Kotze der oben Arbeitenden fielen auf die unten Liegenden. Wer es schaffte, stürzte sich ins Meer, wer nicht, starb oft auf dem Transport. Nicht einmal die Hälfte derer, die in Gorée ablegten, kam am Ende an ihrem Bestimmungsort auf der anderen Seite des Atlantiks an.

Darüber hinaus waren die Sklaven besessen von der Angst, die Europäer könnten sie nach der Überquerung des Atlantiks verspeisen. Als eine Folge dieser Furcht kam es zu Sklavenrevolten, von denen im 18. Jahrhundert verschiedentlich berichtet wird. Die Rädelsführer der wenigen Aufstände dieser Art wurden öffentlich zu Tode gefoltert.

Aber hatte nicht Ludwig XIV. 1685 als Maßnahme gegen den gesetzlosen Umgang mit den Sklaven den »Code Noir« erlassen, einen Codex, in dem allerdings gerade die Abwertung außereuropäischer Völker ihre Legitimation erhielt? Er bildete die juristische Basis des Sklavenhandels. War damit der rechtsfreie Zustand des Handels auch beendet, so hätte auch die sadistische Willkür nicht anders wüten können als die scheinheilige Rechtmäßigkeit der Paragraphen. Artikel 38 etwa legte fest: Dem entflohenen Sklaven werden beide Ohren abgeschnitten, bzw. eine Lilie wird ihm auf eine Schulter tätowiert, vorausgesetzt, er schafft es, einen Monat auf der Flucht zu bleiben. Bei einem nächsten Versuch werden ihm die Kniekehlen durchgeschnitten, und eine zweite Lilie wird tätowiert.

Außerhalb des Anwendungsbereichs dieses »Code Noir« agierte die Grausamkeit nicht weniger zügellos. Nirgendwo auf der Welt kamen so viele Sklaven auf so wenige Weiße wie in Curaçao, wo die Sitten über alles bisher Bekannte hinaus verrohten. Man peitschte die Sklaven bis aufs Blut und erhob es zum Gesetz, ihnen die Achillessehne durchzuschneiden, sollten sie einen Fluchtversuch unternehmen. Beim zweiten Versuch wurde ihnen ein Bein abgenommen. Die Sklavinnen dagegen hatten der sexuellen Willkür zu gehorchen und bedienten die Gäste auf Festen bisweilen nur mit einer Serviette bekleidet. Ihre Herrinnen selbst führten sie als schönste Errungenschaften vor und vermieteten sie wochenweise. Flohen die Sklaven in den Dschungel, warteten dort schon indianische Kopfgeldjäger, die mit der Sklavenhatz ihr Geld verdienten.

Nach dem offiziellen Ende der Sklaverei war dem Menschenhandel aber keineswegs ein abruptes Ende gesetzt, vielmehr wuchsen die sogenannten »Freiheitsdörfer«, in denen sich ehemalige Sklaven in scheinbarer Unabhängigkeit niederließen. In Wirklichkeit handelte es sich um von den Franzosen eingerichtete Rekrutierungslager für Arbeitskräfte, aus denen sich Geschäftsleute bedienen konnten. Sie zahlten eine einmalige Summe, gegen die sich der frühere Sklave für bis zu vierzehn Jahre zur Arbeit verpflichtete. Ganz selbstlos aber waren auch die Motive der »Abolitionisten« zu Beginn des 19. Jahrhunderts nicht gewesen, hatte man doch durchaus das eigene Seelenheil im Auge, als man für die Abschaffung der Sklaverei eintrat. Erst der erste Präsident der unabhängigen Republik Senegal, der 1962 an die Macht kam, beendete diese Verhältnisse endgültig. Im benachbarten Mauretanien wurde die Sklaverei sogar erst im Jahr 1980 offiziell abgeschafft.

Nachdem 1848 das offizielle Ende der Sklaverei aber allgemein besiegelt war, setzte der Niedergang Gorées ein. Hatten zuletzt fünftausend Menschen hier gewohnt, zogen sich die meisten nun auf das Festland zurück. Über die Insel legte sich ein Schlaf. Die Paläste standen leer, oder sie wurden von Obdachlosen besetzt. Wer Ambitionen hatte, Geschäfte, Politik oder Karriere machen wollte, orientierte sich gen Festland, und auf Gorée blieb nur eine kleine Gesellschaft Heimatliebender, Alter und

Immobiler zurück – bis die Sklaverei zurückkehrte, doch jetzt als Erinnerungsarbeit, als Pflege des Museums, des Kulturdenkmals. Noch einmal lebte die Insel auf im Geist des düsteren Erbes. Doch jetzt kapitalisierte sie das Gedenken.

Dass sie so idyllisch liegt, von ihren autofreien, gepflasterten, ganz schmalen Gässchen durchzogen, dass sie immer noch so viele Kolonialbauten versammelt, die zwischen blühenden Sträuchern unter alten Bäumen liegen, dass sie heute den Tieren freien Lauf lässt und der Musik jedes Fenster öffnet, dass sie Künstler beheimatet, die klassisch malen oder unklassisch aus Müll Skulpturen herstellen oder Andenken, das alles hat aus Gorée ein begehbares Souvenir, einen Ort der Boheme gemacht, in dem sich die Spuren der Vergangenheit unter aller Erinnerungsarbeit ästhetisiert, verdünnt und verflüchtigt haben.

Und doch: In dieser altehrwürdigen Anstrengung, sich an einem Ort selbst seine Geschichte zu vergegenwärtigen, wird auch die Bereitschaft frei, sich vom Schauplatz der Ereignisse in neue Zonen der Erinnerung zwingen zu lassen. Doch wurde die Einfühlung in die Erfahrung der Leidenden stets auch propagiert, um in solcher Katharsis das eigene Gewissen zu erleichtern. Wer sich nachträglich in die Opfer einfühlt, kann nicht Komplize der Täter sein. Die Wirklichkeit, die er an Gedenkstätten besucht, hat ein synthetisches Moment.

Die Grundfrage aller Reisenden lautet: »Wo war ich?« So sagt man, wenn man den Faden einer Erzählung verloren hat, und ebenso sagt man es, will man Rechenschaft darüber ablegen, wo sich die Wirklichkeit einer Reise manifestierte – in einem Blick, einem Bauwerk, einer Situation. Am Mahnmal angekommen, stellt sich sogleich das Vergessen ein. Ein Ort, so pittoresk er ist, kann so profan sein, so tatsächlich. Erst in der dichtesten räumlichen Annäherung wird dann die eigene Ferne von dem, was man suchte, offenbar, und so streifte ich an diesem Sommermorgen durch das lyrisch aus dem Meer aufsteigende Gorée und konnte mich nicht lassen vor Freude und Schauer.

In einem Lädchen stöberte Greta einen Nachdruck der »Esquisses sénégalaises« von David Boilat auf. Er hat sich 1853 an den Versuch gemacht, der Szenerie ringsum Anschauung zu geben. Hier sieht man Wilde in karger Landschaft, doch alle mit europäischen Gesichtszügen. Es wirkt, als seien die Meister unfähig gewesen, das Fremde wiederzugeben oder es richtig darzustellen. Sie haben einfach den Europäer bräunlich eingefärbt und ihn mit geschwungenen Lippen ausgestattet. Nicht nur scheiterten sie offenbar im Versuch, von sich selbst abzusehen und doch das Vertraute im Fremden zu identifizieren, es gelang ihnen nicht einmal, unverzerrt darzustellen, was sie sahen. Ähnlich entpuppte sich uns beiden Reisenden Gorée als der Ort, der uns naheging, indem er sich entzog, und der sich auf eigentümliche Weise noch einmal näherte, als wir in dem kleinen Boot saßen, das uns nach Dakar hinübertrug, während Gorée sich in Dunst hüllte.

An der Küstenstraße nach Norden vermehren sich die Tafeln der Aids-Aufklärung und die Kirchen. Die wahren Kathedralen der Dritten Welt aber sind die Tankstellen mit ihren raumgreifenden Installationen, ihren hell leuchtenden Logos, ihrer modernen, windschnittigen, aus dem Orbit kommenden Erscheinung: Ja, sie sind die Repräsentationsbauten der Energiewirtschaft.

Die Landschaften sind fast überall groß. Der einzelne Baum, das aufragende Hüttendach, die Dünung im Sand, sie sind dazu da, die Horizontale zu betonen. Kleine Windhosen laufen über die Ebene, Jungen mit Stöckchen treiben drei Ziegen. Man hat Sand zwischen den Zähnen. Selbst bei geschlossenem Mund dringt er über die Nase ein. Sehr schmale Pferde, sehr schmale Ziegen trotten am Straßenrand Schritt für Schritt voran, mit wundem Blick für die kargen Felder.

Die Generationen und die Geschlechter hocken beisammen im Schatten der Rundhütten, und in den Kaufmannsläden sitzt im Regal die Ware, die wunderbarerweise den Weg bis hierher zurückgelegt hat: schmutzig gelbe Kernseifeblöcke, geschichtet, bunte Eimer, Alkali-Batterien, vier Konservendosen voll Ratatouille, ein Plastikgewehr, ein Stapel Karten. Eine Sirene erklingt, ihr Ton senkt sich immer tiefer ab, bis er nicht mehr zu hören ist, und er bleibt unbeantwortet. Vielleicht sind alle diese Töne auf einer ganz niedrigen Frequenz immer noch in der Welt. Mit den Waren ist es ebenso. Sie verflüchtigen sich an den Außenposten der Handelsströme und werden sich irgendwo in der Wüste verlieren.

Saint-Louis, nahe der Grenze zu Mauretanien, blühte bis 1902 als die erste Hauptstadt des Senegal. Wie Gorée ein Fort, eine militärische Festung an der Küste des damaligen Senegambia, erlebte auch das »New Orleans Afrikas«, wie man die Stadt auf der Insel zwischen zwei Armen des Senegalflusses und nahe seiner Mündung nannte, Aufstieg und Niedergang im Wechsel. Als der bescheidene Ort den Status einer Hauptstadt verlor, verlangten die Einwohner von Saint-Louis fahnenschwenkend den Anschluss an Frankreich. Die Wohlhabenden zogen in die neue Hauptstadt Dakar, die Armen blieben mit den Alten zurück. Die öffentlichen Gebäude ließ man verfallen, wie die privaten Paläste verwahrlosten, das Weiß und das Ockergelb der Fassaden verschoss. Die Farben kamen sich entgegen und trafen sich auf der Mitte eines schmutzigen Tons, dem Teint des Verfalls.

Die Verbindung zu Frankreich datierte aus dem Jahr 1664, als die Französische Westindien-Gesellschaft die Konzession erhielt, im Dienste Frankreichs die afrikanischen Kolonien auszubeuten. Rasch entwickelte sich die Stadt zum wichtigsten Verwaltungs- und Handelsort des Kolonialreiches: Kautschuk, Baumwolle, Elfenbein, Goldstaub, Palmöl, Kaffee, Kakao wurden hier umgeschlagen. Der Sklavenhandel blühte, Verwaltungsbeamte und Angestellte der großen Firmen zogen in die ziegelgedeckten, von schmiedeeisernen Balkons gezierten Privatpaläste mit ihren kühlen Innenhöfen. Die französischen Händler und Beamten und die freigelassenen Sklavinnen oder einheimischen Frauen mischten sich. Bald war Saint-Louis die wichtigste Siedlung Frankreichs in Afrika, und in der Tat erwies sich die Lage als ideal: Hier trafen sich die Verkehrswege zum Atlantik, nach Mali, in die Sahara, und auf allen diesen Wegen verschob man Menschen und Waren.

Immer mehr Kaufleute drängten aus Frankreich heran, um von hier aus Afrika zu erschließen, Bodenschätze zu fördern, Erdnüsse anzubauen, Kautschukplantagen anzulegen und den Menschenhandel zu stimulieren. 1840 wird Saint-Louis die Hauptstadt des Senegal. Doch acht Jahre später ist das Verbot der Sklaverei offiziell, und Frankreich sieht sich im Besitz zweier Sklaveninseln – Gorée und Saint-Louis –, doch entkleidet der Rechte, sie als solche zu unterhalten. Was tun? Soll man aufgeben, sich zurückziehen? Das hieße kapitulieren. Also deklariert man es als Antwort auf den aggressiven Kolonialismus der Briten, dass man Saint-Louis als Zentrum von Französisch-Westafrika ausbaut, und so wird die Stadt zur gleichen Zeit ein Ort humanistischer Hochkultur wie der Schmerzen und der Unterdrückung.

Zwar war die Sklaverei offiziell abgeschafft, doch existierte sie noch hundert Jahre weiter. In Saint-Louis entwickelte sie sich verdeckt, indem man die Position des Haussklaven für untergeordnete Dienste aller Art schuf – eine weitgehend rechtlose Position von hoher Attraktivität für die Herrengesellschaft. Zeiten zogen herauf, in denen die Zahl der Sklaven in der Stadt die der Freien bei weitem übertraf.

Wir haben im »Hotel de la Poste«, einem verrotteten Kolonialbau, Quartier gefunden. Er ist schön wie ein großspuriges Klischee. Die Veranda, ganz aus Bambus gefertigt, mit Stroh gedeckt, mit Rattanmöbeln bestückt, wird von einem Barmann mit Fliegenwedel bewirtschaftet, einem Mann mit rotem Käppi, der nur ganz langsam an den Tisch kommt, aber farbige Longdrinks in hohen Gläsern mit einer Inbrunst serviert, als stehe in den Zehn Geboten, »Du sollst Longdrinks machen«.

Greta bevorzugt anschließend das Ruhen im Zimmer. Es ist mittags zu heiß, um auszugehen. Die Klimaanlage haben wir abgeschaltet, zu laut ist ihr Dröhnen. Also öffnet man das Badezimmerfenster und schafft sich ein bisschen trägen Durchzug. Dann wartet man nackt auf dem Bett ab, dass in feinen Perlchen der Schweiß austritt, gerade eben gestreift von der Luft, die sich auch nicht bewegen will, und vor dem Fenster balgen sich vier Geiervögel in einer Baumkrone. Doch auch sie absolvieren ihre lahme Übung wie in Zeitlupe.

Saint-Louis besteht eigentlich aus zwei Orten: dem Küstenort mit seinen Verwaltungsbauten, seinen dämmernden Hotels im alten Stil und den kaschierten Palazzi, und dann, erreichbar über den »Pont Faidherbe«, eine vorgelagerte Insel, eher eine langgestreckte Sandbank mit geraden Gassen, halbhohen Häusern von heller Patina, mit schmiedeeisernen Gittern, Balkons, Innenhöfen. Doch die meisten sind leer.

Einmal kommt ein muslimischer Würdenträger mit einem kleinen Jungen an der Hand durch die Gasse. Kopfschüttelnd liest er die Graffiti auf der Wand eines aufgegebenen Hauses.

»Geht nicht hinein«, sagt er, »dort wohnt ein Phantom!« Verkorkste Architekturen. Abfall überall. Irgendwo liegt

Aas und schwängert die Luft. Die besser erhaltenen Häuser sind umfriedet, keines von ihnen wurde direkt am Wasser gebaut. Doch sind die Beete manchmal so akkurat wie die Augenbrauen einer Türkin. Wir steigen durch eine Ruine, im Hof ist eine riesige Meeresschildkröte gestrandet und verendet. Daneben liegt eine Landschildkröte, die wütend fauchend an ihrer Kette zerrt und sich trotz der glühenden Hitze im Sand nicht erschöpft.

Der zweite, dem Meer direkt zugewandte Inselteil ist ein Slum. Seine Kanäle im Inneren sind voller Abfall, der längst in Fäulnis übergegangen ist. Seine Außengrenzen aber werden umwogt von der weißen Brandung mit ihren blütenreinen Schaumkronen. Davor schaukeln die Pirogen. Manche werden, hoch beladen mit Fisch, von den Wogen zurück ans Ufer geschoben, wo die Männer mit Kisten auf dem Kopf herangelaufen kommen, um die Ware abzutransportieren.

Die Architektur des zweiten ist wie die des ersten Inselteils, nur transformiert in den Dreck, ohne nennenswerte Bauten. Statt ihrer verfallen zwischen Unrat, liegengelassenem Gerät und Spielzeug dürftige Hütten mit Sitz- und Liege-Ensembles, Wohnorganismen mit dem Erscheinungsbild bloßer Ablagerungen. In der Vielfalt der Verfallsformen verfeinert sich die Koexistenz des Menschen mit allem, was er braucht, verbraucht und ausscheidet. Symbiosen überall.

Am Strand enthüllt eine etwa Siebenjährige unvermittelt ihre Scham, indem sie das Kleidchen auf Brusthöhe anhebt. Alles kreischt. Sie hat es nicht für Geld, sie hat es für uns getan, stolz, etwas so Schönes und Schockierendes ihr eigen zu nennen. Als sie den Effekt bemerkt, verlangt sie dann doch ein bisschen Geld und schmollt, keines zu bekommen.

Greta äußert, sie fühle sich vom »Dithyrambischen« des Ortes erfasst, von der Musikalität seiner Effekte und Farben, vom Strotzen und Schwelgen, vom Überfluss im Verfall. Dennoch erwacht sie morgens und erzählt einen Traum. Wo die Wirklichkeit phantastische Züge annimmt, wirken die Träume oft phantasielos, und am Tag kann es passieren, dass man wenig mehr tut, als das Sammelsurium der Außenwelt zu protokollieren.

Greta etwa versäumt kein Tier, das in unseren Horizont eintritt: nicht die Kraniche in den Wipfeln der höchsten Bäume, die Geckos, die spiralförmig die Stämme emporlaufen oder in den Hotel-Swimmingpool kacken, nicht das schwarze Schwein in einem Rinnsal aus Dreck, das Erdferkel im Streckgalopp über dem Hügel am Markt, den Dörrfisch, auseinandergerissen und aufgespannt wie Christus am Kreuz, nicht den im Straßengraben liegenden Hund mit den blutig offenen Ohren, die Vögel mit ihren originellen Rufen, die Schmetterlinge mit fremdartiger Zierung, alles in jedem Augenblick in Berührung mit Blut, Erde, Rinde, Kot, Asche, Pisse, Abwasser, Sekreten, dem Tod übergeben oder verschwistert oder assoziiert oder zugewandt, eben wie alles Kreatürliche mit dem Gesicht zum Verfall – lauter Formen, die durch das Hygieneprinzip der westlichen Welt zum Verschwinden gebracht werden.

Es ist wahr, dies ist ein einzigartiger Ort, einzigartig auch darin, wie er sein Leben in einer Schaumkrone sammelt und auf dem kochenden Atlantik tanzen lässt. Und doch werde ich das Déjà-vu nicht los, diese Anmutung eines Ortes, an dem ich früher schon einmal war, aber anders als die rückgeführten USA-Touristen auf Gorée, sondern unmittelbarer, sinnlicher.

Jeden Morgen ziehen wir aufs Neue in die Kakophonie der Effekte. Jeden Morgen spielt der Alte auf seinem mit Ziegenfell bespannten Saiteninstrument die gleiche Tonfolge, so lange, bis wir ein paar Scheine in das Loch seiner Kora stecken. Manchmal unterlegt er sein Saitenspiel mit einem Unisono-Gesang, der nörgelnd, räsonierend, unzufrieden klingt, aber er handelt von der Liebe – ein Gesang, der irgendwo in der Wüste erfunden wurde und schon in der Nähe eines Hotels falsch anmutet.

Manchmal bleiben wir stehen und hören zu, wie ein zweiter Musiker, dieses Mal ein Gitarrist, einfällt. Ein ergreifender Minimalismus ist das, den zwei Saiteninstrumente, bereichert von einer einfallenden Rezitativstimme, klanglich umschreiben. Sie produzieren Sounds wie aus der Natur genommen, dann wieder Stimmungsbilder, gemalt wie aus Mandolinenklang. Es ist, als müssten sich die Gefühle erst verankern, sich gewöhnen, dann variieren sie, dann bekommen sie Höhe und Laune, ihre Heiterkeit ist musikantisch.

»Wir üben nie«, sagt der Ältere der Musiker. »Musik ist Teil meines Körperbaus, und sie lässt meinen Geist wachsen. Wir reden nicht drüber, wir improvisieren nur.«

»Die reine Musik der Tradition ist eine Quelle der Wahrheit«, fällt der andere ein und begeistert sich zu einer Liebeserklärung an das Griot, die musikalische Sprache der fabelhaften Bewahrer der oralen Kultur, die in langen Gesängen, Rezitativen, Balladen die Überlieferungen der klassischen Musik hüten, wie sie in bestimmten, ehrwürdigen Familien von Generation zu Generation weitergegeben werden. Die Musik steht im Wechselgesang mit der Natur. Wir mögen das vielleicht nicht hören, aber im Unhörbaren der Musik schwingt es mit.

Wir sind durch den Unrat, über die Gräben, durch die schmalen Fußwege gekommen, wir haben keine neugierigen, keine verletzten, keine erstaunten Blicke gesehen, eher ausharrende, schwimmende Augen, in die ein Ausdruck, ein Erschrecken, eine Empörung nur langsam einsickern würden, um zu verweilen. Augen, in denen die Begegnung mit dem Fremden einen unsichtbaren Widerschein fände, wie die mit dem Tod, oder die von der Flatteraugenkrankheit animiert sein könnten.

»Wird man von dieser Krankheit befallen«, sagt mir ein Flussblinder, »so arbeiten sich die Maden bis hinter die Bindehaut vor, kopulieren da und vermehren sich sichtbar. Die Augen schimmern dann von der inneren Bewegung.«

Auf dem Markt werden keine Arbeitskräfte mehr angeboten, sondern die Restposten aus den Überschüssen Europas, den Massenproduktionen Chinas, den Billigproduktionen des Ostens. Dazu gesellt sich das textile Kunsthandwerk des Landes, und die pharmazeutischen Angebote führen bis hinab in die animistische Heilkunst des Landes. Über eine lange Strecke reihen sich die Stände mit Schlangenköpfen, Singvogelschnäbeln, Schildkrötenfüßen, Antilopenhörnern, Affenschädeln, Schlangenhäuten, Löwenpfoten, Fledermausköpfen, Krokodilinnereien. Alles wirkt. Kaum konserviert, aber auch nicht einbalsamiert, sondern eher vom Miasma der Verwesung umgeben und von Fliegen umschwärmt, liegen hier selbst Tierrückstände, von denen man uns lieber nicht sagt, was sie einmal waren. Man lächelt bloß und erwidert:

»Souvenirs.«

Es gibt auch einen Weißen, der auf dem Markt zu Saint-Louis hinter einem Vorhang auftritt, seinen großen weißen Bauch entblößt und ihn zu »Get Back« kreisen lässt. Ein Mann ist bereit, ihm dafür zwei Mangos zu geben mit der einzigen Auflage:

»Der Bauch bleibt drin!«

Jemand bietet mir eine Ware an. Ich sage nein, lächele. Der Mann nimmt meine Hand:

»Ich danke dir für die freundliche Art, auf die du ›nein‹ gesagt hast. Es zeigt mir, du bist kein Rassist. Schau hier, unsere beiden Hände, schwarz und weiß ineinander, so soll es sein …«

In den Griff schiebt er sein Geschenk, ein Armband aus Silberdraht.

»Und du wärst verloren, wenn du nicht deiner Frau, schön wie sie ist, ausgehfertig für einen Club, dieses Armband überstreiftest …«

Seine Konjunktive sind berückend, die Poesie seines Vortrags ist es.

Doch »Nein« wendet die so belobigte Frau an meiner Seite ein. »Keine Geschenke, verdammt nochmal! Pack deinen Krempel wieder ein!«

Da kommt er, schiebt sich mit seinem schweren Körper an sie, streift ihr das Armband über und lacht, während sie noch eine halbe Stunde später weiche Knie hat und erwartet, von einer Strafe ereilt zu werden.

Nein, die Straßenhändler fragen nie nach dem möglichen Bedürfnis, sondern sie orientieren sich am unterstellten Reichtum. Deshalb bieten sie dem Rucksacktouristen eine einzelne elektrische Kochplatte an, dem Brillenträger eine ungeschliffene Sonnenbrille, der blonden Frau eine schwarze Perücke, dem Wildlederschuhträger eine schwarze Politur. Hätten diese Fremden nicht schließlich die Mittel, all das zu erwerben?

Als wir keinen Fächer kaufen wollen, ruft die Händlerin, der eine riesige schillernde Fliege auf einer Oberlippenwarze sitzt:

»Ihr werdet noch an mich denken. Ich werde euch erscheinen und ihr werdet weinen … Ihr werdet ein Dorf gründen, in dem immer Schatten ist … Ihr sollt …«

So geht das immer weiter. Ausgelaugt kaufen wir eine Flasche Bissap, einen wässrigen, dunkelroten, nach Tee und Früchten schmeckenden Saft und ein Bündel Zahnputzholz.

»Ich gebe Ihnen ein Bonbon für die reife Frau!«, ruft ein Junge.

Ich kaufe auch das Bonbon, des Arguments wegen.

Es gibt da auch den siebenjährigen Mundharmonika-

Verkäufer, bedeckt mit Instrumenten. Eines trägt er im Mund, eines in der Hand und eines im Kasten. Sobald er eine Absage bekommt, seufzt er in die Mundharmonika. Dann klingt sie wie Blues oder wie eine Handvoll Blue Notes, die in dem Instrument schon lange auf den Augenblick der Enttäuschung gewartet haben.

Aber unter dem Chorgesang der Streunenden, der fliegenden Händler, der Werber und Führer bin ich mein Déjà-vu doch nicht los. Aber es ist nicht Gorée, es ist nicht die Sklaven-Architektur, die Hinterlassenschaft der Ausbeuter und Menschenhändler, der Kolonialherren und Unterdrücker, die so unausweichlich wirkt. Es ist etwas anderes. Ich weiß nicht, was es ist.

Allein auf der Veranda des Hotels sitzend, mit Blick auf die Straße, kann ich Grundformen des hiesigen Lebens beobachten: Die Menschen hier organisieren sich in Mikrostrukturen, persönlichen. Sie konsumieren nicht zentralisiert, sondern gehen von Laden zu Laden, sie glauben nicht zentralisiert, sondern gehen aus der Kirche zum Wahrsager, zum Totem-Händler. Sie schaffen sich vertikale Systeme: die Bauern beschäftigen Bauern, die Kindermädchen haben selbst Kindermädchen …

Die Abordnung der die Blinden führenden Jungen erscheint vor der Veranda. Es folgen die Fußballspieler aus dem Hurenviertel. Die Streichholzverkäufer lassen fragen:

»Haben Sie nicht immer nach uns Ausschau gehalten? Da sind wir! Ein cadeau, bitte, ein cadeau!«

Der Hotelier scheucht sie alle mit dem Staubwedel weg.

»Pardon, Monsieur«, und dann sagt er wirklich: »Es sind eben die Nachfahren von Sklaven.«

Das möge so sein, sage ich. Doch nirgends habe mich die Erinnerung an die Sklaverei so leibhaftig erfasst und erschüttert wie in Gorée, im Zentrum des afrikanischen Menschenhandels. Und es stimmte ja: Wir waren ganz still geworden im Sklavenhaus zwischen anderen, die da standen, überwältigt von dem Unrecht, dem Martyrium, der schrecklichen Reise …

Der Hotelier lächelt ironisch, wird aber gleich darauf nüchtern wie ein Akademiker:

»Ecoutez, ich will Sie nicht enttäuschen, und was Sie empfunden haben, haben Sie empfunden. Auch können wir es nicht ändern, aber amerikanische und französische Forscher haben die These aufgestellt, dass Gorée im Sklavenhandel gar keine gewichtige Rolle gespielt hat.«

»Man spricht von Millionen verschiffter Sklaven, vom ›Dachau Schwarzafrikas‹!«

»Hier wurden diese Forscher auch öffentlich als ›Holocaust-Leugner‹ bezeichnet, aber in der Tat waren ihre Thesen recht gut fundiert. Zwischen 1700 und 1850 wurden nur etwas mehr als 427 000 Sklaven über Gorée verschifft.«

»Was heißt das?«

»Das heißt, wir reden von nicht einmal fünf Prozent! Gorée hatte also anders als Saint-Louis, wenn ich mal so sagen darf, eine relativ geringe Bedeutung als ›Angebotsregion‹.«

Ich hätte sagen können, dass dies eine obszöne Statistik sei, hätte die gängigen Stereotype aus dem Stehsatz ziehen können: dass Zahlen nichts über Menschen, ihre Erfahrung, ihre Leiden aussagen, ich hätte auseinandergerissene Familien und Verschleppungen ins Feld führen, hätte das Wort »Individualschicksale« unterbringen, hätte fragen können, was es ihm denn bedeute, die Hauptstadt der Sklavenverschleppung zu bewohnen. Ich hätte mich selbst fragen können, warum ich in Gorée den Spuren des Gedenkens gefolgt war und in Saint-Louis, wo es keine Inszenierung gab, nicht. Ich hätte überlegen können, ob die Idylle des Weltkulturerbes mein Gedenken verkitschte, während die glanzlose Präsenz afrikanischen Elends in Saint-Louis mich zum Gedenken eben gar nicht erst einlud.

Aber ich nickte ihm bloß zum Abschied zu, belehrt und blamiert, erhob mich aus dem Bambussessel und schlenderte zurück ins Innere des Hotels, im Vorbeigehen angezogen von einer kleinen gerahmten Fotografie auf der geblümten Tapete. Zuerst erkannte ich Philippe Noiret, dann Stéphane Audran, dann die anderen. Dies war mein Déjà-vu: An diesem Ort hatte Bertrand Tavernier 1980 seinen Film »Der Saustall« gedreht. Auch das noch. Die erste Haltestelle der Erinnerung ist nicht die Geschichte, sondern das Kino. Ich stand noch vor dem Foto, da trat Greta in die Halle und rief:

»Du glaubst nicht, was ich geträumt habe! Also –«

Hongkong
Poste restante

Im Hof war Glas zersplittert. Alarmiert, aber träge, rekonstruierte das Ohr die Geschichte dazu – in einem Scharren am Boden versickert, aus einem Schrei herausgetreten, von einer Explosion erweckt. Bis in die Stille vor dem Sturz schweift das Ohr. Da war noch kein Hof und nicht die Erregung des Erschreckens. Dann die Stille im Sturz.

Scheppernd und splitternd wird draußen das Glas über dem Zementboden zusammengefegt. Zwei Mädchen lachen abwechselnd in das Klirren der Scherben. In der Wäscherei gegenüber muss jemand ein Fenster geöffnet haben. Denn plötzlich ist ganz deutlich zu hören, wie die Maschinen ihren Dampf in den Hof stoßen. In diesen stampfenden Puls schreit eine Männerstimme hinaus, die Mädchen rufen zurück. Dann ist nichts mehr zu hören.

Draußen wird ein Radio angeschaltet, der Verkehr zerfließt zu einem monotonen Basso continuo, der nur manchmal im Gellen einer Hupe reißt. Selbst durch das geschlossene Fenster dringt die stickige Straßenhitze. Als ich aber die Augen schließe, erscheint mir die rote Erde Chinas, sie ist wirklich rot und in den Gebirgen so ordentlich in Scheiben und Kuben aufgetürmt, wie ich es der Natur nicht zugetraut hätte.

Im Vergleich damit ist Hongkong eine einzige Übertreibung, über und über beschriftet, in der Hafenbucht und am Flughafen wie aus Zigarettenschachteln, aus Verpackungsmaterial für Filme und Knäckebrot zusammengebaut. Als ich wieder einschlafe, sehe ich, wie sich über der Skyline die Wolken türmen. Dann beginnt es unhörbar zu regnen, die Reifen schneiden mit einem schmelzenden Glissando durch die Pfützen.

Ich setze mich auf, bringe die Füße auf den Boden und schalte, von der Bettkante aus vorgebeugt, die Klimaanlage von »cool« auf »very cool«. Sofort erzittert die Abdeckung. Aus dem Rost flimmern die im feuchten Film festgehaltenen Staubfäden raumwärts. Diese Hotelzimmer mögen vielfach signiert sein, doch eigentlich bezeugen sie die Abwesenheit von jedem und allem. Hier war niemand. Ihre Stühle sind nie belastet, die Decken nie ergriffen, die Bilder nie gesehen worden. Der Geschmack der Einrichtung ist niemandes Geschmack, und wenn man jemanden fragen würde, was er hinter seiner Zimmertür getan habe, so könnte er eigentlich nur beschreiben, in welcher Weise er dort abwesend gewesen ist.

In Deutschland ist Vormittag, man atmet die Luft des Werktags. Auf den Fluren von Bürogebäuden weichen Frauen mit Akten Männern mit Akten aus, in der helllichten Sonne geht jemand über den menschenleeren Parkplatz, um einen vergessenen Gegenstand vom Rücksitz seines Autos zu nehmen, Akten. Aus der Entfernung wirken diese Bewegungen wie Abschnitte aus einer Scharade, so, als wäre ihnen wie im Kinderspiel ein Konjunktiv vorausgelaufen: Du wärst über den Parkplatz gekommen, du hättest ... du wüsstest nicht – eine vorweggenommene und eine nachgeahmte Geschichte.

Der Boy kommt mit dem Teewagen durch den Flur. Unter jeder Unebenheit des Bodens klirren Flaschen gegen Flaschen, die Löffel auf den Untertassen, die Bestecke auf den abgegessenen Tellern.

»Get stuffed!«, bellt eine Stimme draußen.

Ich schleppe mich ins Bad. Die drückende Feuchtigkeit quillt mir mit einem Geruch von heißem Klebstoff und Pilzen entgegen. Bevor unter der Annäherung der Spiegel beschlägt, erinnert er mich an mein Gesicht. Ich garniere den erfrorenen Mundwinkel mit einem Zahnstocher und lasse mich, während das Wasser einläuft, auf dem Badewannenrand nieder. Das Licht ohne Färbung wie das Wasser, die Konturen stumpf, die Plastikvorhänge matt wie beschlagenes Glas. Allmählich klart der Spiegel auf, man erkennt in ihm jetzt auch den Vorhang, den schwarz verklebten Luftabzug an der Decke. Dann die Knie, bedeckt mit Kindernarben und einer Entzündung, wohl von einem Insektenstich. Unter dem letzten Verputz wölben sich Schuppen grüner Farbe, auch die schicken sich an, zu Boden zu gehen, staubiger Anstrich ohne Grundierung. Wir sind alle aus dem gleichen Material.

Eine Zeitung auf dem Tisch, ein Schreibheft, Prospekte, Bilder einer Dachterrasse ... das Badewannenwasser hat einen Bittermandelgeschmack in meinem

Mund zurückgelassen ... Der aufgeschlagene Hotelprospekt strunzt mit einem Foto der Frühstückslounge, der »Five Diamonds Bar«, flankiert von den Abbildungen unbeteiligter Gäste und smilender, livrierter Asiaten. Ganz hinten steht der Küchenchef vor einem Spiegel, ein König, ein Genießer.

Im Nebenzimmer wird das Fenster geöffnet und wieder geschlossen. Ein leerer Plastikbecher kommt durch den Schacht herab. Diese Hinterhöfe sind wie Hühnerställe, vergittert und verdreckt, außerdem pechschwarz von den Ablagerungen der Autogase, Kohleöfen und Grills, ein System von Fluchtwegen über Feuertreppen und Flure, versehen mit den Stolperdrähten vielfach auf und ab geführter Wäscheleinen, auf denen Handtücher und Pyjamas ergraut sind, bevor sie von einem einzelnen Arm unter einer diagonal verklemmten Jalousie ins Innere des Hauses gerafft werden. Einmal im Jahr besichtigt der Bürgermeister absichtsvoll auch so einen Hinterhof. In den Zeitungen erkennt man nicht mehr als einen freundlichen Mann, der in seinem hellen Anzug im Finstern steht, mitten unter anderen, die Kameras und Schirme tragen.

Halb fünf.

Vom Fußende des Bettes aus, einen halben Meter vom Apparat entfernt, sehe ich zu, wie sich das Fernsehbild knisternd aufbaut. Der Schirm glüht von Anthrazit zu Grau zu Dunkelblau zu Blau, ins Blaue prickeln die Farben Gelb, Rot Hellgrün und Lila. Der Widerschein der nun im Bild erschienenen Kostüme koloriert dann auch die Gesichter, Wangen röten sich im Handumdrehen, Augen verdunkeln sich zu brüllendem Violett. Stirn und Hände erscheinen mal braun, mal aubergine oder curry, der Apparat kann sich nicht entscheiden, erst legt er Braun auf, später wechselt er die Hautfarben mehrmals in rascher Folge.

Drei Chinesen prozessieren durch eine Berglandschaft, ihre prachtvollen altertümlichen Kostüme sind voller Überfluss, die Ärmel weit, die Hüte mit bestickten Borten besetzt, Schulter und Leibgewänder mit umständlichen Versteifungen gestärkt. Ganz freundlich sprechen sie miteinander und gehen mit hölzernen Schritten auf ihren hohen Sandalen im Kreis, unaufhörlich danken sie der Frau, die in ihre Mitte getreten ist.

Viertel nach fünf.

Dann spricht die Frau allein zu den Männern. Sie ist sich ganz sicher. Auch wenn sie die Kaiserin ist, sieht sie die Männer freundlich an, und die Männer zeigen, dass sie eine akzeptable Frau und hübsch aufgemacht ist mit ihrem bunten Kopfschmuck und ihrem Trippelschritt. Die Frau sagt, dass das nicht geschehen darf, dass es unter keinen Umständen geschehen darf. Dazu schüttelt sie den Kopf, sagt es noch einmal, zum dritten Mal. Nein, die Männer sagen gemessen nein, jetzt lachen sie wieder und nehmen ihren Gang auf, sie soll beruhigt sein, es wird nicht geschehen, auf keinen Fall, sie sind sich einig.

In einer Großaufnahme erscheint jetzt das Gesicht eines der Männer, ein entschiedenes, melancholisches und entschieden komödiantisches Gesicht, das man sich gerne näher ansieht. Darauf kommen mehrere Diener mit Tabletts aus der Kulisse, und im nächsten Bild regnet es.

Die Wäscherei stößt wieder einen Schub Dampf in den Hof.

Die Kaiserin trägt jetzt ein Diadem, schuppig gewölbt wie die Schale der Ananas. Von ihren Begleitern ist nichts zu sehen. Vielleicht ist sie deshalb so bewegt, denn sie wendet den Oberkörper mal hierhin und dorthin und späht so komisch, dass man kaum mehr die Kaiserin in ihr erkennt. Ja, sie ist ganz atemlos, sie horcht und horcht, vielleicht handelt es sich um eine Art Verschwörung. In einem plötzlichen Entschluss – man sieht es richtig, jetzt hat sie lange genug gewartet – kommt sie direkt auf mich zu, ganz nah, so dass die Zeichnung ihrer kleinen Nase und das Craquelé ihrer Lippen erkennbar ist, die wie aus graphischen Kürzeln komponierten Details ihres Gesichts, selbst die weißliche Polsterung der erhobenen Hand, über der sie gerade die Lippen schürzt ... und in diesem fotogenen Ausdruck zu schweigen beginnt. Schon stürzt in die Abblende eine Graphik von großer Farbschärfe und Eleganz, setzt sich zu einem Schriftzug zusammen, zerfließt, wird wieder zu einem Schriftzug, zerfließt, bis das Orchester über die Klimax hinaus ist, und während das Bild verblasst, mitten in der Vorbereitung eines neuen Höhepunktes, auch ausgeblendet wird.

Der Tag hat seine Schuldigkeit getan, in der Schublade lächelt der Küchenchef, keine Scherbe ist mehr im Hof zu sehen, das Fernsehbild kühlt ab ...

Im Foyer des »Shamrock Hotels« wird das Gepäck der

Abreisenden mit einem Netz bedeckt und durch ein Vorhängeschloss gesichert. Aufschließen, Gepäck unterstellen, abschließen, aufschließen, Gepäck herausholen, abschließen: Diese Abläufe beherrscht »Mister Fo«, wie an seinem Revers geschrieben steht. Er kommt morgens um sieben und geht abends um sieben, mehr als die Hälfte des Tages verbringt er damit, das Gepäck unter dem Netz zu beobachten. Früher versah er den Etagendienst im neunten Stock. Dann gab es Beschwerden, vor allem über nächtlichen Lärm. Seitdem ist Fo ausschließlich für das Gepäck verantwortlich. Dreimal im Jahr beschert ihm die Klimaanlage einen Katarrh der Atemwege, dann fehlt er eine Woche, wird nicht bezahlt. Kaum kann er wieder geräuschlos atmen, ist er zurück.

Als ich abends aus dem Fahrstuhl in die Halle trat, stieß Mister Fo den Boy neben sich an, ehe seine Mimik in ihr Scharnier zurücksprang, vollkommen ausdruckslos. Dieses Gesicht, reduziert auf ein Abstraktum, war reines Gesicht, es verriet so wenig Charakter wie das eines idealen Clowns. An der Rezeption nahm man meinen Schlüssel entgegen, ohne aufzusehen. Überraschend erhob sich Fo und riss die Glastür auf. In seinen kunstledernen Sessel zurückgefallen, sah er seinen Sitznachbarn voll ironischer Ehrerbietung an, endlich menschlich.

Ich nahm die nächste Star Ferry und schüttete in einer Aufwallung blöder Mitteilsamkeit einem Kanadier namens Stephen mein Herz aus. Von unten stampften die Motoren gegen die Planken, die Fähre verlangsamte hundert Meter vor Kodak.

Die Geschichte. Ich beginne, von Ricarda zu sprechen, aber es misslingt. Erstens hat sie sich erübrigt, zweitens kommt es mir vor, als zerfiele schon alles in Objekte, Körperteile: Das waren die Lippen, die Arme, das war die Farbe der Haut, der Geruch des Handtaschen-Innenfutters, der Geschmack der Zunge im Mund und der Luft. Sie saß in ihrem Bett und blickte mich grausam an, nämlich duldsam. Ich hatte sie mir wie einen Fisch bestellt, und kaum war sie eingetroffen, suchte ich bereits das Weite. Bevor ich aufbrach, drehte ich mich noch einmal zu ihr, um sie nicht zu verpassen, die nicht ins Rollen gekommene Träne. Was soll Stephen damit anfangen?

Ich stieg aus, die Hitze stand, ich überquerte den Platz in diagonaler Richtung, tauchte in den nächsten Schatten und von dort in die Klimazone des Postamts. Der Aufenthalt war gestattet, der Gratisprospekte halber. Der chinesische Beamte am Poste-Restante-Schalter blätterte durch meinen Pass bis zur letzten Seite, dann schlug er zurück zum Foto und sah auf. Das Foto war im Sommer entstanden, in einem Passbildautomaten bei Urbino. Ich guckte komisch, weil Ricarda neben der Kabine gestanden und mich animiert hatte, zu lachen. Ich lachte nicht, sah aber optimistisch aus.

Der Beamte runzelte die Stirn.

»Stimmt etwas nicht?«

Er schlug eine Seite weiter.

»Welche Staatsangehörigkeit haben Sie?«

Ich blätterte auf Seite eins: »Der Inhaber dieses Ausweises ist Deutscher.«

»Welche Staatsangehörigkeit haben Sie?«

Ich blätterte wieder auf Seite eins. Er verglich mein Gesicht mit dem Foto, abermals.

Dann zeigte er auf den Namen der deutschen Provinzstadt, auf das Amtssiegel, das Datum, den Stempel, die Abzeichnung des Beamten und Direktors, gewichtige Amtsinhaber, damit befasst, die Bedeutung von Personen und Daten, Orten, Fristen und Funktionen aufzubauschen.

Dieser, der chinesische Beamte, sah auf die Signatur des rheinischen Amtsdirektors, die sich in einer ununterbrochenen Linie zum Seitenrand schlängelte. Es war offensichtlich, dass er sich kein lebendes Individuum dazu vorstellte. Dann erst wandte er mir den Rücken zu und ging die Sendungen unter »W« durch.

Das Postamt wurde hinter mir unverzüglich geschlossen. Auf dem Connaught Place stand eine Gruppe Touristen. Mit zurückgelegten Köpfen sahen sie sich die Skyline an und entzifferten die Namen auf den Gebäuden, genauso wie sie in Kirchen die Heiligen und in Galerien die Signaturen buchstabieren.

Ich ließ mich auf dem Rand eines Blumenkübels nieder und blätterte durch eine englischsprachige Illustrierte. Sie war zwei Wochen alt. Zunächst folgte ich drei Absätzen eines Artikels über den Nervenzusammenbruch einer Schaupielerin, die vor Jahren als Nacktdarstellerin Erfolg gehabt hatte. Dann wurde berichtet, wie Frauen immer wieder auf die Höflichkeit von Schwindlern an der Haustür hereinfallen. Unter »Kultur« fand sich der

Bericht über einen Flugzeugabsturz und die Verarbeitung der Wrackteile zu einer Installation. Die roten Polstersitze der Economy Class hingen in den Bäumen wie Kunstwerke. Das Bild wurde in der Unterzeile als Ausdruck für »menschliches Versagen« gedeutet. Auf der »grünen Seite« sah man verschiedene Frösche, im Gras, auf Blättern, auch unter Wasser, wo sie in den Schlamm laichten.

Ich setzte mich ans Fenster des nächstbesten Restaurants und musste, während ich aß, an Fo denken. Erst saß er auf seinem Sessel, dann hantierte er mit dem Netz über den Gepäckstücken, dann trat er hinaus in den Regen auf der Nathan Road. In welchem Loch er wohl lebte, hier, wo jeder Quadratmeter ein Vermögen kostete? Ich sah ihn vor seinem Fernseher, über sein Waschbecken gebeugt. Als mir seine spöttische Mimik einfiel, bewunderte ich ihn, wie ich gerade alles Tote bewunderte, wie ich sogar eine Leiche in der Zeitung immer zuerst vorbildlich fand.

Als ich mir die Rechnung geben ließ, las ich auf der Kopfzeile den Namen des Restaurants: »Die Kröte im Loch«. Ich hatte drei San-Miguel-Bier getrunken, das Geld legte ich deshalb umso sorgfältiger, übereinander geschichtet auf die Untertasse. An der Hafenmole von Kowloon schnappte ich mir ein Taxi, denn es war halb zwölf. Im Zimmer angekommen, schaltete ich sofort den Fernseher an, wusch mich, während sich das Bild aufbaute, und trat dann mitten in einem schwierigen Dialog wieder vor die Scheibe. Sie hatten Sorgen, richteten ihre

Augen fragend gegeneinander, blickten weiterredend in die Ferne, zogen verstimmt die Brauen zusammen, schlugen in einem skeptischen inneren Monolog die Augen nieder. Das war TV Jade. Nichts mochte ich davon sehen.

Auf TV Diamond lief ein Spot gegen das Hinauswerfen von Gegenständen aus hohen Gebäuden:

»... jedes Jahr werden hundert Menschen in Hongkong durch stürzende Gegenstände getötet, die aus hohen Stockwerken achtlos ...«

Die Stimme klang besorgt wie die einer Mutter. Dazu erschien ein Trinker, der zuerst in seinem Fernsehsessel randalierte und dann eine Bierflasche rückwärts über die linke Schulter durch das offene Fenster warf. Danach wurde es still. Die Flasche fiel immer noch. In die kommende Katastrophe hinein mahnte noch einmal inständig die Mutter. Mehrmals fiel das Wort »Opfer«. Darauf wurde es abermals still, und das Bild stand eine halbe Minute in graublauer Monotonie. Dann das Trompetenkonzert von Charpentier, Geige, Federkiel und Palette schieben sich auf dem Bildschirm zu einem Emblem zusammen, wieder spricht eine Frau aus dem Off:

»Zeit für die Künste. Wir schalten um zu: Meisterwerke. Die heutige Sendung bringt Ihnen ›The Mild One‹, die Zigarette für den leichten Genuss, und ›Pabst Blue Ribbon's Beer‹, das Echte, das Starke.«

TV Pearl zeigte einen Film in Mandarin. Aber die Situationen waren so weit entfernt von der Wirklichkeit der Straße und so standardisiert wie im amerikanischen

Fernsehfilm: Die Mütter weinen, wenn sie von der bevorstehenden Hochzeit der Tochter erfahren; nachdem die Frauen geohrfeigt wurden, telefonieren sie; legt der eine unvermittelt auf, wird der andere in den Hörer sehen und mehrmals auf die Gabel schlagen; Sterbende geben Geheimnisse preis und stellen den Tod dar, indem sie unbeweglich in die Ferne blicken; aus dem Zoom auf den Bösen ist all sein Bösesein ableitbar. So glitten ein paar Ursituationen vorüber, ein Vorwurf, eine Entschuldigung, eine Anklage. Die Musik exaltierte sich. Vor einem Prospekt vollkommener stimmungsmäßiger Übertreibung schaltete ich den Apparat ab und richtete meinen fühllosen Körper auf die durchhängende Matratze ein. Ricardas Schulter, schmal und knöchern, nach Leder ihr Geruch …

Am folgenden Tag nahm ich bereits gegen Mittag die Fähre nach Victoria. Der Schalterbeamte im Postamt schüttelte den Kopf. Auf den Platz hinaustretend, wusste ich erst einmal nicht mehr, was tun. Ich lief zwischen den Häusern durch, stellte mich in den Eingang einer Bank, kontrollierte mit hochgekrempeltem Hosenbein mein Knie, das sich rund um die kleine Entzündung verfärbt hatte. Zwei Stationen fuhr ich mit der Straßenbahn hügelaufwärts, aber es half nichts. Deshalb stieg ich wieder aus, machte kehrt und blieb in einem Park hinter einer Hecke sitzen.

Von einer kleinen Tribüne aus sah ich später den Jungen beim Fußballspielen zu. Die Partie war von stillschweigender Professionalität. Tore wurden auf beiden Seiten ohne Jubel quittiert. Ich saß zwei Stunden. Als ich ging, hatten die Mannschaften verschiedentlich die Besetzung gewechselt und es stand 8:7. Am Sport ist alles unmodern. Seine Geschwindigkeit und seine Ziele kann man auf anderen Wegen ganz ohne Aufwand erreichen. Eine Latte überspringen, eine Strecke zurücklegen … trotzdem, wie befriedigend, dass überhaupt gespielt wurde.

Ich nahm einen Bus zum Prince's Building, fuhr zwanzig Minuten und musste im Restaurant feststellen, dass ich eigentlich nur um die Ecke gebogen war. Unter dem Fenster warteten die Taxis zweireihig auf die Hotelgäste. Dazwischen fegte ein Mann mit einem Strohhut. Mehrfach von den aufgestoßenen Wagentüren in den Rücken getroffen, fegte er doch unbeirrt weiter. An der Außenwand eines Kiosks telefonierte ein Uniformierter. Er sah hinauf zu mir.

Weiter weg annoncierte eine unerleuchtete Neonreklame einen Lunapark. Kleine Lieferwagen parkten unter den Bäumen. Einmal wurde ein Korb mit Backwaren aus dem Laderaum gehievt, sofort regnete es hinein. Daneben arbeitete ein Mann barfuß an einem Motor, ein Geschäftsmann mit Koffer ging vor den Taxis auf und ab, konnte sich nicht entscheiden. Auf die Handzeichen der ersten Fahrer in der Schlange reagierte er nicht. Von weiter hinten hörte man jetzt eine Hupe, ein Abstand war entstanden, weil der Fahrer in die Hotelhalle unter mir gegangen war, um sich zu erholen. Erst als sein Wagen von den anderen in den Leerlauf geschaltet und bis an die

Stoßstange des Vordermanns geschoben worden war, kam er o-beinig aus der Lounge, resigniert die Schultern hebend. Zwei der anderen Fahrer gingen sofort auf ihn zu. Der Uniformierte hatte den Hörer eingehängt, er bewegte sich jetzt auch auf die drei Fahrer zu, während ein vierter mit einem Kleenex die Regentropfen von der Windschutzscheibe rieb.

Vier Frauen mit offenen Mündern promenierten an meinem Tisch vorbei. Die Verkündigungsengel. Jetzt brach die Ansage im Radio ab, und jemand blies auf der Trompete Variationen auf das Thema von »Mein Hut, der hat drei Ecken«. Ich stand auf und ging quer durch das Lokal zu den Toiletten. Zweimal passierte ich ein Schild mit der Aufschrift »Privat«.

Ein Ensemble aus farbigen Kacheln und Marmor, bekleidete Wände, die in den Spiegel sehen. Fünfzig Waschbecken, fünfzig Spiegel, fünfzig Seifenschalen auf gleicher Höhe, zehn Papierspender, Föhns für die Hände, Oberlichter, kalt-zärtliche Atmosphäre. Einer hebt seine Gitarre vom Boden auf und geht durch die Tür hinaus. Ich drehe ein paar Hähne auf. Allmählich befreundet sich die Haut mit jeder Temperatur. Das erinnert an etwas Vergessenes, den Jahreszeitenfluss, wie er über eine Baumkrone hingeht, wie er sich den Stoffen mitteilt, dem Stein, dem Leder, dem Wachs. Nichts, nur das Licht schwimmt auf der Haut. In der erstbesten Kabine eingeschlossen, setze ich mich angezogen auf den Klorand. Wie gerne ich hier bin.

Wie schön ist die Stadt! Wann habe ich zuletzt eine

Avenue überquert, auf einem Platz in den Himmel gesehen, wo sich alles ringsum in den Äther reckt und in jede Weite zeigt? Wo Kaskaden von Schriften von den Fassaden stürzen, auffliegen und über alle Dächer davonziehen? Durch den Schlitz zwischen Türabschluss und Decke fiel etwas Lampenlicht. Es war ganz gelb, indifferent gelb und strich über den Türrand wie die Luftbrücken auf Renaissancegemälden, wenn die Heiligen gen Himmel gehen. Dann ging ich zurück an meinen Tisch, senkte Messer und Gabel auf den Teller und führte die Serviette zum Mund. Ihr Saum tränkte sich sofort mit Blut. Beim zweiten Hinsehen war es kein Blut, nur der rote chinesische Schriftzug mit dem Namen des Restaurants.

Als ich das Lokal verließ, ging zwischen den Häusern die Dämmerung nieder. Entschlossen, noch einmal beim Postamt vorbeizugehen, schlug ich den Weg zum Wasser ein. In diesem Augenblick war der Verkehr so dünn, als habe man die Straßen gesperrt. Am Schalter saß der Beamte vom ersten Mal. Erst als er das Foto im Pass sah, schien er sich zu erinnern. Danach brauchte er kaum zwanzig Sekunden.

Sein Blick war auf Ausdruckslosigkeit eingestellt, aber vor den Lippen schwebte ein Lächeln. Ich blieb am Schalter stehen, suchte mit den Augen zwischen den Stapeln zusammengeschnürter Briefe auf dem Brett, wie alle, die es nicht fassen, dass man sie vergessen hat. Auch der Beamte stand ganz reglos neben diesem Stillleben aus unabgeholten Briefen, Karten, Telegrammen, Eilsendungen – eingeschlossene Stimmen, die in allen Sprachen der Welt danach drängten, gehört zu werden. Manche waren alt geworden, andere hatte die Gegenwart überholt.

Es war vergeblich.

Auf den Platz zurückgetreten, in die Stimmung eines Doms, in dem soeben vom Küster nach und nach die Kerzen angezündet werden, wartete ich, bis sich ein Bettler angeschlichen hatte, gebückt, aber mit der theatralisch emporgequälten Haltung des echten oder des gespielten Armen. Auch den echten bleibt nichts anderes übrig, als die Armut so gut wie möglich zu spielen. Aber ich trat statt einer Antwort eine Blechbüchse so stark über den Asphalt, dass sie sich ein Stück weit vom Boden aufhob, um in der Radkappe eines parkenden Autos eine winzige scharfe Kerbe zu hinterlassen. Da zog der Bettler seine Bitte zurück.

Sobald ich mich konzentrierte, schwoll das Gefühl an. Im Stich gelassen. Ich sehe mich unter Millionen über die Straße gehen, in schlechter werdender Kleidung. Ich pendele ein paarmal mit der Fähre hin und her, esse Mangos, der Saft läuft mir in den Hemdkragen, ich sitze, um mich abzukühlen, im Luftzug der Kaufhauseingänge, in den Flecken auf meinen Klamotten die Geschichte einer Verwahrlosung, dahinter die andere Geschichte, unsichtbar, in die ich hineinsehe, erst täglich, dann ohne Zeit und Maß. Jetzt ruhe ich mich aus, habe mein Leben, wie alle, die in die Pleite gekommen sind, mit einer Schlüsselepisode ausstaffiert. Ich sitze am Star Ferry Pier, haue Touristen an, habe meine Erzählung parat und verteile Sightseeing-Tipps. Die Boote legen ab, ich bleibe in meinen schlechten Kleidern zurück. Die Touristen denken: »Er redet immer noch, redet sich seine Geschichte vor, aber er ist bei vollem Bewusstsein.« Vielleicht denken sie meine Geschichte noch ein Stückchen weiter. Das Bild eines gestrandeten Paranoikers in seinen Zwangsvorstellungen, immer dieselben Personen, dieselben Situationen besprechend.

Daheim setzt sich Ricarda im Bett auf, ohne Atem, ihre grauen Augen sagen nichts, sie legt die Arme über die angezogenen Knie, schmale Arme, runde Knie, senkt den Kopf, die Augen halten mich fest. Das soll nicht aufhören. Augenblicklich hält sie still, meine Verlegenheit fühlend, die an ihrem Körper aufsteigt, befremdet und unbeteiligt.

Stattdessen finde ich mich in diesem Wolkenkratzer-Friedhof, schlafwandelnd. Abgeschnitten von der eigenen Vergangenheit, ohne Zusammenhang mit den Menschen und Handlungen, die mich hierhergebracht haben. Bei lebendigem Leib sanft und therapeutisch entfernt von mir selbst, Aussichten ausgeliefert, viewpoints, unforgettable moments.

Am selben Abend wanderte ich durch Wan Chai, verschwand zweimal in Bars in der Lockhart Road, blieb jedes Mal fast zwei Stunden und machte die flüchtige Bekanntschaft eines Animateurs:

»Come inside, Sir, come inside.«

Ich sah ihn fassungslos an. Da sank auch der Animateur in sich zusammen und schüttelte den Kopf. Als ich durch die Lounge des Hotels kam, erkannte der Nachtportier an meinem so konzentrierten Gang, dass sein Gast betrunken war. Ich winkte entschieden ab und bog in den Fahrstuhl mit einer Bewegung, die ich mir lässig wünschte, auch wenn ich inzwischen humpelte. Ich wusch mich nicht und zog mich nicht aus. Nur einmal schleppte ich mich noch an das Fußende des Bettes, um den heftig schneienden Fernseher auszuschalten.

Brotrinden mit Butter; das Kind kommt auf den Rücksitz; iss auf, sagt der mütterliche Mund; du kommst nach Hause, wenn die Lampen angehen, sagt er auch; sein Ruf geht über die Feldwege, über den Sportplatz; der Schulweg steht voller Astern; aus einem Rohr tropft Wasser in eine Tonne, in der, flauschig aufgequollen, ein Maulwurf schwimmt. Das Mädchen knöpft das Hemd des Jungen über dem Bauch so weit auf, dass ihre kühle Hand hineinpasst, gleitet unter dem Gürtel durch zum Geschlecht. Dabei ist sein Gesicht wie beim Laufen, ein zerrissenes, später dann ein amüsiert resigniertes Gesicht.

Nur in kleinsten Einheiten versteht der Junge seine Kindheit, etwa in Bildern von den Rändern großer Aktionen. Oder in der Natur, wenn er auf dem Waldboden lag und fühlte: Wenn ich mich tot stelle und dem Wald ganz ähnlich bin, wird er mich vergessen und sein wie zuvor, wie er für sich selbst ist. Der Wunsch, übersehen zu werden, vergessen zu sein, zu erfahren, was dann geschieht.

Anderntags drang ich jenseits der Nathan Road immer tiefer in die Gassen der rein chinesischen Viertel vor. Hier stehen die Wohnblocks enger, die Fassaden sind in Auflösung, vor den Türen türmen sich Schutthaufen und

Abfall, den die Bettler auseinandergezerrt liegen lassen. Manchmal spritzt ein Wagen die Bürgersteige ab. Aus dem heißen Asphalt dampft es in die Luft. Dann senken sich die Schleier, und der Abfall liegt wie zuvor da, nur durchnässt. Die Frau von der Good-Companion-Zigarette sah aus neunzig Meter Höhe herablassend auf mich herunter.

Am Nachmittag hatte ich drei Ballungszonen durchlaufen: das Viertel zwischen Nathan und Jordan Road mit dem Nachtmarkt und der Star Ferry Pier in Kowloon, den Connaught Place mit Pier sowie den Hafenrundweg zwischen New World Centre und Harbour Village auf der Victoria-Seite. Ströme von Schweiß hatte die Haut abgegeben, sich der feuchten Hitze geöffnet und den Dreck eingesogen, sich in der Kälte der Einkaufszentren, der Schalterhallen und Wartezimmer zusammengezogen und den Dreck in sich eingeschlossen.

In der Zeitung heute: keine Nachricht aus Deutschland. Im hinteren Teil die Rubrik Brieffreundschaften. »Cycling, cooking, making clothes« stand da unter »Interessen«, »making friends, picnic, listening to the radio« und »outdoor games«. Eine Verlegenheit stieg auf, obwohl ich ganz allein im Raum war. Ich sah aus dem Fenster, bis sie vorüber war.

Eine Seite weiter stieß ich auf die Anzeige eines Escort Service. Auf schmalen Schultern die mächtigen Köpfe der hiesigen Frauen, ihre Schlüsselbeine dünn wie Geflügelknochen, dazu ihre grimmigen Mienen. Die Alten in hochgeschlossenen seidenen Schlafanzügen sehen dich kaum an, nennen dir jeden Namen wie einen Preis. Obwohl sie in der Wirklichkeit nie gefühlig tun, fahren sie im Fernsehen mit Booten über das Wasser und singen inständig »keep this Hongkong clean«. Heute wollte ich auch mit der Herzlichkeit der Werbung behandelt werden.

Ich notierte mir Adresse und Telefonnummer des Escort Service und legte mich aufs Bett. Noch ein Kindheitsbild: Da kommt der Größte der Klasse, Hand in Hand mit seiner Mutter, die ihren Jungen immer in die Schule brachte, damit er vom Lehrer mit dem Lineal verhauen würde. Der Mund des Jungen wird, wenn er sich der Schule nähert, immer größer, suppt und greint, die Mutter kennt kein Pardon. Sie ist Witwe. Das Lineal saust auf die Waden des großen Jungen, der seine Knie durchdrückt vor Begeisterung …

Durch das Fenster konnte ich bis in die New Territories sehen, die damals von China an Hongkong verpachteten Gebiete, die früher aus Sumpfland bestanden, in dem die Bauern Reis anbauten oder Geflügelfarmen unterhielten. Inzwischen sind hier längst Trabantenstädte entstanden, die Hütten gibt es nicht mehr. Dörfer aus zweihundert Wolkenkratzern erheben sich aus Senken und Buchten, ohne Peripherie, ohne Zentrum. Rechts und links der unasphaltierten Straßen eine Art Science-Fiction-Ländlichkeit.

Ich hatte bis elf Uhr in meinem Hotelzimmer zugebracht, um Stunden zu schinden, der Post Zeit zu geben, die frischen Briefe einzuordnen. Also blieb ich bei geschlossenen Vorhängen lange im Bett, legte mein Knie hoch, wehrte zweimal den Roomservice ab:

»Nein, noch nicht.«

Beim zweiten Mal:

»Nein, bitte nein, nein.«

Der Frühstückssaal war schon geschlossen, also stakste ich ins Restaurant, bestellte Reis und zwei Eier, aß die Hälfte und kehrte zurück in mein Zimmer. Die Mädchen vom Housekeeping hatten aufgegeben. Aus dem Mülleimer stieg der süße Geruch fauliger Mangos, ich warf die Illustrierte darauf. Sie fiel mit der Rückseite nach oben. Ein Frauenprofil trat aus bleichem Haar, der geöffnete Mund sprach zu der dunkelbraunen Zimmerdecke: »Meine Farbe Cremehaarfarbe.« Ich zog mein Schreibheft aus dem Gepäck und notierte auf einer frischen Seite: »meine Farbe Cremehaarfarbe«.

Aus dem Mundstück eines Rohrs säuselte der Dampf der Wäscherei in den Hof und stieg durch den Schacht nach oben. Die beiden chinesischen Büglerinnen sahen ihm nach. Auch ich hatte den Kopf in den Himmel gehoben, als sehr hoch ein kleines Flugzeug durch die Bläue strich. Das Sonnenlicht strahlte von den Tragflächen schön und verspielt. Jetzt, da die Maschine an Höhe gewann, verschatteten sich die Flügel, der Rumpf tauchte ins Dunkel des tieferen Himmels, kroch aufwärts, schrumpfte und verdunstete allmählich auf dem blanken Tableau der Atmosphäre. Die Geschwindigkeit der Stadt dagegen ist die des Blicks, der sich abstößt, angesogen wird und weiter muss.

Ich erreichte das Postamt mit einem nachgezogenen Bein. Dem Beamten war ich inzwischen nicht mehr so lästig wie anfangs. Sein »Nein« gehört zu seinem Beruf wie das Anlegen des Kittels am Morgen. Jetzt schüttelte er den Kopf schon, wenn ich noch fünf Meter vor seinem Tresen war. Aber ich bildete mir ein, dass er begonnen hatte, mich zu bedauern.

Die Straße hinter dem Postamt endete in einem abgeschälten Rasenhang mit verstreutem Abfall, zerfetzten, verbogenen, zusammengeknüllten Objekten. Oben auf dem Plateau wanden sich ein paar Rentner in langsamen, selbstverliebten Bewegungen. Alte Frauen in Schlafanzügen und mit Haarnetzen gestikulierten einem Unsichtbaren entgegen, zerlegten mit militärischer Disziplin die Luft in Quader, dann in Streifen, immer aus der Stärke der eigenen Körperachse sprechend. Ich schleppte mich den Hang hinauf, um zuzusehen.

Auf der Parkbank zur Linken trank die Meisterin eben aus einer Schweppes-Dose, neben ihr ein Schwert im Futteral, ein großes rituelles Schwert mit schwerfälligem Schaft. Kaum war sie meiner gewahr geworden, setzte sie ihre Dose ab und näherte sich mit vorgestreckten Armen, beiden Armen. Das Unsichtbare hatte Gestalt angenommen, meine. Die gesamte Gruppe drehte sich um ihre Gruppenachse und wandte sich mir zu, mit Kabuki-Gesichtern, dem in der Nasenwurzel konzentrierten Blick, dem vom Boden langsam sich aufhebenden und geräuschlos niederkommenden Ausfallschritt.

»Weg!«, zischte die Alte am Kopf ihrer Truppe.

Ich trat zwei Schritte zurück, knapp vor den Abhang.

»Go away! Away!«

An ihrem abwehrenden Arm isolierte sich ein Zeigefinger, flog den Abhang hinunter und weiter über die Stadt, in einer Höhe über dem Meer, über die Horizontlinie, die Krümmung des Erdballs. Dann flogen ihre Arme wieder auf wie von einem Windstoß, einer Welle erfasst. Dies war nicht mein Park.

Über dieselbe Straße trat ich den Rückzug an. Auf dem ersten Plakat, das kam, bückten sich drei Mädchen in kurzen Nachthemden nach einer überdimensionierten Zeitung. Die drei lachten schallend, es war das erste Mal, dass Frauen meinem Blick nicht auswichen. Ich sah immer noch das Schwert auf der Parkbank liegen. Zu Beginn der Übung wird es, wie die Monstranz, vor der Gemeinde erhoben und vorgezeigt.

Im Fernsehen wiederholte man europäische Fußballspiele aus dem Vorjahr und chinesische Opern in den Ausstattungen der fünfziger Jahre. Heute fehlte mir der Liebreiz der Fernsehwerbung, die herzliche Anbiederung der Plakate, die um die westliche, die Verbrauchskultur organisierte, intime Oberflächlichkeit.

In der Nacht schwoll mein Knie so weit an, dass ich am nächsten Tag das Zimmer nicht verlassen konnte und an den folgenden Tagen auch nicht. Ich rief keinen Arzt, der Zimmer-Service brachte mir eine Woche lang das Gewünschte, und einmal schaute tatsächlich Mister Fo vorbei, ein wahrer Freundschaftsdienst, denn sein Platz war die Halle, und zu sagen hatten wir uns nichts. Trotzdem hatte er mir in einem Laden mit dem Namen »Internationale Früchte« ein Pfund Pflaumen gekauft, von dem er selbst keinen Bissen essen wollte.

Die meiste Zeit lernte ich Gedichte auswendig oder blickte an die Decke, wo mich vor allem die aus Mattglas gefertigte Linse der Lampe beschäftigte, hatte sie doch an einer Stelle nicht weit vom Rand einen etwa zehn Zentimeter langen hellen Schatten, den ich mir nicht erklären konnte.

Reisen, so kam es mir in diesem Moment vor, das war wie die Projektion der Heimat auf die fremde Tapete. Dort findet man das Haus, das man verlässt und auslöscht, fühlt die Verankerung, die man vergessen machen wollte. Man stürzt die Regale um, man reißt die Vorhänge herunter, aber es hilft nichts. In der Fremde baut sich das Zuhause immer theatralischer auf: Verlass mich, sagt es, zerstör mich! Finde etwas, das nicht das Alte, Vertraute ist! Und dann liegt man in einem Hotelzimmer in Hongkong und fühlt, dass man sein Zuhause noch gar nicht verlassen hat, sondern alles ins Kinderzimmer verwandelt, und schließlich findet sich auf der Speisekarte des Etagenkellners die Bezeichnung »Winterliche Salate«, und man bricht in Tränen aus.

Als ich nach einer Woche Bettlägrigkeit wieder ein wenig Balance auf meinen Beinen gewonnen hatte, stellte ich einen Stuhl in mein Matratzenlager und examinierte die Lampenschale. Sie hing so lose an der Decke, dass durch den schmalen Spalt auf der rechten Seite ein Tier eindringen und verenden konnte. Ich schaltete das Licht an, der Schatten verdunkelte sich scheinbar, aber nur wie ein welkes Laubblatt auf einer Martinslaterne. Also schraubte ich die gesamte Schale von der Decke und sah hinein.

Was ehemals ein Gecko gewesen war, hatte sich unter dem Einfluss der Hitze, der Lichtstrahlen, der Luft, in eine Rispe verwandelt, eine bloße Gecko-Struktur, ein Gliedermännchen aus Gecko-Knochen, haarfein in den Spitzen, aber so sorgsam organisiert wie das lebende Tier. Die Atmosphäre hatte jeden Tag etwas Fleisch davongetragen und der Luft mitgegeben. Jetzt war nichts übrig als der von der Zeit gereinigte Knochenbau eines am falschen Platz irrgelaufenen und dort verendeten Reptils.

War das »mein Hongkong«? Wo war ich wirklich, und was blieb? Während die Stadt aus der Perspektive meines Krankenbetts zu einer diffusen Impulsmasse zergangen war, behaupteten nur das leere Postfach und das tote Gecko Präsenz, und vielleicht waren sie ja eigentlich verwandt. Das Ende der Welt, wurde mir gerade bewusst, das ist auch das eigene Zuhause, von einem bestimmten Standpunkt der Fremde aus betrachtet, und weil es so ist, sind diese entlegenen Stätten, die Enden, keine Tore, durch die man aus der Welt hinausgelangt. Aber manchmal sieht es wenigstens so aus, dachte ich, und reiste am nächsten Tag ab, ohne noch einmal im Postamt gewesen zu sein.

Der Amu-Darja

An der Grenze zu Transoxanien

Aus der Geschichte sprengen die kurzmähnigen Pferde heran, die Steppen dehnen sich, die Sümpfe drohen. Reisende aller Jahrhunderte haben sich auf diesen Grenzfluss, der den Norden Afghanistans gegenüber dem ehemaligen russischen Reich, dem heutigen Tadschikistan, Usbekistan und Turkmenistan abgrenzt, zubewegt, mühsam, unter Qualen und oft ohne ihn zu erreichen, weil Überfälle, Entbehrungen, Malaria, Wurmbefall, Seuchen dazwischenkamen. Maulbeerbäume und Tamarisken waren die Vorboten des fernen Flusses. Man bewegte sich in Karawanen durch die Sanddünen, und entgegen kamen aus Transoxanien, dem Land jenseits des Stroms, weitere Karawanen. Von ihren Kamelen hingen die Kanister mit dem Benzin, das man neben vielen anderen Waren aus dem ehemaligen Russland auf der anderen Flussseite bezog.

Der Amu-Darja, im Altertum auch Oxus genannt, versammelt eine mythische Landschaft um seine Ufer, von der der Dichter Rudaki, der »Karawanenführer der Dichtkunst« genannt, im 9. Jahrhundert nach Christus fabelt, seine rauen Ufer seien Seide unter den Füßen, seine Wellen sprängen bis zum Zaumzeug der Pferde vor Freude über den Heimkehrer. Die Reiseschriftsteller aller Zeiten raunen von den Gestaden dieses Flusses, weil es beschwerlich und gefährlich war, hierherzukommen, und weil der Blick beim Eintritt in diese Weltgegend für alle Entbehrungen entschädigen soll. Man hat eine Vorstellung seiner natürlichen Verhältnisse, seiner Vegetation, man klaubt sich zusammen die Bruchstücke alter Erzählungen und mündlicher Überlieferungen. Aber noch ist alles unbevölkert, noch fehlen der Landschaft ihre Gesichter, und das Herkommen des Flusses liegt im Verwunschenen – so wenigstens sprechen die Reisenden, die ehemals die Ufer des Amu-Darja erreichten.

Marco Polo hat hoch oben im Pamir die Quelle des Stroms besucht, und am 19. Februar 1838 steht hier der britische Leutnant John Wood, auf dem »Dach der Welt«, wie er es nennt, über dem See des Bam i Dünjah oder des Sir i kol, wie die Kirgisen den Quellsee des Amu-Darja tauften, während sich vor dem staunenden Fremden die »gefrorene Wasserfläche erstreckte, aus deren westlichen Ende der junge Oxus entsprang«. Der schöne See, so schrieb er, besitze die »Form eines Halbmondes«.

Doch von hier aus ist es noch weit bis zu den Tälern Nordafghanistans, und der Reisende fragt sich: Wie willst du diese Grenzen überqueren, die Berge, die Flüsse, die Gefechtslinien, zuletzt durch die Steppe kommen, wo die Bewegung immer ziellos scheint. Das ist ihr Schönes. Und wenn es einer wie Robert Byron bis an den Oxus schafft, dann hat er geschwärmt und zurückgeblickt auf die armen Schlucker, die verendeten, bevor sie ihn erreichten.

Lange war die Gegend um Kundus gefürchtet. Des sumpfigen Geländes und Klimas wegen sagte man: »Willst du sterben, gehe nach Kundus.« Als sich dort aber seit den siebziger Jahren des 20. Jahrhunderts eine urbane Kultur entwickelte, in der sich die einheimischen Stämme und die ausländischen Volksgruppen bis zu den internationalen Hippies Museen, Kinos, Theater, Sport- und Vergnügungsstätten teilten, da wurde die Region, in der man Reis anbaute, Seidenraupen züchtete, Lapislazuli gewann und Rubine förderte, mit einem neuen Motto versehen: »Willst du leben, gehe nach Kundus.« Eine blühende, künstlerische, liberale Stadt war dies, in der Koranschüler, indische Sikhs, Bikinimädchen und Kiffer nebeneinander lebten.

Wir lassen hinter uns die gegerbte Haut der Mauern aus Lehm, die bersten wollen im Frost des Winters und dann erneut unter der Glut des Sommers. Vor den Stadttoren werden die Felder geflutet, damit ihre steinharte Oberfläche einmal nachgibt und dem Wasser einen Weg ins Erdreich erlaubt, und am Ufer stehen die Ochsen und recken ihre zuckenden Rücken den Bürsten der Kinder entgegen.

Wir passieren die ersten Sandfestungen von ehemaligen Flüchtlingen, die über die Straße von Kandahar wieder in ihre Heimat zurück in den Frieden gekommen sind. Doch was finden sie: versteppte Felder, zusammengebrochene oder kaputtgeschossene Häuser, gekappte Verbindungen zur Strom- und Wasserversorgung. Sie finden sich zusammen, verteilen ihre Behausungen am Rand eines Gewässers und nehmen die Arbeit des Überlebens auf.

Die Steppe breitet sich aus wie Wüste, die Siedlungen sitzen darin wie Oasen. Nomaden ziehen vorbei, verkaufen Kamelfelle, Ziegenkäse, Stoffe. Kinder schwärmen aus, tragen das Wasser auf dem Kopf heran. Sie gehen ins Endlose, so, als liefen sie in die Erdkrümmung hinein. Manchmal ein Weiler, ein Busch mit wenigen Hütten dabei, ein umfriedeter Hof mit Brunnen und Ofen dicht an dicht. Alte, die erst um dies Leben, dann um ihre Existenz zu kämpfen gelernt haben, Junge, die unter der Last des vorstellbaren, von Bildern herangetragenen Lebens fast zusammenbrechen, und das alles wächst auf Wüste, auf Fels, auf Staub, auf dem Fast-Nichts.

Wir biegen wieder auf die große schwarze Straße ein, die durch das Hellgelb der Steppe führt. Im Wagen sitzt jetzt ein Alter mit einer Stimme wie eine Orgel, einer, der die heimlichen Wege zu den scheuen Usbeken, ja, der sie selbst kennt und versuchen wird, uns einen Weg in eines ihrer Dörfer zu bahnen. Wir fahren lange. Am Horizont, das könnte Dunst sein oder die Sphäre vernebelter Hügel, es könnte eine Erscheinung sein. Nach zwanzig Minuten kommt die erste Kurve.

Von der befestigten Straße biegen wir in dieses Nichts ab. Über Bodenwellen, durch Senken und über Hügel geht es, wir fahren in einem Schwarm aus Staub und

Sand, dann abseits über den weichen Boden der Steppe, der wie gepresstes Stroh nachgibt unter den Füßen.

Endlich eine Ausbuchtung, eine kleine Anhebung der Horizontlinie. Das sind die Schafherden, bewacht von einem jungen Hirten, der auf einem Sandhügel schläft, einem zweiten, der zu Pferde gemächlich im Kreise trabt, und drei bösen Hunden, die sich auch gegen Wölfe und Schakale durchsetzen müssen und immer kampfbereit sind. Immerhin fraßen die Wölfe im Krieg selbst von den zurückgebliebenen Leichen.

Der Hirte weiß das, er rutscht von seinem Sandhaufen und nähert sich ein paar Schritte. Unter seinem langen Filzmantel trägt er einen Pullover, eine wattierte grüne Jacke, eine Nadelstreifenweste. Mit dem langen Stab in seiner Hand stützt er sich, schützt und dirigiert er die Schafe, an die siebenhundert sind es, behütet von zwischen zehn und vierzehn Schäfern in dieser Gegend, gefährdet von Taranteln, Schlangen, Schakalen.

Wo er schläft?

»Irgendwo in der Steppe.«

Woher er sein Wasser bezieht?

»Es sind sechs Stunden mit den Tieren bis zur nächsten Quelle.«

»Und ist die Herde sicher?«

»Manchmal kommen Diebe und klauen ein paar Tiere. Aber was soll ich machen? Wir beklauen uns dann wechselseitig.«

»Und was machst du, wenn ich dich beklaue?«, will Freund Turab wissen.

»Ich kann Karate«, erwidert der Hirte mit einem Gesicht, das im Leben noch nie gescherzt hat oder jedenfalls so aussehen möchte.

»Was isst du?«

»Mein Brot mit etwas Fett, das ich hier in einem Döschen mit mir führe.«

Er zeigt es.

»Und warum hängst du hier rum?«, protestiert Turab humoristisch, »statt dir in der Stadt eine vernünftige Arbeit zu besorgen?«

»Ich kann nicht.«

Er hört, wo wir zu Hause sind.

»Ihr lebt in einem guten Land, in dem es immer Regen gibt.«

»Was verdienst du?«

»Ich bekomme ein Zehntel aller neugeborenen Schafe eines Jahres. Wenn ich Glück habe, sind das fünfzig.«

»Wie alt bist du?«

»Weiß ich nicht. Vielleicht 21?«

»Aber du hast noch keinen Bart!«

»Kannst du mir nicht sagen, wie alt ich bin?«

Die Gespräche der Afghanen untereinander sind oft so. Gleich sind sie bei den Lebensumständen, eigentlich bei den vertraulichen Dingen. Nie wird eine Frage abgelehnt oder selbst in Frage gestellt. Man teilt die Geschichte wie die Atemluft.

Wir gehen zu Fuß weiter durch die Steppe, lange sieht man vor allem die geschwungenen Linien der erstarrten Dünen, staubige Senken, dann kommen aus allen Himmelsrichtungen Kinder wie aus dem Nichts. In den Händen Plastik-MPs und ebensolche Kalaschnikows, die ersten Dinge, die sich die Kinder von ihrem Geld kaufen, denn sie wissen nicht, was Entwaffnung ist.

Dann plötzlich ändert sich die Atmosphäre. Klarer wird die Luft, vor uns liegt höhere Vegetation, Baumwollfelder erscheinen, Mais. Hinter den Strohpalisaden liegen die usbekischen Sippenhöfe mit ihren wehrhaft im Karree angelegten Hütten, den getrampelten Verbindungspfaden, staubigen Hauptwegen, über die die Kamele geführt werden. Alles sieht nach afrikanischer Lehmarchitektur aus, nicht anders als in Mali oder Burkina Faso.

Wir stehen noch vor den Toren und warten, ob wir eingelassen werden. Irgendwo findet eine Zeremonie statt. Eine Braut wird ganz traditionell auf dem Kamel abgeholt und ins Haus des Bräutigams gebracht. Man hört ein Motorrad knattern, trotzdem sind wir an den Grenzen einer isolierten, sich von der Mitwelt abkapselnden Kultur, die gleichzeitig an ihrer Armut zu ersticken droht. Während wir warten, treibt ein Junge, begleitet von einem räudigen Hund, ein verfilztes Kamel vorbei, gefolgt von einem Greis auf einem Damenfahrrad.

Der Älteste aus einem der Höfe bittet uns herein. Seine grotesk modische Sonnenbrille nimmt er nicht ab, sie ist weniger Brille denn Statussymbol. Gefolgt wird unser kleiner Tross jetzt von einem Jungen, der eine Kanne mit heißem Wasser samt Schale zum Händewaschen hinter uns herträgt.

Der Innenhof des Anwesens drängt alle vitalen Funktionen der Sippe auf engen Raum: Brunnen und Herd, Stall und Werkstatt. Letztere ist verlassen, als wir kommen, denn die Frauen, die hier tagsüber zum Weben der usbekischen Teppiche versammelt sind, haben sich ins Innere zurückgezogen.

Lange war der Vorsteher des Hofes im Gefängnis von Kundus interniert gewesen. Dass er gefoltert wurde, erwähnt er, wie um der Vollständigkeit halber auch diesen Baustein aus den Biographien hiesiger Menschen nicht unterschlagen zu haben. Während er spricht, hält er den Kopf mit dem Turban gesenkt und streicht mit der feingliedrigen Hand über die noch unfertigen Gewebe vor sich, bunte Stoffe, die dann mit eingeübten Gesten von den Kindern zusammengelegt werden. Selbst die Fußsohlen dieser Kinder tragen die Henna-Ornamente des zurückliegenden Feiertages. Der Dorfälteste bietet Tee an:

»Warte, ich trinke zuerst, dann brauchst du keine Angst zu haben.«

Ehemals besang man auch den Karawanen-Tee, der eigentlich aus China stammt:

»Er hat Falten wie Tatarenstiefel, Locken wie die Wammen eines mächtigen Ochsen, Spiralen wie der Nebel, der aus einer Schlucht steigt, und er bebt wie ein See, der vom Blau des Himmels gestreichelt wird …«

Während wir trinken, schwärmen die Kinder aus, um den Ältestenrat zusammenzurufen, und da stehen sie dann, fünfundzwanzig Männer, die meisten mit Turban und in langen Gewändern, mit würdevollen, tief ernsten, auch schwermütigen Gesichtern, und mitten darin Nadia, die Exil-Afghanin, die nur mit dem Kopfschleier bedeckt, aber offenen Gesichts durch die Menge der Alten geht, dem Gemeindehaus zu, wo sie sich die Bitten des Rates anhören wird.

Der Saal ist gerade fertig geworden, der Stolz der Gemeinde. Man hat ihn in einer Anwandlung von Übermut oder Idealismus mit hellblauen Wolkenmotiven ausgemalt. Das wirkt in dieser Umgebung so befremdlich neumodisch wie ein Wellnessbad unter Nomaden.

Wir sitzen auf Kissen im Kreis. Von außen drängen immer mehr Männer in den Raum. Dazwischen wieseln die Jungen mit Tellern voller Pistazien, Mandeln, Trockenobst und Hülsenfrüchten. Es sind auch ein paar eingewickelte Bonbons auf den Tellern. Das alles kommt, ohne dass wir eine Anweisung gehört hätten. Nur berichtet Nadia später, dass man hinter den Kulissen ausgeschwärmt sei, um Zutaten für ein richtiges Essen herbeizuschaffen, doch habe man sie nicht zusammen bekommen.

Kaum ergreift sie das Wort, wird es ganz still. Die Alten mit ihren in den Lebenswinter eingetretenen Gesichtern, ihrer Zukunftsangst, ihrem Festhalten an allem, was ihnen ihre Tradition lässt, sie blicken in Nadias offenes Gesicht und sehen, wie empfindlich die Zeit sich ändert. Sie alle haben Nadias Vater noch gekannt. Deshalb fällt es ihnen wohl leichter, der Tochter zuzuhören. Sie brauchen auch kein Vertrauen zu fassen, sie haben es. Aber ihre Bitten sind groß und, gemessen an Nadias Möglichkeiten, maßlos.

Das Licht im Raum tritt plötzlich übergangslos in eine Dämmerstimmung ein. Die Alten beißen ein paar Mandeln auf, wenden aber den Blick nicht von Nadias Gesicht, forschen, was wohl von ihr zu erwarten sei für den Bau eines tieferen Brunnens, einer Schule, für die Besoldung eines Arztes, der sich der hiesigen Krankenstation annähme, denn da ist niemand.

Die meisten Krankheiten kommen aus dem Wasser, manchmal verenden Tiere im Brunnen und verunreinigen ihn, mancher ungebildete Bauer wirft einen Kadaver zur Entsorgung einfach in den Schacht, auch Malaria grassiert, und Nadia hört das alles an, geduldig wie zum ersten Mal, dabei haben alle diese Geschichten die gleiche Struktur. Blicke ohne Lidschlag befestigen sich an ihren Zügen. Viele der Gesichter sind sehr fein geschnitten, manche tendieren ins Mongolische, Asiatische. Niemand bettelt, niemand klagt, niemand ringt die Hände, rauft die Haare, verliert die Haltung.

Was ihre Versorgung angeht, so können sie sich in guten Jahren sechs Monate lang mit dem Verkauf von Teppichen und Vieh über Wasser halten, die zweite Hälfte des Jahres müssen sie aus dem Eigenanbau bestreiten. Mit dem Sonnenaufgang sind die Bauern auf den Feldern oder bei den Tieren. Sie frühstücken Brot mit Tee und, wenn sie haben, mit Milch.

Ich schreibe, was der Bauer berichtet. Mit dezenter Beteiligung blickt der Raum auf das, was mich offenbar interessiert, kaum senke ich den Stift aufs Papier, liegt ihr Blick darauf. Was hier erzählt wird, das ist doch alles ihr normales Leben. Was soll es da zu schreiben geben? Dass die Minengefahr auf den Feldern groß ist? Gewiss, aber gegen die Wölfe anzukommen ist auch nicht einfach.

Die glücklichsten Bauern sind die, die einen Ochsenpflug besitzen und eine Kuh ihr eigen nennen, auf die sie sich verlassen können. Solche Bauern können sich manchmal sogar Dünger leisten.

»Aber schmeckt es nicht besser ohne Dünger«, frage ich, und alles lacht, glücklich, dass sich Fremde so einig sein können.

Das Gespräch wendet sich dem Ackerbau zu, den Ernten, dem spät ausgesäten Reis. Hinter einer Schule haben wir ein paar Mohnblumen entdeckt. Von wo mögen diese Samen hierher geflogen sein? Von der Straße aus hat jedenfalls noch niemand ein Mohnfeld entdecken können.

»Wir bauen keinen Mohn an«, konstatiert der Ortsvorsteher trocken.

»Und uns hat man gesagt, du hast vierzig Kilo gewonnen aus deinen Feldern«, ruft Turab, alles lacht erneut, und dafür haut der Angesprochene dem Sprecher mehrmals kameradschaftlich auf die Schulter.

Doch sollten wir glauben, in diesen Dörfern verberge sich irgendwo ein geheimer Wohlstand, dann wären wir im Irrtum. Die Feldarbeit ist mühselig, ganz neue Dürrezeiten zerstören die Ernten, die Kinder gehen häufig schon um sechs Uhr früh in die Schule, damit sie am späten Vormittag den Eltern wieder helfen können, sei es beim Baumwollpflücken, sei es beim Hüten der Tiere.

Nadia hat inzwischen begonnen, auf einer herausgerissenen Heftseite den Antrag für einen Brunnen zu formulieren. Währenddessen rekapituliert der Älteste den gewöhnlichen Tag eines Bauern. Nach dem Mittagessen, das gewöhnlich aus Reis besteht, wird nichts mehr zu sich genommen bis zum Abendgebet. Dann gibt es Brot und Buttermilch.

»Das dehnt den Magen und macht müde«, sagt Nadia. »Wir nennen es afghanischen Alkohol.«

Anschließend setzen sich die Männer zu den Frauen, knüpfen Teppiche und erzählen sich Geschichten. Manchmal wachen sie auch über die Babys, damit die Frauen ruhiger knüpfen können. Weil die Männer mehrere Frauen heiraten dürfen, hinterlassen sie auch mehrere Witwen. So werden manche Dörfer maßgeblich von Frauen am Leben gehalten. In dem Flecken, den wir hier besuchen, gibt es kein Fernsehgerät, und einen Generator für Strom besitzt nur der wohlhabendste Bauer. Also geht man früh schlafen.

»Hat sich im Laufe der Jahre das Wetter in dieser Gegend verändert?«

»Ja, es ist insgesamt wärmer geworden. Also leiden wir unter mehr Schädlingen, und die Baumwollernten haben sich verschlechtert. Vor Jahren hatten wir immer viel mehr Schnee.«

Die Sorge weicht nicht aus ihren Gesichtern, die gegerbt sind wie Schuhe. Die Hände ruhen im Schoß, rissiges Arbeitsgerät, selbst die Füße sehen ledern und abgearbeitet aus. Der Tee schmeckt nach dem Rauch, in dem er entstand.

Inzwischen ist der Antrag für den Brunnen fertig formuliert. Jemand bringt ein Stempelkissen, und bis auf zwei Männer setzen alle ihren Fingerabdruck in die vom Sekretär mit Blockschrift notierten Namen. Einer besitzt ein Siegel. Einer wendet sich rasch an Nadia und zischt:

»Hilf mir, gib mir ein Mofa!«

Am Ende hält diese einen schmutzigen, mit Russ verfärbten, von Fingerabdrücken gestempelten Antrag in den Händen, aus dem in absehbarer Zeit ein Brunnen werden wird. Der Dorfälteste überreicht uns auf seinem Unterarm drei kostbare Mäntel in Grün und Violett von der Art, wie der Präsident sie trägt. Unmöglich, dieses Geschenk abzulehnen, sagt der Alte doch selbst:

»Wir haben zwar nichts, doch was wir besitzen und nicht aufgeben, das sind unsere Menschlichkeit und unser Stolz.«

Wir ziehen nordwärts und bewegen uns nun geradlinig durch die Steppe der Grenze entgegen, um an die Ufer zu treten, die dem kriegserschütterten Afghanistan den Rücken zuwenden. Erfasst vom großen Phlegma der Steppe, haben auch wir begonnen, uns langsamer zu bewegen – oder scheint es nur so, weil die Fläche alle Bewegungen auf ihr klein und langsam werden lässt?

In der Abendstimmung treiben die Schäfer ihre Tiere in die Ställe, die Kuhhirten die ihren an den Wassergräben entlang, zwischen den Reisfeldern hindurch oder parallel zur Straße. Dort haben auch drei Jungen eine kleine Fahrradwerkstatt aufgebaut. Sie tragen Strickwesten zu ihren Turbanen, Ton in Ton. Ihre heraneilenden Freunde zeigen auch ihre hennarot gefärbten Haare unter den bestickten Käppchen. Ein Alter schnappt sich ein entflohenes Lamm, wirft es einfach über die Mauern seines Anwesens.

Sonst ist es still an der Straße, und erst, dass wir anhalten, gibt dem Treiben einen Fluchtpunkt. Jetzt kommen sie aus den entferntesten Hütten in unsere Richtung gelaufen, und selbst die Viehtreiber bleiben mit ihren Tieren kurz stehen, während die Sonne das opulente späte Licht über den in den Feldern stehenden Wasserspiegel schickt.

Die Halbwüchsigen erzählen uns, dass sie arbeitslos sind und »ohne Zukunft«, wie sie gleich hinzufügen. Zwei von ihnen sind erst vor kurzem aus dem pakistanischen Flüchtlingslager in Peschawar in diese Gegend gekommen, die Heimat ihrer Eltern, und jetzt, sagen sie, »sterben wir hier vor Langeweile«.

Tatsächlich fällt wohl kaum jemandem die Assimilation an die arme Heimat der Eltern ähnlich schwer wie den Jungen, die eine so andere Welt in den pakistanischen Flüchtlingslagern hinter sich gelassen haben und nun mit zweitausendfünfhundert Familien ohne Strom an einer Straße im Norden Afghanistans ihr Leben entfalten sollen. Sie lächeln ihr schönstes Lächeln, aber es ist in seiner Schönheit schon versetzt mit Spurenelementen von Fatalismus:

»Es ist so langweilig hier«, sagt der Jüngste. »Ich habe die Nase voll vom Leben.«

Aus den Viehkoppeln und von den Reisfeldern drängen sie nun heran, die Kleinen mit ihren Witwengesichtern, wie im Pyjama daherkommend, aufmerksam, aber reif wie lauter angewelkte Knospen. Wer spricht vom unentdeckten Potential dieser Kinder? Fragt man sie nach dem, was wir »Freizeit« nennen, staunen sie. Das Wort muss man erklären, und »spielen« können sie kaum unterscheiden von »essen« oder »Tiere hüten«.

Eines der Kinder schmiegt sich an seine Mutter wie ein Kitz. Jungtiere drücken ihre Liebe noch aus, als sei sie lebensnotwendig. Nichts ist an diesem Kind, was nicht wäre wie bei einem jungen Tier, das in seiner Zärtlichkeit nicht erfahren wirkt, sondern bedürftig wie am ersten Lebenstag.

Doch weiter. Wenn man dem Verlauf dieser Straße folgt, kommt man bis nach China. Wir überqueren den »Drei-Wasser-Fluss«, passieren die Reisterrassen, die Okra-Felder, die Mulden, in denen Kamele und Schafe getränkt werden. Wir biegen in Staubstraßen ein, auf denen kleine Mädchen zur Schule laufen, und auch wir sind auf dem Weg zu dieser Schule, die heute achthundert Kinder aus zwölf Dörfern aufnimmt. Alle diese Kinder müssen in der Landwirtschaft mithelfen, dem Vater sein Essen aufs Feld bringen, die Tiere versorgen. Manche gehen eine volle Stunde, bis sie das Schild erreicht haben, das am Schuleingang steht und die Inschrift trägt: »Wissen und Können bringen den Menschen weiter«. Was soll aus diesen Kindern werden, was aus den Menschen, die sich von den Detonationen des Krieges erschüttert, zerstört, getötet oder in die Flucht geschlagen finden? Sie müssen weiter verarmen, ihre Ernten werden dürftig, die Rohstoffe knapp und ihre Dorfgemeinschaften zu Schwärmen werden.

Das Pastell des Sonnenuntergangs wuchert über der Steppe: Allein gegen das Opalisieren des Himmels steht der Kameltreiber mit seinen elf Tieren, das jüngste ist zwei Jahre alt, das älteste sechs. Wir gehen im Spülicht der frühen Dämmerung auf ihn zu.

»Ai ha!«

Die Tiere verzögern ihre Bewegung, blicken sich nach ihrem Treiber um, traben weiter.

Er steht auf seinen Stab gestützt und schenkt uns den gleichen Hirtenblick wie seinen Tieren. Ja, die haben alle einen unterschiedlichen Charakter, auch Launen. Nein, nicht immer kommt er mit: Wenn sie zu traben beginnen, läuft er ihnen manchmal hinterher. Gerade im Winter werden sie sehr temperamentvoll, schlagen aus und beißen sich gegenseitig. Dann muss man aufpassen, dass sie keinen Schaden nehmen. Nein, Feinde haben sie nicht, außer den Minen, die Schakale trauen sich nur an kleinere Schafe, und die Schlangen können ihnen auch nichts anhaben.

»Niemand kann ein Kamel besiegen!«

Inzwischen sind die Tiere langsam auf und davon gegangen.

»Haben Sie keine Sorge, dass Sie Ihre Tiere verlieren, während wir hier reden?«

Sein Blick geht geduldig in das Graublau der dämmernden Steppe. Dann schüttelt er bloß den Kopf.

Gut zehn Minuten später rafft er seinen Mantel und entschuldigt sich, nun müsse er sich um die Tiere kümmern. Dann geht er in die entgegengesetzte Richtung davon. Erst jetzt erfahren wir, dass er gleichzeitig auch eine Schafherde hütet, die längst außerhalb unseres Gesichtskreises grast. Er war zu höflich, uns ohne ein Wort am Weg zurückzulassen. Im Gehen dreht er sich noch einmal um:

»Ihr wollt den Amu-Darja sehen, nicht?«

»Ja.«

Im Weitergehen nickt er und nickt.

Die Sonne hat jetzt am Horizont nur noch einen orangegrauen Schimmer hinterlassen. Die Kamele traben in den nachtschwarzen Winkel des Himmels, der Hirte hält sich an die lichteren Zonen. Jetzt kommt die Nacht mit einem Schweigen nieder, das auch die Hunde dämpft und das Blöken der Kamele wattiert, deren Hufe auf dem federnden Boden keinen Abdruck und keinen Laut hinterlassen. Der Neumond kommt heraus, und Nadia sagt:

»Am ersten Tag des Neumonds in der Steppe, da küsst man sich die Fingerspitzen und wünscht sich was.«

Wir tun es.

Am nächsten Tag erreichen wir nicht weit vor dem Ende der Straße einen heruntergekommenen Posten, wo ein Grenzsoldat bei einer Hütte wartet. Es ist ein Lädchen dabei, am Geländer lehnt ein langbärtiger Verwahrloster, vielleicht ein hängengebliebener Hippie, vielleicht ein Sufi, oder ein Gestörter. Ringsum Kriegsschrott zwischen den Hütten, rostiges Gerät auf den Feldern, ein blinder, perspektivloser Flecken rund um einen Schlagbaum mit ein paar Gestrandeten, Vergessenen.

Die Straße endet vor einem Gatter, das wir passieren dürfen, um die Hafenanlage zu betreten, besser, den Schrottfriedhof, der sich da ausdehnt, wo ehemals ein aktiver Hafen gewesen sein muss. Was die Zerstörungen des Krieges zurückgelassen haben, was aus der Gegend an rostigem Metall eingesammelt wurde, türmt sich zwischen Lagerhäusern, Laderampen und einer monströsen Kran-Anlage. Über dem Brackwasser des trägen Flusses erhebt sie sich mit der opernhaften Dramatik, die frühere Zeiten in den ersten großen Maschinen der Industriellen Revolution erkannten. Wie ein Bühnenbild von Visconti, übertragen in die Welt der Maschinenpoesie, wirkt das, wie ein erhaben seinem Verfall entgegenrostendes Sinnbild hundertjähriger Technik. Und der Arm dieses Krans gestikuliert so blind über den Fluss, hinüber nach Tadschikistan, als sei er in dieser Pose erstarrt.

Der Amu-Darja ist grau von der Tonerde, die er mitschwemmt. Er scheint sich seiner Umgebung angepasst zu haben. Versandet sind seine Ufer, das Wasser kommt oberflächlich behäbig, aber mit reißender Unterströmung daher, die sich nur manchmal durch Schlieren verrät. Vor nicht langer Zeit wollte ein Reiter auf seinem Pferd das rettende Ufer von Tadschikistan erreichen. Sie kämpften heroisch, sagen die Einheimischen, und ertranken beide.

Breite Schlickstreifen bleiben liegen, wo sich das Wasser zurückgezogen hat, durchschossen von Prielen und brüchigen Gräben. Stromaufwärts liegt die kleine Behelfsfähre, die nach Bedarf die Ufer wechselt. Drüben in Transoxanien, so die Reisenden, beginne eine andere Welt, erkennbar am Grün der Landschaft, an den aufragenden Schornsteinen. Von russischer Seite betrieb man hier sogar einen Raddampfer, während die Afghanen Segelboote nutzten, mit denen sie selbst den Aralsee erreichen konnten.

Als wir eintreffen, hat die Fähre gerade in Tadschikistan festgemacht, zwischen ein paar glanzlosen Industriehallen und Containern, in denen sich der Geist der afghanischen Seite fortsetzt: posthume Landschaft, Landschaft nach dem Abzug allen Geschehens, zurückgeblieben als Statthalter einer abwesenden Geschichte. Doch kaum schwenkt der Blick ostwärts, ist die Steppe wieder da, die gelbgrüne, sich in schmuckloser Weite verlaufende Steppe.

Es bräuchte nichts, um diesen Wirrwarr aus Dreck, Ruinen und Kriegsschrott zu beleben. Als wüsste er das, kommt plötzlich ein Alter auf Krücken über die Hafenmauer. Sein Kartoffelgesicht blökt witternd in den staubgrauen Himmel. Sofort fliegen Vögel schreiend auf, schreien Kinder gleichzeitig in der Ferne. Dann ist nichts: Nur das Klappern eines Metallteils im Wind. Ein Luftzug trägt Stimmen herüber, auch die Vögel, die im Kran nisten, geben ein paar lustlose Geräusche von sich, so kratzig, dass sie kaum mehr nach Vögeln klingen. Schritte entfernen sich im Kies. Einer unserer Begleiter hat auf dem Schlick seinen Gebetsteppich ausgebreitet und absolviert seine Andacht mit nach innen gewandten Augen. Eine Feiertagsstille liegt plötzlich über dem Ort, unwirklich, wie das Ausatmen der Zeit zwischen zwei Kriegen.

Jetzt wandert unsere kleine Gruppe vorsichtig zum Wasser. Der Platz ist so verlassen und ohne Spuren, als habe das seit Jahren niemand mehr getan. Nichts ist schön hier, aber alles so verdichtet, als seien Steinplatten und rostiges Gerät, Büsche und Wildkräuter, Abfall und Hinterlassenschaften in diese ausgetüftelte Konstellation getreten, um so vollendet fahl zu wirken.

Unter den anziehenden Unorten, die ich gesehen habe, besitzt dieser besondere Wirkung. Geh weg, sagt er, hier ist nichts, kehr um, sieh mich nicht, halte nichts fest, sei nicht hier, löse dich auf. Ich tauche meine Hände in das gelbgrau und milchig schimmernde Wasser des Flusses. Sie greifen wie in kalt fließendes Opal, und einer wird mir erklären, dass auf dem Grund des Flusses hellenische und buddhistische Skulpturen liegen, die von Taliban dort versenkt wurden, und dass Leichen hier schwammen, weshalb das Wasser noch heute Infektionskrankheiten auslösen könne.

Die Kaimauer ist von gelben Flechten üppig bewachsen. Ein Ponton liegt im Wasser, aber angesteuert wurde er vielleicht seit Jahren nicht. Nur ein blauer Plastikstuhl ist stehen geblieben, mit Blickrichtung zur jenseitigen Steppe. Man dreht sich um, und gleich darauf will man schon sagen: Ich habe mir diesen Ort nur eingebildet.

Eine spitzwinklige Formation Zugvögel wechselt in

diesem Augenblick ihre Ordnung über dem Fluss. Demnächst soll hier eine Brücke gebaut werden. Nur afghanische und russische Soldaten haben sich vehement dagegen aufgelehnt, der alten Feindschaft wegen, aber auch weil sie so gut wie die Ordnungskräfte wissen, dass diese Brücke niemandem so gelegen kommt wie den Drogenschmugglern.

Und wer blickt nicht nach dort, wo flussabwärts noch karge Goldvorkommen die Wäscher anziehen oder wo das Rohopium verarbeitet wird, das allein durch die Überquerung des Flusses ein Mehrfaches seines Wertes gewinnt? Dreitausend Dollar kostet ein Kilo auf dieser, der afghanischen Seite des Amu-Darja, zehntausend auf der dort drüben, die kaum fünfhundert Meter entfernt liegt, und niemand soll glauben, Tadschiken und Afghanen machten diesen Handel unter sich aus.

Einer der Einflussreichsten hier ist amerikanischer Staatsbürger. Genaueres will keiner wissen oder sagen. Nur seinen Spitznamen geben zwei Einheimische preis: »der weiße Ibrahim«. Einer der Afghanen, die sich uns angeschlossen haben, erzählt mir von einem deutschen Diplomaten, der in seinem Gepäck unentdeckt siebzehn Kilogramm Opium schmuggelte, besprüht mit einem bestimmten, den Drogenhunden unerträglichen Parfüm.

»Woher wissen Sie das?«

»Weil ich der Verkäufer war.«

Auf der Rückseite der Landschaft angekommen, folgen wir ihrem Imperativ und wenden uns ab, drehen uns um, machen kehrt. Es ist ein vielfaches Wegwenden von einer Landschaft, die endet, die einen Strich zieht mit dem Namen Amu-Darja. Es empfängt uns die Steppe in all ihrer Pracht der Verödung.

Die Nacht macht sich breit. Ist das jetzt die stillste Stille? Sie wirkt, als habe jemand eine Glasglocke von der Steppe genommen und eine Sphäre eingelassen, die von oben kommt und noch viel weiträumiger und feierlicher still ist. Reine Atmosphäre mischt sich in das Schweigen. Etwas schwingt hinein wie atemlose Erwartung. In den nach oben geöffneten Schweigeraum dringt nun von unten ein einzelnes, sehr fernes Hundebellen, das nur angestimmt wird, um das Schweigen fühlbarer zu machen.

Das Schweigen der Steppe: Wenn man in der Ferne ein Geräusch hört, ist man bei diesem Geräusch, also in der Ferne. Steht die Steppe aber still, ist man nur noch beim eigenen Atem, bei den eigenen Schritten. Also ist man ganz bei sich. Dort ist man selten.

Tonga
Tabu und Verhängnis

Schwarze Wolken seien über dem Pazifik aufgestiegen, das Meerwasser habe weiß sprudelnd gekocht, die Fischerboote und Fähren hätten die Buchten gesucht und die Menschen an den Ufern kniend gefleht. In die Kirchen seien sie geströmt und hätten gebeichtet, und mancher Pfarrer habe den »Jüngsten Tag« beschworen, heißt es. Und das hier, in der Hauptstadt Nuku'alofa, die ihrem Namen nach das »Zuhause der Liebe« ist!

»Gerade drum«, sagt der Alte, der mir erzählt, wie es war, als es im März 2009 zum Ausbruch eines der insgesamt 36 Untersee-Vulkane kam, der das Wasser des Pazifik erhitzte und Fontänen aufsteigen ließ, die sich schwefelgelb in der Luft zerstäubt hätten.

»So ist das nun mal auf dem Pazifischen Feuerring«, sagt er nicht ohne Stolz auf jenen Vulkangürtel, der das Leben der Einwohner von Tonga auf elementare Weise bestimmt.

Schließlich liegt dieses Königreich nur wenige Zentimeter über dem Meeresspiegel. Nicht weit von hier gähnt in östlicher Richtung der 10 882 Meter tiefe Tonga-Graben, wo die Pazifische Platte der Erdkruste jährlich bis zu 24 Zentimeter weit unter die Australische Platte taucht und das Inselreich mit Tsunamis bedroht. Es wird obendrein von Wirbelstürmen mitunter so gefährdet, dass man auf dem Festland manchmal viele Tage keine Nachrichten von den heimgesuchten Inseln hat und oft lange nicht weiß, wie groß die Zerstörungen sind.

»Warum heißt Nuku'alofa das Zuhause der Liebe?«

»Das ist schwer zu sagen«, erwidert der Alte ohne die Absicht, den Satz zu verlängern.

169 Inseln und zwei Riffe sind es, die man das »Königreich Tonga« nennt und denen James Cook 1774 den Namen »Freundschaftsinseln« oder auch »die freundlichen Inseln« gab. Das waren sie offenbar, jedenfalls bis zum Anfang des 19. Jahrhunderts. Danach färbten sich die Erfahrungen der Europäer bitterer, weil auch die Erfahrungen der Einwohner von Tonga mit den Ankömmlingen bittere gewesen waren und weil ein rund fünfzigjähriger Bürgerkrieg, der erst 1852 endete, die Insel mit Schrecken überzogen hatte. Zwei Drittel der Bevölkerung soll damals getötet, selbst Kannibalismus vorgekommen sein, und noch heute fragen Kulturhistoriker, die sich für das Schicksal der paradiesischen Inseln interessieren: Wo stammt sie her, die Gewalt? Warum immer wieder diese Ausbrüche von Rohheit mitten in der friedlichen Welt?

Kapitän Cook suchte sich die schönste Bucht für seine Landung aus, eigentlich ein ganzes System von Buchten und Landzungen, mit Flecken von hellblauem Wasser, in dem dunkle Algenbüschel treiben, hinaus in das graue und strahlend blaue, erleuchtete und trübe Wasser. Das

Buschwerk am Ufer ist dicht verstrüppt, doch auf der Spitze jeder Landzunge öffnet sich ein Palmenhain. Noch heute ist dies eine Landschaft, die fast keine Spuren menschlicher Arbeit zeigt, liegt sie doch wild da, bis auf den kleinen Fleck, den man im Gedenken an James Cook befreit und gereinigt hat und wo ein Baum eine Manschette trägt mit der Aufschrift: »Hier stand der große Banyan-Baum Malumalu'o Fulilangi, unter dessen Krone Kapitän Cook landete.«

Wir sind andere Reisende. Wir ringen den Eindruck nicht mehr der Gefahr ab, selten der Unbequemlichkeit, und sollten wir zufällig einmal zu den Ersten gehören, dann weil Regierungen eine Landschaft lange für geschlossen erklärten – Birma, Murmansk, Kamtschatka, Bhutan, die Verbotene Stadt im Zentrum von Peking – oder weil Kriege sie unzugänglich machten. Das Gute daran ist, wir können nicht mehr allein dem Augenschein trauen. Während frühere Reisende sagen konnten, wie Länder leben, wie sie sind, können wir allenfalls feststellen, wie sie jetzt leben, wie sie in unserem Kopf, in der Konfrontation mit unserer Individualität erscheinen.

Auf dem Flug von Sydney nach Tonga sitze ich am Gang, May, eine einheimische junge Frau im ärmellosen Hemd an meiner Seite. Sie hat die kräftigen braunen Hände übereinander in ihren Schoß gelegt und sieht feierlich aus dem Fenster. Ihr Gesicht ist breit mit lauter runden Einzelformen, die Nase, das Kinn, die Wangenknochen … und ihre Arme sind so glatt, dass der Abendhimmel über dem Meer seinen letzten Widerschein, einen Widerschimmer, auf diesen Armen findet, auf denen sich das Himmelsgraublau mit dem Braun ihres Teints zu einer namenlosen Farbe mischt.

Es ist fast Mitternacht, als wir die Gangway hinuntersteigen, durch den warmen Wind der polynesischen Insel auf das Flughafengebäude zulaufen und zum ersten Mal die Wasserwürze der Luft schmecken. Auf beiden Seiten des kleinen geweißten Würfels, in dem die Flughafenverwaltung untergebracht ist, drängen sich massige Gestalten, Rufende, Winkende, und schon von der Gangway krakeelt und winkt es zurück. Die Koffer werden von einem Rachen in der Mauer ausgespuckt und von einem besessen, aber unvernünftig Arbeitenden aufgestapelt, sortiert, gegen den Zugriff der Besitzer verteidigt. Der Zollbeamte gibt sich einen düsteren, autoritären Anschein, aber was soll er machen? Wir sind nun mal da, zurückschicken könnte er uns nicht so leicht, und ein paar hundert Kilometer Südpazifik bis zum nächsten Festland sind schließlich auch eine Art Festung.

Draußen sammeln sich ein paar versprengte Fremde zur Fahrt mit einem Gemeinschafts-Minivan in den Ort: ein übel gelauntes französisches Ehepaar, ein Heimkehrer ohne Verwandtschaft, eine Frau im Rollstuhl, die munter erzählt, dass sie vor ihrem Tod noch einmal auf die Insel ihrer Geburt wolle, und ein australisches Paar, er mit glasigem Alkoholikergesicht, sie mit dem rotunden Kopf der nativen Tonganerin. Die Französin hustet und befiehlt ins Leere, ihr Mann sieht, weil es ihm peinlich ist oder weil sie schon zu zerstritten sind, mit dem blasierten

Ausdruck eines Mannes zu, der Wichtigeres zu tun hat, als nächtlich auf einem pazifischen Flughafen anzukommen.

Dann setzt ein freundlicher warmer Regen ein, und der Fahrer aus Haiti reduziert die Geschwindigkeit von vierzig auf dreißig Stundenkilometer. So schleichen wir durch die Nacht, in einen nächtlichen Gauguin hinein. Denn ja, so stehen sie in seinen Bildern, die Palmen – nicht in Gruppen, nicht in Spalieren, nicht in Wäldern, sondern versprengt über die Landschaft, als müsse sich ihrer Willkür jede andere Vegetation beugen, auch die Bananenstaude, die Süßkartoffel, der Tomatenstock. Über die unbefestigte Straße kommen Männer in Röcken, gruppenweise, manche schwankend.

Die Aufstände im November 2006, als sich die Demokratiebewegung eruptiv entlud, als Läden angezündet wurden und Anhänger und Gegner schließlich zusehen mussten, wie der Wind das Feuer über die gesamte Innenstadt schickte, diese Aufstände haben den alten Stadtkern völlig zerstört zurückgelassen. Die Lebensmittelbuden sind gut erleuchtet, aber vergittert. So schützen sich die chinesischen Läden vor Plünderungen. Hinter dem Gitter warten die Verkäufer wie die Arbeiter in einer Wurfbude. Die Wohnzimmer der kleinen Häuser sind meist von Neonlampen erleuchtet, draußen streunen die Hunde. Die nächste Schauer wird von einer Bö waagerecht an der Windschutzscheibe vorbeigetrieben, und im Hotel sagt die Rezeptionistin triumphierend:

»Und? Was sagen Sie zu dem Wetter?«

Das Hotel ist ein verkommener alter Komplex aus lauter verschachtelten Trakten, die irgendwann um ein halb verschimmeltes Haupthaus erweitert wurden. Im Halbdunkel nehme ich gleich mehrere Höfe wahr, Rasenflächen, offene Bambus-Loggien, und auch, dass der Schwamm die Wände färbt. Ich höre das Meer, ich höre die Vanu Road, über die noch jetzt langsam ein paar Autos daherkommen, ich höre zwei Trinker ins Nebenzimmer stürzen und das Rumsen ihrer Toilettentür.

Was ich aber stärker fühle, ist eine Klaustrophobie der Weite: Von einem unüberbrückbaren Meer abgeschnitten, in der äußersten Fremde zu sein, das fühlt sich plötzlich beklemmend an. Wie eingepfercht in dieser Weite bin ich, schlaflos, noch dazu vom Straßenverkehr bedrängt und immer wieder aufgeschreckt. Wie kann man sich gefangen fühlen, wo alles so unbegrenzt, so frei, so gelöst von den Bedingungen des Festlandes ist, gelöst auch von den Bedingungen der eigenen Heimat? Verlegt man eine Raum-Diagonale von dort aus quer durch die Weltkugel, so kommt man hier auf Tonga an. Ist es also nicht gut, dass es nicht das Nämliche ist, das man findet, nicht bloß die folkloristisch gewendete andere Seite der globalisierten Welt?

Zuletzt schob sich dieses Inselreich zum Millennium in unser Blickfeld, als die europäischen Fernsehanstalten den ersten Tag des neuen Jahrtausends gebührend feiern wollten und Tonga sich anbot, den Sonnenaufgang, den ersten der Zeitzonen, zu verkaufen. Eigentlich hätte es ja Kiribati sein müssen, ein Land aus wenigen winzigen Inseln, durch deren Mitte noch bis zum 31. Dezember 1994 die Datumsgrenze verlief, dann entschied man, sie östlich davon zu lokalisieren. Doch was erwartete die Europäer jenseits dieser Grenze, was sie schon gar nicht mehr erwarten konnten? Der neue Tag, das neue Jahr, Jahrhundert, Jahrtausend, wie seit Anbeginn aller Tage angekündigt von der Morgenröte, und man brauchte nur etwa zwölf Stunden nach dem hiesigen Sonnenaufgang in Europa auf die Straße zu laufen, da konnte man ihn schon selbst live über dem Horizont des Jahrtausends heraufkommen sehen. Wem das allerdings zu mühevoll, zu spät, zu sentimental, oder wem das nicht echt genug erschien, der hatte schließlich das Fernsehen, und das wiederum hieße nicht so, wenn es nicht nachsehen könnte, wie in weiter Ferne dieselbe Sonne schon aufgeht, die in Europa noch untergegangen aussieht. Immerhin sagt man hier: »Die Zeit beginnt in Tonga.«

Da also über diesem Inselreich zuerst die Sonne des neuen Jahrtausends aufsteigen würde, vermakelte man die Rechte am ersten Sonnenaufgang des Millenniums, und fast hätten wir uns zu Anbeginn des Jahrtausends über eine Premiere freuen können: einen Sonnenaufgang mit Werbeunterbrechung.

Ich wollte an meinem ersten Tag auf Tonga die erste Sonne auch so gerne sehen, zwölf Stunden, bevor sie daheim hochsteigen würde. Am Morgen, an dem ich auf sie wartete, war um 6 Uhr 30 der Vollmond noch da. Dann schob sich ein Wolkenkissen davor, groß genug, ihn ganz zu verdecken. Auf der anderen Seite deutete sich der Tag mit einer mürrischen Lichtstimmung an, kaum entschlossen zu leuchten, auf einem kühlen Lüftchen atmend. Es knieten schon Leute in den Neonquadern der Kircheninnenräume, es warteten schon chinesische Verkäufer hinter den Vergitterungen ihrer Läden, und die Hähne schrien.

Doch an diesem Morgen zeigte sich die Sonne nur einmal als eine zarte rote Schraffur in einer schieferfarbenen Wolkenbank, glomm ein wenig vor sich hin und war weg. Dann kehrte sie wieder, glühend wie ein Toaster, danach aber verschwand sie endgültig. Gemächlich kam der Tag und ein wenig lustlos. Unentschieden, in eine eindeutige Stimmung zu finden, schwankte er orientierungslos wie ein gerade Aufgewachter, noch ganz im Schleier der Nacht, und schrieb jetzt eine andere Ursituation des Südpazifiks auf seine Menükarte: die Vorbereitung des tropischen Regens.

Trotzdem erfasst mich mit dem ersten Schritt ins Freie der Swing des Ortes, sein schönes Phlegma rund um eine Uferpromenade, die keine ist – Hafenanlagen mit verfallenden, in breiten Rostschuppen zerblätternden Schiffen, in deren Schlepptau noch jüngere, kleinere, auch zerfallende hingen. Ein Sich-Gehen-Lassen, ein Abwarten und Geschehenlassen ist in der Luft, ein Ausgesetztsein und Durchlässigwerden für die Arbeit der Zeit. Müll überall, aber wie sollte es auch anders sein, ergreift ihn doch der Wind, rafft ihn von den Essenstischen wie aus den Überhängen der Tonnen, aus Kinderhänden und von den Ufersteinen. Eine solche Dichte des Unattraktiven ballt sich, dass mir die Augen übergehen und ich immer tiefer in die dunkel aufziehende Wolkenwand hineinlaufe, bis der Regen wirklich fällt, satt, warm und unaufhörlich und ich bei drei dicken, freundlichen Frauen unter einer Plane Zuflucht finde. Wir besorgen uns vier Kokosnüsse und trinken sie nickend.

Jeden Morgen gehe ich nun zwanzig Minuten zu einem kleinen »Beach Café«, wie es sich nennt, auch wenn weit und breit kein »Beach« zu sehen ist, allenfalls eine schäbige Mole, an der ein paar halb verrostete Kähne ankern und andere wieder instand gesetzt werden. Jeden Morgen mache ich das Gleiche, nicht bloß um des Rituals willen, sondern auch, weil ich sehen will, was sonst noch jeden Morgen so passiert. Es gibt keinen besseren Zugang zur Routine eines Ortes, als selbst routiniert in ihm zu sein.

Außerdem sitze ich gern auf der winzigen, stürmischen Wellblechveranda, trinke Kaffee, ein Melonen-Ananas-Saftgemisch und esse gebutterten Toast mit Orangenmarmelade. Die Wirtin ist in der Regel streng mit mir und sagt lauter »Good bye« als »Good Morning«. Aber als heute im Radio »New York New York« lief, da schaukelte sie mit ihren zwei Zentnern Schwungmasse, sang laut »If you can make it there, you'll make it anywhere«, und es gab auf der ganzen Welt niemanden, dem die Zeile hätte ferner sein können als ihr.

Dann kam sie an den Tisch und fragte, woher ich käme, nein, woher und warum ich genau bis an diesen Tisch gekommen sei. Ich sagte:

»If I can make it to here, I can make it to anywhere.«

Da lachte sie, legte mir die Hand auf die Schulter und ließ sie da, während sie ihren Freunden hinter mir alles in kehliges Tongaisch übersetzte. Dann drehte sie sich wieder zu mir und fragte:

»Are you alone?«

»Aren't we all?«, erwiderte ich, weil ich dachte, wir hätten unseren Sound gefunden.

»No«, antwortete sie brüsk, und als ich mit einem Blick weiter fragte: »The Lord is always with us.«

»O sorry, den hatte ich vergessen«, erwiderte ich.

»Das sollten Sie nie«, mahnte sie.

Ich versprach es.

Vom Nebentisch her schickte mir eine grellrot gekleidete Siebzigjährige mit Goldschmuck im Ohr ein duldsames Achselzucken.

»So ist das hier«, sagte sie. »Sie haben doch gesehen: alles voller Kirchen und am Sonntag drei Messen, alle voll. Hier wird noch geglaubt.«

Da sie es offenbar nicht mehr tat und mich auch nicht bekehren wollte, ging ich hinüber an ihren Tisch, gab ihr die Hand und sagte meinen Namen. Kerry, die ehemals Anthropologin gewesen war und sich inzwischen zusammen mit ihrer Freundin als Kriminalautorin durchgesetzt hatte, sagte »pleasure« und winkte eine einheimische Frau heran, die in einem dicken Sportwagen vorgefahren war:

»Dorothy, darling, it isn't yourself, back from the islands!«

Ich kehrte zu meinem Tisch zurück. Von hier aus konnte ich sie alle sehen: die Alte, die gebückt in der auslaufenden Gischt stehend die Reusen einholt; den Lastwagen, der auf seiner Ladefläche ausschließlich Soldaten und blaue Plastikstühle transportiert; den Greis, der eine Steinplatte über einem Kanalschacht anhebt und mit der Hand hinuntertaucht; die riesige Lastwagenfahrerin, die über ihrem Lenkrad ein Kreuz schlägt; »Cassiopeia's Café«, aus dem Männer mit dicken Hochfrisuren und in Röcken nach außen treiben, während die Frauen mit ihren majestätischen Köpfen beim Lachen die Goldzähne entblößen; eine Bäuerin, die die erdigen Maniokwurzeln in einen Korb aus Bananenblättern bettet; zwei völlig durchtätowierte Arme, die einander unterhaken; eine Frau in ihren besten Jahren, die, in einem Rollstuhl auf der Ladefläche eines Pick-ups thronend, in die Schar ihrer drumherum sitzenden Freundinnen gestikuliert, während der Wagen langsam die Straße hinunterfährt. Und der Wind hinterlässt seine Spuren, beugt die Palmen, scheitelt die Bananenstauden, reißt die Schilder vom Nagel, kippt die Fahrräder, erntet die Kokosnüsse, und wo noch eine große Muschel als Aschenbecher auf der Veranda steht, da ergreift er auch sie und lässt sie über den Asphalt schlittern, in einem Splitterregen von Perlmutt.

Abfall überall, Schniefende überall, doch selbst die Kinder in den hell- und dunkelblau abgesetzten Schuluniformen heben im Vorbeigehen halbhoch die grüßende Hand, und die Wolken machen schon wieder Stimmung und grummeln vor sich hin, und der Sud der Muscheln schmeckt wie ein Konzentrat der Luft. Die Frauen haben Blumen im Haar und die Männer Duftbäume am Rückspiegel.

Und dann die Wunderlichkeiten am Wege, »Sehenswürdigkeiten« genannt: Die »Railway Road«, die glanzloseste Straße des Königreiches, lässt sich feiern als die einzige Einbahnstraße des Landes. So kommen Menschen her und sehen sich ihre Tristesse an, ihre Tankstelle, eine Autovermietung, ihre unbebauten Parzellen, und sagen: Schau mal, die einzige Einbahnstraße, und sehen sie mit neuen Augen, und am Ende der Straße erhebt sich in einem quadratischen Rasenareal ein Gedenkstein, der in seiner Marmorinschrift den Tag feiert, an dem die Straße bis hierher verlängert wurde.

Oder sie haben eine Palme gefunden, eine aus der Art geschlagene Palme, deren Stamm sich weit oben zu drei eigenständigen Kronen trennt, der siamesische Drilling unter den Palmen. Dies ist die einzige ihrer Art im Königreich, sie gehört den Mormonen, die unweit gleich eine neue Kirche errichteten.

Oder die Pracht der Friedhöfe: der des Königsgeschlechts ist eher ein Mausoleum, isoliert durch eine abgesperrte Fläche von der dreifachen Größe eines Fußballfeldes. Stufen führen hinaus zu den Grabsteinen, bewacht von Statuen. In der Hierarchie der Pietät folgen die Gräber der Bürgermeister. Lila Schärpen wurden um ihre Wohnhäuser, Vorgärten und die Zäune gewunden.

Die Friedhöfe wirken wie hochdekorierte Baustellen: winzige, weiß aufgeschüttete Grabhügel mit kaum einer einzigen Plastikblume darin, das sind die der Armen. Die Reichen haben hohe Grabhügel, bedeckt mit Blumen und mit einem Paravent auf der Kopfseite, geschmückt mit geometrischen Mustern in vielen Farben. Das sind die, denen es an nichts mangeln wird im Jenseits. Parallel hört man die Ferkel schreien, die zu einer Beerdigung abgestochen werden.

Auch auf den Dorffriedhöfen liegen die Reichen unter hohen Hügeln mit überbordenden Gestecken an Kunstblumen und hochaufgerichteten Schauwänden, die wie Plüschdecken aussehen, während die Ärmsten oft bloß eine Bodenwelle besitzen, auf der man ein paar Kunstblumen abgelegt hat, oder im eigenen Garten verscharrt werden. So setzen sich die Wohlstandsverhältnisse bis an die Schwelle zum Jenseits durch. Doch gehört nicht den Armen das Himmelreich? Oder, weniger maliziös gefragt: Könnte man ihnen nicht die Freiheit gönnen, arm zu sein und es sogar sein zu wollen?

Nur die Grabstätte der Königsfamilie hebt sich mit Sockeln und Stufen aus dem Boden wie ein Inka-Tempel. Der Herrscher von Tonga ist George Tupou V., ältester Sohn seiner Majestät, des verstorbenen Königs Taufa'ahau Tupou IV., Herrscher über hundertsiebzig pazifische Inseln und doch Herrscher auf Abruf. Vor Jahren schon hat ihm die starke Demokratiebewegung eine Rücktrittsankündigung abgenötigt, nur wann er zurücktreten werde, das hat er nicht gesagt. Ein Frauenheld sei er, behaupten die einen. Da er aber standesgemäß nur zwei etwas ältliche Damen heiraten könne, heirate er nicht, sondern umgebe sich lieber mit jungen, hübschen Dingern, damit die Gerüchte, er sei eigentlich eher Männern zugetan, verstummten. Er liebt Technik aller Art, besonders jene, die geholfen hat, die ausländischen Wilderer in den Fischgründen zu lokalisieren, ihre Schiffe in den Hafen zu schleppen und ihre Eigner mit einer saftigen Strafe zu belasten. Manchmal aber sitzt der Prinz auch in seinem seidenen Anzug mit italienischen Schuhen am Klavier und spielt einen Boogie-Woogie.

Ich dagegen sitze noch am Rande des Friedhofs, da kommt dieser kolossale Mann in der Ta 'ovala-Matte aus geflochtenen Pandanusblättern, kommt im Kreise der schwarz gewandeten Familie und sagt zu einer Frau an der Veranda:

»You know, my mother passed away just recently, but she was old, so it was no surprise«, und alle lächeln, auch die Tochter.

Es ist, wie ich erst jetzt sehe, May aus dem Flugzeug, und als sie mich erkennt, lächelt sie ein bisschen mehr. Dann wenden sie sich wieder ab und beraten sich auf dem Friedhof mit den Toten. Sie besprechen die Begräbniszeremonien: das Verbrennen von bestimmten Körperstellen, das Wundschlagen der Wangen oder Verwunden am Kopf. Ja, der gefährlich Dahinsiechende kann geheilt, dem Schmerz des Todes kann begegnet und der Dahingeschiedene im Jenseits unterstützt werden durch solche Rituale. Als Teil der Krankenheilung opfern rangniedrige Verwandte einen Finger oder ein Fingerglied. Um einen Gesundungsprozess zu beschleunigen, gab es für Häuptlingsfamilien früher auch Menschenopfer. Schon Georg Forster beobachtet als Begleiter von James Cook, dass vielen Menschen Finger fehlten, die als Opfer für eine erkrankte hochstehende Person abgetrennt wurden.

Erst durch Cook wurde auch der Ausdruck »Tabu« von hier aus in die Welt gebracht. Tabu sind Plätze, Speisen, Handlungen, auch Menschen und Beziehungen zwischen Menschen. So ist der Vater mit einem Tabu belegt und darf von den Kindern nicht am Kopf berührt werden. Ebensowenig dürfen diese von seinen Speisen essen, oder, so sie Bruder und Schwester in der Pubertät sind, gemeinsam in einem Hause schlafen. Obendrein vermitteln zwischen all den Lebenden die Geister der Ahnen liebend und strafend. Bei Freud sind Ahnen grundsätzlich Projektionsfiguren. In ihnen manifestiert sich das »Clangewissen«, eine der ältesten Formen des Gewissens überhaupt. In Tonga ist es nicht anders.

Vom Tabu belegt ist ebenso Feitama, die Schwangerschaft, die Vorbereitung des Kindes. Die ganze Familie partizipiert an diesem Prozess, so dass es in dieser Zeit keine Privatsphäre mehr geben kann, keine Heimlichkeiten. Der Mann teilt sich mit der Gattin in den Prozess der Schwangerschaft. Er teilt gewisse Nahrungstabus und zeigt selbst Symptome von Übelkeit und Erbrechen. In solchen Tabuisierungen bilden sich die Vorstufen für das Über-Ich heraus, eine Art Protektorat der Gesellschaft aus dem Geist kollektiver Verbote.

Der Mann, der in seinem am Straßenrand geparkten Wagen durch das heruntergekurbelte Fenster seines

Pick-ups das Meer betrachtet, trägt eine Gesichtstätowierung auf der braunen Haut. Er streckt seine Hand durch das Fenster, damit ich einschlage. Das tue ich, und so bleiben wir. In den nächsten Tagen werden wir unzertrennlich sein. Er wird mich über die Insel fahren, mir ein Stück Land anbieten, mich seiner Frau und zweien seiner Kinder vorstellen. Er wird seine Lebensgeschichte mit mir teilen und sein Essen. Zuerst aber versichert mir Douglas inständig, er heiße Douglas. Er zieht sogar ein Papier heraus, auf dem zu lesen ist, dass er wirklich so heißt. Er war Rugby-Profi in Australien. Zum Beweis zeigt er eine furchtbare Operationsnarbe, die seine rechte Schulter ganz umspannt. Ich sage:

»Ich glaube Ihnen.«

Darauf erzählt er mir die Geschichte eines Mannes, der ihm nicht glaubte.

Douglas fehlt der kleine Finger der rechten Hand.

»Auch vom Rugby?«, frage ich und zeige auf den an der Wurzel entfernten Finger.

»Nein«, sagt er und steckt die Faust ins Gewand. »Schauen Sie, Mangos überall. Wir wissen nicht, wohin damit. Wir füttern schon die Schweine mit Mangos.«

Douglas hat vier Kinder, er lebt nach traditionellen Vorschriften und erzieht sie streng. Seine Frau steht auf der Rasenfläche vor dem Häuschen wie ein Götzenbild, eine selbstversunkene Schönheit von großer Schüchternheit und einer Grazie, die ihren riesigen Körper zart wirken lässt. Douglas hat befolgt, was seine Kultur vorschrieb, alles andere wäre undenkbar gewesen: Die Familie sucht den Mann aus. Entscheidend dabei ist, dass die Familie den Mann liebt. Seine Erzählung stockt. Er will nicht recht heraus mit der Sprache. Fürchtet er, sich lächerlich zu machen? Hat man ihn in Australien als primitiven Insulaner verlacht?

Bei der Trauung, berichtet er dann doch, erhält die Braut in der Kava-Zeremonie den besonderen dritten Becher. Anschließend sitzen Braut und Bräutigam auf dem Schoß der jeweiligen Mutterbrüder. Kava, das ist jener Sud der Pfefferwurzel, dem berauschende Wirkung nachgesagt wird, aber davon will Douglas nichts wissen. Rausch ist nicht gut, Rausch ist das Wirken des Dämons.

»Und die Moemoe?«

Ich hatte von dieser Demutsübung reden hören, und auch sie ist Douglas entweder nicht geheuer, oder er möchte mich nicht gern in die Tiefen der heimischen Rituale sehen lassen. All das ist intim.

»Gewiss«, gibt er zu. »Die Füße der Respektsperson müssen mit den Handflächen und Handrücken berührt werden. Das ist die Übung.«

Er war lange genug Rugby-Profi im australischen Outback, um zu wissen, dass solche Gebräuche wie Eingeborenen-Aberglaube behandelt werden, doch ihm sind sie verpflichtend, und seinen Kindern gibt er all das mit. Sie werden erzogen nach dem Regelwerk der von den Alten an die Jungen weitergegebenen Gesetze.

Und doch: In manchem sind die Kommenden altmodischer, auch sentimentaler als die Alten, die so viele haben kommen und gehen sehen, mit der immergleichen Rührung angesichts der Schönheit der Inseln und der Verwendung des Wortes »Paradies«, das die nicht mehr hören können, die in ihm überleben müssen, kennt dieses Paradies doch nicht mal eine Müllabfuhr.

Wir sitzen am Ozean mit Blick auf die Auslegerboote und die schwarzen Schweine, die im seichten Wasser nach Fressbarem schnorcheln. Es ist wahr: Das historische Gedächtnis für diese Orte, die sind, wie Tahiti war, hat Gauguin geprägt, er hat es versammelt. Wir treten in seine Bilder ein, und manchmal daneben, in die Räume, die sich zwischen seinen Bilderrahmen öffnen könnten.

Dann machen wir uns auf in das Hinterland der Insel. Man sollte denken, je kostbarer der Grund und Boden auf so beschränktem Raum, desto pedantischer müsste alles portioniert und umfriedet werden. Doch Grenzen werden von Menschen wohl vor allem befestigt, wo Land im Überfluss ist. Hier dagegen, wo die Abmessungen all der Inseln eng sind, stehen die Häuschen oft allein auf der grünen Wiese, unregelmäßig angeordnet und durch keinen Zaun voneinander getrennt. Die Schweine laufen, die Früchte fallen, die bunte Wäsche weht auf den Leinen wie zur Zierde hingehängt, und die Flughunde hängen in den Mangobäumen als Wimpel, so dicht, als seien sie von einer Festlichkeit übrig geblieben. Dabei schwirren manche schon bei hellem Tageslicht herum und quieken.

»Das waren noch Zeiten«, sagt Douglas, »als die Jagd auf die Flying Foxes, wie die Weißen sie tauften, nur der Königsfamilie vorbehalten war!«

Das ist Kolovai, ein Ideal von einem Ort, eine lose Gemeinschaft bunter Häuschen und Hütten, verstreut unter den Palmen, und er hat alles: von den Feldern aufschwirrende Schmetterlinge wie fliegendes Konfetti, aus den Äckern auftauchende, winkende Grußhände. Die Fischer sitzen im Gras und flicken die Netze, ein Bildhauer arbeitet an einem nass-roten Klotz Holz. Zwischen den Bäumen spielen die Kinder Fangen, und ein Alter streichelt selbstvergessen die breiten Vanilleschoten am Strauch.

Auf der Spitze des Landes liegen seine vulkanischen Buchten mit scharfkantigen, porösen Felsen, die bei bloßer Berührung die Haut aufreißen, und Löchern, durch die die Brandung ihre Stöße schickt mit einer Wucht, die sich in meterhohen Fontänen entlädt, und über jeder Fontäne wölbt sich ein Regenbogen. Vor mir das kochende Meer, gepresst wie durch Ventile im Fels. Manchmal kommt das Geräusch als Seufzen bloß, als Stöhnen, meist aber als Schnaufen oder empörtes Prusten, und Schaumfontänen, die zehn Meter hoch steigen und oben immer neu in einem Sprühnebel zerstäuben.

Es gibt da draußen vor den Klippen eine einzige Felsenleiste, an der sich die Brandungswogen aufbauen. Der Ozean schickt seine Unterströmung zum Ufer, durch das poröse System im Stein macht sie sich Luft. Der Wind lispelt im Strandhafer. Dies ist der Ort, an dem die Christen landeten und Menschenfischer wurden. Selbst kleinste Ortschaften haben noch heute vier, wenn nicht sogar sechs gutbesuchte Kirchen.

Douglas setzt sich schweigend neben mich. Das Meer

lullt uns beide ein. Weiter. Man könnte über diese Horizontlinie hinaus ... Ich will weiter, sage ich, in eine Landschaft, die noch entlegener und wo diese Ferne noch fühlbarer ist, weil nichts mehr ist.

Douglas sagt:

»Ich weiß, was du suchst. Am Mittwoch geht die Nachtfähre von Nuku'alofa nach Ha'afeva. Ich werde dir ein Ticket für die Princess Ashika besorgen.«

Als wir zum Wagen zurückkommen, steht da das australische Pärchen, das mit mir in der ersten Nacht vom Flughafen zum Hotel fuhr. Sie, breit, großbusig, mit gewaltigen Oberarmen und dem dunkel dämmernden Gesicht der Einheimischen, er mit der unwandelbar hart gewordenen Alkoholiker-Physiognomie, schweigsam, weil das Reden den Atem nicht wert ist.

Stephen und Leah sind Minenarbeiter, ein paar hundert Kilometer nördlich von Sydney im Busch beheimatet, wo sie schwere körperliche Arbeit leisten und daraus die Überzeugung ableiten, niemand auf der Welt könne ihnen noch etwas vormachen. Sie denken unverhohlen antiamerikanisch, antisemitisch und grundsätzlich verschwörungstheoretisch, betrachten aber selbst ihre Theorien als eine Privatsache, die man mit all den falschen Freunden da draußen nicht zu teilen habe. Als Douglas die Terroranschläge des 11. September ein »ungelöstes Rätsel« nennt, wischen sie ihn weg wie einen Trittbrettfahrer der eigenen Überzeugungen. Das Auto, das die beiden auf diese Landspitze brachte, wurde von der Polizei bei vierzig Meilen pro Stunde wegen Geschwindigkeitsübertretung angehalten. Die Beamten nahmen die Fahrerin mit auf die Wache und setzten die beiden Fahrgäste aus. Wir können gar nicht anders, als sie aufzunehmen, und machen die Rückbank frei.

Welche Arbeit Leah in der Mine verrichte, will ich wissen.

»Nicht in den Stollen. Ich repariere die schweren Maschinen, Bohrgeräte, Schaufelbagger, Lastwagen.«

Leahs Eltern stammen aus 'Eua, einer benachbarten Insel. Die Mission der beiden ist: Leah möchte ihrem Freund das Land ihrer Vorfahren zeigen, das legendäre Tonga, von dem die Eltern, die inzwischen gebrechlich auf dem australischen Festland wohnen, so viel erzählt haben.

Sie blicken vor sich hin und lieber durch die Landschaft hindurch. Das mit den Vorfahren ist die eine Erklärung. Doch dann kommt heraus, dass Leah selbst das Inselreich noch nie besucht hat. Im Grunde sind sie vor allem gekommen, um den Segen der Familie zu erhalten, der Familie, die noch hier lebt und der sie einen Besuch schuldig sind, seit langem schon.

»Wissen Ihre Verwandten, dass Sie hier sind?«

»Wir müssen sie noch anrufen«, sagt Stephen lustlos und sieht nach Leah, die ihr Gesicht schoßwärts senkt.

Douglas schaut bedenklich.

»Sie werden ein Schwein zu deiner Ankunft schlachten.«

»Ich weiß«, sagt Leah. »Ich bin Vegetarierin.«

Sie lebt mit Stephen. Die Familie hat ihn nicht gewählt,

verheiratet sind sie auch nicht, aber unter ihrem Kittelhemd wölbt sich ganz leicht der Bauch einer vielleicht im vierten Monat Schwangeren.

»Das wird nicht leicht«, lässt sich Douglas mit strenger Miene hören.

»Wann ist die beste Zeit, um hierherzukommen?«, will Stephen wissen.

»Zu Weihnachten«, sagt Douglas. »Man kann zweimal täglich in die Kirche, und dazwischen kriegt man umsonst Essen.«

»Nun schau dir diese Chinesen an!« Leah deutet auf ein Schild, das ein Hotel ankündigt. »Jetzt schreiben sie ihre Namen schon in chinesischen Schriftzeichen!«

Sie hasst die Chinesen, die überall Geschäfte machen und, wie die US-Amerikaner, »nichts geben, immer nur nehmen«.

»Die Zeitung meldete gestern ...«, wendet Douglas ein.

»Vergiss die Zeitung«, unterbricht Leah den Novizen ihrer Verschwörungstheorien. »Du weißt doch, in wessen Händen sie sich befinden.«

»In der Regel sind es die Frauen«, sage ich, »die auch den Fremden etwas geben, ein Lächeln, Essen, Schmuck. Die Männer bleiben eher für sich.«

»Ich bin doch für dich da«, sagt Douglas.

»Stimmt«, pflichtet mir Leah bei, »gestern hat mir eine Frau eine Kette schenken wollen. Ich schenke sie dir, einfach so.«

»Einfach so?«

Ich schenke sie dir aus Liebe, hatte die Frau gesagt. Aber jetzt musst du mir für meine Liebe etwas Geld geben.

Leah hatte nur zehn Dollar bei sich. Mehr ist dir meine Liebe nicht wert?, empörte sich die Frau.

»Schlechtes Beispiel«, sagt Douglas.

Auch auf ihn hat sich der Schatten des drohenden Verwandtenbesuchs gelegt. Ihre Insel, 'Eua, liegt gerade mal zwei Stunden Schiffsreise entfernt.

»Warum habt ihr sie nicht wenigstens schon mal angerufen?«

»Kommt noch.«

Leah liest diese Worte von seinen Lippen, ernst, blass, mit unsteten Augen. Die Landschaft sagt ihr in diesem Augenblick nichts.

Die Arbeiter liegen in der Mittagspause flach auf dem Boden unter den Palmen und ruhen, die Kinder spielen rund um die Bushaltestelle Fangen, und die aufs Meer fahren, tun es in winzigen Booten, auf denen sie zu siebt oder neunt kauern, so dass die Schaluppe tief im Wasser liegt und einer von der Besatzung immer schöpfen muss.

Auch die Tongaer haben ihr Stonehenge, ein Alpha-Zeichen aus Vulkangestein. Man geht durch ein Tor, gelangt zu einer hohen Steintafel, in deren Schatten einer der alten Könige, ein Mann von 2 Meter 50 gelehnt haben soll, wie sein Körperabdruck im Stein noch beweist, und dahinter geht es in einen dichten dunklen Wald mit Spinnennetzen und fremden Blumen, weiter dem Meer zu, das man nur hört, nicht sieht. Leah schreitet beklommen diesen Weg hinab und dreht früh um.

»Es spukt«, sagt sie.

»Das sind die Verwandten«, flüstert Douglas.

Und hat sie nicht allen Grund, Angst zu haben? Hat man in solchen Fällen nicht schon von Körperstrafen, Verstümmelungen, Gefangenschaft gehört? Die Verletzung der Tabus verlangt nach Ahndung, sonst hieße es nicht Tabu.

Wir kehren um. Die Blicke stumpfen über dem Auslaufen der Wellen ab. Auf dem Kiesweg zu ihrem Hotel dreht sich Leah noch einmal um, als wolle sie etwas sagen. Dann hat sie es sich anders überlegt.

Als es ein paar Stunden später dämmert, gehen vier gewaltige Frauen den Fußweg unweit meines Zimmers herunter, sehen mich am Fenster stehen und winken, ich winke zurück. Eine macht eine Geste, ich solle zu ihnen kommen. Ich schüttele den Kopf, da geht sie in die Hocke und reitet wie auf einem Kutschbock. Früher haben sich die Frauen den Fremden für ein paar rostige Nägel angeboten, und die Matrosen rühmten ihre Unermüdlichkeit. Selbst der Kollaps des Charmes in der Vulgarität ist eigentlich liebenswürdig.

1803 landete der Geschäftsmann John Turnbull auf der Insel 'Eua. Die Einheimischen hatten wenig zu bieten bis auf Nahrungsmittel und ein bisschen Werkzeug, verlangten für ihren Plunder aber wertvolle Geräte wie Scheren und Äxte. Als die Engländer ablehnten, brachten die Einheimischen drei Frauen an Bord, deren Dienste sie der Mannschaft verkaufen wollten, offenbar Kriegsgefangene und die schönsten Frauen, die sie anbieten konnten.

Aber Turnbull nennt sie »stämmig, maskulin und von harten Zügen«, und keiner der Matrosen wollte sich mit ihnen einlassen, was die Einheimischen, die sie von weit her angeschleppt hatten, fassungslos zurückließ.

Zu diesem Zeitpunkt waren die Europäer vor allem am Handel mit China interessiert. Allerdings besaßen sie wenig, was die Chinesen interessierte, mit Ausnahme der Pelze und des Walfetts, das neben allerlei Abfallprodukten des Meeressäugers in China starken Absatz fand. So dehnten die Europäer ihre Walfanggebiete bis nach Polynesien aus, was wiederum zu erbitterten, oft betrügerisch und gewaltsam geführten Handelskonflikten mit den einheimischen Walfängern führte und das Verhältnis zwischen den Insulanern und den Fremden vergiftete. Nimmt man hinzu, dass gleichzeitig eine beispiellose Bewegung der Christianisierung den südpazifischen Raum erreichte, so kann man sich die Verwirrung der Polynesier vorstellen: Wer war der westliche Mensch denn nun wirklich, der skrupellose Walfänger und Ausbeuter oder der zur Liebe und Mitmenschlichkeit aufrufende Menschenfischer?

Und mehr noch, gerade der Umstand, dass Kapitän Cook die Einwohner Tongas als friedliebend, freundlich und hilfsbereit charakterisierte, dass er vom Reichtum der Naturprodukte geschrieben hatte und sich nun die Anwesenheit der Missionare dort allgemein herumsprach, führte dazu, dass die Walfänger nun bevorzugt ausgerechnet Tonga ansteuerten und sich die Krisen verschärften.

Außerdem schleppten die Europäer Infektionskrankheiten ins Land, und da bald auch Sklavenhändler ihren Weg nach Polynesien fanden, erwies sich die Ankunft des weißen Mannes einmal mehr als Desaster für die einheimische Kultur. Doch gleichwohl oder vielleicht gerade deshalb ist Tonga der einzige Staat Ozeaniens, der von den Europäern nie kolonialisiert wurde.

»Wahrlich!«, so rief schon Georg Forster aus, der James Cook auf seiner zweiten Reise in den südpazifischen Ozean begleitete, »wenn die Wissenschaft und Gelehrsamkeit einzelner Menschen auf Kosten der Glückseligkeit ganzer Nationen erkauft werden muss; so wär' es für die Entdecker und Entdeckten besser, dass die Südsee den unruhigen Europäern ewig unbekannt geblieben wäre!«

Manchmal blickt die Idylle auf einen Parkplatz. Vom »Beach Café« aus ist es wirklich so: Allmorgendlich legen am Hafen die Maniok-Verkäufer ihre erdigen Wurzeln auf das Tuch, löchern Kokosnüsse, stellen Vanilleschoten-Bündel auf, füllen Kavapulver ab. Allmorgendlich warten die Fischer auf ihre Schaluppen. Die Anordnung der Stände ist immer die gleiche, die Autos halten an denselben Plätzen, dieselben Hände finden sich zur Begrüßung. Der Tourist sucht den Ort in seiner Augenblicklichkeit, er sucht die Sehenswürdigkeit, den Schnappschuss, der Reisende dagegen sucht die Dauer, das Immerwährende. Man muss deshalb lange an einem Ort gewesen, immer wieder an dieselben Stellen gegangen sein, um seinen Geist zu erahnen.

Kerry, die Anthropologin und Krimi-Autorin, residiert heute schon an ihrem Tischchen, als ich komme, wieder in Rot, wieder voller Goldschmuck, dazu das rosa Band für »Breastcancer-Awareness« am Revers. Mit den scharfen Zügen, die die Dame ebenso gut kennzeichnen können wie das Biest, bewacht sie den Parkplatz, die Hafenanlage, die Besucher des Cafés und winkt mich gleich heran.

»Setzen Sie sich, leisten Sie mir Gesellschaft, ich schreibe an einer Postkarte. Sagen Sie, wer waren diese beiden Leute da gestern in Ihrer Gesellschaft, Freunde? Ich habe sie hier noch nie gesehen.«

Ich erzähle von Steven und Leah, ihren Verschwörungstheorien, ihrem Ressentiment, ihrer Scheu vor der Familie.

»Die Frau ist eine hiesige, das erkennt man sofort. Einfache Leute. Solche einfachen Leute nannte man in Tonga Erdfresser. Erschrecken Sie nicht.«

Sie liest die Rosinen aus ihrem Müsli und reiht sie, eine nach der anderen, auf der Untertasse auf.

»Da kommt sie also mit ihrem Freund hier an, vielleicht schwanger? Schien mir so. O weh, das kann schwierig werden. Ja, die Erdfresser können brutal sein, wenn man ihre Tradition verletzt.«

Ein Sportwagen hält unmittelbar vor uns. Heraus gleitet eine indianische Schönheit von gut vierzig Jahren, die, in eine feierliche grün-schwarze Robe gewandet, mit weichen Bewegungen die Stufen zum Café herauf schwebt.

»Dorothy, meet my new best friend ... what's your name again? Roger.«

Die Freundinnen fallen in einen Slang. Es geht um eine Verabredung, Geld, einen früheren Ratschlag, eine Warnung.

Dorothy sagt: »Ich muss rein, ich warte dort am Fenstertisch.«

Als sie verschwunden ist, nähert sich Kerrys Kopf, bis ich ihren Puder riechen kann:

»In diesem Café werden ganz undurchsichtige Geschäfte abgewickelt. Haben Sie Dorothy gesehen? Die ist bitterarm, trägt ihr bestes Kleid, hat sich den Wagen geliehen, trifft sich hier mit einem, der für die Vermittlung einer Pacht Geld haben will. Im Café? Ich habe sie gewarnt. In bar?«

Sie wirft sich auf ihrem Sitz zurück wie eine, die auf eine befriedigende Tradition der Besserwisserei zurückblicken kann, und es ist ja wahr: Da die Fremden Grundstücke nicht kaufen, nur auf fünfzig Jahre pachten dürfen, bevor diese entweder wieder an die Eigentümer fallen oder die Pachtfristen verlängert werden, ist zwischen den westlichen Zivilisationsflüchtlingen und den einheimischen Grundbesitzern ein fragwürdiger Handel entstanden.

Kerry beunruhigt es offenbar, dass sie von hier draußen den zweiten Eingang nicht überblicken kann, den Eingang, durch den der mögliche Geschäftspartner treten könnte.

»Entschuldige, dear, ich begebe mich jetzt besser nach

drinnen, damit ich Dorothy beistehen kann. Sie kann so ein Schaf sein.«

Als wenig später Douglas vorfährt, hat er kein Schiffsticket für die »Princess Ashika«, sondern einen Vorschlag:

»Ich habe mir etwas überlegt und frage dich jetzt, da wir einander schon ein bisschen besser kennen: Warum begleitest du mich nicht nach 'Eua, in meine Heimat? Am Wochenende beerdigen wir dort meine Großtante. So siehst du das wahre Tonga und eine echte Beerdigungszeremonie in meiner eigenen Familie. Wir heißen dich willkommen.«

Der holländische Seefahrer Tasman hatte die Inseln »Middelburgh« und »Amsterdam« getauft, die heute »'Eua« und »Tongatapu« heißen. 'Eua war die zweite Insel des Königreichs, auf der James Cook landete, eine kleine, heute weitgehend übersehene, vom Tourismus kaum gestreifte Insel, auf der die Menschen bei sich sind und der Verstand noch keine Ordnung hergestellt hat.

Douglas sucht weitere Vorzüge 'Euas:

»Auf 'Eua sagen wir immer: Nur die Ruhe. Da geht es nicht so hektisch zu wie in Nuku'alofa ...«

... wo die Höchstgeschwindigkeit für PKWs bei fünfzig Stundenkilometern liegt, wo die großen Körper gemütlich über den Bürgersteig schwanken, wo ich niemanden je eine abrupte Bewegung habe machen sehen. Aber so ist es wohl: Je ferner die Zentren, desto geringer wird das Lebenstempo.

Zwei Tage später senkt sich die kleine Maschine hinab zum Eiland 'Eua. Der Pilot setzt im Gras neben der Landebahn auf, dort ist es sicherer als auf der zerschundenen Piste. Die Wege, die zwischen den Hütten in die Palmhaine führen, sind von leuchtendem Zinnoberrot. Manchmal zerreiben die Frauen etwas von dieser Erde in ihrem Waschwasser und tönen sich so ihr Haar.

Dass wir uns Douglas' Elternhaus nähern, erkennen wir an den violetten Schärpen um die weiß gestrichenen Holzhäuser, so umwunden hat man sie zum Zeichen der Trauer um die Schwester des Großvaters.

»Jenseits der achzig, war sie, glaube ich«, sagt Douglas.

Das Alter ist keine Kategorie, unter die er Menschen fasst. Die Greisin unter den Trauernden ist Douglas' Mutter mit dem von Entbehrung fein gezeichneten Gesicht, ihren Umhang schmücken blau-gelbe Blumenmuster. Eine Hammondorgel dudelt aus dem Radio. Alle Häuser auf dieser Wiese wurden leergeräumt und mit Matten ausgelegt, auf denen man eingeflochtene Pfauen sieht oder Kaffeekannen oder Rombenmuster.

Die Frauen sitzen im Kreis und bereiten immer noch die Beerdigung vor. Sogar die Klageweiber selbst sind in Bastmatten gehüllt, in denen sie aussehen wie Vogelscheuchen oder Weihnachtsfiguren aus dem Riesengebirge. Douglas' Mutter setzt mir Tapioka auf Pandanusblättern vor, daneben ein Häufchen kleingeschnittenes Rindfleisch samt Fett, Knorpeln und Knochen:

»Now say your prayer and eat.«

Ich falte die Hände unter den niedergeschlagenen Augen. Das Fleisch hat einen teigigen Zellgeschmack, im Radio läuft jetzt Country Music. Mein Blick geht zur rückwärtigen Tür hinaus, wo hinter dem Haus die offene Feuerstelle liegt, bei einem Haufen Kokosschalen, im Kreise weiterer Polstermöbel. Ab heute Nachmittag wird Radiomusik nicht mehr erlaubt sein. Dann singt man gemeinsam geistliche Chöre, und zwar die ganze Nacht durch, bis zehn Uhr früh. So lange müssen die Familienmitglieder der toten Großtante die Feuerstelle bewachen, während sich die anderen die guten Geschichten aus dem Leben der Verstorbenen erzählen. Ein junges Mädchen mit sehr tiefer Stimme hat eben damit begonnen.

Ich setze mich ins Freie. Von den Stufen einer Gästebaracke aus sehe ich den schwarzen und gefleckten Schweinen zu. Ein Junge schabt das Innere von Kokosnüssen zu Raspeln, schmale Hunde mit narbigen Gesichtern hecheln im Gras, die Frauenstimmen meckern, eine Alte kommt singend durch den dünnen Regen, dann schlürft sie ihren Rotz hoch und verweilt kurz unter dem flachen grünen Schirm der Mangobäume.

Eine Stunde später hat Douglas seinen schwerfälligen Cousin »Winter« mobilisiert, samt dem Familienauto. Aus dem Handschuhfach dringt der Duft der Vanilleschoten, der grünen und der gefleckten schwarzbraunen. Der Duftbaum am Rückspiegel kommt gegen ihr Aroma nicht an.

Douglas sagt dauernd dasselbe:

»Sieh die vielen Kokosnüsse! Sieh, wie gut der Boden ist! Wir haben Mangos, jede Menge, wir verfüttern die Mangos schon an die Schweine. Wir brauchen Geld nur für Strom und Wasser und für die Schulbücher der Kinder, der Rest wächst dir in den Mund. Schau, wie viel Kava, so viel Kava haben wir in Nuku'alofa nicht gesehen.«

In das schüttere Dickicht der Kokospalmen, Mangobäume, des Wildwuchses und Unterholzes wurden einzelne Parzellen geschnitten, auf denen die Vanille- oder Kava-Sträucher dicht stehen, in das Gestrüpp gefrästes Nutzland, das sich die Natur mit wuchernden Büschen und ausgestreckten Zweigen von allen Seiten zurückholen möchte.

Dann steigen wir auf eine Klippe hoch über dem Meer. Gut fünf Meter vom Abgrund entfernt hält sich Douglas und will auch mich immerzu an der Schulter zurückreißen. Tief unter uns kreisen die Vögel vor der Felswand, und zwischen den schwarzen Vulkanbrocken schäumt die Gischt.

»Mir wird schnell schwindlig. Setze ich mir im Wasser eine Taucherbrille auf und sehe runter zum Grund, schon wird mir schwindlig.«

Der kolossale Mann ist jetzt ganz zart. Wir steigen weiter. Die Kuppen liegen rund und begrast, das Land schweift im lässigen Faltenwurf abwärts. Es gab hier auf dem schönsten Punkt der Insel, hoch über der Küste, wo man ganz allein ist im Wind, einen deutschen Freund des alten, des dicken Königs von Tonga. Dieser rätselhafte Deutsche baute sein Haus in der vollendeten Einöde, isoliert von allen, und wollte Schweine züchten.

Nach ein paar Jahren aber kam ans Tageslicht, dass er sechs Pässe besaß und doppelt so viele Namen. Auch soll einmal ein U-Boot in der Bucht aufgetaucht sein, mit dem er Funkkontakt unterhielt. Als diese Dinge durchsickerten, setzten sich die Behörden auf seine Fährte, und er musste fliehen. Der König, tief verstört, machte kurzen Prozess und ließ ohne weiteres das Haus des rätselhaften Deutschen dem Erdboden gleichmachen. Als wollte er so auch die Erinnerung an den Mann löschen. Unter dem Haus fand man ein riesiges Loch, vermutlich ein Verlies. Doch für wen? Wenig später wurde der Flüchtige dann auf einer Nachbarinsel von hinten erschossen. Herausgefunden hat man nie, wer er wirklich war.

Wir kehren heim zum Wohnhaus der Mutter, die Trauergesellschaft hat sich zerstreut. Alle warten auf die Ankunft des Sargs, den das Schiff am frühen Nachmittag bringen soll. Douglas macht sich an die Kondolenzbesuche.

In einem Dorf, das sich selbst überlassen ist, bin ich mir nun ebenfalls selbst überlassen: freilaufende Hühner, freilaufende Schweine, freilaufende Fremde. Auch hier gibt es kaum Zäune. Auf der ganzen Insel liegt alles verstreut wie auf einer opulenten Rasenanlage mit Schweinen und Hütten und Rauchsäulen, mit Erzählungen und Liedern. Wir haben heute schon alle Wetter gehabt, und keines wollte bleiben. Die Wolken treiben rasch.

Fragt man mich nach meinem idealen Weg, er ist hier: hell oder rotbraun, ohne Befestigungen, Palmen stehen unregelmäßig, Ferkel queren dann und wann. Man hört den Wind, Kindergeschrei, eine Axt, einen Hahn, in den

Feldern zu beiden Seiten stehen die Mangobäume mit ihren breiten Blätterdächern. Die Hütten sind von Blumenbeeten umgeben, in denen die exotischsten Pflanzen wachsen, Schmetterlinge von nie gesehener Größe und Farbe wirbeln von den Bananenstauden. Die Stimmen der alten Frauen knattern im Wind wie Fahnen. Du hörst deine eigenen Schritte, du bleibst stehen, es ist still und vollkommen.

Wir nehmen den Familienwagen zum Hafen und warten auf den Pollern. Die Männer torkeln heran, wie vom Eigengewicht belastet. Schwarz Gekleidete, in Matten Gehüllte, lauter sich ernst Verneigende und ehrerbietig Grüßende sammeln sich am Hafen.

Als das Schiff anlegt, sind Leah und Stephen die Letzten, die das Land betreten, bevor der Sarg herausgehoben wird. Sie schleichen blass und konzentriert auf eine Gruppe von Einheimischen zu, die ihnen nicht einen Schritt entgegenkommt, sich aber gleich um beide schließt, so dass ich keinen Blick mehr auffangen kann. Im Pulk treiben sie zu Fuß den Schotterweg hinab, und ich frage mich, wie sie die eigenen Verschwörungstheorien mit der großen Ordnung der Tabus synchronisieren werden.

Der geschmückte Sarg verlässt als Letztes das Schiff. Wo die Planke den Quai trifft, stehen sie alle in Schwarz, in den grotesken Wülsten ihrer Bast- und Mattenkleidung, die sie manchmal umständlich umgekrempelt haben. Speziell Douglas hat in seiner Matte, die dreckig und ausgefranst ist und immer wieder aufspringt, den Charakter gewechselt. Er ist komisch, und wenn die Frauen an seiner Verschalung nesteln, sieht er zu wie ein Dorfdepp. Doch einmal liegen seine beiden Hände mit allen neun Fingern auf einem Gatter an der Mole. Seine Nichte blickt hin, ich blicke hin, wir blicken uns in die Augen. Ein Tabu wäre kein Tabu, wenn er uns einfach sagte, was damals geschehen ist.

Der Sarg wird auf einen geschmückten Wagen gehievt und auch gleich mit Matten bedeckt. Die Frauen sitzen zu seinen Seiten, als er sich in einem langsamen Konvoi, begleitet von der Polizei, auf die letzte Reise macht. Er wird auf dem Rasenplatz stehen, im Zentrum des großen Gelages, zu dem die Gäste ihre guten Erinnerungen an die Tote und die Hinterbliebenen das Essen beitragen. Die ganze Nacht hindurch bis zum Sonnenaufgang dürfen sie die Feuerstelle nicht verlassen, ist es doch die Aufgabe der Familie, alle Trauergäste ununterbrochen mit Speisen zu versorgen.

Im Morgengrauen endlich, als die Geschichten der Besucher verstummt und die Lebensgeister erloschen sind, darf auch das Feuer erstickt werden. Der Toten wurde Genüge getan. Es war ein schöner Abschied, ein würdiges Fest, die Verschiedene möge in Frieden ruhen.

Als ich am nächsten Mittag in mein vertrautes »Beach Café« in Nuku'alofa einkehre, sitzt Kerry schon da. Sie gabelt ihre Spaghetti gerade einzeln aus einem Fischsud und winkt mich heran.

»Sie haben es gehört, oder? Es musste passieren. Ich habe immer wieder gewarnt …«

»Wovor?«

»In der Nacht ist die Princess Ashika auf der Strecke nach Ha'afeva gesunken, weniger als einen Monat, nachdem sie ihren Dienst aufgenommen hat. 54 Menschen hat man bergen können, 87 werden noch vermisst, aber es werden stündlich mehr. Wer ist hier schon im Besitz eines regulären Tickets, wer wird schon registriert?«

»Und die Ursache?«

»Die Polizei verhält sich ganz professionell, keine voreiligen Schlüsse und Verlautbarungen. Angeblich war das Schiff nicht mal hochseetauglich. Wer unter Deck schlief, ist ertrunken. Die Leichen hat man noch nicht bergen können. Aber die Männer an der Reling und die Raucher dürften die Einzigen sein, die überlebt haben. Haben Sie denn gar nichts davon mitbekommen?«

Ich sage ihr, dass ich bei der Beerdigung von Douglas' Großtante auf 'Eua war, aber ursprünglich selbst mit der Princess Ashika nach Ha'afeva hatte reisen wollen.

»So sind die Geschichten in dieser Gegend«, sagt Kerry. »Du verpasst deinen eigenen Tod, weil du stattdessen auf der Beerdigung eines anderen bist.«

In den nächsten Tagen wird die Zahl der Toten auf hundertzwanzig ansteigen, und die Behörden werden öffentlich fragen, wie es möglich sei, dass sich so viele nicht registrierte Passagiere an Bord befunden hätten.

Es war wie überall: Man hatte ein Ereignis und suchte einen Zugang zur Moral, suchte Verantwortliche, Schuldige, man drehte jeden Stein um, stocherte in jedem Misthaufen. Der König vernimmt die Katastrophennachricht, bedauert und bricht Stunden später in die Ferien nach Schottland auf. Die Demokratiebewegung geht sogleich auf die Straße, protestiert laut und sagt wieder, was sie seit Jahren sagt, jetzt sei es endlich Zeit für die Monarchie, abzudanken:

»Einen solchen König brauchen wir nicht.«

Auf der Straße zum Flughafen aber thront unverändert ein Plakat mit seinem Bild und der Zeile: »King George Tipou V. – Icon to the world …«

»Wann brechen Sie auf?«, will Kerry wissen.

»Montag. Eineinhalb Stunden Aufenthalt in Sydney, dann über Singapur …«

»Sie wollen eineinhalb Stunden nach Ihrer Ankunft in Sydney einen Flug nach Europa bekommen? Das vergessen Sie mal lieber. Diese Maschinen hier sind nie pünktlich. Der Wind treibt sie weg, sie heben erst gar nicht ab oder können nicht landen und warten irgendwo, oder sie fliegen eine andere Insel an und warten dort …«

»Das heißt?«

»Hauen Sie ab, so schnell Sie können. Jetzt strömen schon die Leute vom Roten Kreuz auf die Insel. Die Ärzte, die Journalisten, die Angehörigen vom Festland. Wer weiß, wann man hier überhaupt wieder weg kann.«

Ich ergattere einen Platz auf der späten Maschine nach Auckland am nächsten Abend, Tage vor meiner geplanten Abreise. In einer hinteren Halle des Flughafens stapeln sich die Särge. Menschen in Bastmatten nehmen sie ernst in Empfang und beugen sich über die Gehäuse, als seien sie die von den Seelen verlassenen Körper.

In Auckland checke ich weit nach Mitternacht im erstbesten Hotel am Hafen ein. In dem Transistorradio auf der Theke des Nachtportiers deklamiert eine Stimme den lokalen Wetterbericht: »Clouded skies with occasional rains, heavy winds up and single thunderstorms on all Tongan coasts.«

Toraja

Unter Toten

Mein Freund Hannes war ein kleingewachsener Beau mit stattlichem Schädel, dichtem, nach hinten gestriegeltem Schwarzhaar und einem Totenkopf auf dem Ring. Mehr noch als mein Freund war er mein Mentor, der manchmal nuschelnd Monologe über die Todesdarstellungen an mexikanischen Kalvarienbergen, über die Mumiengewölbe von Palermo oder über den nekrophilen Holzschneider Posada und seine Totentänze hielt. Wo immer er sie fand, in der Folklore, im Kunstgewerbe, in der Sepulkralskulptur, auf Glanzbildern oder im Jahrhundertwende-Kitsch, überall sammelte Hannes Todesdarstellungen.

Seine gesamte Wohnung, ein Altbau mit verschlungenen Korridoren, ein wahrer »Bau« also, war mit Skeletten bevölkert, grinsenden, tanzenden, reitenden, grabenden, Wache haltenden, kopulierenden, immer grotesken Knochenmännern mit großen, vorwurfsvollen Augenhöhlen. Freunde und Besucher hatten so ihre Meinungen zu der Sammelleidenschaft, die dies zusammengetragen hatte. Doch wie Hannes war, interessierte er sich wenig für die Theorie, er objektiviere hier nur seine eigene Angst –

er interessierte sich überhaupt nicht besonders für sich selbst –, vielmehr sah er der Menschenphantasie bei ihrer Beschäftigung zu, so, wie sie selbstvergessen den Tod in die Welt krakeelte.

Als eine unmittelbare Ableitung davon war Hannes alles Kreatürliche kostbar. Er traute einfach dem Körper in seinen spontanen Lebensäußerungen mehr als der Moral. Dem Sex, dem Kotzen, Kacken, Pissen, Husten, Furzen, Erröten, Eregieren schrieb er eine gewisse Lesbarkeit zu, Blut, Samen, Säfte, alles teilte sich mit, Lebensäußerungen im Wortsinn, das waren sie.

Dann habe ich mich eines Tages angeschickt, für ein halbes Jahr nach Südostasien zu reisen, und auch Sulawesi, das alte Celebes, wie die Insel noch hieß, als man auch »Batavia« zu »Jarkata« sagte und »Ujung Pandang« zu »Makassar«, stand auf meinem Routenplan. Ich verabschiedete mich von Hannes, der sich von seinem mit Totenkopf-Netsukes bedeckten Schreibtisch erhob, sich umarmen und küssen ließ, und empfing dafür seinen Rat:

»Wenn du wirklich bis nach Sulawesi kommst, dann reise unbedingt ins Toraja-Land, die Gegend von Rantepao! Du wirst die berühmten Pfahlbauten mit ihren bunt bemalten Satteldächern sehen, und wenn du kannst, dann besuche eine Totenfeier. Sie zelebrieren dort ein paar der originellsten Totenkulte der ganzen Welt.«

Ja, ich hatte gehört von diesen hochbeinigen Pfahlbauten, geschwungenen, ganz ohne Nägel gebauten Wohnschiffen mit den Bambusdächern, den gemalten Friesen auf den Giebeln, den Schnitzarbeiten, den Büffelschädeln an der Fassade, den Reisspeichern gegenüber. Fabelhafte Leute waren diese Toraja, einem kambodschanischen Seefahrergeschlecht entsprungen, vor den muslimischen Kriegern an der Küste ins Landesinnere der orchideenförmigen Insel geflohen und dort in unwegsamen Tälern heimisch geworden. Sie waren zwischen alle Religionen gefallen. Im Wesentlichen animistisch und vom Fortleben der Toten am alten Lebensort überzeugt, nahmen sie muslimische Elemente in ihre Glaubenspraxis auf, und, als die ersten Missionare kamen, gleichermaßen christliche.

Den weiten Weg von Ujung Pandang, der Hauptstadt von Sulawesi, ins Hochland von Tana Toraja habe ich zum guten Teil auf dem Dach eines öffentlichen Busses zurückgelegt, zwischen den Gepäckstücken, zwei Käfigen mit wertvollen Truthähnen und drei Karten spielenden Jungen, die ihr Interesse an mir bald verloren, weil wir keine Sprache finden konnten. Nur mit Michael, einem ernsten Studenten, den eine Familienfeier nach Hause führte, kam ich ganz flüssig ins Gespräch.

»Was hat Sie hierher verschlagen?«, fragte er.

»Die Lust zu verschwinden.«

»Und, gelingt es Ihnen?«

»Wie einem Schatten.«

»Aber der Schatten schneidet keinen Stein.«

Das war eine seltsame Art, sich zu unterhalten, und so ging es immer weiter. Ganz weltläufig verabschiedete er mich, als ich an der ersten Haltestelle auf dem Boden des

Toraja-Gebietes vom Dach des Busses kletterte, um irgendwo unterzukommen. Ich war kurz vor einem Sonnenstich, und der Sonnenbrand, den ich mir auf diesem Dach zugezogen hatte, hielt mich über die nächsten zwei Tage in einem Losmen, einem dieser familiären Gasthäuser Indonesiens, im Fieber fest.

Im festen Entschluss, tiefer in die dörfliche Provinz einzudringen, machte ich mich am dritten Tag zu Fuß auf. Die Reisfelder glitzerten, dass es den Augen weh tat, das frische Grün der Setzlinge war lebendig, weil immer ein Lufthauch durch die Gräser ging und die monochrome Fläche belebte. Nirgends zeigt die Landschaft mehr als hier die elegante Asymmetrie Südostasiens, und ich zog, mal wandernd, mal von Dorf zu Dorf trampend, tiefer und tiefer in das bäuerliche Leben hinein.

An einem Abend aber hatte ich mitten in einem engen, von Gräsern zu beiden Seiten zugewucherten Hohlweg eine Erscheinung: Das unwahrscheinlichste aller Fahrzeuge stand reglos wie ein weißer Büffel mitten auf dem Scheitelpunkt des Feldwegs – eine Limousine. Der indonesische Fahrer mit beiden Händen auf dem Lenkrad und aufgerissenen Augen trug auch tatsächlich eine Livree, und auch er war wie erstarrt, vielleicht weil mein Anblick in der Senke dieses Weges ähnlich überraschend auf ihn wirkte wie er auf mich in seinem Ufo.

Ich näherte mich dem Wagen, als auf der Hälfte der Strecke die Tür im Fond aufging, ohne dass sonst etwas zu hören und zu sehen gewesen wäre. Auch wandte der Fahrer nur seinen Kopf nach mir, machte aber keinerlei

Zeichen. Als ich mich schließlich zur geöffneten Tür hinabbeugte, erblickte ich im Inneren einen schmalen, elegisch hingeräkelten Amerikaner im weißen Anzug, mit einem beschlagenen Mineralwasserglas in der Linken und dem Gesichtsausdruck eines wahren Dekadents gesegnet, verfeinert verdorben.

Nach einem kurzen, prüfenden Wortwechsel, den ich offenbar bestand, wurde mein Gepäck verstaut, und ich durfte an der Seite des Amerikaners in die klimatisierte Tiefe des Wagens sinken, eisgekühltes Wasser trinken und vom Reisen aus meiner Perspektive erzählen.

Der Mann, ein an Geld und Phobien reicher Herzchirurg, blickte währenddessen immer mal wieder wie pflichtschuldig in die Landschaft. Doch diese Blicke erschöpften sich rasch. Mäßig interessiert, aber mit sich selbst offenbar auf missvergnügte Weise zufrieden, ließ er sich in der einen Woche Jahresurlaub, die ihm geblieben war, von einem indonesischen Fahrer durchs Grüne fahren. Dieser stammte aus dem nahegelegenen Rantepao, lebte aber gerade als Student in den USA und fiel deshalb nicht mehr ganz so indonesisch aus.

»Also, ich fang noch mal an«, sagte der Fahrer, der Arzt lächelte gequält. »Sitzt ein Mann auf der Tanksäule ...« Der Arzt schenkte mir ein bedauerndes Lächeln. »Und holt sich einen runter.« Der Arzt zuckte tolerant die Schultern: na wenn schon. »Kommt eine Frau und fragt: Sagen Sie, ist das normal? Nee, sagt der Mann, das ist Super.«

»Das ist sehr lustig«, erwiderte der Chirurg ernst und

duckte sich in den Schutz des Wagens, den er, wie ich später erfuhr, auch für Tempelbesuche nicht gern verließ.

Als er einmal verschwand, um von einem Hügel aus ein Foto zu schießen, klagte mir der Fahrer im Stakkato sein Leid: Er bekomme kaum zu essen, Fleisch schon gar nicht, rauchen dürfe er nicht einmal im Freien, dauernd solle er Witze erzählen, und überhaupt seien die Absichten des Reisenden undurchsichtig. Ebenso undurchsichtig war mir das Prinzip dieser Reise, das allem Charakteristischen eher aus dem Weg ging und alles andere bloß aus dem Schutz des Autos wahrnahm.

Als der Chirurg zurückkehrte, fragte er den Fahrer:

»Was werden wir als Nächstes sehen?«

Auf unbeholfene Weise beschrieb der Fahrer einen Tempel, der Chirurg hörte mit halb geschlossenen Augen zu und zog einen Flunsch. Da schloss der unermüdliche Mann hinter dem Steuer seine blumige Beschreibung ab mit dem Zusatz: »an unforgettable moment!« Der Reisende würde auch den über sich ergehen lassen, suchte die Reislandschaft nach einem Fixpunkt ab und setzte nach:

»Und heute Abend?«

»Wir werden den Mount Pedang besteigen, wir werden ganz Rantepao überblicken können, noch dazu bei Sonnenuntergang. And this will be another unforgettable moment.«

Das, so begriff ich jetzt, war das Prinzip der Reise: Der Chirurg befand sich im unerbittlichen Griff des Chauffeurs, und dieser zog ihn am Nasenring, denn er hatte die Zauberformel gefunden, mit der man den erkalteten Reisenden durch die Strapaze seiner Fernreise schleppen konnte: das größte Versprechen. Von »unforgettable moment« zu »unforgettable moment«. Er würde da stehen im heimatlichen Krankenhaus von Denver, Colorado, die OP-Türen würden sich hinter ihm schließen, aber sie hätte er im Handgepäck, diese persönlichen »unforgettable moments«, und er würde seinen Kollegen erzählen und in der Erzählung alles Erlebte zum ersten Mal selbst »unforgettable« finden. Wer wollte dem Strom der Erfahrungen nicht etwas entreißen, das so hieße, und womit köderte man einen, den keine Sehenswürdigkeit, keine architektonische oder kulturhistorische Bedeutung scherte? Mit dem namenlosen Unvergesslichen.

Eine Dämmerung lang habe ich neben dem ratlosen Mediziner die Pracht des unvergesslichen Sonnenuntergangs genossen, der sich an diesem Abend als vergesslich entpuppte. Die Wolkenbänke zogen gleichmütig vor den Horizont und wollten sich nicht anschicken, den Blick freizugeben. Da ging die Sonne mürrisch unter. Ich verabschiedete mich von dem Chirurgen und mit komplizenhaftem Lächeln auch von seinem Fahrer.

Anschließend steuerte ich, ohne mich umzudrehen, eilig das erste erkennbare Losmen am Hauptplatz von Rantepao an.

»Hey, Mystère!«

Dieser schneidend-dreiste, befehlshaberische Sound ist immer in der Luft, wo man auf Plätze tritt. »Hey, Mister« ist gemeint, »komm her, kauf ab, gib Geld, hör zu, kauf mich, sei mein …« Aber diese Stimme rief es ironisch. Von der Veranda des Losmens aus hatte mich Michael, mein ernsthafter Reisegefährte vom Busdach, erkannt. Wir aßen am Abend Pili Pili mit schwerer Erdnuss-Soße, und am nächsten Tag folgte ich ihm zur Bestattungsfeier seines Großvaters, die eine halbe Tagesreise entfernt in seinem Heimatdorf abgehalten werden sollte.

Als wir ankamen, war das Schlachtfest der Büffel gerade eröffnet worden. Zwei Jahre lang hatte die Familie des Dorfältesten den einbalsamierten Leichnam des Greises aufbewahrt und Geld für die Anschaffung der Wasserbüffel gesammelt, der kostbaren weißen vor allem, die im Jenseits Stärke, Einfluss und Wohlstand verkörpern, gut fünfzig an der Zahl. Die weiblichen Angehörigen zeterten über der Leiche, die Männer saßen erhöht auf einem Podest und überblickten Golgatha, die Schädelstätte, auf der die prachtvollen Bullen unter den tänzerisch geschwungenen Messern der Schlächter ihr Leben ließen.

Die Klinge öffnet den Hals. Wie ein Halbstarker erhebt sich der Bulle und glotzt mondän. Erst reagiert er perplex wie in unbändiger Freude, wie der Hund bei der Heimkehr seines Herrn, springend, den Körper in der Luft streckend und entfaltend. Dann macht er mit der herumreißenden Bewegung des Kopfes auf den Schmerz der Wunde aufmerksam, will korrigieren, tanzt dabei aber nur tölpelhaft und zum Amüsement der Sitzenden. Dann senkt er den Kopf, als wolle er etwas am Boden suchen, das Erdreich pflügen, wirft den Kopf zurück wie im katatonischen Rasen, reißt aber so die Wunde wie einen nassen Mund nur noch weiter auf und drückt sie denn auch gleich wieder tief zwischen die Vorderhufe, wie um den Blutfluss zu stillen.

Das Blut fällt heraus, die heftige Tätigkeit der Muskulatur geht erst in Schauern, dann bebend, dann zitternd, schließlich nur noch flackernd über den Rumpf, dann fällt er, bettet sich, in die aus dem eigenen Körpermassiv ausfließende Lache hineinblökend, pathetisch erstaunt, mit aufgerissenen Augen und geschwenktem Schwanz und flüsternden Lippen. Dort, in einer Pfütze aus schaumig aufgequirltem Blut mit Kies und Geifer, brechen seine treuherzigen Augen.

Zuletzt kommt der Tod nur noch wie eine kleine Unzufriedenheit über seine Züge. Die Kinder schneiden den kolossal gestrandeten Tieren die Schwanzquaste ab, treiben mit der großen Zehe die mattierten Augen in die Höhlen. Später trennen sie die Augen ganz heraus und spielen barfuß Murmeln damit. Bald aber sind diese sandig und wollen nicht mehr richtig kullern. Dann werden sie einzeln in einer Schale Wasser geschwenkt. Manchmal zuckt der Büffelrücken noch nach. Der Körper scheint sich ganz dem Flug der Seele überlassen zu haben, er verhaucht sich.

Die Männer sehen das ungerührt. Das kann man, solange man nicht der Junge ist, der das Kalb von dem Seim aus dem Mutterleib befreite, solange man das Jungtier nicht auf die Weide begleitet und sein Wachstum beobachtet hat, solange man der nicht ist, der es kurierte und mit Zärtlichkeiten bedachte, ihm den Nasenring anlegte und es an demselben zum Schlachtfest führte. Erst in seinem Sterben zeigt das Tier vielleicht etwas Fremdes, das auch in ihm verborgen war, ein Temperament, eine Hektik, einen Mutwillen. Das passt gar nicht zu ihm, findet der Junge, dieser Eifer, der offenbar in dem Tier verborgen war; diese Bereitschaft, den Körper bis zum Anschlag seiner Möglichkeiten zu verbiegen, sie lässt das Tier dem Jungen zuletzt noch fremd werden.

Wir saßen auf der Empore, aßen von den frischgeschlachteten Tieren zu schwarzem Wildreis, tranken vergorenen Palmwein aus einem Bambusrohr und bezeugten durch unsere Präsenz die Bedeutung des Toten. Die Kakophonie aus den Klageschreien der Weiber, dem Todesblöken der Büffel, dem Jauchzen der Kinder wollte lange nicht abebben. Gegen zwei Uhr nachts gingen wir hinab zum Fluss, um uns zu waschen:

»Die Geister haben unser Hautfett in den Flüssen angenommen«, flüsterte Michael, was ich nicht verstand, aber fühlte.

Später stiegen wir dann die Hühnerleiter empor unter eines der Satteldächer und verschwanden durch eine Luke im geschnitzten Fries. Das Innere roch warm vom Blut, das aus dem Sand immer noch nach oben dampfte. Das Aroma des Schlachtens hatte sich unter dem Giebel gefangen. Zwei Kerzen im Tiegel brannten neben einem Schlaflager und beleuchteten das schreckliche Bild einer barbusigen Andalusierin auf einem Esel, ein Bild, das die Eltern seit zehn Jahren hatten hängen lassen aus Angst, der Gast, der es ihnen einst geschenkt hatte, könne wiederkommen und es vermissen.

Wir lagen schon, als Michael sich noch einmal aufrichtete:

»You want to meet my grandmother?«

Wir ergriffen jeder einen Tiegel, zündeten die Kerzen an und tasteten ins Nebenzimmer, wo sie gleich hinter der Tür in einem Bettchen lag, seit einem Jahr einbalsamiert, ihr Torso so eingefallen, als habe man ihn ausgeweidet. Die Wangen glänzten mit einer gelbbraunen Patina. Aus geschlossenen Augen starrte die Greisin in den Lichtschein.

»You can take photo«, flüsterte Michael.

Erst wenn das Geld für den Erwerb einer angemessenen Zahl an Opferbullen zusammen ist, und weniger als zwanzig sollten es nicht sein, wird man die Alte bestatten können. Dann ist ihr Auskommen im Jenseits gesichert, und erst dann wird man über ihren Tod weinen, ganz, als sei er erst gestern eingetreten.

Am folgenden Tag begleiteten wir den Dorfältesten – ein weißes Christenkreuz prangte auf dem Deckel des schwarzen Sarges – auf seinem letzten Weg, eine lockere Prozession, die durch die Reisfelder zog, ein Rinnsaal der Trauernden, die mal abreißen ließen, mal wieder in Haufen standen, wo bei einem Wasserlauf die Furt schwer passierbar war. Dann sah man den Sarg auf den Schultern der Träger erst schwanken, dann wie aufgerichtet stehen. Aber die Sonne schien, die Lerchen stiegen und die Idylle war perfekt.

Eine gute Stunde später waren wir am Fuß der Felswand angekommen, wo die Totenschädel in Haufen am Boden lagen und die hölzernen Götzen oben aus ihren Höhlen starrten, ein Missionar mit Tropenhelm war auch darunter. Da aber hatte mich mein Begleiter schon allein vorgehen lassen.

»Ich habe ein krankes Kind daheim, da geht man besser nicht am Felsengrab vorbei.«

Nun wurde der Sarg in eine der Höhlen in der Wand gehievt und die Zeremonie abgeschlossen. Die Zeit des Wartens auf diesen Moment hatte ein Ende. Erleichterung lag in der Luft, und Michael erklärte mir auf dem Heimweg, westliche Frauen hätten natürlich größere Brüste als die Asiatinnen, weil sie ursprünglich ihre Kinder auf dem Rücken getragen hätten. Um sie zu säugen, hätten sie ihnen die Brüste über die Schulter zuwerfen können. So redete er vor sich hin. Die Prozession hatte sich zerstreut und bewegte sich im ungeordneten Rückzug der Grüppchen wieder auf das Dorf zu, und während die Sonne umflort unter die Hügellinie sank, dachte ich, dass in diesen letzten Stunden ein »unforgettable moment« dämmerte.

Wenige Tage später – ich war inzwischen in den Norden Sulawesis vorgedrungen – trat ich den Rückweg an und nahm den Nachtbus nach Ujung Pandang. Acht Stunden Fahrt lagen vor mir, die ich auf der Rückbank dieses alten, robusten Vehikels mit seinem abgeblätterten gelben Anstrich und seinen ochsenblutfarbenen Kunstledersitzen durchstehen würde. Die Passagiere brachten geflochtene Körbe, Kanister, Rattanmöbel, Säcke mit Gewürznelken, ganze Trauben farbiger Plastiktüten, Obst und Eier ins Innere. Durch die offenen Fenster wurden Wassereis und Kokosschiffchen gereicht, Klebereis und Bisquits, und der Familienvater neben mir breitete eine Decke aus und bedeckte damit seinen Schoß und den seiner beiden kleinen Söhne. Dann führte er, wie auch andere Einheimische, ein Tuch vor die Nase, denn der Geruch der Europäer ist für manchen Asiaten unausstehlich.

Der Bus schaukelte noch nicht lange in die Nacht, da erbrach der erste der Jungen seine Portion Wassereis, dann der andere die seine. Sie würgten ihre Speisen nicht heraus, sie husteten nicht, vielmehr fielen ihnen die anverdauten Mahlzeiten aus dem Gesicht und in die Decke, die der Vater offenbar zu diesem Zweck ausgebreitet hatte. Es dauerte nicht lange und die Frau auf der Bank vor uns tat es den Kindern gleich, und auch aus dem vorderen Busteil war schon das leichte Röcheln der Erbrechenden vernehmbar. Der Fahrtwind trieb den Geruch des Vergorenen mal nach draußen, dann in lauter Verwirbelungen zwei Fenster dahinter wieder nach innen. Das Ganze tat der guten Stimmung, den hin und her laufenden Unterhaltungen, dem Gelächter keinen Abbruch.

An der darauffolgenden Haltestelle erhielten die Kinder ihre nächste Portion Wassereis, und ich überlegte, wie ich dem Vater erklären könnte, auch diese werde zwangsläufig den Weg allen Eises gehen. In meinem Indonesisch-Deutsch-Wörterbuch aber fanden sich die

Worte »Magen«, »nüchtern«, »Brechreiz« oder »gute Besserung« nicht, dafür »die Spritfahrt«, »der Leichdorn«, »der Maulchrist«, »der Gänsewein«, »die Denkkraft«, »die Pfeffermünze«, »Zitz«, »Vane« und »Betastung«. Sogar »die zwerghafte Stapfe« gab es, der ich außerhalb dieses Wörterbuches nie mehr begegnet bin. Als ich mich dem Vater also pantomimisch verständlich machen wollte, lachte er nur begütigend, »das macht nichts«, und rollte, als sich der nächste Schwall ankündigte, die Kotzdecke nur ein Stückchen weiter zusammen, so dass sich die Jungen jetzt in eine frische Rinne erleichtern konnten.

Inzwischen war die Nacht da, und die Sterne standen so tief, dass man sie mit den Lichtern in den Bergen verwechseln konnte. Die Kinder schliefen. Wer sich im Gang die Beine vertrat, tat es nicht, ohne die Füße zu heben, um den Strömen des Erbrochenen auf dem Boden auszuweichen. In halsbrecherischem Tempo donnerte der Fahrer die Schotterstraßen abwärts. Er wollte ankommen, musste er doch schon im Morgengrauen die Strecke wieder in umgekehrter Richtung antreten. Über die längste Zeit sah man keine Straßenbeleuchtung, keine Siedlung, fuhr nur unentwegt in den Lichthof hinein, der vor dem Wagen tanzte. Ich kauerte mich neben den Fahrer, es reichten ein paar Freundlichkeiten und das Gefühl, dass wir uns gemeinsam wachhalten würden.

Trotzdem schreckte ich aus einem Dämmerzustand hoch, als es einen Schlag tat, gleichermaßen dumpf und metallisch, und auch als der Fahrer mit einer abrupten Ausweichbewegung reagierte, um die Wucht des

Aufpralls noch nachträglich zu kompensieren, flog ich mit, ohne meine Körperbeherrschung zurückerlangt zu haben.

Der Bus kam am Rand eines Maisfeldes zum Stehen. Hell schien der Kiesweg im Scheinwerferlicht, die Böschung saftig grün, der schwüle Wind schmeckte in seinen Obernoten nach Blüten und Gras. Allerdings lag ein schwarzes Herrenfahrrad mit verrenktem Lenker und einem auf dem Gepäckträger vertäuten Sack in der rechten Böschung, während in der linken der Greis lag, der hier sein Leben gelassen hatte, auch er verbogen, wie zu einer manieristischen »Figura Serpentinata« gekrümmt, den kahlen Schädel dem Mondlicht zugewandt mit unkonzentriertem, abwesendem Gesicht. In seinem Schritt hatte sich ein nasser Hof ausgebreitet.

Die Fahrgäste stolperten jetzt hinter uns ins Freie. Einer trat zur Leiche und drehte den Alten pietätvoll um, dessen Gesicht in einem Ausdruck stehen geblieben war, der eine Pantomime für Zahnschmerz hätte sein können. Andere blickten nur kurz hin, vertraten sich aber die Beine oder machten Dehnübungen, während der Familienvater an der Böschung die Kotzdecke abwischte.

Da dem Toten jetzt und hier nicht mehr zu helfen war, legte man ihm bloß ein paar Maisblätter auf das Gesicht, bettete hilflos das Fahrrad an seine Seite, als sei es seine Frau, und merkte sich die Stelle, auf die man die Polizei von Ujung Pandang aus aufmerksam machen könnte. Dann wurde die Fahrt fortgesetzt.

Als wir in den frühen Morgenstunden des nächsten Tages in Sulawesis Hauptstadt ankamen, hatte ich Geburtstag, leistete mir nach langer Zeit das erste gute Hotel und konnte gerade noch die Fassung bewahren, als der Rezeptionist meinen Pass entgegennahm, die Daten eintrug, dann seine Hand über die Theke streckte und sagte:

»Happy Birthday.«

Nach dem Duschen schlenderte ich ins Hauptpostamt, nahm fünfzehn Briefe in Empfang und öffnete sie auf dem weichen Hotelbett einen nach dem anderen, langsam lesend, damit sie sich nicht so schnell verbrauchten. Der letzte trug den bekannten Kölner Absender, und ich lachte schon, als ich am gerahmten Briefbogen die Heiratsanzeige erkannte.

Beim zweiten Hinsehen aber war es eine Todesanzeige, die in wenigen Worten sachlich mitteilte, dass mein Freund Hannes vor etwa einem Monat gestorben war. Keine Zeile mehr, keine Erklärung. Die Beerdigung war natürlich längst vorbei, ich las aber jedes auf dieser Briefkarte gedruckte Wort gleich mehrmals, weil ich dachte, es gebe mehr zu erfahren, kam aber nicht weiter. Zum ersten Mal blickte ich heimwärts und fand nur Leere, sah ein Trauerzimmer, in dem sich alle voneinander wegwandten, sah den Zug der Beerdigung, bei dem alle auf den Boden blickten, sah die verweinten Gesichter und stellte mir vor, dass am Grab jemand eine Charlie-Parker-Platte aufgelegt hatte. Wir hatten in Europa schließlich auch unsere Rituale, und Hannes besaß den Mutwillen, sie zu brechen.

Ich hatte es nicht ahnen können, aber jetzt schien mir,

als sei ich von Anfang an auf dem Weg zu dieser Nachricht gewesen, einen Stufenweg hinunter, vom Töten der Büffel und den Riten über den Anblick der mumifizierten Großmutter bis zum Toten am Straßenrand. Hannes hätte die Dramaturgie der Geschichte gemocht, schon wegen der Ansammlung von Kadavern und Toten, dem Schlachten und Kotzen, schon wegen »Zitz« und »Vane«, wegen der »zwerghaften Stapfe« und der schlichten, ein wenig sentimentalen Symbolik: Der Tote bleibt liegen, die anderen reisen weiter.

Ich habe an diesem Tag das Hotel nicht mehr verlassen, denn er streckte und streckte sich und wollte gar nicht mehr enden, dieser heillose »unforgettable moment«.

Kinshasa
Aus einem Krieg

Wenn Menschen eine Aura haben, warum sollten Städte keine haben? Eine Anmutung zumindest, manchmal Verheißung, manchmal Einschüchterung. Im Namen fasst sich der Nimbus einer Stadt zusammen: Kinshasa. Angereichert von Zeitungsfotos und Reportagefetzen der jüngeren Zeit, Begegnungen mit Menschen von dort, die zum Namen der fernen Heimat einen Gesichtsausdruck annehmen, schmerzlich, betrübt, entsagend, fatalistisch, voller Ärger, mit sich ringend.

Kinshasas Aura ist eine dunkle, in der die Kolonial- und die Militärfarben das Spektrum bestimmen. Auch Kinshasa stand einmal für Schlaghosen, für den »Rumble in the Jungle«, für »Soukous«, den »Rumba-Rock«. In der Folge seines musikalischen Triumphzuges wurde hier auch sein Modestil populär, die belgische Kolonialmacht dagegen hinterließ eher Waren, Baustile, Firmen.

Doch hat der jüngste Krieg auch diese Bilder fast getilgt und die seinen darüber gelegt, die verbogener Leichen in Straßengräben, die marodierender Banden in den Außenbezirken, die der Plünderungen, Vergewaltigungen, Verstümmelungen und Morde, die der Entfesselung von Gewalt, die des blutigen Sturms auf die Hauptstadt, an dessen Ende ein Gewaltherrscher namens Kabila die Regentschaft übernahm.

»Keine Aufnahmen, bitte«, sagt die Stewardess und drückt die Kamera eigenhändig abwärts. Für einen Augenblick hatte man zwischen den Wolken einen riesigen Kurort sehen wollen, grün, vom Delta des Kongo-Flusses durchschnitten, zersiedelt: Kinshasa im Kriegszustand, charmant, doch offenbar incognito.

»Wir müssen Ihnen von dieser Reise abraten«, hatte das Auswärtige Amt formuliert. Aber das klang wie aus dem Stehsatz. Sie »wollen«, sie »dürfen« die Verantwortung nicht übernehmen, die sie nicht haben. »Worst city in the world, multiplied by ten«, hatte ein australischer Kollege ergänzt, und jetzt agierte selbst die Stewardess, als müsse sie die Stadt schon in tausend Meter Höhe vor Paparazzi schützen?

Man vergesse die Romantik von »Gorillas im Nebel«, die Euphorie des »Rumble in the Jungle«, die Hoffnung des Friedensabkommens von Lusaka. Die Gorillas wurden im Krieg gemetzelt, das Stadion, in dem Muhammad Ali George Foreman ausknockte, ist eine verfallene Schönheit, das Abkommen vielfach gebrochen. Man erwarte nicht Gesetz und Ordnung, sondern Selbstjustiz und Anarchisten, Rebellen, Wilderer, Kindersoldaten, Besatzer, Stammesrivalen, Kleinkriminelle und ihre Paten in einer seit Jahren umkämpften Stadt. Man richte sich ein auf das Gesetz der Straße mit Minenopfern und Überlebenden jahrelanger Folter, gebrochenen Häftlingen und Verwirrten, das ganze Spektrum an menschlichem Strandgut und Verlierern der Geschichte, auf ein Land mit achtzig Prozent Arbeitslosigkeit, weitverbreiteter Unterernährung, Medikamentenknappheit, auf die Heimat des Ebola-Virus.

Man sehe sich bloß die Menschen an, die morgens wie Dolden aus den Abteilfenstern der Vorstadtzüge hängen oder jene, die auf den Dächern dieser Züge auf und ab gehen, Geschäfte machen, tauschen, Karten spielen, während der Zug langsam durch den Speckgürtel von Kinshasa zieht. Lassen Sie keines dieser Schicksale unbeachtet, das Ihnen zwischen zwei Lidschlägen die Netzhaut belichtet, und fühlen Sie mit! Ach, vergessen Sie es, so langsam wie Sie sind und so sentimental!

Man geht den Weg vom Flugzeug zum Terminal zu Fuß, immer entlang einer gelben Markierung. Auf demselben Weg wird man zurückgehen, verändert, so viel ist schon sicher, und was bleibt gleich? Auf der Besuchertribüne werden Menschen sitzen, auf das Flugfeld sehen, an die Räume denken, in die hinein wir abfliegen. Einer winkt immer.

Die Packer an den Förderbändern wuchten Polstermöbel herunter, eingeschweißt in kilometerlange Bahnen Noppenfolie, unter denen rosa Floraldessins wie Eisblumen wuchern. Nach langer Reise von einer billigen Produktionsstätte irgendwo auf der Welt bis hierher, sind diese Sessel schließlich im Herzen der Finsternis angekommen. Doch auf der anderen Seite der Halle reisen im gleichen Augenblick ganz ähnliche Sessel wieder ab, gefertigt an den Straßen von Kinshasa. Die Packer stehen zwischen den Bändern, regeln diese Kreuzung des sinnlosen Warenverkehrs und folgen immer noch jedem Fernsehsessel mit einem Blick, lang genug, als könnten sie das ferne Wohnzimmer erkennen, in dem die Heimat dann nicht mehr als ein Sitzmöbel ist.

Ich war für einen Musiker in die Demokratische Republik Kongo, das ehemalige Zaire, gereist. Den wichtigsten Musiker des Landes wollte ich filmisch porträtieren, den Vater der urbanen, kosmopolitischen Jugend, die nachts auch in den Clubs von Kinshasa zu seiner Musik tanzt und davon träumt, wie er eines Tages nur noch aus dem Pariser Exil anzureisen: Papa Wemba, weniger als ein Leidensgefährte, mehr als ein Tourist, der Miterfinder des »Soukous«, jener panafrikanischen, auch »Rumba-Rock« genannten Musik, die in den siebziger Jahren von Kinshasa aus den ganzen Kontinent eroberte – die musikalische Sprache für das Selbstbewusstsein einer Jugend, die heute, ein paar Kriege weiter, keines mehr hat, nur noch die Musik.

Ich wollte wissen, was aus der Musik in diesen Zeiten geworden war, wollte sehen, wie der überlebensgroße Musiker in die Umlaufbahn des Krieges eintritt, hören, wie sich der Weltbotschafter des Afro-Pop zur Politik des Präsidenten stellte, er, der unter den Augen der musikalischen Weltöffentlichkeit reiste. Wie viel Freiheit würde der Unantastbare für sich in Anspruch nehmen, wie viel davon seiner Musik geben?

Der Himmel über dem Flughafen hängt tief und farblos, der Pulk der fliegenden Händler treibt mich auf einen Pick-up zu, an dem ganz blass der Freund lehnt, der mich seit zwei Tagen hier erwartet. Auf dem Weg hierher ist dem Kleinbus in einer Senke bei achtzig Stundenkilometern die Achse doppelt gebrochen, die Kamera hat vier Meter Luftweg durch den Wagen zurückgelegt, ehe sie eine Fleischwunde in den Beifahrer riss, der Freund und Kameramann hat ein Schädeltrauma, unser Bodyguard eine diffuse Rückenverletzung, der Fahrer ist auf und davon. Drei Tage später wird der Wagen noch an der Straße liegen, ausgeweidet.

Auf dem Hotelbett wenden wir den riesigen Körper unseres Bodyguards vorsichtig um, sein Ächzen wird lauter, und auch der Freund kann den Kopf jetzt kaum mehr bewegen. Sechs Stunden lang werden die beiden im Krankenhaus nebeneinander auf zwei Pritschen ihre Behandlung erwarten. Dann bekommt zumindest der eine diese elfenbeinfarbene Halskrause und darf gehen. Als man aber den Bodyguard ins tiefere Innere des Krankenhauses rollt, hat er schon drei Stunden geweint und manchmal geschrien, dieser Koloss von einem Mann. Wirbelbruch, vermuten die Ärzte.

Papa Wemba, der bekannteste Sänger des Landes, wartet zu dieser Zeit an der Bar des Hotels »Memling«, aber er wartet nicht, er residiert, richtet die gebückt Herantretenden auf, lässt sich Hände und Wangen küssen, die Zeitungen bringen, in denen seine Ankunft in der Stadt auf Seite eins gemeldet wird, und studiert die Cocktailkarte.

Als kleiner Junge begleitete er seine Mutter, eine »Pleureuse«, also professionelle Klagesängerin, auf Beerdigungen, lernte von ihr den hohen, melancholischen Ton, den süßen Schmelz der Intonation, den kein Gesangsunterricht je verdorben hat. Er kam in die Stadt, wurde Sänger der Gruppe »Zaiko Langa Langa« und stieg über mehrere Stationen in den Himmel der afrikanischen Popmusik auf. Indirekt war ihm der damalige Präsident Mobutu behilflich, der die »L'Authenticité« ausrief, also heimatliche Musik forderte, Kubanisches dagegen, Rock, westlichen Pop, R&B aus den Rundfunkstationen verbannte, Musiker verhaften ließ und eine Besinnung auf die nationalen Wurzeln postulierte. Da reicherte der National-Musiker Wemba das Volkstümliche mit Dancefloor-Elementen an und führte es zu einem Erfolg, der ihn selbst bald populärer als alle Präsidenten machen sollte.

Was er anfasste, wurde zu Erfolg. Im Westen merkte man auf, in Paris produzierte man seine Platten. Infolge einer von Kinshasa aus verständlichen optischen Täuschung sah man den Kongolesen Papa Wemba im ewigen Musikhimmel zur Rechten von Michael Jackson. Irgendwann ist es dann jemandem – wenn nicht ihm selbst – eingefallen, vom »magic touch« des Papa Wemba zu sprechen. Den Ausdruck hat er sich auf Autogrammkarten drucken lassen und genießt seither den Ruf eines mythischen Mannes oder Gurus. Wegen jener äußerst flamboyanten Kleidung, die seine Konzerte auch zu modischen Ereignissen werden lassen, erkennt man in diesem Popstar zugleich eine stilbildende Kraft zentralafrikanischer Couture. Aber das hört er inzwischen nicht mehr gern.

Denn er ist seinem Selbstverständnis nach ein bedeutender Mann mit untersetzter Statur, gemessenen Bewegungen und Talent zum Pathos. Seine indigoblaue Seidenbluse ist mit goldenen Applikationen bestickt, die großzügig bemessene Hose knittert edel, und selbst sein Fliegenwedel segnet jedes Insekt, das er verscheucht. Joppe von Yamamoto, Brille von Mikli, Handy am Ohr, setzt er kurz ab, reicht mir die Linke:

»Willkommen im Kongo! Nüsse? Cocktail?«

Wir sitzen und warten, wie man nur in Afrika wartet. Irgendetwas wird kommen, ein Bote etwas bringen oder eine Nachricht eintreffen. Absprachen werden getroffen, Verabredungen fixiert, beide Seiten lächeln und nicken, beide wissen, dass alles, was hier besprochen und vereinbart wird, Makulatur ist.

Papa Wemba telefoniert in einem fort. Delegationen treten an seinen Tisch. Sie bücken sich, er sitzt. Ich frage nach einem möglichen Drehbeginn für unseren Film.

»Garçon, mehr Nüsse!«, ruft er einem Livrierten zu und wedelt mit dem leeren Schüsselchen. Von einem Zeitpunkt kann keine Rede sein.

»Wo sind die anderen?«, will Papa Wemba wissen.

Ich berichte von unserem Unfall, wir könnten ein gutes Wort im Krankenhaus gebrauchen. Er schiebt mir die Nüsse rüber.

»Lassen Sie mich Ihre Arbeitsgenehmigung sehen«, sagt er.

Das ist ungehörig. Doch das Viertelpfund Papier in meinem Besitz lege ich ihm gerne vor, alle Schriftwechsel, die in den letzten Monaten zwischen Botschaften, Behörden und Amtsstuben zweier Kontinente hin- und hergegangen sind, um diesen Cocktail an der Bar des »Memling« möglich zu machen. Er schüttelt den Kopf über den Briefköpfen, Stempeln und Signaturen, er hört nicht auf, ihn zu schütteln, und zieht dann einen kleinformatigen Wisch hervor. Diesem fehlt die persönliche Unterschrift des Ministers. Also schiebt er mir das Konvolut wieder herüber und legt, ohne Sinn für die Ironie der Szene, die Rechnung für Cocktails und Nüsse obendrauf.

»Besorgen Sie sich erst diese Unterschrift!«

In der Lounge steht eine Gruppe von Männern in Safarianzügen um ein Fernsehgerät, Präsident Kabila spricht. Er ist hier noch breiter als auf den Plakaten oder auf der Anstecknadel am Revers des Zöllners. Wenn er lacht, rastet sein Mund ein und bleibt stehen, dann springt er zurück.

Ausländische Beobachter nennen ihn einen schwachen Mann, der im letzten Augenblick in sein Amt gehoben worden sei von einer Gruppe marodierender Banden, die ihn jetzt bekämpften. Willkür herrscht, Milizen aus Burundi, Uganda und Ruanda haben das Land besetzt, Kabilas Leute im Norden sind bereits entwaffnet.

Doch wie er da im Fernsehen spricht, wirkt er präsidential, das lernt man offenbar am schnellsten.

»Wir wollen die Anhänger Mobutus einbinden«, sagt er. »Aber wir dulden keine Nazi-Partei!«

Die Kamera schwenkt auf die Anhänger der »Nazi-Partei«, die Partei der Anhänger Mobutus. Sie sitzen fassungslos. Ernstzunehmende Gegner sind sie nicht mehr, jedenfalls weniger als die Rebellen, die auf dem Land gegen Kabilas Leute kämpfen und auch Kinshasa unsicher machen.

Der Präsident wendet sich jetzt den Besatzern zu, die er nicht so nennt. Wie soll er drei Sechs- oder Acht-Millionen-Einwohner-Staaten in seinem Fünfzig-Millionen-Reich als ernsthafte Aggressoren akzeptieren? Wie soll er zugeben, dass diese Teile des Landes längst kontrollieren? Herablassend akzeptiert er den Präsidenten von Botsuana als »Vermittler«. Doch kaum hat der den Saal verlassen, lacht er ihn aus. Der UN-Beobachter zu meiner Linken schüttelt ungläubig den Kopf. So ist der Präsident eben. Vor zwei Wochen hat er erstmalig ein Kamerateam aus New York zum Interview eingeladen. Acht Tage ließ er es warten. Gestern ist es unverrichteter Dinge wieder abgereist.

An der Rezeption checkt im selben Augenblick das einzige andere westliche Kamerateam gerade aus.

»Viel Spaß im Informationsministerium«, wünscht mir der Kameramann. »Die verstehen hier nichts von Information, und von unserer Liebe zu ihrem Land noch weniger. Raten Sie mal, wie viel wir hier in siebzehn Tagen gedreht haben: acht Minuten. Das war mein letztes Mal im Kongo!«

Er ist schon aus der Tür, als er für eine Anekdote noch einmal zurückkommt:

»Seien Sie bloß vorsichtig. Eine Freundin von den Ärzten ohne Grenzen hat eine kleine Wohnung in der Stadt. Einmal hat sie einem Bekannten erlaubt, von ihrem Balkon aus mit dem Fernglas über die Häuser zu blicken. Dafür sind sie beide für ein paar Wochen ins Gefängnis gewandert, Spionageverdacht. Ich sag nur: Nie wieder!«

Unterdessen versuche ich, mir hier ein neues Bild vom Krieg zu machen. Die Artikel in den westlichen Zeitungen beginnen mit Sätzen wie: »Dopka ist ein totes Dorf. Es riecht nach verbranntem Reet.« Oder: »Die Nacht brach ein, als Dzara Dzeha zusah, wie ihre Mörder das Dorf stürmten.« Oder: »Die Toten liegen in der Kirche.« Statt Politik Glanzbildchen von Massakern: das ist das Afrika des Westens.

Sie sagen nicht, dass der Kongo ein besetztes Land ist, dass es von den vergleichsweise winzigen Nachbarstaaten Burundi, Uganda und Ruanda bis zu zweitausend Kilometer weit ins Land hinein okkupiert wurde. Ruandas Rebellen hatten 1996 den Sturz von Diktator Mobutu nach dem Siegeszug des jetzigen Präsidenten Laurent Kabila inszeniert. Die Weltöffentlichkeit applaudierte damals verhalten. Gerüchte, die Rebellen hätten ihren ursprünglichen Kandidaten kurz vor Kinshasa umgebracht und Kabila erst anschließend nominiert, dringen kaum über die Landesgrenzen. Jedenfalls überwirft sich der so an die Macht Gekommene zügig mit den Rebellen, die seine Truppen im Norden inzwischen schon entwaffnen konnten, als trunkene Marodeure aber keine Aussicht auf eine Regierungsübernahme haben. Auf der anderen Seite lebt die politische Opposition aus Angst vor Repressalien so verborgen, dass die Bevölkerung, wünschte sie eine Alternative, keine wüsste. Die Alternative zu Kabila heißt also Kabila.

Er, der ungeliebte, angeschlagene Präsident droht im Straßenbild von hohen Transparenten herab. Doch so abwesend der Krieg in Kinshasa auch wirkt, so präsent ist die Gewalt des kriegführenden Präsidenten. Sieben Menschen sollen von seinen Leuten allein deshalb erschossen worden sein, weil sie seiner Autokolonne nicht schnell genug die Straßenkreuzung räumten. Die Angst vor seiner Willkür sitzt tief.

Wir begreifen zunächst: Der Krieg liebt keine westlichen Augenzeugen, keine Rechercheure von Massakern. Aber sind wir hier nicht im Dienst der Musik? Erst später werden wir auch das Zweite begreifen: die langsame Umkehr des Rassismus. Man verachtet die Weißen, schikaniert sie, unterwirft sie immer neuen Autoritäten, lässt an der Grenze ihre Pässe zu Boden fallen, danach sind sie stundenlang verschwunden oder nur mit Geld wieder auszulösen. Wer als Weißer unter diesen Umständen trotzdem noch im Land ist, hat oft altruistische Gründe und nicht selten sogar ein gewisses Verständnis für solche Formen später Revanche. Doch selbst dies mühsam erworbene und gegen die Ressentiments verteidigte Verständnis findet man hier zum Kotzen.

Papa Wemba dagegen wird geliebt. In seinen Gesprächen mit Freunden, lokalen Musikern oder Anhängern kommt der Krieg nicht vor und der Präsident auch nicht.

Stattdessen fährt Wemba in der tiefgekühlten Mercedes-Limousine durch die Stadt, telefoniert dabei mit Paris, lässt sich Obst und Zeitungen in den Wagen reichen, hört pausenlos die eigenen Alben, und manchmal winkt er auch in die nie abreißende Menge der Enthusiasten an der Straße, die vor Begeisterung fast seinen Wagen demolieren.

»Das sollten Sie filmen«, sagt er.

Sofort! Von jetzt an filmen wir stundenlang seine Triumphfahrten durch die Außenbezirke von Kinshasa, geschützt von seinem Ruhm. Jetzt winkt er auch häufiger.

Widerspricht die Musik dem Krieg oder ist sie eine zweite Welt? Ist sie das Kontinuierliche in der Geschichte des Landes, oder bricht ihr Stammbaum jetzt ab? Spricht sie von den Opfern, den Armen, oder will sie nur von ihnen gekauft werden?

»Die Armen soll man in Frieden lassen«, sagt Papa Wemba.

Die Wahrheit ist, dass sie natürlich keinen Frieden haben, sondern den Krieg bezahlen. Ja, das bekümmere ihn auch, sagt er und bürstet sich ein paar Flusen von den großblumigen Mustern seines Bubus.

»Ich bin zwar Künstler, aber ich rede durchaus über Politik«, fügt er hinzu. Doch als ich es genauer wissen will, ergänzt er: »Eine politische Position werde ich allerdings nicht beziehen.«

»Die Musik und der Krieg, sie haben keine Verbindung?«

»Die Musik soll die Menschen über den Krieg informieren, und wir müssen diesen Krieg gewinnen.«

Was in diesem Zusammenhang eine »Information« sein soll, sagt er nicht, und auch nicht, wie ein gewonnener Krieg aussähe.

»Ich bin stolz auf mein Land«, schwadroniert er, gedrückt in die Polster seiner Limousine, aber vielleicht ist er es nur, weil dieses Land ihn hervorgebracht hat. Der Name Kabila fällt nicht ein einziges Mal.

Es sind kaum noch Europäer, kaum noch Weiße in Kinshasa. Eine BBC-Journalistin aber harrt noch aus. Sie ist auch deshalb gelitten, weil ihre Beiträge nur gedreht, aber nicht gesendet werden. So hält sie wenigstens den Schein der internationalen Teilnahme aufrecht. Ihr Büro liegt in einer der obersten Etagen des »Intercontinental«. Ob wir wohl vom Dach aus einen raschen Schwenk über die Stadt drehen könnten? Viel zu gefährlich, wiegelt sie ab. Hier sei alles politisch. Schon unser Besuch in ihrem Büro sei politisch – ein Treffen? Eine Verschwörung? Es sei sicherer, wenn wir rasch wieder gingen. Wir tasten uns abwärts durch den maroden, im Teppichflor atmenden Bau, die Hitze ist drückend, die Stimmung ist es nicht minder. Wir befinden uns an einem Ort, an dem jetzt niemand zu sein wünscht.

Doch schließlich hat auch das Leben den blinden Wunsch, weiterzugehen, und wenn es noch irgendwo tanzt und singt, geschieht es wie im Reflex. Im Hof seines Stadthauses steht Papa Wemba vor dem Spalier seiner eigenen Jugendband und unterrichtet sie mit zusammengezogenen Brauen. Vor allem die Stimmbildung eines der beiden Albino-Sänger liegt ihm am Herzen. Der weißhaarige Hüne mit seinen rosa bewimperten Augen bringt in einer hohen Falsettlage unerhörte Töne hervor, glockenrein wie die des Kastraten, und der goldbehangene Star des Rumba-Rock steht tatsächlich für einen Moment ganz gefangen da. Dann nickt er, will ein Vibrato hören und wendet sich den »Fioti Fioti« zu, dem Ensemble der kurz berockten Bühnentänzerinnen und ihrer neuen Choreographie. Alle, Jungen wie Mädchen, werden stier, wenn sie in Papa Wembas Gesicht blicken. Sie sind respektvoll, doch mehr noch befangen, und wer eine Frage an ihn hat, nimmt erst die Kappe ab.

Wir fahren mit ihm in die Kirche, wo er als Knabe von der Empore sang und jetzt zum Gottesdienst in Schlappen und Adidas-Anzug an den Altar tritt, um den Witwen, den alten Frauen, den Ausgemusterten und enttäuschten Tagelöhnern zu sagen, sie alle könnten es schaffen, wenn sie es nur wollten. Es scheppert wie eine Phrasendreschmaschine aus dem US-amerikanischen Wahlkampf. »Es« schaffen – in diesem Kirchenschiff sieht niemand aus, als verbinde er damit eine andere Vorstellung als die der Erlösung.

Wird er der Bevölkerung also nichts zeigen als seinen Ruhm? Wird er nichts für sie haben als seine winkende Hand? Wird er den Krieg nicht kommentieren, nur gewinnen wollen?

Am Schlagbaum des Informationsministeriums wachen ein paar halbwüchsige Kindersoldaten. Zwei von ihnen tragen einen Stummel, wo früher ein Arm war. Man kann nicht sagen, dass die jungen Kriegsbeschädigten wie Kindergreise aussehen. Es ist bitterer. Ihr Gesicht ist ohne Werden, es ist stehend verroht. Die Kindheit hat sich aus diesen Zügen nicht löschen lassen, aber die Zartheit, und so herrscht das Ruppige, Rabiate vor in ihren Gesten. Sie haben diesen Habitus der Selbstbehauptung angenommen im Kreise anderer Soldaten, denen man wie ihnen ein Gewehr in die Hand gedrückt hatte mit dem Auftrag: Geht und verteidigt euer Land. Erst mussten sie sich an irgendeiner Front bewähren, jetzt dürfen sie mit grimmiger Landsermiene das Hauptquartier der Propaganda bewachen. Jeder von ihnen kennt das Töten. Wenn ihnen ein Missgeschick passiert und jemand durch ihre Hände irrtümlich ermordet wird, pflegt Präsident Kabila zu sagen: Sie sind noch so jung. Was kann ich für ihren Übermut?

Der Campus des Ministeriums ist verlassen. Seit langem schon steht auch das Presse-Hotel leer, in seinen Mauern filzt der Schwamm. Im Souterrain des Hauptgebäudes aber lungern noch ein paar der einheimischen Journalisten und Kameraleute herum, spielen Karten, warten auf ihren nächsten Einsatz und flirten mit den Bürodienerinnen. Die meisten Frauen zeigen ein lückenhaftes Gebiss. Manche haben sich die Schneidezähne entfernen lassen, weil den Männern so der Oralverkehr mehr Spaß macht. Ihre Gesichter sind von Narben entstellt, immer wieder schließen sie ein Auge sekundenlang und neigen den Kopf: »Komm mit!« Aber wohin? Man kann ja nirgends hingehen.

Immerhin gibt es einen Kiosk im Hof, wo sie »Fanta Orange« verkaufen und wo ebenfalls ein paar junge Frauen im Schatten sitzen und warten. Für Angestellte der Regierung sind sie zu stark geschminkt, noch dazu mit einem Make-up, das sich maskenhaft über den Ausdruck ihrer Aids-Erkrankung legt. Erst hat die Krankheit die Gesichter gezeichnet, dann haben die Frauen alles übermalt. Jetzt blicken die Augen, von Kajalstift und Eyeliner unterstützt, noch ausdrucksvoller aus ihren Höhlen, und die Wangen glühen fiebrig durch dicke Schichten Rouge, die deplatziert auf der dunklen Haut liegen. Etwas in diesem Blick ist nie dort, wo er ankommt. Etwas stiert in die Schwäche und kann die innere Aufmerksamkeit nicht vom Sterben lösen.

Im zehnten Stock des Ministeriums, hat man uns gesagt, werden wir unser Dokument bekommen, das alles entscheidende Dokument, ohne das unsere Kameraarbeit ein Verbrechen ist. Jeden Tag gehe ich nun ins Ministerium auf der Suche nach dem Verantwortlichen und seiner Unterschrift. Vor dem Fahrstuhl im Parterre schleppt ein Arbeiter auf seinem Rücken immer neue Zementsäcke heran.

»Sie bauen?«, frage ich ihn, als der sechste Sack donnernd auf dem Stapel gelandet ist.

Er lacht, beugt sich mit verschwörerischer Miene hinunter und öffnet einen Riss in der Verpackung mit zwei Fingern.

»Nein«, antwortet er, »es ist nur Geld«, und sein Finger krault die Spitzen der Banknoten.

»Alles in Cent?«

»Ich bringe die Gehälter der Angestellten, ja, sie sind zahlbar in Cent.«

Das Geld reist mit im Aufzug. Aber auf jedem Stockwerk öffnen sich die Türen ins Dunkel. Menschen steigen aus und verschwinden in völliger Finsternis, das Geld geht denselben Weg. Von Büro zu Büro werden die Bündel mit der Waage abgemessen – angesichts der Inflation die einfachste Zahlungsform.

»Sie verdienen ein Pfund?«

»So etwa.«

Kein Laut ist zu hören, nicht mal ein Telefon. Auch im zehnten Stock ist der Geruch der Fäulnis nicht dünner geworden. Der Arbeiter ist mit der Sackkarre voller Geldsäcke in der Tiefe der schwarzen Flure verschwunden. Ich taste mich weiter durch die menschenleeren Gänge, zu denen sich nur hier und da der helle Quader eines behausten Büros öffnet.

In einem Dienstzimmer am Ende des Flurs finde ich schließlich trotzdem den ganzen »Vorgang«, der meinen Namen trägt. Schwer vorstellbar, auf welchen Wegen unsere Akten gereist sind, um in dieser Schublade zu landen. Sie sind inzwischen mit hellem Staub, mit Fingerabdrücken in Berührung gekommen. Doch es hilft alles nichts. Mehr Dokumente, mehr Passfotos werden angefordert, mehr Geld wird nötig sein.

In den kommenden Tagen muss ich mehrmals täglich im Ministerium vorsprechen, mit einer Sekretärin dünnen Kaffee trinken, Freundschaften schließen, Motivlisten beibringen, Impfpässe und andere Schriftstücke mit Dokumentencharakter ausbreiten, eine Unterschrift fälschen, sogar einen Besuch Papa Wembas in Aussicht stellen, und in all der Zeit werde ich immer genau wissen, wo sich der Informationsminister gerade aufhält, der sicher nicht weiß, wie ausdauernd ich mit ihm lebe. Trotzdem wird es sich als unmöglich erweisen, den Minister und unsere Dokumente an irgendeinem Punkt zusammenzuführen.

Einmal sehe ich sein Gesicht ganz kurz auf einem schwarz-weißen Fernsehschirm unter den Zuhörern einer Parlamentsdebatte. Die Sekretärin zeigt ihm mit dem Zeigefinger ins Gesicht:

»Da! Er ist da! Jetzt müssen wir nur noch diesen Mann und dieses Papier hier zusammenbringen, und Sie können loslegen!«

Ob er je von unserem Anliegen erfahren hat? Seit Tagen drehen wir ja illegal, dicht an Papa Wemba gedrückt, weil man in seiner Nähe immer sicher sei. Er wiederum zählt die Kamera unterdessen zu seinen Insignien und zeigt seinen Landsleuten gerne, dass er im Glanz der Weltöffentlichkeit reist.

Wir fahren in sein Haus am Stadtrand, filmen vom Rand des Swimmingpools aus, wie er oben auf der Veranda steht. Er winkt. Wir bauen die Kamera in seinen Rücken, blicken in den Garten. Er winkt wieder.

»Hätten Sie sich je träumen lassen, als der kleine Junge aus der Provinz, einmal hier anzukommen?«

»Ich habe es immer gewusst. Immer. Dies ist kein Zufall. Denn es war vorherbestimmt. Immer. Und eines Tages werde ich auf der ganzen Welt explodieren.«

»Vorherbestimmt«, ketzert ein einheimischer Musiker, dem ich die Geschichte abends erzähle. »Gefeuert haben sie ihn bei Zaiko Langa Langa. Darauf hat er sich bei seinem besten Freund ausgeheult, so einem durchgedrehten Diplomatensohn. Der hat ihm westliche Klamotten besorgt, lauter verrückte Teile. Dass er in solchen Fummeln auf unseren Bühnen auftrat, war eine Sensation. Seitdem kommt er von der Mode nicht los, aber sie ist ihm unheimlich. Er verdankt ihr zu viel.«

Also hat der Krieg den Präsidenten installiert, die Mode den Musiker? Der eine träumt von der Herrschaft über das Land, der andere von der über den Weltmarkt. Ihre innigste Verbindung haben die beiden, wenn der Präsident durch Verweigerung der Drehgenehmigung die Herstellung von Bildern des Popstars unterbindet und der Popstar die Bildung einer Meinung vom Präsidenten. So leben sie in inniger Trennung voneinander, ganz nah.

Ich werde noch eine Weile lang täglich ins Informationsministerium ziehen, werde den Geldboten mit der Sackkarre wiedersehen, werde die leeren Büros passieren, manchmal auf einem Stuhl in dem Dienstzimmer an der Ecke sitzen und nicht einmal mehr meine Sache zur Sprache bringen. Ich werde ein Antragsteller sein in einem finsteren Ministerialflur im kriegerischen Kongo, ein Gestrandeter, den man vergessen hat, und der Monate später ein Verwilderter, ein anderweitig zu Berücksichtigender sein könnte. Alle Wege enden hier, kein Schritt führt weiter.

Ein paar Jahre später hat die Politik beide eingeholt: Kabila wird von seinen Anhängern, seiner Palastwache, dem Sicherheitsdienst, möglicherweise Teilen seiner Familie in seinen Räumlichkeiten hingerichtet. Eine zuverlässige Darstellung der Umstände steht aus, der Sohn Joseph Kabila kommt an die Macht.

Papa Wembas musikalische Laufbahn explodiert nicht. In Interviews bietet er sich zwar als politische Kraft der Integration an, doch ist die Zeit über seine Stimme hinweggegangen. In Paris wird er stattdessen inhaftiert, als bekannt wird, dass er Landsleuten für viel Geld die illegale Einreise nach Frankreich ermöglicht haben und einen ganzen Schleuserring unterhalten haben soll.

Als wir aber an jenem Herbstnachmittag Kinshasa verlassen, sind der Präsident und der Popstar noch auf ihren Positionen. Nie habe ich ein Land so gerne verlassen wie dieses, und auf dem Flughafen nimmt auch die Welt folgerichtig wieder die alte Pose an: Da stehen die Sitzmöbel-Packer wieder zuverlässig am Band, regiert von Kabila, beschallt von Papa Wemba. Ihre Arbeit ernährt alle beide. Doch eine Gewissheit bleibt. Als wir auf der gelben Markierung auf unser Flugzeug zulaufen, drehe ich mich um. Wie tröstlich: Einer winkt immer.

Chiang Mai
Opium

Ich fuhr nach Chiang Mai zum »Opiumessen«. Seit Thomas De Quincey ist das der geläufige Ausdruck. Auch, wenn man es längst nicht mehr isst, im Hustensaft zu sich nimmt oder gegen die Grippe schluckt wie noch zur vorletzten Jahrhundertwende. Man raucht, man inhaliert es, man nimmt es sich zur Brust und lässt es schwärmen, und ich denke, jeder sollte in seinem Leben einmal Opium geraucht haben. Jeder sollte wissen, was das Gehirn kann, und wer sagt: Dafür muss ich nur Berge erklimmen, Marathon laufen, von Klippen springen oder ganz schnell die Treppe hoch steigen, der weiß nicht, wie viele Metamorphosen das wilde Tier durchmachen kann, das wir in unserem Schädel beherbergen.

Ich fuhr nach Chiang Mai im Norden Thailands im Zug, eingepfercht in den kurzen Kasten eines Hochbettes, das nur durch einen Vorhang vom Gang abgetrennt war. Auf einem Zettel, den der Schaffner jedem vor Antritt der Fahrt zum Lesen vorlegte, wurden wir gewarnt, keine Erfrischungen von Mitreisenden anzunehmen. Es handele sich dabei oft um narkotisierende Getränke, die uns bewusstlos machen sollten, damit man uns besser ausrauben könne. Die einzige narkotisierende Substanz, die ich zu mir nahm, war eine Flasche »Tiger Beer«, die Helen und Mark, zwei Australier in den Flitterwochen, mir aus dem Speisewagen besorgt hatten.

Es saß auch eine Kupplerin im Zug, die mir, der ich verwaist und ohne Braut reiste, die Frauenschönheiten auf einem Faltblatt erläuterte, die alle schon in Chiang Mai auf mich warteten. Am Ende befand sie, meine Moral sei meine Behinderung.

»Wie recht Sie haben«, erwiderte ich, »aber trotzdem kann ich sie so wenig ändern wie ein appes Bein.«

Da machte sie ein Gesicht wie ein runzliges Gürkchen und trollte sich.

Als es draußen ganz sachte dämmerte, zog ich das Fenster herunter und inhalierte die Luft, die aus den Regenwäldern kam. An den Bahnstationen reichten die Leute Kokosnuss, Mango, Ananas und Klebereis in Bananenblättern zum offenen Fenster herein, und ich war so glücklich, dass ich »Guantanamera« sang und danach Eric Burdons »When I think of all the good times I've been wasting having good times«.

Gemeinsam mit dem Brautpaar quartierte ich mich im »Je t'aime«-Guesthouse ein. Das hieß wirklich so, aber bis auf Kondome in der Nachttischschublade erinnerte nichts an die Liebe. Abends gesellte sich mit ihrem gefüllten Glas eine braungebrannte Schweizerin zu uns mit blankpolierten Armen und Beinen und beachtlichem Redefluss.

Ich sagte: »Du hast so schöne Gliedmaßen.«

»Danke«, erwiderte sie. »Aber was war das noch mal: Gliedmaßen?«

Dann erzählte sie weiter von Orten, an denen wir gerade nicht waren.

»Wir haben ja letzte Woche noch Singapur gemacht. Da hatten wir so schönes Wetter, das war so wunderschön. Am Abend hatten wir Karten fürs Theater. War fast zu schön fürs Theater. Theater schau ich ja lieber, wenn sonst nichts ist, aber das war schön, da haben wir Gorkis Sommerfrische gesehen.«

»Sommergäste.«

»Nee. Das heißt Sommerfrische. Immer wenn das Wetter jetzt wieder mal so schön ist, sag ich gleich: Ist ja so schön wie in Gorkis Sommerfrische.«

Am nächsten Tag entschieden Helen, Mark und ich, das »Je t'aime« zu verlassen. Einer der Fahrer hatte sich mit der Sicherheitsnadel ein selbstgemaltes Namensschild an die Brust geheftet und befunden, dass »Richard« gut zu ihm passe. Auf der Straße vor dem Guesthouse erwartete er täglich seine Kundschaft. Uns bot er sich als Führer in den Dschungel an, in die entlegeneren Dörfer der »Stämme« aus dem »Goldenen Dreieck«, die noch ganz unbehelligt vom Staat nach ihren eigenen Regeln lebten, wie er uns erklärte.

»Wenn sie zum Beispiel Sex machen wollen«, führte er aus, »müssen sie die Frau heiraten. Deshalb probieren sie es oft erst mal an Verwandten aus. Jetzt könnt ihr euch vorstellen, was dabei rauskommt.«

Wir stellten uns Kopffüßler vor und sahen dann in den

Dörfern wirklich Missbildungen, Kinder mit riesigen Füßen, Schädel mit Deformationen, Einfältige, die sich stundenlang mit einem Insekt unterhielten oder ihre offene Hand wie am Marionettenfaden vor sich herbalancierten, gleich, ob man sie mit einer Münze oder einem Bonbon beschwerte, und wenn sie rauchten, dann waren es dicke Zigaretten, gedreht aus Bananenblättern.

»Die Regierung erlaubt ihnen sogar, Opium anzubauen. Das gehört zu ihrer Religion und auch zu ihrer Medizin.«

Auf dieser Basis sieht Richard auch die eigene Arbeit ein wenig gerechtfertigt und ethnologisch aufgewertet.

»Immerhin ist die Lebenserwartung in diesen Dörfern um zwanzig Jahre höher als im Rest des Landes.«

Auf den Mohnfeldern standen die Pflanzen gut im Saft, die Kapseln strotzten mit mehlig-grünen, schiefrund geschwollenen Kapseln. Am Rand der Felder lungerten mit ihren Bauernflinten ein paar Wächter, die uns übellaunig abhielten, die Felder in der Diagonale zu durchqueren.

Das nächste Dorf duckte sich zwischen die Ausläufer des Regenwaldes in eine Talsohle. Es hatte die Farbe der Landschaft angenommen als soziale Mimikry: die Hütten aus dem Holz der Bäume, gedeckt mit ihren Blättern, befestigt zwischen den Stämmen, mit einem Netz von Pfaden verbunden. Hühner und Schweine liefen frei, die Männer waren auf den Feldern, die Frauen saßen und rauchten. Auch einen Dorfältesten gab es, mit einem sympathischen, doch irgendwie infamen Gesicht, das er, nachdem er länger vor sich hin gesprochen hatte, abrupt anhob, um seinem Gegenüber lange forschend in die Augen zu sehen.

Wir tranken seinen Tee, hörten seinen Klagen über die ferne Regierung in Bangkok zu und suchten seine Zuneigung, Durchgangsreisende, aber in seinen Augen auch Durchgangsmenschen. Wir würden gehen und in unseren Städten verschwinden, aber ebenso würden wir überholt und weggewischt werden »wie Blasen auf einer Pfütze«, wie jemand angeblich in Gorkis »Sommerfrische« sagt. Sein Mitgefühl hatten wir, weil wir so waren, sein Selbstmitleid aber bezog sich auf den ewigen Menschen, der er war. Er hatte ein anderes Recht.

Wie er da saß, in seinem bunt-geringelten Wollpullover, mit der einen Hand eine langstielige dünne Pfeife haltend, die andere auf dem Rücken eines Hundes, zwischen seinen Decken, seinem rußgeschwärzten Hausrat und in seinem Recht, machte er uns zu dem, was er in uns erkannte: Décadents, ausgestattet mit der Attitüde der Zivilisationsmüdigkeit. Dass wir Opium rauchen wollten, bestätigte ihn nur: natürlich, was sonst?

Den Nachmittag verbrachten wir im aussichtslosen Versuch, im Dorf nicht aufzufallen. Wir gingen zum Fluss und wieder zurück, richteten uns in unserer Hütte ein, einem Pfahlbau, der meterhoch aus dem Morast ragte, streiften am Waldsaum herum und lachten jeden an, der uns begegnete. So kannten die Einheimischen die Reisenden, alles Rastlose, Neugierige, die sich in ihren Kleidern und Gesten hundertmal verrieten, ohne dass sie selbst es wussten.

Am Abend wurden wir wieder zum Dorfältesten einbestellt. Um einen Topf Tee in der Mitte waren jetzt Matten ausgerollt worden, ein Maiskolben lag bei der Feuerstelle, und der hohlwangige, ausgemergelte Mann, der da allein in verschossene, altrosa gefärbte Tücher gehüllt, Platz nahm, wurde uns als »Medizinmann« vorgestellt – ein Süchtiger, wie der erste Blick diagnostizierte, einer, der, wie Richard uns mitteilte, die Verfügung über das Opium im Dorf besaß und inzwischen bei einem Konsum von etwa vierzig Pfeifen pro Tag angekommen war.

Als Erstes forderte er uns auf, uns in den Büschen noch einmal zu erleichtern, denn das werde uns später schwerfallen. Anschließend nahmen wir im Quadrat um die Feuerstelle Platz. Wer ein Pfeifchen wollte, legte sich im rechten Winkel zum Medizinmann, der selbst anrauchte. Der Dorfälteste sah abseits zu, wie zuerst das Opium aus einem Döschen genommen, portioniert, zwischen den Fingern erwärmt, gerollt und dann als Kügelchen auf den kleinen Trichter der langen Pfeife gesetzt wurde.

Ein, zwei Atemzüge nur, dann war das Klümpchen, blasenwerfend und siedend, durchgeschmurgelt und in den Abendhimmel entkommen. Sein Aroma aber blieb, dieses frische, Kräuter und Blätter sanft und würzig mischende Aroma ohne jede rauchige Note, es blieb und weitete sich zu einem Wohlgefühl aus, einem Behagen, nicht mehr. Nein, dieser Rausch würde keine Geiseln nehmen, er würde nicht mit halluzinatorischen Schwärmen und Phantasmagorien kommen, nicht rücklings über das Bewusstsein herfallen, er war im ersten Augenblick vollentfaltet da, schwach, aber klar und freundlich.

Der Medizinmann legte ein Maiskorn vor mich und schenkte einen Becher Tee ein. Ich lehnte mich zurück mit hinter dem Kopf verschränkten Armen – wie so weit und still die Welt!

Mark und Helen folgten mir nach und nahmen ihren kleinen Rausch ähnlich in Empfang, überwunden, nicht überwältigt.

Mit der zweiten Pfeife vergrößerte sich der Abstand vom Boden, und der Überblick wurde besser. Wir waren Freunde. Alle Lebenslinien trafen unter diesem Dach auf ihrem einzigen möglichen Schnittpunkt zusammen. Da war kein Jenseits zu diesem Moment. Man musste nur in die Tiefe des Wohlwollens hinuntersteigen und bleiben.

Bleiben.

»Ich kannte einen«, sagte Mark, »der rauchte Pilze und sagte, nun sehe er die Welt mit den Augen der Pilze.«

»Will man das?«

»Zur Abwechslung.«

»Bist du vielleicht im Begriff, die Welt durch die Kapsel des Mohns zu sehen?«

»Warum sollte ich nicht versuchen, die Natur aus der Natur heraus zu betrachten und dabei auf mich und dich zu sehen?«, insistierte Mark.

»Ich will nicht das Bild sein«, sagte ich sinnlos, »sondern das Sehen.«

So eingeweiht redeten wir weiter, sinnvoll oder sinnlos, endlos oder auch nicht endlos, denn für das Sinnvolle und Endliche fehlte uns gerade jedes Gefühl.

Richard bastelte abseits am Schirm seiner Mütze und machte ein unheilbares Gesicht. Aus den schwarzen Schatten im Inneren der Hütten blitzten manchmal die bunten Borten der Kostüme, der kaftanartigen Gewänder aus schwerem schwarzen Tuch mit ihren buntbesetzten Säumen. Die nächste Kugel Opium brodelte in der Pfeife und zog sich in sich zusammen wie ein Himmelskörper bei der Entstehung.

»Zuletzt wird es immer besser«, meinte einer der Dörfler aus der zweiten Reihe und bestrich sich die Zigarette mit Opium. Ein anderer spuckte den Saft der Betelnüsse aus. Auch Frauen saßen im Hintergrund der Hütte und wollten uns rauchen sehen. Kleinste Kinder trugen Silberschmuck, Bienenschwärme rumorten im toten Holz, und aus dem Wald kam ein Dröhnen und Rascheln.

»Seid ohne Sorge«, sagte der Dorfälteste. »Wir haben Zäune gegen die wilden Tiere.«

Wir fühlten sie nicht, wir starrten nur in die geistige Ordnung, die »Sorge« heißt.

Stunden später zählt der Dorfälteste sieben Maiskörner vor meinem Platz. Wir haben die Suppe nicht angerührt, die inzwischen für uns gekocht worden war. Darüber lachen Medizinmann und Dorfältester, denn Appetitlosigkeit kennzeichnet den Opiumesser, so wie überhaupt einige motorische Funktionen gelähmt werden. Auf allen vieren erreichen wir unsere Hütte, krauchen die Bretter zu den Einstiegsöffnungen hinauf in die schwindelerregende Drei-Meter-Höhe und legen uns auf unsere Matten, Helen und Mark in die eine, ich in die andere Ecke.

Der direkte Niederschlag des Behagens kommt im Lächeln. Das heißt, die Mundwinkel auseinanderweichen zu lassen, ihre Bewegung nachzuvollziehen, und als eine Folge der Bewegung froh zu sein, leise amüsiert. Zufrieden, dass die Mimik der Erregung folgt, nein, einverstanden, dass die Erregung der Mimik folgt; nein, glücklich, dass die Bewegung der Bewegung folgt, denn es gibt kein Früher und Später, kein Motiv und keine Folge, es liegt alles auf dieser Amplitude des Glücks, die weiter und weiter ausschlägt, die Mundwinkel über die Grenzen des Gesichts hinaustreibt, so dass man jetzt, außerhalb seiner selbst Mundwinkel hat, die sich jenseits der Konturen des Gesichts weiter dehnen und heben wollen, bis sie allein in der Nachtluft flattern. Ah, die Nachtluft! Schon befand ich mich in den Abgründen einer Illusion.

Der Rausch, das ist auch das Abziehen der Oberfläche. Die Gebrauchsseite der Welt zerfällt. Wie sollte man also und mehr noch, warum sollte man in ihr handeln? Warum sollte man zu etwas nutze sein? Was ist das überhaupt: ein Nutzen?

Aus dem Dorf klingen ein paar Fetzen Musik. Musik ohne den Charakter der Begleitung. Das Subjekt der Musik sind in diesem Augenblick nicht die Musiker, eher die Instrumente. Sie singen sich ihr Innenleben aus dem Leib.

»Daher also kommt es, das An-Sich der Instrumente«,

sage ich laut, ohne dass ich es selbst verstehe oder sonst jemand. Aber hat der Satz schon ganz meinen Mund verlassen, oder hat er noch seinen Rumpf in meinem Rachen, wurde er dort vergessen?

Und weiter: In einer Woge ereilt mich die vernachlässigte Welt. Voller diskriminierter Gegenstände und Bewusstseinsinhalte ist sie, die übersehene, verdrängte, nicht-sein-sollende Welt, und der Kopf verzehrt sich dauernd in einem Vermitteln zwischen dem Zustand des Bewusstseins und der Tätigkeit des Denkens. Jetzt aber, in diesem Moment, liegt alles im Dazwischen, in dem reglosen Zustand der Turbulenz, die nicht Bewusstsein und nicht Aktivität ist, sondern Empfängnis, Weltwerdung.

In solcher schwimmenden Empfänglichkeit für die Schöpfung, mit dem Blick auf die zarte Hülle des Alls, die den Erdkörper umgibt als ein Gazeschleier, in der ansteigenden Sentimentalität für all das, was sie ist, schmeckt der Geruch der Luft, fühlt sich der Hauch auf der Haut, atmet der Wald sanft und liebevoll ein und aus. Man könnte nicht gehen, nicht harnen, nicht erigieren, die Motorik wird schwerfällig und überflüssig. Doch das muss so sein, vertieft sich doch alles, worauf man sich nun noch konzentriert – wenn das das Wort ist, denn man schweift dahin, ohne sich festhalten zu können. Die Tempi verschieben sich, eine Ewigkeit öffnet sich in der Spanne von Momenten. Wenn aber so viele Eindrücke, innere Vorgänge, Bewegungen in Minuten passen, dann muss das schleppend erscheinende Tempo in diesen Minuten eigentlich hoch sein. Es kommt und geht also viel und schnell, doch in schwerfälligen Bewegungen, und die Gesichter sind alle nackt wie der aus der Rinde geschälte Stamm.

»Wie viele Pfeifen kann ich rauchen?«, hatte ich den Medizinmann gefragt, und er hatte erwidert:

»Wenn kein böser Geist kommt, kannst du bis zu zehn Pfeifen rauchen.«

»Und wenn der böse Geist kommt?«

»Dann wird er dir sagen, du sollst aufhören!«

»Und weiter?«

»Sorg, dass du die Zäune nicht berührst, das hilft bei der Angst vor den Geistern.«

Ich sehe hinaus in den Wald, wo der Wind in sanfter Dünung über die Wipfel läuft, sehe auf die nackten Frauen unter dem Wasserstrahl hinter den Hütten, auf die barbusige Alte mit dem Kopfputz. Alle, alle rauchen sie Opium, bereit, solidarisch die Welt aus einem verschobenen Betrachtungswinkel zu lesen. Die Wirklichkeit unter dem ersten Blick.

Der Bauch juckt. Wie originell. Ich kratze mit allen zehn Nägeln die weitschweifige Landschaft des Bauches genussvoll auf und ab. Am nächsten Tag wird mir der Medizinmann sagen, nichts sei in diesem Rausch verbreiteter als solches Kratzen.

Und was, wenn sich diese Bilder nun zu einer Endlosschleife organisieren, wenn sie Manie, fixe Idee werden und die Bewegungen des Bewusstseins im immergleichen Scharnier arretieren? Das also ist die Struktur der

Angst, sie ist das ausbruchssichere Gefängnis der immergleichen Gedanken und Bilderfamilien.

Manche inneren Abläufe organisieren sich ungefragt als Oper: Alles reißt die Münder auf, auch Bäume und Maulwurfshügel. Dann gehen sie automatisch in Zeichentrickfilme über: Alles wird buntflächig und hektisch und kräht. Später wird sich die Welt in Spitzweg verwandeln, schließlich in Stummfilm. Dann kostet es eine schwere, bewusste Anstrengung, eine dieser Bilderfamilien zu verlassen, wobei sich der Spitzweg wieder in den Zeichentrickfilm zurückverwandelt und dieser erst El Lissitzky werden will, dann eine Ansammlung technischer Module.

Manches verwandelt sich durch eine spontane Metamorphose auch in Musik – die eigenmächtige Herausbildung von Tonlandschaften, die sich aus den Geräuschen von außen zusammensetzen, befreien und selbständig machen. Außerdem werden sie noch von Bildströmen begleitet, einem dauernden wechselseitigen Assoziieren von Bildern und Tönen. Legt die Imagination einen Hügel in die innere Landschaft, folgt die Musik mit einem Crescendo; wird die Landschaft dramatisch, beschwichtigt die Musik und verwandelt sie in einen arkadischen Ort mit Bachläufen, Kühen, Schäfern und Hirtinnen: »O Täler weit o Höhen, o schöner grüner Wald, du meiner Lust und Wehen andächt'ger Aufenthalt ...«

Der Rausch ist eine Art Mikroskopie, und wenn die Angst überhaupt erahnbar ist, dann als ein Herausvergrößern von Spurenelementen, ein Absolutwerden von

Nebensachen. Schon trinke ich parfümierte Tränenflüssigkeit, schon verdünnt sie sich zum Nebeldunst, schon bricht sich das Licht durch die Nacht, wie eine Tablette durch die Stanniolfolie gedrückt wird.

Sag mir jetzt, Kopf, wie hieß das Mädchen zur Linken auf der ersten Schulbank des Lebens: Maria Deussen, dann Monika Schmitz, Michael Schlohbohm, Jörgi Longwitz, Anita Heister, Ursula Bartmann und so immer weiter, die Namen treffen ein, einer nach dem anderen, gepackt in Kleidchen, Hosen, Stoffmuster, die es nicht mehr gibt, Gewebe, die fadenscheinig geworden sind, Gerüche, die alten Textilien, Mottenkugeln und Holzmehl gehören.

Aber nein, der Rausch will Bilder fördern, sie aus den Kammern der Erinnerung nach oben spülen und von dort zurück ins Vergessen: Behalte mich nicht, flüstert er, vergiss mich, geh in deine Gegenwart. Doch wenn ich nun einen Stift nähme, um die Namen der ehemaligen Banknachbarn aufzuschreiben, dann wüsste ich im Augenblick, da sich die Spitze der Kugelschreibermine auf das Papier senkt, nicht mehr, was ich schreiben wollte. Stattdessen wäre ich ganz bei der insektenartig schillernden Kulispitze, und eben auf dieses Kügelchen konzentrierte sich nun ein unerschöpfliches Gegenwärtigwerden.

Ich lag in dieser Hütte, den polyphonisch rauschenden Wald Nordthailands als Kokon um mich, und wenn ich mich drehte, so fand ich eine Welt pro Seite, auf der ich lag. Ich drehte mich wie im Umblättern. Auf der einen

Seite die Volksschule, der Heimweg, der Küchengeruch nachmittags. Auf der anderen Seite ein italienisches Kloster unter der Hügelkuppe von Settignano: Don Gabriello in seinem Bett, in mehlwurmfarbenem Trikot, doch dazwischen … Ich sank.

Eben noch waren da Bilder gewesen, von einer inneren Bewegung, einer Rührung getragene Bilder, dann kamen die notdürftig verbundenen, zwischen denen sich ein Miasma ausbreitete, Atmosphäre, Klima, Aroma, Sound. Wenig später blieb allein dieses »Zwischen«. Die Verbindungslinien vom einen zum anderen flattern, straffen sich, die Streben zwischen den Modulen werden weich und flexibel, der ganze Bau der inneren Bilder steht vor dem Kollaps.

Es ist Jetzt: Endlich ist das Auge angekommen in der Vogelperspektive über dem Baukasten des eigenen Innenlebens. Nichts wie Intelligenz existiert da noch. Was bleibt, ist allein das Konstruktionsprinzip unpersönlicher Verbindungen, die ihre Wege nehmen, und in einem wohlwollenden, von keiner Einschränkung bedrohten Anerkennen wird man gewahr: Das Persönliche ist unpersönlich, Angst leitet oder etwas, das den Namen Angst erhalten hat, Angst führt die Regie über Lust und Unlust, sie sagt: Geh nicht von A nach B, der direkte Weg ist nicht die Luftlinie, sondern der Fluchtweg. Alles vermeintlich Inspirierte ist nichts als eine Art, Umwege einzuschlagen, auszuweichen.

Und so lag das Modell, das chemische Modell meiner persönlichen Unvernunft unter mir und gebar das Wort

»Ich« als das Symptom einer Störung. Was »Bewusstsein« hieß, war jetzt nichts als eine in ihrer Einzigartigkeit faszinierende Wunde, die kein Trägermedium hatte und auch nicht heilte. Erst sieben Stunden später lösten sich die Phantasmen ab, und ich erwachte aus dem »Es denkt« in die Illusion des »Ich denke«.

Orvieto
Die fixe Idee

Die Trattoria Giusti in der Via Giuseppe Giusti war die Küche vieler, die in den späten siebziger Jahren in Florenz studierten oder als Langzeitreisende in der Stadt gestrandet waren. Ich studierte am Kunsthistorischen Institut und verdiente mein Geld als Reiseleiter. Meine Freunde waren zwei weitere Studenten, ein Uffizien-Wärter, eine sienesische Apothekertochter und ein kanadisches Journalistenpärchen.

In der Trattoria standen nur zwei lange Tische, und eine Speisekarte gab es nicht. Man nahm an einem der Tische Platz, saß oft unter Fremden oder mischte Freunde mit Fremden, wählte zwischen Fisch oder Huhn und überließ den Rest dem Wirt.

Der erste Besuch, der sich von zu Hause aus zu mir nach Florenz aufmachte, war eine Frau, die – ich weiß nicht, warum – »Matubi Hühnchen« genannt wurde, eine große, blonde, schüchterne Frau, die meine Ausgelassenheiten meist mit dem Satz quittierte: »Da muss ich ja lachen!« Aber das musste sie nicht.

Zu Hause hatte sie in der Dachetage über einer Konditorei gewohnt. Alle Zimmer bis auf das ihre waren frei, das heißt, es fanden sich dort Betten und muffige alte Möbel, und wenn wir uns lieben wollten, suchten wir immer einen anderen Raum aus. Anschließend setzte sich Matubi nackt auf das Brett im offenen Fenster und inhalierte den Duft der Backwaren, der auch nachts hinaufzog. Ihr schneeweißer Körper und der Konditoreigeruch vermischten sich so, dass mich noch in Florenz warme Backwaren mit Sommerliebe und Heimweh infizierten. Allerdings war dieses nackte Sitzen am Fenster die einzige ganz befreite Handlung, an die ich mich bei Matubi erinnern kann.

Das änderte sich auch nicht, als sie mich in Florenz besuchte. Alle ringsum gehörten irgendwie zur Boheme, uns beiden aber fehlte zumindest der Duft der Backwaren. Am zweiten Abend sagte ich im Vin-Santo-Rausch zu ihr:

»Jetzt habe ich Lust, unsolide zu reden.«

Und sie erwiderte: »Das können wir ja später noch machen.«

Am zweiten Abend führte ich sie in die Trattoria Giusti, wo wir uns rasch umgeben sahen von einer Gruppe amerikanischer Touristen. Einer von ihnen, Peter, ein Maler, schwamm durch die europäische Kunst wie durch eine Nährflüssigkeit. Vor allem interessierte ihn der katalanische Informelle Antoni Tapiès. Von diesem trug er Reproduktionen im Portemonnaie, und er konnte uns in der abgerissenen Trattoria die Winkel zeigen, in denen der Verfall der Materialien so interessant war, dass Tapiès sicher ein Auge darauf geworfen hätte. Peter wollte Schüler von Tapiès werden, hatte ihm auch schon drei künstlerische Briefe geschrieben, mit denen er ihm, artistisch formuliert und mit verrückten Metaphern geschmückt, eine Einladung nach Spanien hatte abringen wollen. Alle drei Briefe blieben unbeantwortet.

Inzwischen interessierte sich Peter aber auch für griechische Philosophie, ließ sich die Kunsttheorie Platons erläutern und den Bau der Ideen im Neuplatonismus. Es war ein sehr animierter Abend in der Trattoria. Getrunken wurde reichlich, die Themen bewegten sich frei zwischen Reiseeindrücken, biographischen Splittern, Kulturkenntnissen, Witzen, und jeder trug bei, was er konnte. Am Ende des Abends war überraschend nur, dass niemand darauf bestand, Adressen zu tauschen. So sollte er sein und bleiben, der singuläre, unwiederbringliche Abend, zu dessen spätester Stunde Matubi mir eröffnete, dass wir keine Zukunft hätten und dass sie vorzeitig abreisen werde.

Wochen später war mir mein Sechs-Quadratmeter-Zimmer zu klein geworden, und ich wechselte in eine Wohngemeinschaft mit zwei Amerikanerinnen, einer Argentinierin und einem Türken. Die Argentinierin, Anna-Maria, war in ihrer dunklen Pracht eine der schönsten Frauen, die ich je gesehen hatte. Nachmittags empfing sie mehrmals in der Woche ihren Liebhaber, einen kleinen Neapolitaner namens Luigi. Der legte Ravels »Boléro« auf und schaffte es, ein Meister seines Fachs, dass sich die Liebenden in der Steigerungsbewegung der Musik selbst steigerten, so dass sich das Crescendo des Orchesters um das Crescendo des Paars legte und Anna-Maria im Kollaps der Musik in ihr größtes Wehklagen ausbrach, während ich unter einer Abbildung von Jacopo della Quercias »Grabmal der Ilaria del Carretto« saß und mit- und nachbebte.

An einem Tag klingelte es an der Haustür und eine Männerstimme fragte:

»C'é Riccardo?«

Und ich antwortete verabredungsgemäß:

»Non c'é Riccardo!«

Wir hatten Ärger mit den Vermietern, deshalb ließen wir Leute nur mit Codewörtern herein. Das Treppenhaus hinaufgestiegen kam Peter, Freund einer der beiden Amerikanerinnen aus der Wohngemeinschaft, oder besser, ihr abgelegter Liebhaber – Peter, der Maler. Das Erste, was wir uns sagten, war, wir hätten es gewusst, gewusst, dass wir uns wieder begegnen würden.

Peter hatte inzwischen sein Rückreiseticket in die USA verkauft, er plante, in Europa zu bleiben, Ästhetik zu studieren, Tapiès zu besuchen – der hatte immer noch nicht geantwortet – und sich seiner Malerei zu widmen. Einstweilen schlug er sich mit Wohnungsrenovierungen durch.

Von diesem Tag an sahen wir einander fast täglich und teilten die Krisen der Wohngemeinschaft: Anna-Maria fand heraus, dass Luigi in Neapel Frau und vier Kinder hatte, der Türke strauchelte ins Drogengeschäft am Ponte Vecchio, und die Krise mit den Vermietern spitzte sich so zu, dass wir gemeinsam beschlossen, das Weite zu suchen.

Peter wohnte zu jener Zeit in einem Benediktiner-Olivetaner-Kloster in Settignano über den Hügeln von Florenz, ein Bau, in dem ehemals wohl fünfzig Mönche Platz gefunden hatten, von denen aber nur noch vier übrig waren. So wurden denn auch nur vier der verbliebenen Zellen an weltliche Gäste vermietet, die sich bloß äußerlich an die Ordensregel zu halten hatten: keine Musik, kein Lärm, kein Frauenbesuch im Zellentrakt, über dessen Ausgang ein Schild mit der feierlichen Aufschrift »Clausura« hing.

Der Abt, Don Carlo, war so klein und ausladend, dass die Kutte wohl die einzig tragbare Konfektion für ihn darstellte. Er empfing mich zu einer Gewissensprüfung, die ich bestand, ohne mein Gewissen besonders zu belasten. Nur als Peter zuletzt ein Foto von uns beiden machen wollte, weil mir der rotgesichtige Glaubensmann nur eben bis zum Gürtel reichte, lehnte dieser ab:

»Ich bin nicht eitel, aber dieses Foto soll es nicht geben.«

Ein alttestamentliches »Soll«. In den folgenden Monaten lernte ich dann die Eigenheiten der anderen Mönche kennen: Don Tarcisio las gerne aus den Packungsbeilagen seiner Medikamente vor, Don Lorenzo redete zwei Meter vor dem Fernsehgerät mit jedem einzelnen Politiker und gab Widerworte, und Don Gabriello besaß zwei Sammlungen, eine offene mit Parfümfläschchen, eine heimliche mit Transvestiten-Bildern, die zwischen den Seiten eines gut verborgenen Gesangbuchs steckten.

Er war mit 21 Mönch geworden und hatte mit 23 erkannt, dass es der Wille des Herrn nicht sein konnte, einen jungen Menschen so früh in ein Kloster zu stecken. Folglich hatte er sich immer mal wieder Entgleisungen zuschulden kommen lassen. Wir redeten ihn auch nur aus Zuneigung mit »Don« an, war er doch nie befördert worden und somit der einzige »Fra« der Bruderschaft. Peter und mir war er am liebsten, und manchmal saßen wir nachts zu beiden Seiten seines hohen Bettes, in dem er, in ein eierschalfarbenes Trikot genäht, wie ein Mehlwurm saß und schweinische Geschichten erzählte.

Am Morgen stellten wir dann den zwei Damen aus der Bar am Platz die Tische raus und aßen unsere Brioche, dann zog Peter zum Malen in die Berge, ich aber fuhr ins Institut und versenkte mich in die Kunsttheorie der Frührenaissance. Manchmal kamen wir frühmorgens in die Bar, und Mutter und Tochter knieten vor dem Fernseher, in dem der Papst kurz auf einem roten Teppich erschien. Ein paar Monate später war Peter endgültig pleite, akzeptierte einen größeren Renovierungsjob in Rom, und der Plan war, dass ich ihn über Siena – wo wir das berühmte Stadt-Pferderennen namens »Palio« besuchen wollten – bis nach Orvieto begleiten würde.

Am Vorabend der Abreise nahm Peter zwei tiefe Schlucke Grappa aus einer bauchigen braunen Flasche, schnürte alle seine Gemälde zusammen auf seinen Rücken und zog von Bar zu Bar, wo er die gelangweilten Besitzer in ihren von Bildern gepflasterten Schankräumen mit Skizzen in Öl und Aquarell, mit Mauerecken, Heuschobern, verlassenen Tieren einzudecken plante. Und das Unmögliche geschah: Am Ende des Abends war Peter betrunken, hatte aber fast alle Gemälde abgesetzt und konnte eine Fahrkarte nach Rom und seine Schulden bezahlen. Don Carlo nickte voll Genugtuung: Trotz seines hübschen Aussehens war dies ein guter Junge, der ihm nichts schuldig bleiben würde. Er hatte es gewusst.

Ab Mittag standen wir auf der muschelförmigen Piazza del Campo in Siena, wo die Rennbahn schon abgeteilt und bald auch der Platz geschlossen worden war, so groß war der Andrang. Der Rote-Kreuz-Wagen umfuhr das Oval und sammelte die Ohnmächtigen auf. Auf dem Platz wurde in kleinen Gruppen gespielt, gegessen, geschlafen, gestritten.

Als die Reiter in ihren folkloristischen Trachten – jeder einzelne Repräsentant seines Stadtviertels und mit dem Wappen seiner Contrada geschmückt – nervös auf die Einführungsrunde geschickt wurden, schrie die Menge bereits für den »Turm«, den »Widder«, die »Schnecke«, die »Welle«, die »Giraffe«, den »Panther«, den »Drachen« und so fort.

Das Rennen selbst ging als der Palio der sieben Fehlstarts in die Geschichte ein. Der Jockey der »Giraffe« verletzte sich im Getümmel, musste vom Roten Kreuz auf der Trage von der Bahn geschleppt werden, sprang aber plötzlich, kurz vor dem geöffneten Rachen des Krankenwagens, von der Trage, eroberte sein Pferd und gewann das Rennen. Die anschließenden Tumulte mündeten in eine Straßenschlacht zwischen den Vierteln »Giraffe« und

»Turm«. Peter und ich schafften es zwar, die Balustrade zu überspringen, die den Platz von der Rennbahn und den hinteren Gassen trennte, und in eine der Seitenstraßen zu entkommen, dort aber waren eben die zwei Hauptfronten der Schlacht aufeinandergetroffen. Wir drückten uns also mit den Rücken an die Häuserfront und ließen die Kohorten mit erhobenen Stöcken und Fäusten ineinanderlaufen, während die Anwohner aus den oberen Stockwerken aus Eimern kaltes Wasser über die Erhitzten schütteten.

Eine der jungen Frauen, die wie wir zwischen die Linien der beiden feindlichen Fronten geraten war, fiel unmittelbar vor unseren Füßen in Ohnmacht. Wir ergriffen sie rechtzeitig, stellten sie hinter uns aufrecht an der Wand ab und warteten, bis die Kämpfenden an uns vorbeigezogen waren. Das Gewühl verlief sich, das Mädchen erwachte, und auf beiden Seiten eingehakt, ließ sie sich zu einem Café in einer Seitenstraße bugsieren.

Bernadette war als amerikanisches Au-pair nach Rom gekommen, auf der Suche nach etwas Künstlerischem. Gefunden hatte sie die Liebe, verloren hatte sie sie auch. In ihren Erzählungen gab diese Liebe nur noch schwache Aromastoffe ab, und indem sie ihre langen braunen Locken in Bahnen zwischen den Fingern striegelte und mit ihren Augen unsere Augen festhielt, war ihr selbst klar, dass das Leben wieder in eine Romanze einbiegen sollte, einen Coup de foudre, eine Verrücktheit, wie sie nach einer Straßenschlacht im sommerlichen Siena, an der Seite zweier Fremder, geradezu auf der Hand lag.

Als die Nacht herunterkam, hatte Bernadette keinen Schritt getan, bei dem sie nicht von uns zu beiden Seiten untergehakt gewesen wäre. Sie hatte uns paritätisch geküsst, und kaum verschwand einer auch nur kurz in einem Laden oder auf der Toilette, gab sie dem anderen einen Kuss so heftig und nass, dass er sich auserwählt fühlen musste. Ja, ihre Küsse waren verschwenderisch und maßlos, sie stürzte sich mit einem Kopfsprung in jeden einzelnen von ihnen und legte einem dabei noch die nackte Armbeuge um den Nacken, damit der Kopf ja nicht ausweichen und sie alles noch besser genießen konnte. Wenn sie einen Kuss abgeschlossen hatte, warf sie den Kopf in den Nacken und lachte guttural, was ein bisschen irr, ein bisschen schmutzig, ein bisschen stolz klang, und manchmal wischte sie sich selbst mit dem Handrücken die Lippen ab. Sie wollte uns verrückt machen, beide, und wir sollten fühlen, wie an diesen Küssen noch dieser Mädchenkörper hing, der sich schmiegte, während die Zungen sich im Rachenraum umeinanderwälzten.

Kurz vor Mitternacht hatte sich die Geschichte so weit entwickelt, dass an Trennung nicht mehr zu denken war. Bernadette machte jetzt kein Hehl daraus, dass sie am liebsten unzertrennlich geblieben wäre. Wir sollten uns eine Wiese außerhalb der Stadt suchen und dort gemeinsam die Nacht verbringen. Als wir zögerten, lief sie ein paar Schritte voraus, hob ihr T-Shirt fast auf Höhe ihrer Brüste, beugte sich vor und fragte:

»Na, wer will mich?«

Männer mögen und fürchten solche Frauen, und ein wenig verachten sie sie auch. Aus Bernadette aber strahlte das Versprechen der Sommernacht heraus, und es war Verlangen genug in ihr für zwei. Peter war der Hund, der, zu allem bereit, mit den geöffneten Armen eines Jesus mir die Entscheidung überließ. Ich aber war der Feige, der mit einem »Macht ihr nur!« den Rückzug antrat und in Bernadettes Blick zweierlei erkennen konnte: ein Bedauern über den Verzicht und eine in Freundlichkeit aufgelöste Verachtung über den schamhaften Mann, der vielleicht auch nur die Konkurrenz scheute.

Unser Abschied fiel deshalb von ihrer Seite so mütterlich aus, dass es fast verletzend war. Peter gab noch rasch den loyalen Freund, der immer noch bereit sei zu verzichten, schließlich gebe es Wichtigeres. Aber da waren wir schon verabredet für zwölf Uhr mittags am nächsten Tag vor dem Dom von Orvieto, und seine Begierde war jetzt schamlos und direkt. Ich bog zum Bahnhof ab. Als ich mich zum letzten Mal nach den beiden umsah, griff Peters Hand in ihren Hintern, als wolle er sagen: So macht man das, und sie warf im Gehen den Kopf in den Nacken und lachte den Nachthimmel an.

Nachdem ich am Bahnhof erfahren hatte, dass der nächste Zug nach Orvieto erst im Morgengrauen fahren sollte, legte ich mich in der Wartehalle zu ein paar Rucksackreisenden in eine Ecke und schlief für Stunden, war aber rechtzeitig wach, um den Zug nach Orvieto abzupassen.

Er war noch nicht eingefahren, als ein Pärchen – zerzaust und mit verrutschten Kleidern – an den Bahnsteig torkelte – Peter sichtlich ernüchtert, Bernadette selig, aber derangiert und schräg in seinem Arm hängend, ihre Jeans mit Grasflecken bedeckt. Zum Abschied wurde sie von Peter nur noch routiniert geküsst. Als der Zug den Bahnsteig hinter sich ließ, war ich es, der am längsten winkte, denn sie wollte nicht aufhören, eine strahlende, herzliche, ein wenig verrückte und zuletzt im großen Bogen über dem Kopf winkende junge Frau zu ihrer Zeit.

Im Zug wollte Peter zuerst wissen, ob ich ihm böse sei. Als ich es nicht war, zog er seine braune Wildlederjacke aus und schenkte sie mir. Als ich aber nach der Nacht im Gras fragte, schüttelte er nur einsilbig den Kopf wie jemand, der sich überfressen und nichts als ein schlechtes Gewissen zurückbehalten hat: Zu wild, zu irr sei das gewesen, sagte er, die Selbstbeherrschung habe er verloren, das sei nicht gut.

Wir erreichten Orvieto, die himmelstürmende Stadt, noch am Vormittag. Der Dom steht an der höchsten Stelle, kratzt die Wolken und schreckt das Volk mit himmelschreienden Visionen. Morgen ist auch noch ein Tag, mögen sich die Einheimischen gedacht haben. Aber dann fanden sie sich vor Luca Signorellis Freskenzyklus in der San-Brizio-Kapelle des Doms und mussten glauben, die Hölle habe die schönsten Nackten und der Himmel das flauschigste Federvieh. Doch wenn dereinst einmal der nächste Tag der Jüngste ist, werden sie sich plötzlich von den himmlischen Soldaten dem greisen Charon überantwortet und in die Verdammnis gerudert finden. Dann haben sie es versäumt, sich rechtzeitig sachkundig zu machen.

Luca Signorelli, der dies voraussah und malte, war selbst ein rätselhafter umbrischer Zugereister, frenetisch interessiert am Anatomischen und in seinen Phantasien von Dante gelöst, der doch sonst die Vorstellung von der Hölle über Jahrhunderte hinaus prägte, wo nicht bestimmte. Signorelli soll bei seiner Arbeit sogar einmal vom Gerüst gestürzt sein, aber in die Hölle fällt auch niemand weich.

Ich erzählte Peter über den Zyklus, was ich wusste: dass er erst Ende des 15. Jahrhunderts begonnen worden, dass Signorelli Mitstreiter, wenn nicht Konkurrent Michelangelos gewesen sei und hier die bis dahin umfangreichste Darstellung des Endzeitdramas hinterlassen habe.

»Hier erfahren wir«, dozierte ich: »Der Himmel nimmt nur Junge und Nackte auf, und Standesunterschiede kennt er nicht. In die Hölle dagegen werden die Niederträchtigen nicht einmal eingelassen, sondern zuerst am Boden massakriert, die Prostituierten durch die Lüfte entführt, von Teufeln mit athletischen Figuren gequält und von Dämonen bespuckt. Zum Weltuntergang schwitzen die Bäume Blut, und Blut regnet es auch aus dem Himmel, die Sterne verlassen das Firmament, und die Erde geht in Flammen auf. Gerippe kriechen aus der Erde und ziehen sich neues Fleisch an. Alle schlank und proper.«

Peter hatte zwar Monate im Kloster hinter sich, war auch der Apokalypse gegenüber aufgeschlossen, Signorelli aber ließ ihn unbeteiligt, vor allem der anatomisch überpointierten, unsinnlichen Körper wegen mit ihren himmelwärts gewandten Häuptern. Abgestoßen von der schwachen Materialität des Fleischlichen, dem Desinteresse des Malers am Stofflichen, holte er zu einem Lob des großen Tapiès aus, der gerade im Stofflichen, Materiellen …

»Du solltest ihm unbedingt noch mal schreiben!«

Wir verbrachten nicht sehr lange Zeit vor dem »Jüngsten Gericht«. Weit eher zu Hause fühlte sich Peter unter den archaischen Resten der Etruskerzeit. In Orvieto findet man sie in Mauern und Toren, Grabbeigaben und Stelen. Sie wirken bisweilen wie aus Urformen der Kunst herausgetrieben, und so raffte ich – ganz der Reiseleiter – an Wissen zusammen, was verfügbar war:

»Das bedeutendste Monument aus der etruskischen Blütezeit der Stadt ist der Sakralbau des Tempio del Belvedere, der vermutlich zu Anfang des fünften vorchristlichen Jahrhunderts errichtet wurde. Dieser feierliche Komplex, absichtsvoll über dem Panorama des Paglia-Tals errichtet, erhebt sich mit seinem Podium auf einem natürlichen Felssockel. Eine Freitreppe führt zwischen die beiden vorgelagerten Säulenreihen, hinter denen nebeneinander drei gemauerte Zellen liegen. Aus der Position der Anlage hat man geschlossen, dass hier die Haruspices, die Eingeweide-Schauer und Zeichendeuter, ihre Blutopfer brachten. Auch zahlreiche Terrakotta-Funde aus etruskischer Zeit wurden hier geborgen, hauptsächlich kleinere Verzierungen des Baus, die Bronzestatuette einer Tänzerin, aber auch größere figürliche Reliefs, in denen man den Einfluss des Phidias und Übereinstimmungen zum Parthenon-Fries erkannte.«

Als besonders reichhaltig erwiesen sich die etruskischen Grabkammern in den Tuffsteinwänden rings um Orvieto, etwa die von Crocifisso del Tufo und von Cannicella, doch mehr noch: Als vor Jahren ein Erdrutsch einen Teil des Tufffelsens, auf dem die Stadt Orvieto liegt, ins Tal riss, wurde durch diesen Zufall eine der antiken Grabstätten freigelegt, und die Einwohner versuchten, mit Feldstechern den Inhalt der jetzt sichtbaren Kammer zu ergründen. Als Peter und ich eben das versuchten, erblickten wir nur Erdreich, uraltes Erdreich.

Nachmittags badeten wir im Fluss, und vom Schilf aus erklärte mir Peter, während ich im Sand liegend zuhörte, seine zwölf Methoden, wie man eine Frau dazu bringt, dem geliebten Mann von sich aus den Laufpass zu geben. Dazu gehörten: immer zu laut reden, sich Witze wiederholen und erklären zu lassen, die laufende Nase am Ärmel abstreifen und dies auch kommentieren … Nie wieder habe ich einen Mann getroffen, der eine ähnlich magnetische Wirkung auf Frauen ausgeübt hätte.

Abends brachte ich ihn zum Bahnhof, seine Hand ragte noch lange bewegungslos in die Luft vor dem Fenster, und sie tat es noch, als sich der Zug schon in die Kurve lehnte. Dafür hatte ich plötzlich zwei Polizeibeamte an meiner Seite. Sie fassten mich zur Rechten und zur Linken am Unterarm, führten mich ab und verhörten mich in einem kleinen Bahnhofsbüro: Wer der Mann gewesen sei, den ich verabschiedet hätte? Was wir am Fluss geredet hätten? Woher wir kämen, und warum ich die Wahrheit nicht sagen wolle? Von draußen klang das Vogelzwitschern herein und dann und wann das Klingeln der herabgekurbelten Schranken.

Ich stellte mich der Prozedur und gab meine Antworten gern, genau und ausführlich. Bis heute weiß ich nicht, was die beiden Polizisten von mir wollten. Als sie mich endlich gehen ließen, hatte ich das Gefühl, ihnen ein lieber Zeitvertreib gewesen zu sein, oder vielleicht hatten sie auch einfach nur an mir geübt, jedenfalls war mein Zug nach Florenz lange weg. Ich schlief noch eine Nacht in unserer Locanda in Orvieto und trat um einen Tag verspätet die Rückreise an.

Drei Wochen später lernte ich auf den Straßen von Florenz einen deutschen Sänger kennen und verbrachte mit ihm und der ihn umgebenden Gesellschaft aus Exilanten und Durchreisenden eine Nacht im Garten der Villa Scifanoia in San Domenico, dem Fiesole vorgelagerten Ort. Dort hatte die zusammengewürfelte Gesellschaft Quartier gefunden, und da die Nacht so schön war, ließen wir sie nicht enden. An diesem Tag kehrte ich erst im Morgengrauen in mein Kloster nach Settignano zurück und hatte gerade mal zwei Stunden geschlafen, als ich an der Schulter wachgerüttelt wurde. Vor dem Bett kniete mein Freund Antonio, der Uffizien-Wärter, und wiederholte mehrfach:

»Tanti saluti di Bernadette!«

Zunächst brachte ich sein Gesicht, meine Zelle in der »Clausura« und den Namen Bernadette nicht zusammen.

»Sie war da«, flüsterte Antonio. »Una vera donna!«

Am späten Nachmittag war sie eingetroffen, hatte in der Abenddämmerung auf dem Mäuerchen vor dem Kloster gewartet. Bei Einbruch der Nacht war sie ins Innere geführt worden, und Don Carlo hatte ihr erlaubt, im Esssaal, außerhalb der »Clausura«, auf mich zu warten. Antonio hatte ihr Gesellschaft geleistet und sie mit vielen lustigen Geschichten unterhalten. Als er sie nach zwei Stunden fragte, ob er störe, hatte sie trotzdem »Ja« gesagt, dann eine Zeitlang allein an einer Zeichnung gearbeitet – er überreichte sie mir –, dann hatte er wieder bei ihr gesessen in dem leeren, halligen Refektorium, unter dem Streulicht, am Fenster mit Blick auf die ferne Stadt. Um drei Uhr früh war sie wieder aufgebrochen, Antonio hatte sie zum Taxi begleitet und war dafür zu beiden Seiten geküsst worden.

Auf der Zeichnung sah man einen der sienesischen Fahnenträger des Palio in voller Kostümierung. Die Fahne selbst war beschriftet mit Bernadettes Worten an mich:

»Lieber! Ich habe dich erwartet die halbe Nacht lang. Jetzt ist es zwei Uhr. Endlich habe ich die kleine Nervensäge abgeschüttelt, Antonio, Deinen Uffizien-Wärter. Ihm gebe ich dies mit, damit Du weißt: Die halbe Nacht habe ich auf Dich gewartet. Nun muss ich zurück nach Rom. Von Rom aus fliege ich zurück nach Denver. Leave me not«, schloss sie. »Be here.« Darunter hatte sie in kleinen Versalien ihre amerikanische Adresse gesetzt, Wohnblock und Stockwerk.

Nicht lange danach zog ich von Settignano nach

Deutschland zurück. Wir schrieben uns lange, kühne, verworrene Briefe – die ihren von Vignetten und Zeichnungen überwuchert, unterbrochen von Parenthesen, versehen mit Sternchen, Anmerkungen, Fußnoten, Einschüben, die meinen voller Anzüglichkeiten, Doppeldeutigkeiten und Vorwegnahmen von Exzessen. Wir schrieben uns, versponnen und anzüglich, bis wieder Sommer war. Da schickte sie ein Foto. Das zeigte sie lachend auf dem Bürgersteig einer großen amerikanischen Straße. Sie beugte sich der Kamera entgegen, und auf der Linken ihres Kopfes floss ein Zopf bis auf die Höhe der Taille. Etwas Ungesundes lag in ihrem Lachen, aber um ihre Füße wieselte ein Hündchen, und das Licht, das sie umgab, war stark und warm.

Ach, Bernadette, dachte ich, da bist du, und hatte wieder ein Gefühl dafür, wie sie beim Palio bewusstlos in unsere Arme gesunken war, und sah wieder, wie sie in ihrer mit Grasflecken übersäten Hose, schräg in Peters Arm, auf den Bahnhof gestrauchelt kam, nach Stunden, die Peter »nicht gut, nicht richtig« genannt hatte.

Eine Woche später kehrte ich nachts heim, schließlich hatte auch das Leben zu Hause wieder an Verve gewonnen, doch da jauchzte eine Stimme aus dem Anrufbeantworter in den Raum, sie frohlockte mir in einer hohen Tonlage entgegen: »Guess who-hoo?«

Zum Fürchten euphorisch.

Geschafft! Sie habe es geschafft, frei sei sie, endlich frei! Sie sagte nicht, wovon, aber wozu: »I'm coming!«

In nicht mehr als exakt zwanzig Tagen würde sie mich

mittags um zwölf Uhr im Dom von Orvieto erwarten, vor Luca Signorellis »Jüngstem Gericht« natürlich, »to reinvent history«, wie sie sich ausdrückte. Es folgte ein kurzes Gerede, schwerverständlich, weil offenbar der Straßenlärm Denvers zum Fenster hereinschwoll, dann schrie sie abermals, und zwar: »I'm leaving!«

Ihre Stimme, immer noch hoch und voller Vibrato, klang schon erfasst vom Fahrtwind, und ihr Glück drang in die tiefe deutsche Nacht meines Zimmers wie eine Mitteilung aus einem anderen Zustand.

Ich könne sie nicht anrufen und ihr nicht schreiben. Sie sei jetzt weg.

»Just be there«, jauchzte sie und legte auf, doch es klang, als habe sie danach noch weitergeredet. Ich spielte das Band ein zweites, ein drittes Mal. Faszinierend. Was immer wir machten, wer immer wir sein würden, es hätte wenig mit der Welt zu tun, aus der wir aufbrachen, um uns zu finden. Meine Phantasie hatte Schlagseite, und ich wollte den Feigling gerne vergessen machen, der ich gewesen war, als ich mich damals zum Bahnhof trollte. Es war Sommer. Ich träumte von Grasflecken und löste ein Zugticket nach Orvieto.

Die Stufen zum Dom hinaufsteigend, der sich an diesem Mittag in den gleichen Sonnenglast hüllte wie im Jahr zuvor, wurde ich kurz missmutig angesichts der Wiederholung. Fiel das Leben nicht gerade in eine verbrauchte Pose zurück? Die Treppe, die Fassade, das Sonnenlicht, der Duft der heißen Steine, das war wie unverändert. Doch der Blick bündelte alles loser, ging ich doch weniger auf eine Kirche, auf ein Fresko, ein Weltgericht zu als auf eine Frau.

Es kam aber anders. Nicht mal schaulustig, sondern bloß abwartend und auf den zügigen Durchgang durch Signorellis Weltgericht gestimmt, blieb ich auf der vorderen Kirchenbank sitzen und schweifte in die Fresken, die den Blick gleich an sich rissen, gewagt und schrecklich, wie sie waren. Diese rücksichtslosen Bilder beleidigten eigentlich den sakralen Raum durch ihre Drastik und Vulgarität, ihre Effekthascherei und ihre Pointen. Der örtliche Klerus hatte Signorelli während seiner Arbeit damals sogar Religionsunterricht erteilt. Man hatte ihm ein Konzept abgenötigt, hatte, was bildfähig sein sollte, exakt mit ihm abgestimmt. Doch erwies er sich als schwer erziehbar, und hängt nicht sogar dem Arbeiter auf Piero della Francescas »Legende vom Heiligen Kreuz« in Arezzo, dem Hauptwerk von Signorellis Lehrer, gleich rechts vom Altar, ein Hoden aus dem Arbeitsgewand?

Bernadette hatte mir von ihrer Kinderfrömmigkeit geschrieben. Im Alter von sieben Jahren hatte ihr der Pastor im Kommunionsunterricht alle Sünden erlassen. Die bis heute begangenen zählten alle nicht, sagte er, und sie hatte mit inneren Augen auf das weiße Blatt Papier geblickt, das ihr Schuldregister war, und sich gut überlegt, welche neue Sünde es wert sein könne, dort als erste zu stehen. Also hatte sie dem Pastor seinen Radiergummi gestohlen und war mit dieser ersten Sünde nicht unzufrieden.

Signorelli experimentierte während der Arbeit an seinen Fresken mit Leichen. Er hatte auch seinen toten

Sohn gemalt, um ihn nicht zu vergessen, hatte gelernt, wie man durch Pose und Mimik die Individualisierung des Menschen in der Masse betreibt. Er verbog die Leiber ins Unwahrscheinliche, machte Versuche mit ihrer Statik, den Körperschwerpunkten, und fragte sich dabei unermüdlich: Was ist der nackte Mensch? Was bedeutet er?

In der »Erweckung der Toten« und vor allem beim »Sturz der Verdammten« wird seine Phantasie gefährlich frei. Hier öffnet er die Verliese, und die Bilder brechen sich Bahn. In einer tollkühnen Vermischung der heidnischen und der christlichen Welt weitet er die Schöpfung in eine kosmische Anarchie. Fluten steigen über den Horizont, verschreckt duckt sich die Tierwelt, verirrte Menschen schweifen über die Ebene, falsche Propheten suchen das Firmament nach Hoffnung ab, während Dämonen vom Menschen schon Besitz ergriffen haben. Ein blutbedeckter Mond funzelt vom Himmel, der Antichrist thront, sein Ohr dem Dämon leihend. Krieger in schwarzer Rüstung schleifen das Heilige Grab. Sogar die Elemente sind ihrer Gesetzmäßigkeit beraubt und orientieren sich frei und gelöst.

Ja, der Himmel ist eine finstere Suppe, die Sterne lösen sich aus ihren Bahnen und entfachen so nebenbei den Weltenbrand. Das Meer holt sich die Siedlungen, das Feuer frisst sich ins Land, Erdbeben erschüttern den Grund, und die Menschen drängen vorn an die Rampe, aus dem Bild, wollen den Illusionsraum sprengen, wollen übertreten in die Wirklichkeit des Betrachters, der an diesem Tag ich war, hier auf der Kirchenbank, in Erwartung der Sünde, die einen langen Weg hinter sich haben würde zur »resurrectio carnis«. Und tatsächlich, das Skelett entsteigt dem Erdgrund und nimmt Fleisch an oder entfaltet sich in die Blüte seiner anatomischen Schönheit hinein, rein wie der Gedanke, aber doch Fleisch.

Mit zwölf, hatte Bernadette geschrieben, nahm sie an einem Wettbewerb teil um die schönste Puppe. Es gewann die ihre, die hässlichste, die nur die Augen bewegen konnte. Doch war ihre Besitzerin damals eben beliebt, sie war hübsch, hatte nur die hübschesten Freunde und außerdem ein perfektes schwarzes Hündchen namens »Arrow«. Ihren ersten Kuss erhielt Bernadette auf dem Friedhof neben dem Haus. Kaum geküsst, entschied sie, nichts jemals mehr zu machen, das so intensiv sei.

»Warum?«, fragte der Junge, vier Jahre älter als sie.

»Es ist Sünde«, sagte sie.

»Was genau ist daran Sünde?«, wollte der Junge wissen.

»Ich weiß es nicht«, sagte sie, »aber es fühlte sich ganz sicher an wie Sünde. Das kann ich sagen.«

Am Tag darauf redete sie sich um Kopf und Kragen beim Versuch, dem Lüsternen die Sünde zu erklären. Während sie es tat, wurde »Arrow« von einem Wagen überfahren. Da erklärte sie dem Jungen nichts mehr, sondern gab ihm schuldbewusst den Laufpass.

Signorellis Räume sind Bühnenräume, und theatralisch sieht er die Welt enden in der Herabkunft des Antichrist, wie sie in den Apokryphen, in der »Legenda Aurea« des Jacopo da Voragine oder in den Visionen der heiligen Brigitte von Schweden beschworen wird. Es geht um die letzten Fragen und die letzten Dinge, die Menschheit muss zu neuem Leben erwachen. Ja, es ist das Ende der Welt, die Cumanische Sibylle weist auf ihr »Buch der Weissagungen« und siehe: Auf dem First der Wogen balancieren Schiffe, die Ruinen antikisierender Bauten mahnen, eine Wolkenbank von der Farbe geronnenen Blutes lastet im Himmel, ein Feuersturm droht, ihm voran drängen Söldner und Soldaten, Teufel und Dämonen, und was hier über allem beklemmend persönlich wirkt, das ist Signorellis pedantische Art, ein Massenschicksal in lauter individuelle Dramen zu zerlegen.

In den Selbstbildnissen, die Bernadettes Briefe entwarfen, war sie eine künstlerische, für ihre Umwelt in Denver zu künstlerische Seele. Sie schrieb über die Jungen ihrer frühen Jahre – gutaussehende Langweiler, die sich aufsparen wollten, einen Faulpelz, einen namens Elwyn, der sie platonisch liebte und sieben Meilen weit jeden Tag mit ihr spazierte. Aber sein Mundinneres ekelte sie.

Inzwischen besaß sie ein Hündchen namens »Bronco«. Es wurde überfahren, als sie mit Elwyn spazieren ging. Darauf entschloss sie sich, nie wieder mit Elwyn zu spazieren, und während sie es ihm sagte, fixierte sie mit ihren Blicken den Rachenraum hinter seinem offenen Mund. Das machte es leichter, seine Tränen zu ignorieren.

Nach dieser Entscheidung und Broncos Tod geht sie auch mit sich selbst ins Gericht und entscheidet, künftig nach Art der Amish-Mädchen zu leben, schlägt die Augen nieder, wählt einfache schwarz-weiße Kleider, singt Volkslieder und meidet alles Technische. Das tut ihr gut.

Freunde aus der Stadt vermuten, sie sei in einen Konvent eingetreten. Doch eigentlich ist das Leben als Amish-Frau für sie bloß geeignet, um heimlich zu verwahrlosen. Dann wacht sie eines Tages in einem Krankenhaus auf. Tage fehlen ihr, aber immerhin ist da der starke Wunsch, wieder Eis zu essen. Sie kämpft mit den Schwestern, den lieben, starken Schwestern mit den harten Händen. Bleiben will sie, aber es hilft nichts. Sie wird in die Welt entlassen.

»Seit vierzehn Jahren lebe ich nun im Stand der Desillusion«, schrieb sie, und so trieb sie aus den Krankenhausmauern in die Universität, wo sie auf dem doppelten Bildungsweg versuchte, das Epikureische zu denken und das Platonische zu meiden. Doch Marlon, der einzig mögliche Toyboy ihres Lebens, entkommt vor der Woge des Begehrens, von der sie sich erhoben fühlt, gerade noch rechtzeitig nach Europa.

In der »Auferstehung des Fleisches« erheben sich Signorellis Körper nicht aus Gräbern. Aus dem kahlen Feld wachsen diese Leiber heraus und nehmen Fleisch an. Auf den weiten Flächen sammeln sich Menschen, fixiert von der Situation des Ernstfalls, die Nähe der Masse suchend unter der Regie der Bestürzung, und wenn Einzelne aus dem Geknäuel der Leiber heraustreten, dann um zu enthaupten, zu quälen, zu vernichten.

Auf ihrem Weg zum Gericht werden die Verdammten zur Hölle geführt, wo eine Frau brennend im Höllenschlund steht. In einer Orgie der Enthemmung winden sich die nackten Leiber, ausgeliefert dem Exzess, der im

Untergang den Überschuss der Lust assoziiert. Auf einer kahlen Bühne im Nimmerland wartet die unentrinnbare Verderbnis, und die Masse, rhythmisiert wie im Bebop, wogt vor und zurück, nach vorne, nach hinten, aufwärts, abwärts, und unter dem düsteren Himmel existiert eine verzweifelte Menschheit allein im Versuch zu fliehen.

Doch was blüht ihr, was blüht den Frauen? Ausgeliefert einem Sadismus der Souveränität, werden sie durch alle Formen der Erniedrigung geschickt. Ihre Nacktheit ist paradiesisch nicht, sondern pornographisch. Zu Boden werden sie geworfen, werden mit geöffneten Beinen kopfüber aus dem Himmel gestoßen, gefesselt und geschlagen, überrannt werden sie und gebissen, verschleppt und an den Haaren gerissen. In den bereitwilligen Posen der Pin-ups überlassen sich die nackten Körper der Phantasie des Weltgerichts. Doch ist ihre Entblößung wie in einem biblischen Herrenmagazin schon Teil der Erniedrigung, der Strafe.

Andererseits aber haben die Nackten nur in der Verdammnis überhaupt Sexualität. Kaum erleben sie ihre Auferstehung oder werden im Himmel empfangen, tragen sie ihren nackten Körper nur noch wie ein Accessoire. Erst in der Verdammnis wird das Antlitz zur Visage, verwandelt sich das Gesäß in den Arsch. Welche Offerte, jetzt, unmittelbar vor dem so schwärmerisch wie versessen imaginierten Rendezvous, von der Sexualität Abschied zu nehmen! Doch was das Motiv meiner Reise anging, so war ich auf der Seite der Verdammten, erregt von der Schlachtplatte der unterworfenen Leiber.

Am frühen Nachmittag trieb ich mich immer noch in der Kirche herum, setzte mich zwischendurch immer wieder zum Aufwärmen auf die sonnigen Stufen vor dem Portal, suchte dann den Platz, die Treppe, die Eingänge zu den Gassen nach einem Blick ab, der mich vielleicht aus einer Nische musterte. Dann aber trat ich wieder vor das Weltgericht, wo die Brandung der Verdammten nicht abebben wollte, während eine monumentale Miniatur, ein einzelnes Paar, sich immer entschiedener aufdrängte.

Es war dieses Paar über der Mittelachse des Getümmels: Sie liegt nackt, mit dahinwehendem blonden Haar auf dem Rücken eines fliegenden Satans. Ihr ängstlicher Blick sucht zur Rechten die Augen des Himmelsengels in seiner Rüstung, während der luziferisch geflügelte Teufel, der sie durch die Lüfte trägt, ungehindert, gehörnt und lachend dem Höllenschlund entgegenfliegt. Eingefroren in der Bewegung über der wogenden Masse aber, ohne Woher und Wohin, hätte das Paar in diesem Augenblick noch alles sein können: sogar die Monade des ungleichen Liebespaars, das sich rettet und entkommt.

Doch es gab kein Entkommen.

Bernadette erschien an diesem Mittag nicht, sie tauchte auch nachmittags nicht auf und auch nicht, als abends das Kirchenportal geschlossen wurde. Sie kam gar nicht, und fehlend war sie doch auf passende Weise präsent. Ich nahm es zu gleichen Teilen enttäuscht und erleichtert hin, kehrte bei Einbruch der Dunkelheit nach Rom und von dort am nächsten Morgen nach Hause zurück. Hier empfing mich keine Nachricht, und den dicken Brief im wattierten Umschlag, der zwei Wochen später eintraf, öffnete ich tagelang nicht – aus Trotz, aber auch, weil ich dieser Korrespondenz vor dem »Jüngsten Gericht« in Orvieto überdrüssig geworden war, so dass ich mich entschied, mich ihrer ein für alle Male zu enthalten.

Als ich den Umschlag in einer schwachen Stunde dann doch öffnete, fielen mir daraus entgegen: das Foto eines Mädchens mit Ball; eine leere Packung Lucky Strike; ein Silberpapier; das Bild eines schlafenden Kindes unter einem Wecker; die Zeichnung eines Ritters unter einem Baum und die eines gejagten Rehs; zwei Pflaster; die Zeichnung einer schreienden Frau mit Blume mitten in einer Wiese, auf der jede einzelne Blume schreit; das Etikett der »Kalamata Crown Figs shipped by Jenny«; die Fotokopie der Aufschrift auf einem Radiergummi; die Ansichtskarte des Weltpostvereins; ein Stück Fell; die Zeichnung einer Straßenkreuzung mit Bahnübergang; Bilder von Paketpackern und Flamingos; das kolorierte Foto erschöpfter Fischer in einem Boot; Dante, gemalt von Signorelli; das Foto einer Sommergesellschaft am Pool über dem Ozean; die Schlagzeile »Ex-altar boy steals $ 15 from plates«; ein von Kindergekrakel bedecktes Exemplar der »Story of Little Black Sambo«, illustriert; ein weißer Umschlag beschriftet mit »Bernadette«, darin ein weißes leeres durchscheinendes Blatt Papier; Seiten aus einem alten Buch zur Hundedressur; eine Liste mit Fremdwörtern samt Übersetzungen: epigone: descendant; plethora: too full; provenance: forsight; taciturn: silent; élan: vigor; exhume: dig up; zeitgeist: ghost of time;

obfuscating: to make obscure; nemesis: goddess of vengeance. Des weiteren eine Fahne mit Totenkopf; eine alte Karte, beschriftet »Volkstracht von Schapbach«; chinesische Kalenderblätter; Jahrhundertwende-Fotos von Kindern im Sand; die Zeichnung einer nackten Frau, die sich einem angezogenen Mann entgegenräkelt, auf der Rückseite eine kleine Frau, auf einem riesigen Mann reitend; der Entwurf eines Logos für »National Pornographic«; ein Foto des Saturn; ein Bongo spielendes Skelett; das Foto einer Boing 737–200; die Zeichnung eines Mannes, der eine Nackte wie zur Kreuzabnahme in seinen Armen trägt; Mann und Frau vor einem großen Herzen; eine Frau, schreiend zwischen Möbeln; ein rudernder Schatten unter lächelnden Gestirnen, gezeichnet, auf der Rückseite zwei Männer im Kahn, mit den Rudern die Wolken schiebend; mit Krepppapier überklebte Zeichnungen; Bibelzitate; eine Kladde voller unleserlicher Fragmente, an einer Stelle Notizen unter der Überschrift »soundless exercises«; die Zeichnung einer Katze, die sich die Haare rauft, weil sie von Mäusen gebissen wird; weitere Fremdwortlisten; weitere Fotos von Flamingos; weitere graphische Darstellungen von Planeten.

Der beiliegende zwölfseitige, engzeilig geschriebene Brief war in den USA abgestempelt. Die Handschrift schien in ihrer Unordnung so regelmäßig, dass sie so gut anzusehen war wie die Hieroglyphen auf einem Obelisk. Die Phantasie wühlte sich durch das Strandgut des Lebens, und ich folgte, hoffte ich doch, das Erzählte würde am Ende in eine Erklärung münden für ihr Nichterscheinen in Orvieto. Stattdessen ging es wieder um die Zeit des Erwachens und der Orientierungslosigkeit, als ihr Begehren groß und ihre Schamhaftigkeit nicht kleiner gewesen war. Einem Abschnitt dieser Phase gab sie den Namen »saturn passing«, so erklärte sie sich ihre Verwirrung, selbst wenn sie Saturn »the planet of wisdom« nannte.

Auf der Highschool hatte sie einen Freund gehabt, Chester, den nächsten in der Reihe der Unerlösten, Platonischen. Nachdem er seinen Abschluss nicht ohne Bravura hinter sich gebracht hatte, entschied sie, sich ihm zu schenken, ganz und gar. Da aber zog es ihn, der so lange gewartet hatte, ins Ausland, »and I really lost it«, sagten die Zeilen. Chester, so verrieten sie auch, kam in dieser Zeit als »spiritual guest« wieder. Dieses Mal endete die Geschichte damit, dass sie die Highschool verließ, entschlossen, in Europa Au-pair zu werden und unter dem heidnischen Himmel der Alten Welt ein echtes Liebesleben zu erwerben. Die USA, die Universität und das Sexuelle hatten sich für sie als nicht synchronisierbar erwiesen.

In der nächsten starken Phase des »saturn passing« machte sie sich auf die Reise nach Italien und ließ sich treiben.

»Doch wenn ich zurückschaue«, schrieb sie, »blieb mir aus all der Zeit am Ende nichts als deine Adresse. Peter hatte mir eine falsche Telefonnummer gegeben und seine Spuren verwischt. Also fuhr ich nach Florenz, um dich zu suchen, dann nach Rom, aber da warst du nicht, nach Orvieto, nach Perugia, wo konntest du sein? Endlich sah ich dich in einem Erker an der Straße nach Assisi. Aber da ich als Tramperin im Wagen saß, konnte ich nicht anhalten. Ich flog also heim in die Fremde, mit deinen Worten im Kopf. Hattest du diese Worte gesagt, hatte Peter sie mir übersetzt, waren sie in meinem Kopf erklungen, oder hatte ich sie aus deinen Gedanken abgeschrieben?«

Sie sagte nicht, welche Worte, ihre Handschrift ging aus dem Leim.

»I surrender. Ich unterwerfe mich. Daniel war mein erster Mann, aber er hatte immer nur Kleider unter seinen Kleidern, und man kam nie an. Peter war meine Sünde. Diese beiden mussten sein, um die Welt zwischen uns wegzuräumen. Es ist alles gut. Sei nicht ärgerlich, denn sie haben mich zu dir geführt, meine erste wahre Liebe. Ich bin bereit. Verzeih, it took me all this time to catch my breath. Now I surrender to you and to love and to life.«

Ihr Name stand darunter als ein nach rechts fallender Krakel. Keine weitere Erklärung folgte, aber fühlbar war doch die Anwesenheit eines Dritten in ihren Zeilen. Denen nichts mehr folgte.

Einen Monat später fand sich auf meinem Anrufbeantworter die harsche Stimme einer offenbar älteren Amerikanerin, die mir in resolutem Ton mitteilte, glücklicherweise habe ja unlängst der aufgeweckte »travel agent« Bernadettes Flugbuchung nach Rom abgelehnt, so verworren wie sie ihm erschienen sei. Ich solle mir ein Beispiel nehmen. Er habe die Familie eingeschaltet, und diese habe sich entschieden, »this young lady« in »custody« zu geben, in »professionelle Hände«. Zum jetzigen Zeitpunkt befinde sich Bernadette in einer »institution«, sie benötige dringend mentale Betreuung. Was sie nicht benötige, seien meine verantwortungslosen Briefe, die, wie jener aus der letzten und auch der aus der vorletzten Woche, keine Hilfe seien, sondern alles nur verschlimmerten. »Zu Bernadettes Schutz«, hieß es, »werden wir Ihre Zusendungen, sollten Sie nicht vom Abfassen solcher Ergüsse ablassen wollen, umgehend vernichten. Außerdem behalten wir uns für diesen Fall juristische Mittel vor.«

Zu diesem Zeitpunkt hatte ich seit acht Wochen keinen Brief mehr an Bernadette verfasst.

Jahre später erhielt ich einen Luftpostbrief aus den USA. Meine Adresse war so angestrengt in Druckbuchstaben auf das Kuvert gemalt worden, wie Kinder es tun, die den Stift in der Faust führen. Im Innern befand sich allein Signorellis Teufel mit den breiten Schwingen, der eine nackte langhaarige Frau über die ringende Menge hinweg ins Höllenfeuer fliegt. Der Krakel darunter las sich: »Saturn passing«. Der rettende Engel in der Rüstung zur Rechten war nicht mit im Bild.

Der Nordpol
Einkehr

In diesem Juli trägt die Stadt November. Ein läppischer, kühler Nieselregen geht über Moskau nieder, und unter dem fahlen Schweinehimmel ergrauen selbst die farbenfrohen, amphitheatralisch verschachtelten Siedlungen des Speckgürtels, die Drusen der Billigbauten des Stadtrands, der ganze menschliche Ameisendom. In den Zwischenräumen aber thronen die Vestalinnen der Likör- und Handyreklamen und herrschen.

Auf den Straßen unter ihnen zirkulieren die verhärmten, wenn nicht verrohten Gesichter der neuen Proletarier und der alten, die sich noch erinnern, wie es war, als die Politik in ihrem Namen sprach. Damals galt es als Auszeichnung, ein solches Gesicht zu haben, ein abgearbeitetes, erschöpftes Gesicht. Inzwischen hat die Verelendung einige Kleider und den Bart erreicht. In jedem Auto eine Kleinfamilie. In jedem Busfenster ein Trinker mit Boxernase. Dazwischen Gebäude mit hervortretenden Rippen.

In einem namenlosen russischen Hotel sehen wir einander erstmalig, die kleine Gruppe Reisende, die ihren bevorstehenden Trip nebeneinander als »Extremreise«, »Expedition«, »Abenteuer«, »Jahresurlaub« oder »Traum«

bezeichnen. Ich verlasse den Frühstücksraum und trinke meinen Kaffee an einem Fenstertischchen des Vorraums. Eine etwa sechzigjährige drahtige Blondine von jüngerer Erscheinung setzt sich dazu, zündet sich eine Zigarette an, raucht mit schmerzverzerrtem Gesicht und sagt:

»Wir müssen zusammenhalten.«

»Das müssen wir«, sage ich. »Aber ich bin Nichtraucher.«

»Hat man da noch Töne?«, lacht sie. Den Ausdruck habe ich lange nicht gehört.

Für den Weg zum Flughafen wählen wir den englischsprachigen Bus, sitzen nebeneinander, stehen am Schalter nebeneinander Schlange, sitzen in der Tupolev nach Murmansk Seite an Seite, kommentieren, was wir sehen, und versorgen uns in den Beobachtungspausen mit ausgewählten Fragmenten aus unserem Leben. Marga ist Österreicherin, war Flugbegleiterin, verließ ihre Linie im Unfrieden, aber üppig abgefunden und hilft jetzt in einer Tanzbar aus. Unverheiratet und kinderlos ist sie und tritt hiermit bereits ihre zweite Reise in die Pol-Gegend an. Bis zum Franz-Joseph-Land hat sie es schon einmal geschafft. Das ist jetzt drei Sommer her. Der Expeditionsleiter war damals Viktor Boyarski, der erfahrenste aller Arktisreisenden, ein Mann, der den Pol mit Hundeschlitten erreichte, später von Präsidenten empfangen, von der Welt gefeiert wurde, und der auch unsere Reise betreut.

»Er wird Ihnen gefallen. Er wartet in Murmansk auf uns. Mal sehen, ob er sich noch an mich erinnert!«

Die Tupolev ist von außen elegant wie ein Papierflieger. Innen riecht sie verqualmt, ihre Sitze sind in sich zusammengebrochen, und mein Klapptisch hält nur deshalb ohne Verriegelung am Vordersitz, weil sich die Kotze, die ein früherer Passagier hier zurückgelassen hat, inzwischen auf dem Brett ausgebreitet und beim Zusammenklappen mit dem Vordersitz Klebekraft gewonnen hat. Als ich den Tisch löse, splittert die erstarrte Masse in Spänen auf meinen Schoß. Auch die Sitze sind strapaziert. Wo Polsterung sein sollte, blinkt Metall, das herausquellende Schaumstoffinnere wurde zerpflückt oder mit schwarzem Isolierband umwickelt, und nur die hochgeschminkten Air-Hostessen mit ihren grellblauen Uniformen und ihren auberginefarbenen Überhängen wirken so appetitlich wie aus einer anderen Hygienezone importiert. Der Teppich zu ihren Füßen aber ist wieder hässlich befleckte Auslegeware voll persischer Ornamentik.

Marga blickt aus dem Fenster:

»In der Wüste und in der Eiswüste sind Luftlinien wirklich Luftlinien.«

Die Reisenden, einige offenbar erprobte Tourismus-Snobs, reden mitunter wie Gottvater selbst:

»Dann haben wir den Südpol gemacht, dann haben wir noch die Nordwestpassage gemacht, dann haben wir Patagonien gemacht, vor zwei Jahren hatten wir ja schon den Kilimandscharo gemacht …«

Man hört die Konquistadoren, man sieht eine Hand, die Fähnchen über der Landkarte verteilt, aber die Geschichten haben ihren Wert nur in Bezug auf die Person, die sie erzählt, und die das eine aus dem Fernsehen bezieht und das andere entweder »unbeschreiblich« oder »unglaublich« nennt. An extremen Orten fühlte sich hier schon mancher als Extremist und lässt dabei doch die Grundfrage aller Reisenden unbeantwortet: Wo war ich?

Marga klagt, die Sprungfeder ihres Sitzes bohre sich in ihr Gesäß. Der Steward hört es sich mürrisch an, einen Angriff auf die Aeroflot wie auf das ganze russische Reich witternd. Dann blickt er kurz bekümmert und hebt die Schultern zu zwei Zentimetern Bedauern.

»So ein Apparatschik!«, stöhnt Marga und wählt die Luftlinie zwischen zwei Klischees. »Und im nächsten Moment bricht er dir dann in Tränen aus.«

Sie ist nicht bei der Sache, zumindest nicht involviert. Eher späht sie die Mitreisenden von ihrem inneren Hochstand aus und beschäftigt sich damit, was sie sagen oder denken könnten. Aus diesem Winkel blickt sie auch auf uns:

»Sie werden sagen, ich hab mir einen Jüngeren geangelt«, flüstert sie, während sich ihre schmale Hand kurz auf meinem Unterarm niederlässt. »Ich weiß es. Du musst nur unverheiratet sein, kinderlos, schon geht das Gerede los. Ich kann sie regelrecht hören ...«

Am Flughafen von Murmansk werden wir neuerlich auf zwei Busse verteilt. Wo wir landen, ist die Ebene wüst und ungestaltet, und das Terminal kaum größer als eine Tankstelle. Aber die weit geschwungene Bucht mit ihrem Buschwerk, ihren hellen Birkenwäldern, ihren Matten legt sich generös um die Ausläufer des Polarmeers. Nur die Stadt wirkt von hier grau und pragmatisch, von keinem Ideal gestreift, ein angetauter Organismus, der zwischen seinen Mauern das Licht schluckt – ein Individuum von einer Stadt also, in seiner Lieblosigkeit original. Kaum rollt der Bus, erhebt sich eine russische Fremdenführerin aus der ersten Reihe und begrüßt uns:

»Liebe Freunde. Ich werde Ihnen auf dem Weg in die Stadt ein paar unserer Sehenswürdigkeiten vorstellen.«

»Sehenswürdigkeiten!«, höhnt von der Rückbank eine Berliner Schnauze. »Die will ich sehen.«

In Ermangelung städtischer Reize legt die Führerin allen Charme in jedes ihrer Worte. Ja, ihre Vokabeln sind schöner als das, was sie bezeichnen sollen, und die eigentliche Sehenswürdigkeit ist sie selbst.

»Hier rechts sehen Sie ein Bürgerhaus mit seinem Garten. Dann eine Datsche. Daneben haben Sie ein Beispiel der normalen Verwaltungsarchitektur.«

Sie prononciert, als spräche sie fließend Gorki, Gogol, Tschechow, schminkt ihre Aussagen aber gleich wieder ab: »Auf dem Weg in die Stadt werden Sie nichts Besonderes sehen. Wir bauen hier normales Gemüse an. Sie werden in der Stadt auch einige norwegische Tankstellen bemerken.«

»Die redet einen Scheiß, die Alte«, verkündet der Berliner.

Die Führerin wendet sich strahlend zur Linken und lässt ihre Hand über eine verstrüppte Senke schweben, eine Schneise aus Nichts zwischen Industrieanlagen und Hochhäusern.

»Hier sehen Sie das Tal der Gemütlichkeit, wie wir

es nennen, wo unsere Athleten für die Olympischen Winterspiele trainieren.«

Gelächter im Bus. Das Tal der Gemütlichkeit! Eine Ansammlung von Birken auf einer abgefressenen Grasnabe ist alles, was hier heimelig wirken könnte.

»Gemütlichkeit! Ich könnt mich wegwerfen!«

»Dies«, aber fährt die Unermüdliche am nächsten Verkehrskreisel fort, »ist der Platz der fünf Ecken. Aber, liebe Freunde, Sie werden an diesem Platz keine fünf Ecken finden.«

Heute hat hier ein Zirkus sein Zelt aufgeschlagen, ein Zirkus mit singenden Seetieren.

»Sie können sich von Robben küssen lassen!«

»Da kann ich gleich die Alte küssen«, lässt sich der Berliner hören, immer noch auf der Suche nach Komplizen. Sein Begleiter strahlt dieses herrlich ordinäre Alphatier an und ist bereit für die Gefolgschaft.

»Nun kommen wir in den nördlichsten Bezirk, er ist nicht so attraktiv …«

»So siehst du aus«, ruft der Berliner.

Anschließend erklärt er den Ort mittels Ferndiagnose für »unbewohnbar«. Die Führerin aber blickt ernst. Sie sagt, wie viele Menschen die Stadt inzwischen verlassen haben, wie schwer es für die Bleibenden sei:

»Aber für Sie im Westen ist es ja auch nicht immer leicht!«

»Die ist gelungen!«, ruft der Berliner ins Rund, und dann nach vorn: »Wer im Glasnost sitzt, soll nicht mit Steinen werfen.«

Anschließend erklärt er das, was sich zwischen diesen Mauern entfaltet, für nicht lebenswertes Leben, lautstark, sie soll es ruhig hören.

Und die Winter? Sie erzählt von den Wintern, in denen es so kalt ist, dass man sich immer nur für kurze Strecken draußen bewegt und selbst den Gang zum Einkaufen in Etappen teilt. Für diese sieben Monate werden auf den Straßen sogar Unterstände errichtet, damit man sich rasch wärmen kann. Gewiss, manchmal wird zu dieser Zeit zu viel Wodka getrunken, aber deshalb postieren sich in den Türeingängen Polizisten, die zu Hilfe kommen, sollte jemand gewalttätig werden. Doch ist die Gewalt nicht viel schlimmer als in anderen großen Städten, und größer ist immer noch die Angst, dass die Nahrungsmittel knapp werden könnten.

»Erlauben Sie, dass ich huste«, hechelt der Berliner und hustet. »Ich weiß, was hier abgeht: Hoch die Tassen und Prost Gemeinde, der Vorstand ist besoffen!«

Wir nähern uns dem Hafen, ein altes Atom-Sperrgebiet, das heute wie ein Schiffsfriedhof daliegt, besetzt von rostenden Lastkähnen, Militärbooten, Schleppern, Eisbrechern. Den Straßenrand säumen Polizisten, die jung sind und schon finster, und dann stehen diese hochbeinigen, an Insekten erinnernden Kräne im Hafen. Sie residieren. Darunter ducken sich die wild zusammengeschweißten Metallplastiken der Schiffe wie Skulpturen von Tinguely.

Der leuchtend rot gestrichene Atomeisbrecher »Yamal« ist das Prachtstück unter den tristen Militärbooten in diesem Hafen. Man hat dem Koloss zu beiden Seiten des Bugs das grinsende Gebiss eines Hais aufgemalt, ein Kindereinfall, der das schwimmende Atomkraftwerk in eine Art Match-Box-Dampfer verwandelt. Der Aufgang zum Deck ist ein diagonal am Schiffsbauch heraufführender Steg. Am oberen Ende wartet, vollbärtig und heiter, Viktor Boyarski und reicht jedem die Hand. Als er Marga sieht, bleibt sein Gesichtsausdruck stehen. Dann streckt er die Hand am langen Arm aus und schüttelt die ihre besonnen. Erkannt hat er sie, ein herzliches Wiedersehen sieht trotzdem anders aus.

Der Nachtschlaf schmeckt wie ein Mittagsschlaf, die Sonne hat den Horizont nicht einmal berührt. Es riecht nach Salz und Petrol. Der fette rote Glanzlack der »Yamal« wirft Blasen, gehärtete Blasen, die aufbrechen und wieder überstrichen werden. Die russische Flagge meckert am Mast, und an diesem Morgen sieht man durch den Nebel kaum fünfzig Meter weit. Wir sind mitten in einer stehenden Bewegung, denn sie hat keinen Horizont. Nicht einmal das Grau changiert, es bleibt zwischen Himmel und Meer bloß grau.

Ich habe die Kabine 39 bezogen, zu anderen Zeiten die eines Forschers, Ingenieurs, Offiziers, ein schmuckloses, ganz funktionales Ensemble. Alle Romantik liegt in den Namen: Der Ventilator heißt »Zephir«, der Föhn »Scarlett«. Geschlafen habe ich auf einem Ausziehsofa, das von einer robusten Russin, einer alleinerziehenden Mutter aus Murmansk, bezogen wurde. Im rechten Winkel dazu steht der Resopaltisch, aus dem kleinen Kabinenfenster dringt die Eisluft frisch herein. Ich sitze auf einem schwankenden Bürostuhl und blicke hinaus, froh, unausweichlich mitten ins Nichts zu ziehen. Das Gefühl, etwas Auswegloses zu tun, nicht mehr wegzukommen, das ist es, was uns vor allem mit dem Begriff der »Expedition« verbindet, schon der Begriff »Forschungsschiff« soll unseren Appetit auf Komfort zügeln.

»Und?«, sagt Marga am nächsten Morgen, ganz die Eingeweihte, die dies nicht zum ersten Mal erlebt. Sie kennt die Räumlichkeiten, die Abläufe, und es gibt sogar Crew-Mitglieder, die sie mit den Augen begrüßen. Aber sie hält sich für sich. Nur mich schirmt sie gebieterisch ab, stellt sich sogar zwischen mich und andere, sucht beim Essen isolierte Sitzgelegenheiten und redet dann schnell und ziellos von vergangenen Ungerechtigkeiten in ihrem Leben, von Dummheiten, die andere Reisende gesagt oder gemacht haben, seltener auch von der Eislandschaft, die uns erwartet. Ihre Zuwendung bekommt etwas Manisches.

Nach zwei Tagen beginne ich, die Kreise zu öffnen, mich zu anderen zu stellen, den Essplatz zu wechseln. Zu den interessanten Konstellationen treten immer die Bedürftigen, die Sehnsüchtigen, die Bilderhungrigen zusammen. Bei Tisch sitze ich jetzt meist bei Hanni und Viktor, zwei weitgereisten Schweizern mit Tätowierungen aus Birma und mit einer tibetischen Fahne im Gepäck, die sie am Nordpol hissen wollen. Ihnen ist der Blick von der Reling genug.

Da oben, nahe der Brücke, stehen fast immer ein paar

Reisende und stemmen sich mit schmalen Augen in den eisigen Wind. Der Berliner klopft mit der flachen Hand auf das Schiff:

»Willst du gut und sicher reisen, fahre mit der Bahn aus Eisen. Na ja, sieht noch frisch aus, ganz intakt, funktioniert wohl noch ...«

Jeder auf diesem Schiff bereist eine andere Arktis. Die Matrosen belassen es bei unbewegten Gesichtern, hinter denen die Missbilligung liegt, befinden wir uns doch in ihrem Lebensraum und gehen sonst Tätigkeiten nach, die hier nicht zählen. Sie leben vom Geld und von der Verachtung, das steht ihnen zu, jenen gegenüber, die meinen, sie müssten kommod die letzten Punkte der Erde erreichen. Wäre die Nordwestpassage nicht um diese Zeit im Sommer frei, der Eisbrecher würde dort eingesetzt und nicht vom Tourismus entweiht.

Andere reisen in Fritjof Nansen hinein oder im Nachvollzug der Reiseberichte von Robert Edwin Peary bis zu Christoph Ransmayr. Dritte reisen, weil sie die Antarktis schon gesehen haben, weil sie vermögend sind, weil sie sonst schon alles kennen, weil sie immer schon davon träumten ... Es gibt den Industriellen, der den Nordpol »mal was anderes« nennt, den Mittelständler, der sich diese Reise seit Jahren »vom Mund abgespart« hat, es gibt den desinteressierten Spaßvogel, die Staunende, Stille, die alleinstehende Lehrerin, die Überlebende der Chemotherapie, und dann ist da auch der Mann mit dem kranken Kehlkopf, der kaum verständlich spricht und sich das Essen mit der Schere kleinschneiden muss. Er ist immer lustig, als sei er uns das schuldig, weil wir ihn so schlecht verstehen, und er treibt einen furchtbaren Kraftaufwand für einen einzigen, wunderlichen Witz.

Um sieben Uhr morgens weckt uns Viktor Boyarski mit seiner immer wohlgelaunten Durchsage: »Dobraye utra. Guten Morgen, meine Damen und Herren, es ist Dienstag, der 7. August, wir sind auf dem richtigen Weg, draußen wird es kälter. Wir befinden uns jetzt außerhalb des Golfstroms, denn draußen ist es ruhig. Zur Rechten waren bereits Eisberge zu sehen, und voraussichtlich am frühen Nachmittag werden wir die südliche Spitze des Franz-Joseph-Lands erreichen, das berühmte Kap Flora. Stehen Sie ruhig auf. Es erwartet Sie ein faszinierender Tag.«

Schwacher Nordwestwind geht in der Barentsee. Es sind 7 Grad plus, noch fünfhundert Meilen liegen vor uns, wir bewegen uns mit einer leicht reduzierten Geschwindigkeit von 12 bis 13 Knoten, des Nebels wegen. Eine Inselgruppe taucht auf. Die Veränderungen in der Außenwelt sind minimal. Mal schiebt sich die Nebelgrenze weiter weg, mal drängt sie heran und schluckt uns. Dann dröhnt das Tuten des Eisbrechers lang und hohl in den Nebelraum. Manchmal zeigt sich kurz ein Stück Horizont, dann ist er weg, vom Treiben der Wolken überwuchert.

An Deck absolvieren wir die Pflichtübungen zum Besteigen von Rettungsbooten, von Helikoptern. Langwierig werden Verhaltensmaßregeln für den Notfall besprochen, die Begriffsstutzigen tun ihre Pflicht und stellen begriffsstutzige Fragen, alles, damit wir nicht merken, wie lange wir schon durch das Undurchdringliche fahren. Der Monotonie des Kälteschmerzes, den die Polarreisenden der Geschichte empfunden haben müssen, entspricht nur noch die Monotonie der Farbe.

»Das Trockenfutter schmeckt nicht gut«, sagt einer, der die Notration aus dem Rettungsboot probiert hat.

»Wenn es gut schmeckte, würde es ja nicht sieben Tage halten«, erwidert Viktor.

»Alles ganz wie bei Preußens«, sagt der Mann, den wir den »Blocker« nennen, ein Bielefelder Sparkassenfilialleiter, den seine Stellung und seine Freundschaft zu mehreren CDU-Hinterbänklern autorisiert, jedes Gespräch zu unterbrechen, indem er dem Redenden die Hand auf den Unterarm legt.

Wie die Schulkinder werden wir wieder in unsere Kabinen geschickt, wo wir im Notanorak sitzen und auf das Signal zur Alarmübung warten: Siebenmal kurz, einmal lang, der Rettungsboot-Alarm!

An diesem Tag werden wir alle gerettet. Die Durchsagen verkünden: »Wir sind zufrieden.«

Es klingt, als habe sich nicht allein die Schar der Passagiere, sondern auch das miese Wetter exakt den Wünschen der Crew gebeugt.

Die Eisberge stehen in Scherben, Glasspäne zu ihren Füßen, während wir in die Zone des Schelfeises treiben, also der Eismassen, die seit Jahrtausenden von den Gletschern an der Küste »fließen«. Wir leben in der Endzeit des Schelfeises, wodurch riesige Flächen Meeresoberfläche freigelegt werden, die seit mindestens 12 000 Jahren von einer zweihundert Meter dicken Eisschicht bedeckt waren. Die hier auftauchenden, bisher unzugänglichen Lebensformen gehören zu den am besten erhaltenen Ökosystemen des Planeten. An diesem Ort entfaltet sich zwischen Kieselschwämmen eine neue Fauna voller ungeahnter Interaktionen.

Wetternester am Himmel. Inmitten einer Vegetation, deren morphologische Vielfalt unendlich und doch kaum sichtbar ist, im Treiben durch eine schmale Farbskala und in der Monotonie der Bewegung ist diese Reise die Objektivierung eines Zustands der Ausleerung. Schließlich sind auch die Eispanoramen Landschaft ohne Gegenwart. Man sieht sie von weit her kommen, sieht die Welt in ihnen enden und kann nicht genug bekommen.

Ich stehe jetzt jeden Tag über viele Stunden an Deck. Die Natur legt ihr Schweigen auch über uns, und wer lange genug an der Reling steht, lässt bald nicht mehr als den Atem hören. Manchmal sucht jemand Kontakt. So hält mir eine russische Dame jede zweite Seite ihrer Illustrierten hin: ein Bericht über die Strände der Costa Brava.

»Wie bei uns in Sotschi.«

Sie kramt in ihrer Tasche: »Gott sei Dank bin ich gar kein Morgentyp.«

Sie sagt das, als gestehe sie ein Laster. »Gott sei Dank.«

So schelmisch. Sie weiht mich in die Geheimnisse ihrer SIM-Karte ein. Ich verstehe nicht, besitze kein Mobiltelefon.

»Hach, altmodisch. Altmodisch gefällt mir. Mein Vater war Nordpolflieger!«

Der Blick geht über das leere Meer. Die Eisdrift mit den Eisduft-Schwaden. Was sieht das stumpfe Auge der frisch geschlüpften Eiderente, die sich auf einem grünen Fleck inmitten des Eises mit diesem Lebensraum abfinden muss? Sie hat die Augen eines Maulwurfs im Eis, geboren mit einem Ausdruck der Selbstaufgabe.

Viktor Boyarski hat vor Jahren mit fünf Kameraden aus fünf Nationen auf Hundeschlitten die Antarktis durchquert. Geblieben ist ihm das Körpergedächtnis für den Zustand des Erlöschens und die Ehrfurcht vor den erstaunlichsten Kreaturen, den Schlittenhunden. Schnee und Kälte machen ihnen nichts aus. Sie können ihre Körpertemperatur absenken, kaum Energie verbrauchen, sich sogar einwehen lassen. Dann muss man sie nur einmal am Tag an der Leine hochreißen, sonst frieren sie am eigenen Urin fest. Nach Abschluss der Expedition reiste Viktor los, um die heroischen Tiere der Hundeschlitten-Expedition aller Welt zu zeigen. Zwei von ihnen verendeten allerdings auf einem Flughafen in Kuba, weil es dort zu heiß für sie war.

»Wäre Ihr Körper heute, mit Mitte fünfzig, noch in der Lage, diese Reise zu absolvieren?«, frage ich ihn.

»Mein Körper schon«, sagt Viktor, »aber mein Kopf könnte es nicht mehr.«

Die »Yamal« frisst sich tiefer in die Polarlandschaft hinein. Zurück weicht, was wie Natur aussieht. Die Vegetation zerstreut sich, die meisten Vögel machen sich aus dem Staub. Vor allem elementare Formen bleiben zurück, kristalline, polygonale, Tetraeder. Auch das ist eine Bewegung dieser Reise: Man lässt sich einschließen von der Landschaft, sitzt fest, und schon frisst sie sich in den Eindringling hinein, versengt ihm die Augen, schickt den Frost durch seine Kleider, dann durch das Fleisch. Alles, was Gewebe ist, wird Struktur, wird Gefrorenes und breitet sich im lebendigen Fleisch wie ein Starrkrampf aus.

Das Eis bietet eine grandiose Möglichkeit, sich davon zu überzeugen, wie egal der Mensch der Natur ist, und wenn man Reste menschlicher Ansiedlungen findet, so sind es zuerst die Gräber, Gräber mit rostigen Kreuzen und rührseligen Inschriften. Doch weit mehr sind es die unsichtbaren Grabstätten irgendwo im Eis, verweht und davongetrieben. Auf den Landzungen aber, wo die Forscher ihre Polarstationen hatten, da liegen rostige Nägel, Shellackplatten, belichtetes Filmmaterial, Geschirr, Flaschen, bearbeitetes Holz. Alles wird für die Nachkommenden zum Souvenir, es ist das Gedächtnis der Polregion. Hier sammeln sich nur diese paar von Schicksals Hand verlesenen Dinge.

Man tauscht sich über die Expedition von 1912 aus, als von zehn Teilnehmern nur drei zurückkehrten, einer wahnsinnig. Man streitet über Frederick Cook, Robert Peary und die Frage, wer wirklich zuerst am Pol war und welche Bedeutung dabei dem Schatten auf Pearys »Beweisfoto« zukommt. Selbst Payer und Weyprechts österreichisch-ungarische Mission von 1872 bis 1874 ist denen ein Begriff, die sich den Pol zunächst erlesen haben. Und gewiss, es ist eine Landschaft voller Vokabeln derer, die in ihr den Verstand verloren. Der Spätsommer steht, einem Winter gleich, hoch aufgerichtet, breitbeinig über dem Land, bereit, rabiat zu werden, und die Berge ragen kahl und geschunden wie nach einer Strahlentherapie in das Opalisieren des Himmels.

Beim Abendessen erzählt Marga von einer Kreuzfahrt: Auf dem Schiff erschienen nachts kleine, blasse Jungen in weißen Fräcken, mit nachtschwarzen Augen, Knaben, die nicht lächelten, nur abräumten, nicht auftrugen. Hätten die Leute nicht getanzt, wäre ihnen bange geworden. Auch wurden diese Knaben, Marga zufolge, immer zahlreicher, bis zum Augenblick, in dem die Musik abbrach und nur noch das Stampfen der Maschinen zu hören war.

»Die Übernahme des Wirklichen durch das Unwirkliche?«

Sie starrt mich an aus ihren großen, jungen, blauen Augen: »Genau das.«

Morgens reiße ich zuerst das kleine Fenster auf, die Seeluft strömt herein wie eine Flüssigkeit, alle Morgen kälter. Die rapiden Wechsel am Himmel machen jeden Aufenthalt an Bord abwechslungsreich. Das Schiff brodelt leise, es zittert wie unter Krämpfen, es schüttelt sich, es schwankt. Manchmal fühlt es sich an, als bewohne man einen schlafenden Hund.

In jedem Reisenden schlummert immer noch der Wunsch, irgendwann einmal unter den Ersten zu sein. Auf den hohen Bergen sind es schon die ersten Blinden, die ersten Einbeinigen, die Ersten ohne Sauerstoff, die

Ersten jeder Nation. Hier, auf dem Weg zum Nordpol, kann man noch Pionier sein des Massentourismus oder Nachzügler jener, die dies »Ewiges Eis« nannten, weil sie es nicht besser wussten.

Vor dem Fenster meiner Kabine erscheinen die Eisschollen in Grün oder Blau, vom Bug des Schiffes geschnitten und senkrecht aufgerichtet, ehe sie in das schwarze Wasser tauchen, unter die Eisdecke geschoben werden, verschwinden.

Mit dem Schlauchboot werden am Tag darauf zwei Polarforscher, ein Norweger und ein Schweizer, an Deck gebracht. Am 1. Mai waren sie am Nordpol aufgebrochen, um der Fritjof-Nansen-Route nachzugehen. Nach dreieinhalb Monaten haben sie, ein paar Tage vor der Zeit, Kap Flora erreicht, wo sie ein norwegisches Schiff erwarten, das sie auflesen und wieder heimbringen soll. Unterwegs wurde ihr Schlauchboot bisweilen von Walrossen geschoben, und wenn Eisbären ihr Biwak anzugreifen drohten, setzten die beiden Männer Pfefferspray ein. Da stehen sie nun verlegen auf der Bühne des Konferenzraums im Unterdeck, sympathisch sprachlos. Der Schweizer findet kaum sein Deutsch, dem Norweger hat er ein paar Brocken beigebracht. Es ist seit Mai ihre erste Begegnung mit Menschen, und diese hier staunen sie an als schöne Wilde.

»Möchten Sie etwas fragen?«

Als sie sich hinsetzen, testen sie beide anerkennend die weichen Sessel, so bequem haben sie lange nicht gesessen. Ja, sie hatten früher schon gemeinsam das patagonische Inlandeis überquert und damals 54 Tage gebraucht. Wenn sie erst zurück in der Zivilisation sein werden, wissen sie, was sie erwartet. Eine Kamera wird da stehen, Licht wird auf sie fallen, Fotos werden geschossen, und sie werden Fragen beantworten, nicht ungern beantworten, sie werden auf einen Bericht, eine Dokumentation verweisen, ganz Profis, bis die Fragenden weiterziehen.

Sie sprechen von dem landfesten Eis, das sie gefunden haben, vom Temperaturwechsel und seinen Einflüssen auf die Tiere, die Eisbären zumal, die früher nicht bis zum Nordpol vordrangen. In den Augen der beiden Erzähler ist Beharrlichkeit, ist etwas so Gelassenes wie Insistierendes. So blicken Menschen mit reichem Innenleben in die Welt, Männer, die viel mit sich anfangen können. Die ersten Zuhörer gehen. Die beiden Abenteurer werden jetzt nur noch duschen, ein wenig Proviant mitnehmen und dann weiter warten, dass das Schiff sie von Kap Flora aufliest.

Als sie die Bühne verlassen, scharen sich doch noch ein paar aus der Reisegruppe um die beiden Männer:

»Wie haben Sie sich nachts gegen die Bären geschützt?«

»Wir hatten Stolperfäden rund um unser Zelt gespannt mit Feuerwerkskörpern daran …«

»Also«, beginnt der Blocker seinen Monolog, »wir haben ja im letzten Jahr die Nordwestpassage gemacht …«

Und dann folgen die beiden verwilderten Extremisten, mit den Bildern ihrer wochenlangen Eisüberquerung in den Augen, starr und freundlich den Reiseerzählungen eines Bielefelder Sparkassen-Filialleiters aus dem letzten Sommer.

Das Meer behält die Ruhe. Einzelne Eisbrocken treiben über die glatte Oberfläche. Da die »Yamal« gerade stillliegt, kann man sehen, wie gemächlich die Brocken durch den kristallenen Wasserspiegel ziehen. Manchmal erkennt man die Flora des Franz-Joseph-Lands über dem Scheitel einer Wolkenbank. Dann fragen die Reisenden:

»Warum können wir nicht auch an Land?«

Sie trauen der Expertise der Polar-Fachleute weniger als deren bösen Willen. Eine Amerikanerin in Birkenstock-Sandalen sagt über die Abenteurer:

»Ja, toll, dass sie das gemacht haben, aber ich will es auch machen!«

Sie kompensiert ihren Unmut, indem sie Nebelbänke fotografiert – mit Blitz.

Dann werden die beiden Männer unter Applaus verabschiedet und im Schlauchboot zur Insel zurückgebracht. Zurück bleiben Eisfelder, Schneegärten unter mehligem Licht.

»Von einer solchen Reise sollte niemand unverändert heimkehren …«, sagt Marga.

Ich schaue sie mir an, ohne schlau zu werden aus ihr. Mal floskelt sie sich mit Ausdauer durch den Small Talk, dann wieder wirkt sie wie ganz herausgefallen aus den Konventionen. Immer schnell sprechend, mit flinken, suchenden Augen, ist sie bedürftig, ohne es scheinen zu wollen. Schnell bereit zu Animosität, zu dünkelhafter Herablassung, wenn nicht zur Empörung über alles und jedes, zeigt sie sich im nächsten Augenblick zugewandt, verständig und auf eingeweihte Weise begeistert.

»Ich habe Fotos mit von vor drei Jahren. Wenn du in meine Kabine kommen und sie dir ansehen willst …«

»Das mache ich bestimmt. In den nächsten Tagen.«

»Hast du Angst, allein mit mir auf meiner Kabine?«

»Natürlich. Du hast es faustdick hinter den Ohren!«

Das war der Ausdruck eines Onkels für eine kleine Range. Sie lacht mit zurückgeworfenem Kopf, ungezügelt in ihrem Charme. Dann wird dieses Lachen maskenhaft und ist rasch verschwunden. Aus dem Gedächtnis befreit sie die Muskelspannung des Lachens mehr, als dass sie wirklich lachte, und es passt zu der Stimmung, die ihr offenbar nachhängt, dass sie von einer Zeit erzählt, als es ihr schlechter ging. Auch vor drei Jahren ging es ihr schlechter, als sie auf Franz-Joseph-Land war. Aber sie hat sich erholt:

»Die Sonne geht auch für mich auf, der Mond geht auch für mich unter.«

»Nicht hier«, sage ich flau, weil es auch nach Mitternacht immer taghell bleibt.

»Entschuldige«, erwidert sie. »Sollte ich merkwürdig auf dich wirken, wundere dich bitte nicht, es liegt am Schlafmangel.«

Ähnlich hatte sie es schon einmal gesagt, damals lag es am Hunger, und am ersten Tag war sie unterzuckert. Trotzdem lässt sie auch heute wieder eine Mahlzeit ausfallen, dann die nächste. An Bord sieht man sie nicht. Als sie wieder erscheint, ist sie heiter. Und ob sie an Deck war!

Und ob sie die Eisskulpturen gesehen hat! Nur ein wenig abseits habe sie sich gehalten, auf einem unteren Deck.

Wir waren wirklich einen halben Tag lang wie durch eine Galerie geglitten. Verteilt über die schwarze Fläche des Wasserspiegels schwammen die Gebilde, die das abgeschmolzene Eis zurücklässt, von der Wärme, dem Wind, der Drift modellierte Bildwerke, kapriziös wie Miniaturen von Satie. Sie wuchsen aus der finsteren Tiefe als die bleichen Auswüchse des Polarmeers, von Wind und Wasser unhörbar umspielt.

»Nein«, sagte Marga, anlanden werde sie nicht. Unüberwindlich sei ihre Angst vor den Helikoptern.

»Ihr wisst schon, das Flugbegleiter-Syndrom.«

Wir wussten nicht, aber sie zuckte die Achseln wie in der Kapitulation vor einer Macht.

»Schaut mal«, sagte sie stattdessen, »habt ihr sie gesehen, die da in ihrem Nutten-Flokati!«

Wir blickten auf eine alleinreisende Kunstblonde mit der Neigung, sich abzusondern, gepflegt, aber auf selbstvergessene Weise auch so ausdauernd mit ihrer Pflege beschäftigt wie eine Lumme. Marga war überzeugt, dies sei eine Pornodarstellerin, die sich aus dem Geschäft zurückgezogen habe mit dem Satz, sie werde überhaupt keinen Sex mehr haben, die Liebe interessiere sie nicht mehr. Nun stand sie an der Reling in den Requisiten eines Drehs mit Fellmütze und Overall und Pelz-Boléro und arbeitete sich mit ernüchterten Blicken an der Monotonie der Gletscherwände ab. Später wird sich die Frau als eine Witwe aus dem Schwarzwald entpuppen.

Margas Rede ist jetzt manchmal verwirrend. Wenn sie beim Essen eine Geschichte beginnt, reißt sie die Aufmerksamkeit gerne lautstark an sich, steuert auch gleich entschieden in die Erzählung hinein, immer weiter auf allgemeiner Aufmerksamkeit beharrend, aber dann verläuft sie sich, die Geschichte findet keine Pointe und kein Ende, sie zerfasert in Nebenhandlungen oder versickert einfach, oft in einem »Ihr wisst schon, man macht und tut, und und und …«

Einmal sitzen wir zu viert, zwei Russinnen haben sich neben uns niedergelassen. Wir lachen viel, aber man kann die Anstrengung fühlen, die es Marga kostet.

»In welcher Zeit hättest du gerne gelebt?«, fragt eine der Russinnen.

»In meiner«, sagt Marga.

»Etwa heute?«

»Ja, was hätte ich denn vor hundert Jahren ansehen sollen? Den Beginn der Frauenbewegung, des Reformhauses? Heute bin ich dabei, wie die Welt zugrunde geht. Das lohnt sich!«

Sagt's, lacht ein wenig unheimlich und blickt auf das Eis, das hier eigentlich eine geschlossene Decke zeigen sollte, stattdessen aber nur in einzelnen Gebilden an uns vorüberschwimmt. Margas Erzählungen sind menschenleer. Es gibt keine Chefs darin und keine Familienmitglieder, keine Freunde und keinen Geliebten. Nur am Mittelfinger der linken Hand trägt sie ein silbernes, ineinander verschlungenes Liebespaar.

»Dieser Ring hier stammt aus Tel Aviv«, sagt sie und

lässt ihre Hand über den Seiten ihres Tagebuchs schweben mit der großen, regelmäßigen und ein wenig langweiligen Schrift.

Am nächsten Tag verlieren wir uns aus den Augen. Aber zum Abendessen des übernächsten tritt sie schneeweiß gekleidet an den Tisch und beansprucht einen Fensterplatz, indem sie bloß mit dem Kinn auf den Stuhl weist, auf dem sie sitzen möchte. Es ist sonderbar, denn sie sagt nichts, stellt sich nur zwischen den Stuhl und die Heizung und wartet, dass sich Viktor, der Schweizer, erhebt und sich umsetzt. Dann spricht sie flüsternd und in Hochgeschwindigkeit auf Hanni, Viktors Frau, ein, die nur ein einziges Mal widerspricht. Der Einspruch kommt sanft. Mit einer Mimik der Empörung wird er quittiert, wortlos. Marga blickt erst hilfesuchend, dann nur noch wütend in die schweigende Runde, steht auf und verlässt den Tisch, die Serviette immer noch in den ratlosen Händen.

»Worum ging es denn?«

Hanni schüttelt den Kopf. Sie habe nicht viel verstanden, das meiste sei Dialekt gewesen, und der Rest …

»Ich glaube, darüber müssen wir nicht reden. Sie glaubt, von dir geht Gefahr aus.«

Wir schlendern an Deck. Die Wolken sitzen nicht auf der Horizontlinie, sie tauchen scheinbar unter diese. Die Farbenspiele des Meeres, das sind lauter rasche Lichtwechsel auf einem schmalen Spektrum. Dann wischt ein schmutziger Wolkenschwamm über den Horizont, Schlieren bleiben zurück, Kumulushaufen quellen, und abrupt bekommt auch ein Regenbogen seinen Auftritt, den die schwarzen Wolkenbänke, einem schmalen Streifen entwachsen, effektvoll unterlegen, bis auch sie kapitulieren, der Bogen verblasst und verschwindet, während die Wolken neue Farbschichten auflegen, dann zerfasern und zergehen. Neue scharfkantige Wolkenbänke lasten auf der Horizontlinie und dimmen das Licht, bis der Wind eine rosa Federboa auch über sie zieht. Das Schiff wird begleitet vom Formationsflug der Möwen, die kollektiv ins Wasser tröpfeln.

Als plötzlich, schroff und herrisch, das herbe Russisch des Kapitäns aus den Lautsprechertrichtern an Deck scheppert, hören auch die Nicht-Russen an Bord: Dies ist keine routinierte Dienstanweisung, sondern die Stimme des Ernstfalls, ein Notfallkommando, das energisch von einem Posten zum anderen weiter geschrien wird.

Der Eisbrecher erzittert, der ganze Bug schüttelt sich, so abrupt setzt der Bremsvorgang ein. Das Meer schäumt dreckig am Heck, die schon zertrümmerten Schollenstücke geraten abermals in den Sog der Schiffsschrauben, und vorn schwankt der Bug wie betrunken nach links. Das Wendemanöver ist als solches kaum zu erkennen, so weit muss der Koloss ausholen, seine Schleife so großräumig anlegen, als wolle er den Horizont einbeziehen. Irgendwann können wir dann wirklich, weit weg, die vom Trümmereis bedeckte Fahrspur unseres Hinwegs zur Linken liegen sehen. Aber niemand hat jetzt noch Augen für die Anstrengungen des Schiffs.

»Da ist jemand im Wasser«, ruft einer, ein anderer:

»Man over board«, was in mehreren Sprachen weitergegeben wird.

Grüppchen von Passagieren, deren Mimik im Erschrecken stehen geblieben ist, sammeln sich zu beiden Seiten der Reling. Ja, in der Verlangsamung, in ihrem buchstäblichen Erstarren, kann man erkennen, wie sie erfasst wurden, erfasst von einer Schockwelle, die draußen im Eis, an einem nicht zu identifizierenden Fleck ihren Kristallisationspunkt hat.

Matrosen hasten durch die Flure, stellen Fragen auf Russisch, drängen die Schaulustigen in ihre Kabinen. Als Viktor Boyarski vorbeieilt und nur fragt: »Wer? Wer ist es?«, rufe ich ihm nur zu, in Margas Kabine solle er zuerst nachsehen. Er nickt, ernüchtert, aber beherrscht.

Eine Viertelstunde später ist das Rettungsboot zu Wasser gelassen. Von seinem Bug aus haben zwei Matrosen mit langen Haken die Bluse von Marga zu fassen gekriegt und manövrieren jetzt den Körper zwischen den großen Eisschollen hindurch zum Boot. Sie trägt, was sie zum Abendessen trug, ihre weiße Jeans und das weiße Hemd darüber. Als sie nun an einem schweren Haken an Bord gezogen wird, breiten sich ihre Arme aus wie die einer Christusfigur. So wird sie geborgen. Bis zuletzt hat sich ihr Gesicht konzentriert von einem Punkt aus, der über ihrer Nasenwurzel lag.

Wir liegen im arktischen Eis, an Bord eine Tote. Die Behörden in Murmansk werden verständigt. Doch erst, als der Kapitän bezeugt, dass die Kabinentür der Toten von innen verschlossen war, dass also niemand an Bord sie ins Eis gestoßen haben kann, erhalten wir die Erlaubnis zur Weiterfahrt.

Die Reisenden stehen an Bord und fegen die Scherben ihrer Erinnerungsbilder zusammen. Was bisher wunderlich, was nach fixer Idee geklungen hatte, war nachträglich lesbar als eine lineare Bewegung in die Selbsttötung. Margas Leben lässt sich nur von seinem Ende aus, posthum in eine Ordnung bringen. All die kleinen Unverständlichkeiten und Verstörungen waren Stationen auf der Schussfahrt einer, der nicht zu helfen war und die man ja auch immer wieder hat »merkwürdig« an der Reling stehen und das Wasser betrachten sehen. Tage werden rekonstruiert, an denen niemand Marga gesehen, an denen sie wohl auch nur in der Kabine gesessen hatte – um was zu werden? Um abzuschließen, die Kraft zu finden?

Wohin mit den weichen, den ungeschützten Momenten? Da war dieses in Silber gearbeitete nackte Paar auf ihrem Ring. Als sie mir von Tel Aviv erzählt hatte, wo sie ihn erworben haben wollte, sagten ihre Augen, dass er ein Geschenk gewesen war, und während sie sprach, strich sie wirklich darüber und lächelte. Ein andermal hatten wir an der Reling gestanden. Sie versuchte sich mit ihrer kleinen Kamera hilflos an der Aussicht und hatte, den Apparat absetzend, gesagt:

»Die Enden der Welt eignen sich nicht fürs Hochformat.«

Ich hatte wissen wollen, ob ihr das Reisen so leicht vorkomme wie eh und je. Sie hatte anders geantwortet als erwartet und erklärt, sie reise wohl deshalb inzwischen schwerer, weil sie sich selbst die Frage nicht mehr so leicht beantworten könne, bei wem sie wohl ankomme und zu wem sie zurückkehre. Da waren zum ersten Mal Menschen in ihrer Antwort, aber als Fragwürdige.

Die Reisenden tauschen Erschütterungen aus. Eine Britin stößt unter Schluchzen immer nur hervor »not again«, »not again«. Wir werden erfahren, dass sie sich zum dritten Mal an Bord eines Schiffes befindet, das Passagiere auf die letzte Reise trägt. Eine andere Frau ist der Toten böse, dass sie überhaupt nicht an die Ferien der anderen gedacht hat:

»Da haben manche Jahre drauf gespart, und dann das!«

Ein Dritter überlegt:

»Noch heute Nachmittag haben wir zwei Männer gesehen, die ihr Leben riskierten am Pol, so vital waren sie, so abenteuerlich und lebensbejahend, und Stunden später geht eine von uns für immer ins Eis.«

Eine Vierte sagt ganz tonlos: »Das macht man nicht.«

Eine Fünfte gesteht:

»Ich weiß, es klingt furchtbar, aber für mich ist das das erste Highlight der Reise.«

Ein Sechster erklärt es zur staatsbürgerlichen Pflicht, sich jetzt die Reise nicht vermiesen zu lassen, und sucht gleich den Übergang zur Tagesordnung:

»Ich versteh ja jeden, der jetzt geschockt ist. Aber, Kinder, vergesst nicht: Sich jetzt nicht mit Sonnencreme einzuschmieren, das ist was für Selbstmörder.«

Zwei Reisende kommen und kondolieren mir stumm.

Eine Französin gibt die neue Linie vor: Marga sei erlöst worden, sie habe es hinter sich, wir sollten nun nicht länger um sie trauern.

»Sie hätte es so gewollt«, sagt sie. Aber eigentlich weiß niemand so genau, was sie gewollt hätte.

Vor dem Essen hält der Kapitän eine knappe Ansprache:

»Guten Abend, everybody.«

Man bedauere, mitteilen zu müssen, »Margarete« habe nur noch tot geborgen werden können. Über ihren Verbleib werde die Versicherung entscheiden. Man fliege sie jetzt mit einem Helikopter zu einem Lager auf Franz-Joseph-Land.

»Guten Abend.«

Später spielt ein Klavier-Violine-Duo Evergreens aus Klassik, Film und Swing, und unter Deck hält ein Österreicher einen Vortrag zum Thema »Wie Tiere und Pflanzen in der Arktis überleben«.

Die Verunsicherung gibt allem eine moralische Vieldeutigkeit, solange die Maßstäbe der Pietät noch nicht definiert sind: Darf man schon wieder lachen? Man muss, lautet die Parole.

Viktor Boyarski erzählt mir, wie sich Marga vor drei Jahren schon einmal ins Eis habe fallen lassen. Damals wurde sie gerettet, eine Geschichte, die ihm erst wieder in den Sinn gekommen war, als er sie am Schiff begrüßt hatte. Außerdem habe sie sich inzwischen wohl gut ausgekannt mit dem Eis, denn gerade dort, wo sie gesprungen sei, lägen die Eisschollen dicht genug, um eine Bergung unwahrscheinlich zu machen.

Nach unserer Rückkehr in den Hafen von Murmansk werden die Behörden mich und ein paar andere zum Verhör bitten, vor allem aber mich, war ich doch, Zeugen zufolge, ihr Freund. Ich werde in der Kajüte des Kapitäns sitzen und raffinierten Fragen mit Antworten zu begegnen haben, die einen langen Weg über den Dolmetscher in das Protokoll des Beamten nehmen und Stunden später unterschrieben sein werden. Dann wird feststehen, dass sich die Besatzung keinen Fehler hat zuschulden kommen lassen und dass Marga wirklich eigensinnig und unkorrigierbar ihren Weg aus dem Leben gegangen war.

Am Morgen nach ihrem Tod höre ich schon früh den Helikopter. Der Tag ist pflichtschuldigst grau, wir fahren in ein Trümmerfeld aus verstreuten Eisskulpturen hinein, gläserne Gebilde in Weiß, Algengrün und Blau, manchmal aber auch gelb oder braun vom Guano der Vögel, der schwarzfüßigen Dreizehenmöwe, des nördlichen Eissturmvogels, der Dickschnabel-Lumme oder auch der Raubmöwen, deren Eigenart es ist, andere Vögel zu zwingen, ihre Nahrung herauszuwürgen, damit sie selbst davon fressen können.

Die Berliner Schnauze steht allein an der Reling. Er empfängt mich mit den Worten »Gut geschlafen ist halb gegessen«, stürzt sich aber im nächsten Augenblick auf seinen Stuttgarter Saufkumpel vom Abend zuvor:

»Was sehen meine entzündeten Pupillen?«

Das Licht wandert mal in strahlenden Flächen, mal in Milchglas-Reflexionen. Auf dem noch ungefrorenen Wasser hinterlässt der Wind immer neue Texturen, auf denen die Kristallbrocken sitzen, eingelassen in erstarrtes Frost-Magma. An diesem Morgen öffne ich das Fenster, und eine Eisscholle treibt vorbei, auf der ganz deutlich der Fußabdruck eines Mannes zu erkennen ist, das Fragment einer Schrittfolge, die irgendwann in der Zeit verschwand. Wir befahren das Land, in dem sich die Spuren so vieler bekannter und unbekannter Menschen verlieren. Wie viele berühmte Tote, wie viele unbekannte Fischer und Trankocher, die auf Eisschollen davondrifteten, und allenfalls ein Handelsregister verzeichnet ihr Verschwinden.

»Das war wohl alles schon vorbereitet«, sagt Viktor, der mein Verhältnis zu Marga ein bisschen besser verstehen möchte. »Wusstest du, dass sie eine Zwillingsschwester hat? Willst du den ersten Satz wissen, den sie sagte, als wir ihr die Nachricht überbrachten? Es war: Das wundert mich nicht.«

Es ist die Schwester, der ich Monate später auf einem Bahnhof entgegengehen werde, gebannt von der Erscheinung dieser Wiedergängerin, einer Untoten, die mir mit den Händen in den Taschen entgegentritt und nur fragt: »Und«?

Wir zählen ein Grad unter Null, der Wind bläst kälter. Doch die Sicht ist gut, diffus liegt das Licht über der Seenplatte, am Horizont glimmt ein Streifen blassgelber Sonne, der wie durch die Ritze unter der Tür dringt und gleich wieder erlischt. Wir passieren monumentale, tektonisch geschichtete Eisplatten, schwarze Bassins, kapriziöse Schneeaufbauten, bedeckt mit abgeraspelten Splittern, fasrig gespleißte Eisrispen, Miniaturgebirge, geschrumpfte Tafelberge, und zwischendurch öffnen sich wieder diese großen schwarzen Seenplatten, über die das Schiff nur noch leise schwebt, während die leichtesten Bugwellen an den fernen Schneeküsten anschlagen. Wie die Flecken auf einem Kuhfell liegen diese Lachen und Becken, die manchmal, von der Sonne kurz getroffen, glühen und verlöschen.

Gestern trotteten zwei magere Eisbären vorbei. Kann es einsamere Tiere geben als diese, die in eine mehrere Tausend Quadratkilometer umfassende Fläche davontapsten, als ihnen das Schiff nicht geheuer war? Kein Vogel fliegt, und die Robbenlöcher sind leer. Die Risse, die der Bug des Schiffes in die Eisdecke fräst, laufen zu beiden Seiten des Bugs auf einem unvorhersehbaren Kurs voraus und in die Ferne. Manchmal heben sich in der Annäherung meterdicke Schollen senkrecht auf und werden im schwarzen Polarmeer versenkt, manchmal kippen sie blau und schwer, schieben sich unter jüngere Platten oder legen sich zueinander wie die Teile eines Puzzles. Dann wird Wasser durch die Ritzen gepresst, es ist Plankton darin, und manchmal tanzt ein kleiner Dorsch im Licht, oder er zappelt bloß zwischen den Fugen.

An der Bar – einer Zwei-Meter-Theke in einem Durchgang – singt Julio Iglesias »La Paloma«, oder besser, er schlingert durch sein Vibrato, als müsse er erst von Zeile zu Zeile entscheiden, ob er es nicht vorziehen solle, zu sterben.

Der Berliner, der Blocker und der Stuttgarter teilen sich ein Spalier von Wodkagläsern. Ich höre den Ersten sagen: »Schmeckt wie ne alte Frau unterm Arm.« Der Stuttgarter schaut abwesend. Seine Herzdame aus Sylt tritt eben hinzu.

»Wo hast du gesteckt?«

»Ich habe gelesen.«

»Ein Mensch ohne Kopf ist zeit seines Lebens ein Krüppel«, dröhnt der Berliner, bleibt aber mit seinem Gelächter allein.

Die freundliche Gattin eines Dresdner Geschäftsmannes mischt sich ein: »Wir haben als Kinder alle Karl May gelesen, aber dass wir jetzt all die Länder kennenlernen, die er beschrieben hat! Und dass wir uns das leisten können!«

»Entschuldige, Ilse«, blafft der Berliner. »Du hast keine Ahnung, aber davon jede Menge. Der Karl May war in all den Ländern doch bloß mit dem Finger auf der Landkarte. Da hast du dir ja mal wieder was geleistet!«

»Wieso?«, meint Ilse und versteht wieder nicht. »Uns kostet die Reise ja nichts. Das geht ja bloß vom Erbe der Kinder ab.«

Alle lachen. Die Ulknudel geht gerade vorbei und glaubt, wir erzählen uns Witze.

»Ich hab gehört, der Putin mag gern Petunien«, wirft sie hastig ein. »Deshalb heißen die hier jetzt Putinien.«

»Geländesuchwitz«, sagt der Berliner mit Blick auf die Rechnung.

Sie zerstreuen sich.

Immer noch sind die Variationen der Landschaft neu und großartig, aber sie werden feiner und die Formationen einander ähnlicher. Die ovalen, die Tropfenformen dominieren. Mal gleißt eine Lichtinsel weit weg, mal hebt sich ein Haufen Schnee mit dunklem Algenschatten, und der Lichteinfall interpretiert die Landschaft dauernd anders.

Etwa 150 Kilometer vor dem Pol verlangsamt das Schiff neuerlich, dann kommt es zum Stehen. Eine Stunde später belehrt uns eine Durchsage, es gebe ein technisches Problem, man arbeite bereits an der Lösung. Jetzt, da wir liegen, kein Motorengeräusch, kein Bersten der Eisschollen zu vernehmen ist, könnte die Stille nicht weiter greifen. Es ist dies eine kostbare Weile, in der das Unvorgesehene, der kleine Ernstfall eingetreten ist und uns mit Stillstand beschenkt und bedroht.

Unterdessen verschiebt sich unsere Perspektive. In Bewegung waren wir Landnehmer, im Stillstand sind wir Objekte. Winzig und wehrlos verharren wir in einer Landschaft, die uns unterwandert. Das Eis schiebt sich an die Bordwände, friert hart und hält uns fest. Wir sind arretiert, und da wir selbst uns nicht mehr rühren, können wir plötzlich jede noch so unscheinbare Bewegung in der Landschaft identifizieren, selbst wenn es sich um nichts Größeres handelt als um den Moiré-Effekt auf dem Wasser, wenn es vom Wind getroffen wird.

Die ersten Passagiere murren. Das sei »typisch russisch«, keine Informationen, Abwiegeln, Beschwichtigen.

»Ist eben egal, ob Gorbatschow, Jelzin, Putin, es sind doch alles Zaren.«

»Ist es euch denn nicht aufgefallen: Die reichen Russen

hier an Bord, das sind alles die Kinder von Funktionären oder der Mafia. Ist doch so.«

»Ist in China genauso.«

»Genau.«

Man verliere Zeit, heißt es unter den Passagieren, die man schon wegen des Trauerfalls nicht habe. Der habe ja auch schon Stunden gekostet. Jetzt liege man da. Schön. Noch ein Vortrag, ja, noch ein paar Dias. Prima. Vielleicht noch ein Captain's Dinner, ein Kostümfest, damit wir stillgestellt seien ... Wenn man wenigstens etwas Echtes anbieten würde, einen Helikopterflug zum Beispiel ...

»Bei dem Wind ist das unmöglich.«

»Weshalb haben wir zwei Rettungshubschrauber an Bord, wenn man sie nicht fliegen kann?«

An der Reling und vor allem ein Deck tiefer an der Theke formieren sich offen die Linien der Meuterer. Unterdessen organisiert Viktor Boyarski einen Landgang, und wir taumeln wirklich das Fallreep hinunter, setzen unsere Füße in diesen Schnee, der aus der Nähe kein Schnee mehr ist, wie wir ihn kennen – er pappt nicht, seine Kristalle sind groß und gläsern, sie ballen sich zu Christbaumschmuck und zerfallen sofort. Das Schiff wird aus der Ferne fotografiert. Man tut ein paar Schritte nach rechts, nach links, in die Weite, danke – und jetzt? Was soll das? Es sieht doch alles gleich aus.

An Bord werden die Strategien des Protests besprochen. Man wird sich nicht abspeisen, nicht für dumm verkaufen lassen. Angesichts all der Dinge, die wir nicht erfahren, müssen wir vom Schlimmsten ausgehen: Abbruch der Reise, Rückführung, Regressforderungen.

Die Expeditionsleitung bittet um Geduld.

Es folgt der Versuch, die inzwischen reparierte Maschine anzuwerfen und das Schiff ein paar Meter rückwärts zu bewegen. Als das misslingt, werden wir in den Konferenzraum gebeten. Man erklärt, der Schaden sei größer als erwartet, die Weiterreise deshalb ungewiss. Tumulte folgen. Der völlig betrunkene Taiwanese stößt Warnungen aus, Warnungen vor einem Fluch, der auf dieser Reise von Anfang an … Der Mann wird niedergekämpft.

»Mit Ihrem Ferment im Bauch sollten Sie weniger trinken«, pöbelt jemand. »Sie vertragen es nicht!«

Die deutschen Männer wollen exakt wissen, worin der Schaden bestehe. Sie wollen Fakten, technische Daten, die sie dann erstens nicht glauben und mit denen sie zweitens nichts anfangen können. Anschließend kommentieren sie die Reparierbarkeit.

»Wenn so ein Getriebe bei fünfzig Prozent Leistung …«, hebt der Stuttgarter an.

»Das ist unmöglich!«, schreit ein Mann kreidebleich im Gesicht in den Raum. »Das *kann* man nicht reparieren!«

Er ist verzweifelt, wie nur Kinder verzweifelt sind: »Man *kann* nicht!«

Einer wirft dazwischen: »Jetzt habe ich ganz vergessen, den Schnee anzufühlen.«

Der Berliner schwadroniert von der »typisch russischen Informationspolitik«. Man erfahre ja nichts. Es sei wie immer in Russland: alles schön unter den Teppich kehren, dann ist es auch nicht passiert.

»Denken Sie nur an die Kursk, an Tschetschenien!«

Andere verlangen an Ort und Stelle ihr »Geld zurück«. Den Leiseren dagegen wird die Gesellschaft allmählich peinlich. Sie weichen an die Reling aus und lassen es sich nicht nehmen, das Extrem dieser Landschaft andauernd zu bestaunen. Hanni und Viktor lachen. Auch sie halten sich stundenlang auf dem obersten Deck auf, von wo der Blick jetzt, da das Schiff festliegt, ganz anders ins Rund geht, so als seien wir endlich nicht mehr Handelnde in dieser Landschaft, sondern Duldende und Geduldete.

Ob wir denn nicht wenigstens unser Geld zurückwollten, werden wir von einer Schmallippigen angeherrscht.

»Ach, wissen Sie«, sagt Hanni freundlich, »das Geld war mein Erbe. Davon wollten wir uns diesen Traum erfüllen, und ein Traum ist es geworden!«

Ihre unzerstörbare Begeisterung löst bei einigen moralische Empörung aus.

»Sie lassen sich auch alles gefallen, oder?«

Ob wir mal den Rost unter dem roten Anstrich gesehen hätten oder mal das Beiboot unter die Lupe genommen hätten. Der Helikopter sei ja auch nicht einsetzbar gewesen, und dass der Dr. Sowieso nun schon zwei Tage mit Magenverstimmung auf der Kabine bleiben müsse, das sei uns wohl ebenfalls entgangen. Unsere Nachgiebigkeit den äußeren Umständen gegenüber wird uns als Charakterschwäche vorgehalten, und wenn man könnte, würde man uns am liebsten mitverantwortlich machen.

Dabei besteht unsere Schuld einzig darin, im Eis zu liegen und es zu mögen.

Auch zur Technik hat jeder eine Meinung. Das sei alles eine Scheiße, sagt einer, er habe es immer gewusst, immer habe er es gewusst. Nie werde es klappen, niemand von uns werde den Pol sehen, niemand jemals.

Vor allem aber hat jetzt die Stunde des Blockers geschlagen.

»Wichtig ist, dass wir mit einer Stimme sprechen«, sagt er und meint die seine. Dazu schickt er einen Blick von maligner Kraft in die Runde. Er sucht die Empörten zu scharen und sie gegen die Expeditionsleitung zu organisieren. Seine Widersacher sind die Schweizer und ein paar andere Enthusiasten, die gelassen an der Reling stehen, das stehende Schiff und die grandiose Aussicht in das große Schweigen genießen. Sie sind gar nicht mehr davon zu lösen und schwelgen im Reichtum der Monotonie.

Entsprechend sind sie es denn auch, die als Erste die Eisbärenmutter mit ihren zwei Jungen unweit vom Schiff erkennen. Der Kapitän gibt die Sichtung über Lautsprecher weiter. Die Kameras werden in Stellung gebracht wie zu einer Pressekonferenz, und manche flüstern ihren Off-Kommentar, während sie filmen, in das Gerät hinein:

»Backbord nähert sich in diesem Moment eine Eisbärenmutter mit ihren beiden Jungen. Sie kommen über das Eis …«

Was immer im Bild zu sehen ist, muss rhetorisch verdoppelt werden. So hat man es beim Fernsehen gelernt, und am Ende halten die filmischen Bilder einzig Objekte fest, die man mit bloßem Auge nie gesehen hat.

Die Eisbärenmutter ist nervös und ausgehungert, ihre Kleinen folgen tapsig. Sie beschäftigen die Gruppe für eine halbe Stunde. Man nimmt dieses seltene Vorkommen, immerhin nördlich des 88. Breitengrads, fast unwillig, eher wie einen schmierigen Regieeinfall der Schiffsbesatzung zur Kenntnis. Fotos werden zwar gemacht, die Blicke aber sagen: Wir wollen hier nicht vergessen, dass wir stehen! Man schaukelt sich zu neuen Empörungen und neuen Humor-Offensiven auf. Eben entert der Stuttgarter die Bar mit der Eröffnung: »Kommt eine Siebzigjährige zum Frauenarzt …«

Nach Mitternacht stehe ich mit Hanni und Viktor im strahlenden Sonnenschein auf der Brücke, den Glanz und den Nebel über der Ebene anstaunend, als das Schiff ohne Ankündigung seine Motoren anwirft und sich in Bewegung setzt, das Eis mit dem Bug zerknuspernd wie eh und je. Wir stocken nicht, wir bleiben nicht wieder liegen, nein, wir nehmen unbeirrbar Kurs auf den Pol. Da klingt es wie Ironie, als Viktor Boyarski anderntags seine morgendliche Begrüßung mit dem Satz eröffnet:

»Dobraye utra und guten Morgen. Wieder einmal hat sich die wichtigste Tugend bewährt, die man auf Pol-Expeditionen mitbringen muss: Geduld.«

Gestanden haben wir elf Stunden, in denen »die Gruppe«, die wir nie waren, endgültig zerfiel, Teile gegeneinander aufstanden, Rädelsführer und Alphatiere ihre Rollen annahmen, andere sich zu- und unterordneten, sich absonderten. Elf Stunden, in denen man erfuhr, dass alle Vorbereitung auf die Extreme einer Expedition wenig beigetragen hatte zur Ausbildung der Eigenschaften, die hier gefragt waren.

Man erfuhr auch, dass wohl die Vollbremsung, die das versuchte Rettungsmanöver für Marga einleitete, der Grund für die Beschädigung der Turbine war. Mit voller Kraft kann nun nicht mehr gefahren, aber es kann der Nordpol erreicht werden.

Beim Frühstück sind diejenigen, die die Fassung verloren, schlecht zu sprechen auf die anderen, die es nicht taten. Einer sagt:

»Der Pol ist ohnehin ein Schwindel. Auf den Fotos ist er immer voll Schnee, und jetzt seht euch das da draußen mal an: 3 Grad über Null und Regen! Das soll der Nordpol sein!«

Dieser Nordpol liegt vor uns, verdüstert. Der Himmel, der uns in den letzten Tagen mit bester Sicht beschenkte, hat sich völlig zugezogen. Noch morgens hatte es leicht geregnet, jetzt laviert sich das Schiff langsam zwischen den algenbesetzten, schmutzigen Eismassiven durch und auf einen Indifferenzpunkt zu zwischen den Becken, Senken, Brüchen. Unter den hoch aufragenden, zwei bis drei Meter dicken Schollenfragmenten steht die tiefschwarze See, in die manche Platte hinabgeschoben wird, ehe sich über ihr das Eis schließt.

Der Kapitän manövriert die »Yamal« nun Zentimeter für Zentimeter, auf der Brücke umlagert von den Fotografierenden, die sich drängen, die Nadelposition auf dem Hauptkompass in den Fokus ihrer Kameras zu bringen. Das Erreichen und sekundenlange Verweilen auf 90 Grad wird mit Applaus und Glückwünschen quittiert. Dann schenkt das ungerührte russische Personal süßen Sekt aus, man stößt an, umarmt sich und wendet sich der Reling zu, hinter der die Landschaft aussieht wie seit Tagen schon.

Alle suchen die Gefühle, die zum Ereignis passen. Man denkt an die historischen Reisenden, die hier jubelnd und weinend anlangten, an die Toten, die das Eis immer noch einschließt, an die vergeblich Losgezogenen, die in die Irre Gelaufenen, die Gescheiterten. Alle Anwesenden, so scheint es, haben kleine Gefühle im Vergleich zu ihren Vorgängern. Das Erhabene trillert mit dem Banalen. Es ist ein Punkt der Ausleerung erreicht, der auch zum Nordpol gehört: Nicht gewachsen sein allem, was hier liegt, nichts vermögen als zu schauen, anzukommen, aber ohne es zu wollen, den fiktiven Ort zu betreten, aber verschwindend, schon in die Rückkehr hineinstarrend, die elende Rückkehr.

Der Kapitän hält eine kurze Ansprache, in der der »alte Traum vom Erreichen des Nordpols« eine Rolle spielt.

»Sie alle haben ihn verwirklicht«, sagt er.

Wir haben nichts verwirklicht, denken wir. Wir haben ein Schiff bestiegen und sind angekommen.

Jenseits vom Pol aber, dort, wo die Krümmung der Erdkugel wieder einsetzt und die Landschaft aus dem Blick taucht, wo das Eis ungebrochen vor unserem Rumpf liegt und sich in einem großen Laissez-faire die menschenabweisende Todeszone der Natur ausdehnt, da erstreckt sich eine Schneefläche, rein und unberührt. Wir werden sie nicht mehr betreten. Der Neujahrsmorgen in der Eifel kommt mir wieder in den Sinn, und die Decke des Krankenhauses öffnet sich schneeweiß, und nichts ist zu hören als das Echo der Grenze.